Рассказы в изгнании

Нина Берберова

Рассказы в изгнании

© Bibliotech Press, 2022

ISNB: 978-1-63637-901-2

СОДЕРЖАНИЕ

Рассказы в изгнании

Аккомпаниаторша

Эти записки были мне доставлены г. П. Р. Он купил их у старьевщика на улице Роккет, вместе с гравюрой, изображающей город Псков в 1775 году, и лампой, бронзовой, когда-то керосиновой, теперь, впрочем, снабженной довольно порядочным электрическим шнуром. Покупая гравюру, г. П. Р. спросил старьевщика, не найдется ли у него еще чего-нибудь русского. «Есть», — ответил продавец и достал из пыльного шкафа, стоявшего в углу старой лавки, клеенчатую тетрадь, такую, какие спокон веку служили особам, преимущественно молодым, для писания дневников.

Старьевщик пояснил, что тетрадь эта лет пять тому назад куплена им за 50 сантимов вместе с нотами и 2–3 русскими книгами (которых он, увы, не мог найти) в низкопробной гостинице, где жила и умерла одна русская. После нее хозяйка спустила (в уплату за комнату) ее платья, белье и прочие вещи — все, что остается, когда исчезает женщина.

П. Р. сперва выслушал все это, а потом уже раскрыл тетрадь. Он заинтересовался попавшимися ему на глаза строчками и, уплатив деньги, взял в одну руку лампу, а в другую — гравюру, зажав тетрадь под мышкой. Дома он прочел ее до конца и не узнал, кто была писавшая.

Я кое-что изменила в этих записках, потому что не все могут оказаться такими недогадливыми. Та, которая написала и не сожгла эту тетрадь, жила среди нас, и многие ее знали, видели и слышали. Смерть, как видно, застала ее врасплох. Если это была болезнь, это была болезнь короткая и сильная, во время которой оказалось уже невозможным привести в порядок житейские дела; если это было самоубийство — оно было так внезапно, что не дало времени покойной свести кое-какие счеты...

Так или иначе, тетрадь эта была забыта ею, как пассажир забывает сверток, на ходу соскочив с поезда.

I

Сегодня год со дня смерти мамы. Я несколько раз вслух сказала это слово: губы отвыкли от него. Было странно и приятно. Потом прошло. Некоторые люди называют «мамой» мачеху, другие называют так мать мужа; однажды я слышала, как пожилой господин называл «мамочкой» свою жену (моложе него лет на десять). У меня была одна мама и никогда второй не будет.

1

Ее звали Екатерина Васильевна Антоновская. Ей было 37 лет, когда я родилась, и я была первым и единственным ее ребенком.

Она была учительницей музыки, и о том, что я родилась, никто из ее учеников не знал — знали только, что она серьезно болела целый год, куда-то ездила. Ученики и ученицы терпеливо ждали, когда она вернется. Некоторые до моего рождения приходили к ней на дом. Когда появилась я, мама перестала принимать их у себя. Ее целыми днями не бывало дома. За мной ходила старая кухарка. Квартира была маленькая, в две комнаты. Кухарка спала на кухне, мы с мамой в спальне, а другую комнату занимал рояль, и мы ее называли рояльной. Там мы ели. На Новый год ученики присылали маме цветы, ученицы дарили ей портреты Бетховена, маски Листа и Шопена. Однажды, в воскресенье, мы шли по улице — мне было лет 9 — и встретили двух сестер Свешниковых, кончавших гимназию. Они принялись так целовать и тискать маму, что я с испугу закричала.

— Кто это, душенька Катишь Васильевна? — спросили барышни.

— Это моя дочка, — ответила мама.

С этого дня все узналось, и мама в одну неделю потеряла три урока, а через месяц осталась с одним Митенькой.

Митенькиным родителям было совершенно все равно, замужем моя мама или нет, сколько у нее детей и от кого именно. Митенька был способный мальчик, платили хорошо, но с одним Митенькой жить было нельзя. Кухарку мы отпустили, рояль продали и, не долго думая, переехали в Петербург. Там нашлись какие-то консерваторские связи. Там тоже любили маму. Медленно, старательно завоевывала она жизнь для себя и для меня. И в первую же зиму стала опять бегать целый день — по дождю, по морозу. А меня отдала в консерваторию, в приготовительный класс. Я тогда уже вполне порядочно играла.

Мне в голову не приходило задуматься над тем, что переживала мама, когда покидала родной наш город, где когда-то она выросла, — одна у своей матери, тоже учительницы музыки. Отец ее, а мой дед, умер рано, и они были вдвоем, как и мы теперь, и все было очень похоже, только не было стыда. В 16 лет бабушка отправила маму в Петербург учиться. Она кончила консерваторию, вернулась в N., дала концерт, играла на благотворительных вечерах и стала понемногу заниматься с совсем маленькими.

Я никогда не думала о том, как она жила одна, после смерти своей матери, как подошли ее 30 лет, и что было потом, и кто был мой отец. Ящики ее рабочего столика не запирались, но в руки мне так никогда и не попалось ни фотографии, ни письма. Помню, я однажды, будучи совсем маленькой, спросила ее, есть ли у меня папа? Она сказала:

2

— Нет, моя Сонечка, у нас нет папы. Наш папа умер.

Она так и сказала «наш», и мы вместе поплакали.

Узнала я обо всем очень просто: мне было 15 лет, когда в Петербург приехала из N. мамина подруга, учительница французского языка в N-ской гимназии. Был вечер, часов шесть. Мамы дома не было. Я лежала на маленьком кривом диване и читала Толстого. Звонок. Поцелуи. Восклицания. «Да как же ты выросла! Да какая же ты стала большая!..»

Мы довольно долго сидели одни, был вечер, горела лампа; за стеной кто-то пел. Мы разговаривали, вспоминали далекие N-ские годы, мое детство. Не знаю, как случилось, что она рассказала мне, что мой отец — бывший мамин ученик, и было ему тогда всего 19 лет. А до него она не любила никого. Теперь он женат и у него уже дети. Ни имени его, ни фамилии я не спросила.

Пришла домой мама. Теперь ей было уже за 50. Она была серенькая, маленькая, как, впрочем, большинство мам, на руках у нее почему то завелись веснушки. Я сама не знаю, что делалось со мной: мне было жаль ее, жаль так, что хотелось лечь и плакать, и не вставать, пока душу не выплачу. Я терялась при мысли об обидчике, войди он, я бы кинулась на него, выдавила бы ему глаза, искусала бы ему лицо. Но кроме того мне было стыдно. Я поняла, что мама моя — это мой позор, так же как я — ее позор. И вся наша жизнь есть непоправимый стыд.

Но это прошло. В консерватории никогда никто не спросил меня об отце — я, впрочем, ни с кем близко не сходилась. Была война. Я стала взрослой. Постепенно я привыкла к мысли, что надо будет выбрать себе трудовую в жизни дорогу — ремесло у меня уже было. Я назвала моего отца «обидчиком». Позже я поняла, что это было не так. Ему было 19 лет. Для него моя мать была лишь ступенькой к окончательной зрелости; он, вероятно, и не подозревал, что она в ее возрасте — девушка. А она? Как страстно и безнадежно, несмотря на близость, должна была она любить, чтобы пойти на связь с человеком, могшим быть ее сыном, чтобы родить от этой — короткой и единственной в жизни связи дочь. И что от всего этого осталось у нее в памяти и в сердце?

И вот — революция. Для каждого т а жизнь кончилась в разное время. Для одного, когда он сел на пароход в Севастополе, для другого — когда буденовцы вошли в степное городище. Для меня — в мирной жизни Петербурга. В консерватории занятий не было. Митенька, уже с месяц болтавшийся в Петербурге (он приехал учиться композиции), пришел к нам 25 октября, с утра. Мама была простужена. Митенька играл, потом мы завтракали, потом Митенька уснул... Ах, как я помню этот день! Я почему-то все что-то шила. Вечером мы втроем играли в дурака. И даже помню, что на обед была рыба.

Митенька — сын богатых N-ских купцов, был единственным маминым учеником, сохранившимся, так сказать, со времен стыда. Это был флегматический молодой человек, года на три старше меня, совершенно безразлично относившийся к жизни вообще и к самому себе в частности. У него были странности, он был рассеян, сонлив, гувернеры с трудом приучили его к чистоплотности. К музыке он не то чтобы был привязан, он был как бы проводником каких-то сумбурных звуков, которые через него рвались из небытия в действительность. Поступив в класс композиции, он удивил всех своей левизной и революционностью. Но в разговорах он был беспомощен и ничего не мог ни объяснить, ни отстоять. Мама приходила все в большее отчаяние от его какофоний, которые тупо и страшно начали им овладевать. Мне он был безразличен. В ту осень, после стольких лет разлуки с N., я, собственно впервые увидела его. Ему было 20 лет. Он был некрасив, у него росла борода, которую он не всегда брил, а волосы на голове уже редели. Вдобавок он носил большое серебряное пенсне, говорил в нос, а когда слушал, громко сопел. Но он очень любил маму. Извинялся за свои «хоралы» на слова Хлебникова и говорил, что настанет время, не будет ничего: ни дорог, ни мостов, ни канализации — одна музыка.

Бывавшие у нас мои консерваторские знакомые считали Митеньку кретином, но в том, что он гениален, не сомневался никто. Для меня ни хоралы его, ни его ласковость не были нужны. Меня заботили события, меня заботило будущее, меня особенно заботил некий Евгений Иванович, уехавший в Москву, служащий консерваторской канцелярии, с которым у меня с месяц тому назад был такой разговор:

Он: — Вы догадливы?

Я: — Кажется, да.

— Есть вещь, которую я хочу вам сказать, но не могу. Надо, чтобы вы догадались.

— Хорошо.

— Теперь отвечайте: да или нет? Сердце мое стучало.

— Да...

Но не Евгению Ивановичу суждено было дать поворот моей жизни, а все тому же бледнолицему, придурковатому Митеньке: Евгений Иванович уехал в Москву и больше не вернулся. Надежд моих по части моего с ним замужества он не оправдал. В ту зиму, когда я вспоминала мой с ним разговор и все надеялась, что он напишет, что он приедет, мне иногда начинало казаться, что он вовсе не объяснялся мне в любви, что он имел в виду нечто совсем другое: например, попросить меня, чтобы я дала ему взаймы немножко денег, или чтобы передала привет от него кому-нибудь, к кому он, может быть, неравнодушен. Но Бог с ним! Обратимся к знакомству, ставшему для меня «роковым». Зимой 1919 года Митенька свел меня с Марией Николаевной Травиной.

II

Мне было 18 лет. Я окончила консерваторию. Я не была ни умна, ни красива; у меня не было ни дорогих платьев, ни выдающегося таланта. Словом, я ничего из себя не представляла. Начинался голод. Мечта мамы о том, что я буду давать уроки музыки, не осуществлялась — уроков теперь едва хватало для нее одной. Мне же подворачивалась случайная работа на каких-то музыкальных вечерах, на заводах и в клубах. Помню, несколько раз — за мыло и сало — ездила я куда-то в Гавань и ночь напролет играла танцы. Потом подошла регулярная работа — по субботам — за хлеб и сахар — в железнодорожном клубе при Николаевских мастерских. Сперва я играла «Интернационал», потом Баха, потом Римского-Корсакова, потом Бетховена, потом «хоралы» Митеньки (входившие тогда в моду). Но одной субботней работой я прожить не могла. И я нашла певца, которому нужна была аккомпаниаторша, — это у меня отняло три часа каждый день — путь был длинен, трамваев не было. Но пока он провел меня по каким-то казенным ведомостям для получения пайка, прошло более двух месяцев. Наконец и это устроилось.

Певец был когда-то довольно известным баритоном. Сейчас ему было под 70, пахло от него махоркой и погребом, руки у него были черные от работы на кухне и колки дров. Он так худел, что одежда с каждым месяцем заметно обвисала на нем, отрывались пуговицы, протирались локти и колени. Он никогда не мылся, только изредка брил подбородок и губу, и тогда так пудрился, что весь обсыпался. И мне казалось, что это сыплется с него штукатурка, как из старой рушащейся стены, и пахнет от него не погребом, а просто сырой землей.

— Сонечка, — говорил он мне, — что это вы какая-то тоненькая? Одной молодостью ничего не возьмешь. Нужны формы, формы! А у вас лапка куриная, ножка козья, грудка кошачья. Ах, что-то с вами будет, детинька моя, при такой фигурке!

Он искренне сокрушался о моем будущем. Я же была довольна, что научилась с ним репертуару и приношу домой мешки с провизией... Однажды зимой он простудился и слег. В квартире его немедленно все пришло в упадок: замерз водопровод, в комнатах было 2 градуса, в рояле лопнули струны, не стало керосина. Из профсоюза прислали доктора. Я продолжала приходить каждый день. Появились какие-то друзья, какие-то дамы. Появилась манная крупа. Меня посылали к

5

соседям за солью, я бегала в распределитель за повидлом... Потом все кончилось: он умер на своих грязных простынях, на рваной своей наволочке, и много было хлопот с похоронами, тяжел был этот уход за мертвецом.

Я осталась без работы; валенки у меня были из ковра, платье из скатерти, шубка из маминой ротонды, шляпа из диванной подушки, расшитой золотом. Я могла жить, но могла и умереть — мне как-то все было безразлично. Мама с любопытством и грустью приглядывалась ко мне. Митенька сопел и засиживался поздно, глядя на то, как я штопаю, пью чай, играю, или, не обращая на него внимания, читаю. Однажды вечером Митенька пришел какой-то сосредоточенный: Мария Николаевна Травина искала аккомпаниаторшу не на время, навсегда, в отъезд, может быть, заграницу.

Сосредоточен Митенька был потому, что, во-первых, он старался дельно и связно передать мне условия работы, а это, как все житейское, было ему трудновато. Во-вторых, ему было жаль меня, жаль, что я уеду от мамы, от него; он не любил никаких перемен в жизни.

Мама сначала растерялась. Может быть, для меня было бы лучше не делаться учительницей музыки, стать аккомпаниаторшей, оторваться от нее, жить по-своему? Я смотрела на нее. Это была уже старая женщина, ставшая за последние годы низенькой и худенькой, с какими-то потухшими глазами, седая, иногда вдруг терявшая нужные слова. Она не могла быть мне советчицей, опорой. Я смотрела со стороны на себя — я ничем не могла помочь ей, я когда-то была ей помехой в жизни, а сейчас не была утешением. Что-то смутно говорило мне, что счастья от меня ей не будет никогда. Любила ли она меня? Да, любила, но в любви этой была какая-то жалкая трещина, и когда она меня целовала, мне все казалось, что она старается сгладить эту трещину — для себя, для меня, для Митеньки, для Бога, не знаю для кого еще.

Я молчала. Митенька сидел, выложив руки на стол, и тянул свое пояснение: мне предлагают место, постоянное место, с жалованием, с обедом; меня повезут в Москву, в провинцию, я буду жить «как своя».

— Камеристкой? Компаньонкой? — вдруг с любопытством спросила я.

Митенька даже рассмеялся, улыбнулась и мама. Надо было радоваться, а радости не было. Но часы вот тоже идут без радости, и дождь идет без радости, а все-таки стойко... Как прекрасен Божий мир и как в нем все правильно устроено!

И вот я надела валенки из ковра и весь мой, слегка маскарадный, костюм того времени, в котором я была похожа на вылинявшего, выцветшего подростка азиатской кочевой породы, и отправилась к Марии Николаевне Травиной.

Петербург. 1919 год. Сугробы. Тишина. Холод и голод. Вспученный от ячменной каши живот. Немытые ноги. Окна, забитые тряпьем. Жидкая сажа печки... Вхожу в дом. Огромный дом на Фурштатской. Лифт висит. В нем — замерзшие нечистоты. Дверь во втором этаже. Стучу. Никого. Звоню. На удивление, звонит звонок. Открывает горничная в наколке и туфельках. Тепло. Боже мой, тепло!.. Нет, этому поверить нельзя — натоплена огромная кафельная печка, да так, что подойти нельзя. Ковры. Занавески. Живые цветы — гиацинты синие — в корзине на столике. Коробка драгоценных папирос. Синяя, почти как гиацинты, дымчатая кошка, вытягивает высокую спину, увидев меня, и женщина, почему-то в белом платье, — или капоте (я не различаю), или это то, что надевается под платье, — идет ко мне, улыбаясь, протягивая руку с розовыми длинными ногтями. И чулки у нее розовые тоже. Розовые чулки!

Она была на десять лет старше меня и, конечно, этого не скрывала, потому что она красива, а я нет. У нее высокий рост, свободно и естественно развитое сильное и здоровое тело, — я маленькая, сухая, на вид болезненная, хотя никогда ничем не болею. У нее гладкие черные волосы, заложенные на затылке узлом, — у меня волосы светлые, бесцветные, я стригу их и кое-как завиваю. У нее круглое, красивое лицо, большой рот, улыбка неизъяснимой прелести, черные, с зеленым отливом, глаза, — у меня глаза светлые, лицо треугольное, скуластое, зубы мелкие и редкие. Она ходит, говорит, поет так уверенно, руки ее так спокойно и ровно сопровождают ее слова и движения, в ней затаена какая-то горячесть, искра — Божия или демонская, — отчетливое «да» и «нет». Вокруг меня, я это чувствую, иногда образуется туманное облако неуверенности, равнодушия, скуки, в котором я дрожу, как дрожат ночные насекомые в солнечном свете, прежде чем ослепнуть или замереть. И когда мы выходили — она впереди, без всякой заученности, без напряжения, кланяясь, улыбаясь, сияя красотой и здоровьем, и я сзади — всегда в слегка помятом платье, чуть-чуть подсохшая, тоже кланяясь, пригибаясь и стараясь не так, а эдак держать свои руки, когда мы выходили обе: «Ну чего ты еще хочешь? — говорила я себе. — Ну чего ты еще хочешь в этой жизни? Посчитаться? Поквитаться? Как? Да и с кем? Тише воды. Ниже травы. В этой жизни не посчитаешься. А будущей-то ведь нету!»

Она усадила меня в кресло, взяла мои руки в свои, сама расстегнула мне ворот, чтобы не было слишком жарко. Потом велела раздеться, позвонила горничной и приказала подать чай. Она смотрела на меня с невыразимым вниманием, забота была в ее глазах, забота и любопытство. Сначала она только спрашивала: сколько мне лет, какая я, что я люблю, согласна ли я уехать с ней, если понадобится? Потом, когда принесли чай, она налила себе и мне, положила мне на тарелку тонкие ломтики белого хлеба, намазанные маслом и покрытые ветчиной и сыром, и стала говорить сама, слегка повернувшись в сторону, чтобы не смущать меня. И я ела, ела, ела.

— Я давно знаю по имени вашу маму, Сонечка, — говорила она, — я буду звать вас Сонечкой, потому что вы еще совсем девочка, и это, может быть, если быть откровенной, единственное, что меня в вас пугает, нет, не пугает, а беспокоит немножко. Не будет ли вам со мной скучно? Не захочется ли вам домой, в Питер — ведь мы можем уехать далеко, очень далеко... Вы, наверное, и не представляете себе, как далеко. Я много работаю. 4 часа в день непременно, что бы ни было, без поблажек для себя самой, а значит и для вас. Потом концерты. Ведь это будет настоящее турне, Сонечка, первое мое настоящее турне, и оно должно быть удачным.

Я сделала движение.

— Меня знают только в Петербурге, — продолжала она, заметив это. — Я хочу большего. Я очень честолюбива. Без честолюбия не бывает таланта; надо быть честолюбивой, Сонечка, и я вас этому научу.

Я вздрогнула, но на этот раз она не заметила ничего. Она говорила. Я слушала. Я понимала, что жизнь нас может связать на долгие годы, что разговор этот не повторится — бывает так: чем люди более сживаются друг с другом, тем вернее пропадает у них потребность говорить о себе. Этот разговор мог оказаться единственным, я это чувствовала, и все же я засыпала, я знала, что сейчас засну.

Я убеждала себя, что мне надобно ловить каждое слово, что все это пригодится мне когда-нибудь после. Между нами зажглась лампа под низким шелковым абажуром, занавеси на окнах закрыли белые сумерки, низкий, нежный голос тек надо мною, пахло духами, губы мои еще чувствовали недавнее прикосновение тонкого, прохладного ветчинного жира. Ноги мои отяжелели, я поставила их, как тумбы, перед собой и как бы забыла о них, плавая в сладкой дремоте, где какие-то тени шли навстречу усталым моим глазам, брали меня за руки и медленно раскачивали мою голову, в то время как я сверхъестественным усилием старалась держать открытыми мои пьяные от тепла и сытости глаза.

Она теперь говорила о годах своего учения, о своем замужестве, о выступлениях в провинции во время войны, о том, что жизнь, вся жизнь еще впереди у нее, «и у вас, Сонечка», — добавила она, о заморских странах, куда, может быть, «мо-жет быть», мы поедем когда-нибудь, о Москве, о Неждановой, о романсах Митеньки, ей посвященных, и о многом, многом, пока не увидела, что я неподвижно и тяжело смотрю на нее.

— Я совсем заговорила вас, друг мой милый! — вскричала она. — Простите меня.

Я встала. Она дала мне ноты, велела прийти послезавтра и довела до дверей. И там она, обняв меня, поцеловала в обе щеки.

III

Выйдя от Марии Николаевны, я увидела, что был поздний вечер, была тьма, шел снег. Сон мой сразу прошел от ветра, леденившего мокрое лицо. То, что я только что видела, — я видела впервые, и слова, слышанные только что, были совершенно для меня новы. Что было в них? Ничего особенного, главное, что я их и не помнила, и едва поняла, но то, как со мной говорили, и то, кто именно их говорил, было так необыкновенно. Я никогда еще не встречала в своей жизни такой женщины — от нее шло на меня дуновение какого-то таинственного, прекрасного и побеждающего равновесия.

Но когда я думала о гиацинтах, о горничной, о тепле и чистоте, что-то бунтовало во мне, и я спрашивала себя: неужели все это действительно существует, и не найдется управы на это? Ведь нашлась же она на нас с мамой, на певца моего, на тысячи других, у которых отмерзают пальцы, крошатся зубы, лезут волосы от голода, холода, страха, грязи, — неужели не найдется, товарищи чекисты, управы на эту квартиру, эту женщину, эту дымчатую кошку и никто не вселит в эту гостиную вшивое семейство какого-нибудь слесаря, которое роялем воспользуется как уборной, а ее по утрам будут заставлять его чистить — своими розовыми руками, и это будет называться «гражданской повинностью»? Неужели так вот все это и останется? И мы все, оборванные, обворованные, голодные, разбитые, стерпим это? И голландский сыр, и толстое полено с коричневой корочкой в печке, и молоко на блюдечке, в которое кисанька макает свой язычок?

И от этих мыслей мне становилось горячо в груди, слезы и снег замерзали у меня на носу и щеках, я вытиралась обшлагом и бежала дальше, неслышно, в валенках, держа под мышкой ноты. И сквозь это ожесточение, которое впервые в жизни снизошло на меня с такой силой и где я почувствовала, что дышу легче, чем в слащавом и жидком своем ко всему равнодушии, я вдруг вспомнила ее самое, Марию Николаевну Травину, поцеловавшую меня в обе щеки, смотревшую на меня внимательно и нежно. И она мне являлась тогда таким диким, непостижимым совершенством, что я плакала еще сильнее, плакала навзрыд и все бежала, бежала по улице, сама не зная, зачем я бегу, куда и зачем мне теперь дом, наша комната, мама, и что я сама такое, и вот этот город — зачем он? И что такое жизнь? И Бог? Где Он? Почему Он не сделал всех нас такими же, какой сделал ее?

На следующий день я с утра села за рояль. Партитуры были самые разные: были оперные партии, были романсы Глинки, и новая музыка, и какие-то особенные вокализы, которых я никогда до того не слышала. Я занималась весь день и утро. На следующий день в 3 часа я была на Фурштатской. Рояль был прекрасный концертный Блютнер; Мария Николаевна с час пела вокализы, потом я выпила чаю с кренделями и по ее просьбе сыграла ей Шуберта. Она слушала и благодарила. В это время два раза звонил телефон в соседней комнате, там кто-то подходил и отвечал, но ее не вызывали. Потом она пела, пела...

Я знаю, есть люди, которые не признают пения: человек становится в позу, раскрывает рот (либо естественно — и тогда уродливо, либо искусственно — и тогда смешно) и, стараясь сохранить на лице выражение непринужденности, вдохновенности и целомудрия, протяжно кричит (или гудит) не всегда удачно соединенные слова, иногда бессмысленно заторопленные, иногда разрезанные на куски, как для шарады, иногда нелепо повторенные несколько раз.

Но когда она, вдохнув (не театрально, а так же просто, как мы вдыхаем горный воздух, высунувшись из окна вагона), раздвинула свои крупные, красивые губы, и чистый, сильный, какой-то до краев полный звук вдруг зазвучал надо мною, я поняла внезапно, что это-то и есть бессмертное и бесспорное, от чего сжимается сердце, и мечта о крыльях воплощается в действительность для человека, вдруг потерявшего всю свою весомость. Какая-то слезная радость вдруг захватила меня. Пальцы мои дрогнули, заблудившись в черных клавишах; я считала про себя, боясь на первых порах разочаровать ее в моем старании, но я чувствовала, как судорога проходит у меня по спинному хребту. Это было драматическое сопрано, с прекрасными, устойчивыми верхами и глубокими, ясными нижними нотами.

— Еще раз, Сонечка, — сказала она, и мы повторили арию. Не помню, что это было. Кажется, это была ария Елизаветы из «Тангейзера».

Потом она минут пять отдыхала, гладила кошку, выпила полчашки остывшего чаю, заставила рассказать про N., про мое детство. Но рассказать мне было нечего. Разве что про Митеньку? Ах нет! Только не про Митеньку. Слава Богу, она его хорошо знает, ведь ее муж — двоюродный брат Митенькиной матери. Талантлив-то он талантлив, но ведь с ним бывает, что он имени своего вспомнить не может.

И опять она пела, а я, еще осторожно, еще робко, но старательно сопровождала ее в этом чуде, которое напоминало полет, парение, и были минуты, когда опять игла входила мне в сердце, прошивала меня всю. Несколько раз она прерывала меня, давала указания, просила начать сызнова. Она приглядывалась, прислушивалась ко мне. Была ли она мной довольна?..

В половине седьмого раздался сильный звонок.

— Подождите, — сказала мне Мария Николаевна, — это ко мне.

Она вышла в переднюю, и я слышала, как она сама открыла дверь.

— Я звонил два раза, — сказал громкий мужской голос, — но мне объявляли, что вы заняты и подойти не можете. В чем дело? Неужели вам трудно подойти к телефону?

— Тише, тише, Сеня, — ответила она, — у меня урок, репетиция. У меня аккомпаниаторша.

— К черту всех! Я звонил, чтобы ехать с тобой кататься. Машина внизу. Хотел в четыре — задержали, хотел в пять — шофера не было. Только сейчас выбрался.

— Сейчас скоро семь. Куда же ехать? Ведь Павел Федорович вот-вот вернется.

Человек, видимо, что-то хотел ответить, но я почувствовала, как она закрыла ему рот рукой. Там шептались. Потом все стихло. Мария Николаевна вернулась в гостиную.

И действительно, не прошло и четверти часа, как вернулся домой Павел Федорович.

— Мой муж, — сказала Мария Николаевна, вставая к нему навстречу, — Сонечка Антоновская. — И мы пожали друг другу руки.

Я едва успела подумать, что, вот, я познакомилась с человеком, и уже у меня есть от него тайна, уже я сообщница с кем-то против него, как Мария Николаевна сказала, отойдя к окну:

— Только что заезжал Сеня. Звал кататься. Нагрубил за то, что не подошла к телефону, когда он звонил.

— Что ж ты не поехала? На дворе снежно, чудесно. Вот порох!

Она не ответила. Я стояла и смотрела в пол. Павел Федорович сел на ближний стул. Он был в высоких сапогах. Я подняла голову. На нем был френч, он носил бороду, волосы его были длиннее обычного, но не «артистические», а какие-то «купеческие», и наружность его была самая обыкновенная, немного простецкая. На вид ему было лет 45.

Мы обедали втроем. Я старалась не есть слишком жадно и все-таки под конец обеда так отяжелела с непривычки, что мне было трудно справиться с собой. Горничная обносила блюда, сперва Марии Николаевне, потом мне, потом Павлу Федоровичу. В

11

громадной столовой я смущалась еще более, чем в гостиной, к которой успела немного привыкнуть. Разговор почти все время шел обо мне. Выпив стакан красного вина, я незаметно охмелела; в зеркале буфета, в которое иногда попадала глазами, я видела, что стала красной, какой-то припухлой. «Она потому-то и сказала ему, что тот приходил, что во мне еще не уверена». И я засмеялась не к месту. «Надо добиться ее доверия».

«Зачем? Чтобы потом предать?» Я уронила ложку в тарелку, и компот брызнул на скатерть. «Надо добиться, заслужить... Чтобы потом, незаметно, когда понадобится, вдруг укрыть ее от какой-нибудь беды, вдруг спасти ее, послужить ей, да так рабски, чтобы она не знала даже, что это я... Надо стать ей необходимой, незаменимой, преданной до конца, не жалея себя... Или когда-нибудь предать ее, со всей ее красотой и голосом, чтобы доказать, что есть вещи посильнее ее, есть вещи, которые могут заставить ее плакать, что есть предел ее неуязвимости».

Я была немножко пьяна. А она улыбалась моему красному лицу, блестящим глазам, говорила о моем покойном певце, которого она знала, за которым, оказывается, бегала, будучи девочкой.

— Нет, вы и не представляете себе. Сонечка, как он бывал великолепен, когда надевал свои палевые штанишки во втором действии «Онегина»... Но голос стал пропадать у него рано, он пил, как швед.

— Ему перед смертью из Петрокоммуны крупу прислали, — сказала я.

После обеда они собрались куда-то ехать, и я стала прощаться. Но прежде чем отпустить, Мария Николаевна задержала меня в гостиной.

— До завтра, — сказала она. — С вами хорошо, очень хорошо работать. Я думаю, у вас настоящий талант аккомпанировать — это бывает очень редко. Вы играли Шуберта — этого не надо делать, это не для вас. Но мне с вами будет замечательно, это я чувствую. А вы? Вам нравится у меня?

Я едва пробормотала несколько слов.

— Ну прощайте. Надо идти переодеваться. Сонечка, вы не могли бы опустить письмо? Только не в тот ящик, что у нас на углу, — из него уже год, как письма не вынимали, а на Литейном, по левой руке.

— Хорошо, Мария Николаевна.

Тут я заметила, что мы одни, что Павла Федоровича нет в комнате.

Она дала мне твердый синий конверт, и я ушла. На лестнице было темно, я ощупью добралась до низу, едва не поскользнувшись на обледенелых ступеньках. На улице тоже была совершенная темень, искрился снег, сам собой — не было ни

12

фонарей, ни луны. Одни звезды. Я дошла до Литейного. Прочесть, кому было адресовано письмо, я не могла. По всей улице ни влево, ни вправо не было ни одного огня, я ничего не видела перед собой, шла у самых стен домов, чтобы не споткнуться о сугроб или тумбу. У ящика я остановилась. При свете звезд я старалась прочесть адрес. Я задумала, если я разберу хотя бы первую букву имени (оно должно было начинаться на «С»), я письма не брошу, принесу домой, вскрою его, прочту и отправлю завтра утром; я присматривалась довольно долго, глаза мои налились слезами. Наконец, я увидела высокое узкое «А». И вдруг сразу прочла, будто где-то за мной блеснула молния: «Андрею Григорьевичу Бер. Зверинская, 19». Не знаю, почему я испугалась. Я бросила письмо в почтовый ящик и с колотящимся сердцем постояла немного.

Мимо меня прошли два человека, два оборванца, они несли что-то большое и тяжелое, мне показалось, что это дверь. Мне стало еще страшнее. Внезапно в стороне моста раздались выстрелы. Я побежала. Я старалась почему-то вспомнить лицо Павла Федоровича и не могла. Я старалась вспомнить его голос и что он говорил. И не могла. Я хотела подумать о том, любит ли она его, любит ли он ее? Кто он? Что он делает? Что с нами тремя будет дальше? И не могла. Она стояла у меня в мыслях. Ее голос. Ее какое-то слишком вольное, самоуверенное обращение с людьми, с будущим. И то, что на такое обращение она имела бесспорное, какое-то навсегда свыше данное ей право.

IV

Прошло более двух месяцев, я каждый день бывала у Травиных, я работала с Марией Николаевной, обедала, иногда оставалась вечером играть с Павлом Федоровичем в шашки, но ни «Сени», ни «Андрея Григорьевича Бер» я не видала и о них ничего не слыхала. Дома у меня все шло по-прежнему, но я постепенно уходила из старой своей жизни. Мама, ее заботы, ее недомогания оставляли меня безучастной, Митенька переживал свой первый роман с Х., в которую, по общему мнению, он был влюблен исключительно по инерции: она была внучкой известного композитора. Впрочем, Х-у Митенька и не думал подражать, а уходил в своих «хоралах» все дальше и собирался даже для их исполнения строить какой-то особенный рояль, с четырьмя клавиатурами. Но довольно о Митеньке. Устроив меня к Травиной, он постепенно исчез из моей жизни, и встретилась я с ним уже в Париже, сравнительно недавно. Но об этом расскажу в свое время.

Других знакомых, которые бы приходили ко мне, с которыми

связывала бы меня какая-нибудь теплота, у меня не было. Да и все прежнее казалось мне теперь несто́ящим памяти — оно и в самом деле забывалось. Утром я упражнялась, стояла в очередях, топила печку; после завтрака, состоявшего всегда из одного и того же — селедка и каша, — я мыла посуду, чистилась, переодевалась в единственное приличное платье и уходила.

Там было тепло. Там меня кормили, говорили, что жизнь трудная, но занимательная штука, иногда что-нибудь дарили. Мария Николаевна, вначале чуть-чуть рассеянная и обаятельно-тихая, к семи часам приходила в веселое, деловое настроение. Павел Федорович, иногда вернувшись немного раньше, сидел и слушал нас в углу гостиной. Но чаще мы, как только он приходил, сейчас же садились за стол. Через неделю я уже знала всю их жизнь, и мне было смешно, что в первый день я так волновалась от любопытства и Бог знает еще каких чувств. Павел Федорович служил в одном из тогдашних продовольственных «главков». Все, что ему было нужно, он получал, вплоть до битой птицы и музейных ценностей. Нельзя сказать, чтобы он «наживался» на своей службе, он просто не считал нужным быть слишком щепетильным, любил жить удобно, сладко, сытно, еще два года тому назад он был очень богат, даже как-то невероятно богат, богаче всех, кого я знала, богаче Митенькиных родителей. И теперь, ничего не желая знать, он хотел жить благополучно, если не роскошно, и, как ни странно, это ему удавалось. Главная перемена в их жизни заключалась в том, что они оба постепенно растеряли прежний свой круг и не старались обзавестись новым. Что говорить: кое-кто был расстрелян, кое-кто сидел в тюрьме, многие бежали, другие раззнакомились с ними, считая, что Травин — подлец. Приходили какие-то актеры, родственники, прежние служащие Павла Федоровича — но не это был тот «свет», в котором Мария Николаевна блистала еще недавно.

В начале апреля Мария Николаевна предложила мне переехать к ним. Они готовились к отъезду в Москву, квартира была продана какому-то восточному консулу. Эта последняя неделя в Петербурге прошла для меня как один день. Мне были подарены платья, мне были даны деньги на парикмахера. Мария Николаевна вдруг вторглась в мою жизнь с другого конца: не было вещи, о которой она бы меня не спросила: и в котором часу я встаю, и на каком боку я сплю, и какой цвет мне больше всех идет, и ухаживал ли за мной кто-нибудь, и верю ли я в Бога? Словом, я чувствовала, что внезапно оказалась совершенно незащищенной от нее, что вот-вот она узнает обо мне решительно все, и то, как я отношусь к ней и что о ней думаю. У нее была такая решительная сила во всем, что она делала, что устоять перед ней было невозможно. Еще минута — в тот вечер (дня за два до отъезда) — я рассказала бы ей о своем происхождении, я бы, может быть, разрыдалась, в таком я была состоянии. И она поняла, что зашла в своих вопросах слишком далеко. (Она, между прочим, спросила меня, люблю ли я кого-нибудь? И я быстро на это сказала: нет, потому что Евгений Иванович был в это время совершенно забыт, от мамы я в эти недели отошла очень далеко, и, таким образом, если я кого и любила в ту минуту, то только ее, Марию Николаевну Травину, конечно.) Она поняла, что зашла слишком далеко и что пора прекратить беседу. Она встала и сказала:

— Пойдем, попоем немножко. Хорошо?

Она могла работать помногу, для нее не существовало ни «состояния», ни «настроения». Она готовилась к концертам в Москве. Накануне отъезда она в последний раз выступила в Петербурге, и это был день первого моего выступления вместе с ней.

Десятки раз после этого я выходила с ней на эстраду, но так никогда и не знала, как мне кланяться, куда смотреть, улыбаться ли на аплодисменты и в скольких шагах выходить за ней? Я проходила быстро, как тень, не глядя в публику, я садилась опустив глаза, клала руки. А она раздавала свои улыбки и взгляды так, словно и не думала ни о чем, а только: «Вот я. Вот вы. Хотите послушать? Сейчас вам спою. Какая радость доставить вам удовольствие!»

Так, мне кажется, я читала ее мысли тогда в Петербурге, в то время как она уже стояла передо мной в круглом выгибе рояля. «Сонечка!» — шепнула она, и я поняла, во-первых, что надо начинать, а, во-вторых, что она — певица, а я — аккомпаниаторша, что концерт этот — ее концерт, а не «наш», как она говорила, что слава — для нее, что счастье — для нее, что меня кто-то обманул, обмерил, обвесил, что я оставлена в дурах Богом и судьбой.

Огромный зал был полон. Молодежь в антракте ломилась в артистическую, где нас окружил весь цвет консерватории и Мариинского театра. Я стояла молча, время от времени Мария Николаевна знакомила меня с подходившими, большинство из них я знала, но говорить мне с ними казалось неприличным, да и не о чем было мне говорить. Кто-то похвалил меня, переспросив мою фамилию, но тут подошел Павел Федорович, и все сразу засмеялись чему-то, заговорили.

— Сонечка, где-то мой платок, — шепнула мне Мария Николаевна, делая испуган-ные глаза, — что-то в носу как будто сыро.

И я понятливо заискала платок, и нашла его под стулом, и подала ей.

Мама была тут же. У нее было счастливое лицо, чуть покрасневший от умиления нос. Она успела шепнуть мне:

— Первый твой триумф, Сонечка!

15

Я удивленно взглянула на нее — нет, она не смеялась надо мной.

Оттого, что часы были переставлены вперед на три часа, оттого, что стоял апрель, ночь была совсем светлой; мы вернулись домой в первом часу. Я слышала, как Павел Федорович ужинал один в столовой, стоя у буфета, я слышала, как Мария Николаевна позвонила кому-то по телефону. Ночью можно было соединяться с трудом. Ей долго не давался номер. Потом она говорила — очень тихо, очень тихо. Я не двигалась у себя. Я могла приложить ухо к двери и услышать каждое слово, но я не двигалась, я сидела на постели. Какое мне дело, что у нее любовник, или два? Пусть Павел Федорович убьет ее или их, или она сама над собой что-нибудь сделает. Я, я-то что буду в жизни делать? Я, я-то зачем живу на свете?

И вдруг открывается дверь, входит она.

— Вы еще не спите? Дайте я поцелую вас. Спасибо за сегодняшний вечер.

Я беру ее за руку, бормочу: ну, что вы, Мария Николаевна, при чем здесь я?

Она кладет в рот чернослив и смеется.

На следующий день в 8 часов вечера мы выехали в Москву.

Мама была на вокзале, и Митенька, и внучка X., и еще человек 30 полузнакомых или вовсе незнакомых мне людей. Мария Николаевна стояла в окне международного вагона, в белой лайковой шапочке, с белым песцом на плече. Я старалась поймать, на кого из мужчин она чаще всего смотрит, но мама, заплаканная, растерявшая все слова, то и дело становилась между мною и ею.

— Возвращайся, девочка моя, — говорила она, — что-то со всеми нами будет? Мой талантик светлый, будь счастлива! Дай Бог Травиным здоровья, какие они добрые, милые. Будь осторожна, смотри, старайся... Сонечка, моя крошечка...

Я слушала ее лепет, и, несмотря на то, что половину его не понимала, что-то доходило до меня в те минуты из этих последних слов. «Мамочка, — отвечала я, — все будет хорошо, мамочка, видишь, как уже все хорошо устраивается. И о чем беспокоиться? Не надо беспокоиться. Будь здорова, мамочка». Она плакала, обнимала меня. Прозвонил звонок. Я вскочила на площадку. В это время из толпы провожающих вышел человек в военном френче с нашивками, с лоснящейся у пояса кобурой, сделал два шага за вагоном, крепко пожал свесившуюся руку Павла Федоровича, поцеловал два раза руку Марии Николаевны и взмахнул фуражкой. Все замахали шляпами и платками, даже Митенька. Человек во френче крупным шагом пошел рядом с окном.

— В Москве увидимся, — сказал он.

— Довольно, под поезд попадешь, — ответила она.

— В Москве увидимся, — повторил, словно с угрозой, человек.

Поезд пошел быстрее, он отстал.

— Сеня до того растолстел, — сказал Павел Федорович, обращаясь ко мне, — что скоро бегать разучится.

Мария Николаевна не ответила. Она стояла у окна и смотрела назад. По направлению ее взгляда я видела, что она смотрит не в сторону провожающих, впереди которых размахивал фуражкой Сеня, а куда-то левее, смотрит грустно, долго...

У нас было два смежных купе. В вагоне кроме нас ехали какие-то советские сановники, с которыми Павел Федорович, имевший в Москву командировку, сейчас же познакомился. Они сперва выпили у нас, потом — мы у них. Мария Николаевна, кутаясь в большой пестрый платок, продержала одного из них на коленях перед собой около получаса, с полным бокалом вина в руке. У Павла Федоровича шел с другим длинный, увлекательный разговор об охоте, о знаменитой коллекции ружей Карахана, о царской охоте на зубров. Третий, молодой, худенький, с ангельским лицом и большими глазами, непременно требовал, чтобы я выпила с ним на «ты». Мне было страшно, но я сцепилась с ним руками и вытянула свой стакан, после чего он сказал, что поцелует меня. Мне стало еще страшнее. Я поняла, что опьянела и могу влюбиться в него, если он это сделает.

— Я научу тебя целоваться, — говорил он, — ничего, что ты не умеешь, я научу тебя.

Мария Николаевна из другого угла купе сказала:

— Это так быстро не делается.

Он обнял меня, и я почувствовала что-то нежное и влажное во рту.

Ночь летела в окно, кто-то шатался по коридору, кто-то целовал мне руки, без назойливости, очень осторожно; кто-то, наконец, нежно довел меня до моего купе. Ночь летела в окно. Поезд мчался. Я чувствовала, что это жизнь летит на меня, а я мчусь в нее, в бархатную неизвестность.

V

Сеня приехал в Москву через две недели после нас — я ждала его, как, вероятно, ждут любимого человека. А между тем время бежало круто и решительно вперед, и каждый день московской жизни приносил нечто новое.

Мы остановились у сестры Марии Николаевны, на Спиридоновке; в первом этаже особняка помещалось какое-то учреждение, во втором — жило 15 человек, все своих, родных. Одна я была чужая.

С первого дня нашего приезда начались приходы каких-то развязных господ; они не спрашивали, когда и где будет петь

Мария Николаевна, и что будет петь. Они как бы реквизировали ее и приказывали ей, правда вежливо, но не слушая никаких возражений: то ехать на поданной к крыльцу подводе в Кремль на какой-то раут, то петь в филармонии — и именно тогда-то и то-то, то принять на будущую зиму ангажемент в Большой театр. Павел Федорович, который почти не выходил из дому (командировка его оказалась фиктивной), однажды сказал:

— Не осенью, а сейчас удирать отсюда. Разве можешь ты так жить?

Мария Николаевна посмотрела на него с доверием, и мы поняли, что он начнет завтра доставать фальшивые документы.

Но кроме этой реквизиции, я узнала в Москве и другое: я узнала в полной мере чужую славу, и я даже немного привыкла к ней. Мария Николаевна не отпускала меня от себя. Иногда высылала меня говорить с какими-то требовательными поклонниками, иногда просила съездить куда-нибудь по делу. Помню, на каком-то ужине после, кажется, второго концерта она должна была сидеть рядом с Луначарским и в последнюю минуту посадила меня на свое место. Луначарский покраснел, смолчал, но к концу ужина разошелся чрезвычайно.

— Вы девушка или женщина? — спрашивал он меня, дыша на меня вином. — Ответьте, вы девушка или женщина?

Запинаясь, я чистосердечно призналась, что я девушка. Он объявил об этом на весь стол, прослезился и хотел поклониться мне в ноги, но Павел Федорович вовремя вступился.

Чужая слава, чужая красота, чужое счастье окружали меня, и самое для меня трудное было то, что я знала, что они заслужены, что если бы я находилась не у рояля, на эстраде, где меня не замечали, не где-то за Марией Николаевной в артистической, а в той толпе, которая хлопала ей или выбегала за ней на подъезд, я бы сама так же восторженно смотрела на Травину, так же бы хотела говорить с ней, дотронуться до ее руки, увидать ее улыбку. Но сейчас я мечтала только об одном — найти слабое место этой сильной женщины, получить возможность, когда мне станет невмоготу оставаться ее тенью, — распорядиться ее жизнью.

Отношения ее с Павлом Федоровичем много раз удивляли меня — несмотря на то, что у нее, несомненно, была какая-то тайна, они были безоблачны. Он любил ее так, как только можно любить. Они были женаты шесть лет. Каждое слово, каждая мысль ее были для него выше суда, она была всей его жизнью. И она отвечала ему полной мерой. А я ждала Сеню, чтобы поймать ее в обмане. И Сеня приехал однажды утром, прямо к нам — с поезда.

— Сними фуражку, что за хамская привычка входить в комнату в фуражке, — сказала она, перетирая полотенцем только что вымытые волосы. — Ну что в Питере?

Я вышла из комнаты и остановилась за дверью. Но разговор сразу стал тихим. Два раза звякнули Сенины шпоры. Когда пришел Павел Федорович, я, едва скрывая свое волнение, сказала ему, что у Марии Николаевны кто-то сидит.

Он заглянул в щелку двери и опять ее закрыл.

— Там какое-то галифе, — сказал он мне. — Это, наверное, Сеня. Приехал-таки дурак! Ну, пусть объясняется.

Мы посидели в детской, где не было никого. Прошло полчаса. Павел Федорович показывал мне какие-то бумаги и просил запомнить новые имена, под которыми мы тронемся на юг на будущей неделе. Я волновалась ужасно, и мне было странно, что он совершенно спокоен. Внезапно в переднюю вышли. Слышно было, как вышли двое, но ни Мария Николаевна, ни ее гость не произнесли ни одного слова. Сеня рванул входную дверь.

— У него все-таки были какие-то сумасшедшие надежды, — сказала Мария Николаевна, входя к нам. — Как тяжело это. Пятнадцать лет верной дружбы: веселый, неглупый человек. Потеряла я его.

И она села. Павел Федорович спросил:

— Но ты не была груба?

— Немножко, — ответила она и, облокотившись на руку, задумалась.

Я стояла у окна, вытянув руки по швам. Я хотела кинуться к ним обоим, просить, чтобы они меня прогнали от себя.

— А у меня новости, капитальные новости, — заговорил Павел Федорович, — все готово, и я думаю, мы скоро двинемся.

Мария Николаевна подняла голову.

— Постылая Москва, — сказала она. — На север, на юг — все равно куда, только бы вон.

И через пять дней мы тронулись в путь.

Наше путешествие было таинственно и опасно, оно стоило много денег и драгоценностей и длилось около месяца — но даже всеми своими исключительными минутами оно было слишком похоже на другие такие же путешествия, и если нам во время нашего странствования казалось, что только нам на долю выпало ловить на себе паразитов, быть обокраденными до нитки, прятаться в теплушке, уцелевшей на развороченных динамитом путях, то по приезде в Ростов мы узнали, что десятки, сотни людей испытали то же, что и мы, и в общей веселой и обильной жизни никто уже и не вспоминает об этом. У нас теперь был апартамент в гостинице. Павел Федорович в несколько дней сделал какое-то почти миллионное дело, Мария Николаевна занималась, выступала, блистала. А я... я была в первый раз в жизни влюблена. Мы ходили к Филиппову есть пирожные. Ему было 18 лет, он был на первом курсе, и его глупость умиляла меня до слез.

Тут было все: и «если я уйду на войну, вы будете плакать?», и «я слишком много в жизни пережил, чтобы не понимать...», и «если вы не можете мне подчиниться до конца, то скажите прямо», — бесконечно-сладкие и совершенно пустые слова, от которых я впадала в счастливое оцепенение.

Дома я скрывала свое знакомство. Я старалась быть такой же исполнительной и покорной. Каждый день Мария Николаевна занималась; были выступления — преимущественно благотворительные; здесь опять был тот успех, который окружал ее всюду, как воздух. А я думала о том, что мы с моим первокурсником поженимся и я брошу Травиных — без предупреждения, без прощания — начну свою жизнь, рожу ребенка, брошу музыку, сыгравшую со мной такую жестокую шутку. И этими мыслями была почти счастлива.

— Сонечка, сядьте сюда, — сказала мне однажды Мария Николаевна, — ведь вы — мой дружок, а потому я могу с вами говорить откровенно?

— Да, Мария Николаевна, — и я села, куда она приказывала.

— Посмотрите на меня. У вас в последнее время глаза стали другими: какие-то твердые... Бросьте вы своего мальчишку. Он очень смешной.

Я похолодела.

— Пусть бы молод был, или глуп, или некрасив, или еще что. А ведь ваш — просто смешной. Бог его знает, а без смеха на него смотреть невозможно.

— Откуда... вы знаете?

— Да и знать нечего. Ну неужели это любовь?

— Мы поженимся, — выжала я.

— Не может быть! Ну уж это совсем анекдот. Ведь он телеграфистом будет.

— Почему телеграфистом? Он на юридическом.

— Это ничего, а будет все-таки телеграфистом. И всю жизнь у него будут болеть зубы...

(У него, действительно, недавно был флюс).

— ...и когда вы будете с ним гулять под ручку...

— Мария Николаевна, не надо!

— Почему не надо? Это — жизнь. Божий мир устроен прекрасно, ведь правда?

Я сидела и молчала. Лучше бы она сказала: я запрещаю вам путаться с этим молокососом, или что-нибудь в этом роде. Да, по сравнению с ней все люди были жалки и смешны.

— И потом, вы знаете, мы скоро уедем.

— Куда?

Она подошла ко мне, положила мне руку на плечо и посмотрела — не на меня, на свою руку.

— За-гра-ни-цу, — сказала она едва слышно, будто стены могли ее услышать.

И вот первокурсника своего я больше не видела. Я вдруг поняла, что история с ним — отступление от главной линии, взятой мною еще в Петербурге, я поняла, что кроме Травиных в моей жизни не должно быть никого. И опять я начала приглядываться, прислушиваться к ним, но ничего из того, что мне надо было, не доходило до меня.

Мы, действительно, осенью выехали из Ростова и через Новороссийск прибыли в Константинополь. Павел Федорович делал нашу жизнь легкой и беспечной, — это второе путешествие было безопаснее и проще первого, но кочевая жизнь моя должна была кончиться только весной 1920 года, ровно год продолжалась она и того, чего я ожидала от нее, не принесла мне. Я сжилась с Травиными, я стала членом их семьи, я была первой слушательницей Марии Николаевны и в то же время — ее слугой. И за ней, и за Павлом Федоровичем постепенно окончательно рассеялся дым какого-то неблагополучия и тайны, который так долго меня беспокоил, но я знала, что настанет день, он сгустится снова, и я узнаю все, что так хочу знать.

Итак, весной 1920 года закончилось наше третье путешествие — мы были в Париже.

Помню, шел дождь, был вечер, я смотрела в окно автомобиля на улицы, на пешеходов, — я сидела на переднем сиденье, против Травиных. У Мариии Николаевны был усталый вид. Помню свои сны в номере отеля «Режина», первые дни, портрет Марии Николаевны в «Пти Паризьен»... Помню все это отчетливо, как будто это было вчера. А жизнь опять, в который раз за этот год, начиналась сызнова, буйная, пестрая и щедрая, нашлись прежние знакомые Травиных, были выезды, вечера, рестораны. Пришло лето — Мария Николаевна уехала в горы, Павел Федорович вскоре уехал за ней. Я слонялась по городу, смотрела могилу Наполеона, церкви, денег у меня было вдосталь. Потом и меня выписали на юг. Вернулись мы в сентябре, и сейчас же закипела работа: Павел Федорович пустился в дела, Мария Николаевна стала готовиться к концертам. Появился антрепренер — акула и пройдоха, — но очаровательный человек, с анекдотами, комплиментами, всевозможными услугами... Наступала осень...

В тот день, когда это случилось, я была одна дома. У нас уже была квартира. Травины куда-то уехали завтракать, прислуга была отпущена.

У двери позвонили.

Я разбирала что-то на рояле и, совершенно не думая, кто бы это мог быть, пошла и открыла.

Вошел высокий, очень высокий, еще молодой человек, в мягкой шляпе и пальто, хоть и хорошем, но уже сильно потертом. В руках у него была старая, немодная трость.

Дверь в гостиную была открыта. Я увидела, что он темно-рус,

что у него прямой, длинный нос и небольшие усы. Глаза его смотрели нерадостно.

— Мария Николаевна Травина здесь живет? — спросил он.

— Да.

— Она дома?

— Нет, ее нет.

Он облегченно вздохнул.

— Она, может быть, скоро вернется?

Я догадалась, что он принимает меня за прислугу.

— Не думаю.

— А Павел Федорович?

— Он вышел тоже.

— Они вернутся вместе?

— Кажется, да.

Он помолчал. Потом вынул из кармана бумажку, карандаш, что-то написал.

— Вот мой номер телефона, — сказал он, — возьмите. Передайте ей, — он подчеркнул «ей», — передайте, что приходил Бер, Андрей Григорьевич Бер. Не забудете?

И он сунул мне в руку два франка.

Я взяла деньги, поблагодарила и сказала со всей убедительностью, как только могла: «Нет, не забуду, будьте покойны».

А когда он ушел, я села тут же в передней на бархатный табурет и заплакала.

VI

Я знала, что мне сейчас предстоит сказать Марии Николаевне, что приходил Бер, тот самый Бер, о котором за эти месяцы я совершенно забыла и только чуяла собачьим чутьем его существование в мире. Это был тот самый человек, которому, в первый вечер моей службы у Травиной, я бросила письмо в почтовый ящик, на Литейном. Теперь он был в Париже. Ехал ли он следом за нами? Я готова была ручаться, что этого не было. Несомненно, он выехал из России севером и вот появился здесь, и это было его первым (после года отсутствия) появлением в жизни Марии Николаевны.

«Тебе мало? — говорила я себе. — Тебе плохо? Чего ты хочешь и почему ты ищешь разрушить эту жизнь, в которую тебя так доверчиво приняли?» Я держалась обеими руками за узкое трюмо и смотрелась в него, в свое лицо, словно так близко никогда его не видела. И чем больше я смотрела, тем больше мне казалось, что не я смотрю, а та из зеркала смотрит на меня. Что у нее глаза человека, решившегося на поджог родного дома. Что, может быть,

22

в ее большой, бледной, жилистой руке уже зажат дымящийся фитилек...

— Фитилек? Про какой это вы фитилек? — и в зеркале за собой я увидела смеющееся лицо. Мария Николаевна неслышно вошла в комнату. — Павел Федорович поехал на скачки, а я вернулась. Умоляю, запалите утюг — надо к вечеру выгладить одну тряпку. А где Дора?

Дора была прислуга.

— Я выглажу, Мария Николаевна. Доры нет.

Мы стояли посреди комнаты. Когда я увидела, что она стоит прямо против света так, что ее лицо не может утаить от меня ни одного движения, я разжала руку и протянула ей телефон Бера.

— К вам приходил один господин и просил вас ему позвонить.

Она сказала «уф» и села.

— Что ему надо? Кто такой? Может быть, это к Павлу Федоровичу?

— Нет, это к вам. Андрей Григорьевич Бер.

«Ну вот и довольно! Она побледнела. Хватит. Хватит. Дальнейшее тебя не касается. Она стала совсем бледной, ей сейчас будет худо. Рада? Вот ей и нехорошо...»

Но Марии Николаевне отнюдь не было дурно, и она не покачнулась, как мне представилось, а только покачала головой. Она взяла бумажку, прочитала ее, задумалась. Я стояла и ждала.

— Утюг, — сказала она, не глядя на меня. — Сонечка, я просила...

Я пошла на кухню и поставила утюг. В комнатах было тихо.

— А пока он греется, — крикнула она вдруг сильным своим голосом, — Сонечка! Пожалуйста! Позвоните по этому номеру!

И мы подошли к телефону.

— Вы вызовете господина Бера и скажете, что вы передали мне, что он был, но что я так занята эти дни, так занята, что прошу меня простить, — не могу принять его. А когда буду посвободнее — дам ему знать.

Щеки ее пылали, глаза блестели, голос вот-вот готов был изменить.

Я позвонила, мне сказали, что Бера дома нет. Она этого не ожидала и растерялась, и стала снимать и надевать свой толстый браслет. Я вышла на кухню.

Через полчаса она позвала меня опять, она хотела попеть до обеда.

— Как вы думаете, Сонечка, — сказала она, уже стоя у рояля и глядя на меня странным взглядом, — предположим, я хочу по номеру телефона узнать адрес человека. Возможно это?

— Думаю, что возможно.

— Нет, не Бера! Ах, какая вы хитрая, вы, наверное, подумали про этого Бера. Я теоретически.

— Есть, кажется, такая специальная телефонная книга. Когда мы жили в «Режине», я ее видела.

— Специальная? А если у меня ее нет?

— Тогда вам придется перелистать всю телефонную книгу — миллион номеров.

— Ну, уж и миллион! А сколько часов, вы думаете, на это потребуется?

Почем я знала? Меня занимала мысль: попросит она меня при Павле Федоровиче не упоминать о приходе Бера или нет? Но вот Павел Федорович вернулся (с крупным выигрышем и как всегда веселый), а Мария Николаевна не сказала мне ничего.

Но и ему она не сказала ни слова.

— Никто не приходил? — спросил он еще в передней.

И я ответила: «Никто, Павел Федорович», — думая получить в ответ благодарный взгляд, но Мария Николаевна даже головы не повернула в мою сторону.

А на следующее утро я, по ее просьбе, дозвонилась до Бера и передала ему то, что она велела передать. Она слушала его голос во вторую трубку. Он переспросил, поблагодарил. Вечером того же дня Мария Николаевна уговорила Павла Федоровича повезти ее в один игорный дом, куда, не в пример обыкновенным клубам, допускались и женщины (конечно, тайно). Они вернулись поздно. Мария Николаевна разбудила меня, войдя ко мне.

— Для такого случая, — сказала она, садясь ко мне на постель, — можно и потревожить эту соню-Соню. Продула восемнадцать тысяч, и Павел Федорович не только не обругал, а еще утешал. (А говорят — «купец»!) Потом вернула и со своими унесла еще семь тысяч. Играть-то надо умеючи! Это вам не петь! Петь всякий может!

Она была так хороша, так весела, что мы с Павлом Федоровичем не знали, как ее угомонить. Заснули мы все трое под утро. «Говорят — „купец“. Кто говорит „купец“? — думала я. — Кто имеет право сказать ей про Травина, что он купец?»

Но в Павле Федоровиче, я это понимала, было что-то, что могло коробить людей, не принадлежащих к его кругу.

Он за этот год совершенно переменил свою внешность. «Купеческие» волосы он снял и причесывался на пробор, по-европейски, вместо высоких сапог носил первоклассные ботинки, зимою — гетры бледно-серого цвета. Белье, галстуки, костюмы — все у него было превосходное, руки он выхолил, лицом покруглел и надел на коротенький, волосатый мизинец кольцо с бриллиантом. И когда он молчал и не двигался, куря сигару в кресле, вытянув ноги, выставив перед собой уже немалый живот, его можно было принять за человека вполне порядочного, за джентльмена, на грани почтенности.

Но стоило ему заговорить или пройтись — в нем вдруг

проявлялась какая-то веселая вульгарность, какая-то животность, упрощенность, видно было, что всему на свете предпочитает он вкусно поесть, по-богатому выпить, всхрапнуть, «игрануть», как он говорил, щегольнуть Марией Николаевной, — отчего иные его знакомые слегка морщились, но что вовсе не мешало самой Марии Николаевне. Она говорила, что считает, что мужчина должен быть именно таким: грубоватым в своих вкусах, устойчивым в жизни, не обращающим никакого внимания на то, производит он или нет благоприятное впечатление на людей, вовсе ему ненужных. Она приблизительно так мне однажды и сказала:

— Есть что-то непозволительное, противоестественное в двух людях, когда он — весь в высоких мыслях, витает, ничего вокруг себя не видит, ступает во все лужи, садится мимо стула, сморкается в чайную салфетку, а она — все в уме высчитывает, сколько что стоит, и не текут ли калоши, и ах! завтра за квартиру платить, и еще что-нибудь. Мужчина должен быть трезвым, если надо — толкнуть соседа, чтобы самому пройти. Женщина — вы, может быть, думаете, она должна быть вроде птицы? Нет, вовсе нет. Но если у нее есть талант или хотя бы душа — она спасена.

Так она сказала мне однажды. И в тот день, когда она вечером ушла одна — чего никогда не делала, — я вспомнила эти ее слова и подумала, что обмануть одинаково легко и того, кто витает, попадает впросак, ведет себя совершенным олухом, и того, кто трезвым, плотным естеством любит жизнь, которая ему отвечает тем же. Она ушла вечером. Павел Федорович был в клубе. Она не сказала, куда идет. Вернулась она скоро, часов в 11, далеко побывать она не могла; может быть, она каталась в Булонском лесу, может быть, как маленькая швейка, просидела в угловом кафе. Она прошла к себе в комнату. Обыкновенно в это время я еще не спала, но в тот вечер мне нездоровилось, и я прилегла. Услышав, что она у себя, я накинула халат и в мягких туфлях побежала спросить, не хочет ли она в постель чаю. Я постучала в дверь и, так как мне никто не ответил, неслышно вошла. Мария Николаевна сидела на стуле, у туалета, и плакала.

С дикой силой я кинулась к ней, не понимая, что делаю, и чувствуя, что плачу тоже. Я схватила ее за руку, я другой рукой обняла ее и залила ее платье слезами. Она закрыла лицо рукой. Грудь моя разрывалась, я ничего не могла высказать. Наконец, она отвела мое лицо, посмотрела мне в глаза. Я почувствовала, что сейчас она мне скажет... что она не может дольше скрывать. О, как я хотела этого, как хотела! Но она просто улыбнулась мне.

— Выпьем чаю, — сказала она, — и все пройдет. — И большой розовой пуховкой она обмахнула мне и себе еще влажные глаза.

Через час я была у себя, одна. Ну вот, она плакала. Довольно. Помимо меня совершилось то, о чем я мечтала. Она плакала, она страдала, она не была счастлива.

Но на следующий день — какой-то особенно хлопотливый и перегруженный, — глядя на нее, такую ровную, спокойную, неомраченную, я сама не верила себе, я, чем дальше уходил тот вечер, тем больше начинала сомневаться, — да видела ли я ее слезы? Да, может быть, их вовсе не было, а была только усталость? Или, может быть, она плакала совсем от других причин, ничего общего не имеющих ни с Бером, ни с Павлом Федоровичем. Может быть, она потеряла свой любимый браслет или получила из Москвы грустные от родных вести?

Через неделю в зале Гаво она пела.

Мне сшили голубое открытое платье, парикмахер причесал мои жидкие, сухие волосы, стараясь придать им жизнь и блеск. Мария Николаевна была необыкновенно хороша в белом платье, с черной косой, положенной вокруг головы. Платье ее, по тогдашней послевоенной моде, не застегивалось, а как-то завертывалось и завязывалось, и это очень ее смешило. «Ну что бы было, — говорила она Павлу Федоровичу, когда мы ехали в автомобиле, — если бы твои брюки заворачивались таким конвертом? Что бы ты сказал?»

В пыльной артистической нас встретили какие-то люди с цветами; антрепренер, у которого борода была в этот день выкрашена почти что в синий цвет и свернута на сторону, ахнул, когда увидел Травину. Потом он увидел меня.

— Как вы... молоды! — прохрипел он с восторгом. Да, я была молода. А большего ничего про меня сказать было невозможно.

И вот мы вышли. Она впереди, я — сзади, мимо первого ряда сидящих на эстраде, которые, как и те, в зале, конечно, смотрели мимо меня, на нее. Я всегда аккомпанировала ей наизусть. Мне пришло в голову, что если бы я аккомпанировала ей по нотам, то за мной бы шел еще кто-нибудь, скажем, какая-нибудь барышня, ну хотя бы в розовом платье, и она, присев рядом со мной на стул, переворачивала бы мне страницы. То есть была бы при мне приблизительно тем, чем я была при Марии Николаевне. Но я играла наизусть, и нас было двое. Нас было двое на эстраде, и у меня было такое впечатление, что нас двое в зале. Я знала, что Павел Федорович прошел в первую с правой стороны ложу, где сидели знакомые. Зал был совершенно полон. Но я все-таки чувствовала, что нас двое. Это ощущение продолжалось, вероятно, минуту: от того, как стихли аплодисменты, и до того, как внезапно, в первом ряду, я увидела Бера.

Он смотрел на нее, он был бледен, как его белая фрачная грудь. Нас было теперь трое. Я взяла первый аккорд. Мария Николаевна смотрела поверх зала. Но я угадала, что она знает, что он здесь. И пусть она не глядит на него, она все равно его видит.

VII

Наступила зима. После первого концерта было еще два; Мария Николаевна к декабрю получила два ангажемента: один в Америку, на концертное турне, другой — в Милан, в «Скалу». Она теперь была так тесно и плотно окружена людьми, что мы оставались вдвоем с ней только утром, до завтрака, когда она занималась, иногда неодетая, а с Павлом Федоровичем она бывала наедине только поздно ночью, когда они возвращались откуда-нибудь — из гостей, из театра, из ночного ресторана: втроем же, как бывало когда-то, мы теперь не были никогда.

Появилось такое множество старых знакомых: и дельцов, одной породы с Павлом Федоровичем, и приятельниц-актрис, и светских женщин, и какой-то стареющей молодежи, и даже иностранцев.

За завтраком всегда бывал кто-нибудь, к обеду — если Травины обедали дома — приходило порой до пяти-шести человек. Кое-кто бывал изо дня в день, другие менялись. Я иногда даже не знала: кто они? как их зовут? Выныривали москвичи (Павел Федорович был москвич); съезжались в тот год в Париж, и дом Травиных был одним из первых для них домов.

Вечерами шла иногда в кабинете Павла Федоровича крупная игра, часов до 8 утра, так что я просыпалась от громких и сиплых прощальных возгласов в передней, когда табачный дым проникал, наконец, и ко мне в комнату, расстелившись по всей травинской квартире. Павел Федорович осторожно шел в ванную и потом ложился где-нибудь на диване, спал до часу, завтракал и ехал к себе в контору — продавать и покупать русские лес, нефть, уголь, золото, — словом, все то, чего уже не существовало, но что ему хотелось, чтобы было как когда-то, когда он служил в продовольственном «главке», в Петербурге, и там управлял партиями керосина, спичек и соли, которых было ровно столько, чтобы их поделить между собою и несколькими подчиненными. И опять он совершенно не думал о том: честно это или бесчестно, «по-божески» выходит или не «по-божески». Жизнь текла, быстрая, мутная. В этой мутной воде он плыл...

Каждый день появлялись у нас новые люди — молодые, старые, богатые или уже просадившие на какой-нибудь афере свое богатство; женщины, преимущественно красивые, мужчины — искренно или нет, — взиравшие на Травину, как на божество, но среди этого потока я не увидела того, кого, казалось, так было бы легко Марии Николаевне ввести в свой дом, я не увидела Андрея Григорьевича Бера. И из этого я поняла, что Бер Павлу Федоровичу известен и что в доме Травиных он появиться не может, как не мог появиться в нем в Петербурге.

Мне стало ясно, что Андрей Григорьевич не первый год играл

27

в жизни Марии Николаевны какую-то роль, и роль эта была когда-то настолько Павлу Федоровичу понятна, что Беру вход к Травиным оказался закрыт — иначе, если бы они не были знакомы или Павел Федорович ничего бы не подозревал, Андрей Григорьевич бывал бы у них наравне с другими мужчинами. Мне постепенно стало ясно, что еще в Петербурге Бер стал тайной Марии Николаевны, и теперь она не открывала Травину его пребывание в Париже. Она молчала. Она много молчала. Она как будто радовалась, что вокруг нее говорят, шумят, хохочут другие и дают ей возможность почти не говорить.

Ни телефонных звонков, ни приходов Бера больше не было. Жизнь Марии Николаевны была заполнена пением, развлечениями, женскими заботами о своей внешности, — казалось, у нее не могло быть ни возможности, ни времени видеться с ним, и, несмотря на это, я не сомневалась, что они видятся. Почему? У меня не было никаких доказательств. На первом концерте он сидел в партере и не пришел за кулисы, на втором и третьем я его не видела. Однажды Мария Николаевна получила по почте письмо, которое сейчас же сама сожгла в никогда не топившемся камине, и пепел (вероятно, была закрыта труба) разлетелся по всей комнате. Днем она почти ежедневно выходила — ненадолго, но делала это вопреки всему. Она стала какой-то тихой, тень беспокойства изредка наплывала на ее лицо. И вот теперь она отказывалась ехать и в Америку, и в Милан.

«Да ведь Бер в Париже!» — захотелось мне крикнуть Павлу Федоровичу, когда я увидела, что он сделал удивленное лицо.

— Маша, да почему же? Ведь это то, о чем ты всегда мечтала. Ты подумай... Не хочешь?

Она мотнула головой. Бывшие тут же «свои люди», т. е. совершенно всем нам чужие четыре господина, разахались.

Я пошла в кабинет Павла Федоровича и долго сидела там, глядя в какую-то книгу, думая о своем. Америка, Милан — это был тот блеск, к которому она стремилась в России, она отказывалась от него ради любви. Она хотела быть вместе, рядом с тем человеком, которого она любила, который приехал за ней в Париж. Быть вместе. Ни я, ни моя мать никогда ни с кем не были вместе. Она отказывалась от славы ради каких-то коротких, тайных свиданий. С кем? Кто был этот Бер? Почему он открыто не отнимал ее у Павла Федоровича? Чего они ждали?

На все это ответа у меня еще не было. Пока я знала только одно: я открыла уязвимость Марии Николаевны, я знала, с какой стороны нанесу ей удар. За что? За то, что она одна, а таких, как я, тысячи, за то, что мне не идут ее перешитые платья, так ее красившие, за то, что она не знает, что такое бедность и стыд, за то, что она любит, а я даже не понимаю, что это такое.

— Сонечка, — сказал Павел Федорович из гостиной, где все

сидели. — Принесите из среднего ящика письменного стола мои паспорта.

— Зачем? — отозвалась я, словно меня разбудили.

— Они не верят, что мне сорок семь лет. Говорят: больше. Хочу доказать.

Там шел пустой разговор, и она сидела там, и Травин, ничего не подозревающий.

Я подошла к столу, выдвинула ящик. Там действительно лежали пять паспортов Травина, в большом конверте: советский, нелегальный, украинский, турецкий и белый. А под ними лежал револьвер. Я сейчас же задвинула ящик... Не могу передать, до чего меня удивила эта находка. Павлу Федоровичу совершенно не шло иметь револьвер.

Я отнесла паспорта в гостиную. Оказалось, что Травину и впрямь 47 лет. На вид ему можно было дать больше. Мария Николаевна молча улыбалась.

«Бер в Париже». — Если я произнесу эти слова, Павел Федорович, пожалуй, убьет меня из этого револьвера. Во время нашего путешествия револьвера не было. Из Константинополя мы ехали — я сама укладывала чемоданы Павла Федоровича — револьвера не было. Он купил его в Париже. Когда? Зачем?

А в гостиной все продолжался бессмысленный разговор. В 11-м часу приехала приятельница Марии Николаевны с мужем, и они увезли Травину куда-то. Павел Федорович с тремя гостями сели за молчаливый покер, а я осталась с четвертым гостем, пожилым, лысым человеком, которого звали Иван Лазаревич Нерсесов. Он курил, я сидела и ждала, когда он уйдет. В покер он играть не любил, играл в железку, любил летать на аэроплане (что тогда было сравнительной редкостью), был вдов и жил в собственном доме, недалеко от нас.

Он молчал и курил с ленивым, восточным забвением всего на свете; его полусонные глаза смотрели на меня, как мне казалось, меня не видя.

— Очень трудно, — сказал он вдруг.

— Что трудно?

— Очень трудно, — повторил он. — Рано лечь, рано встать. Привычка плохая — ночь сидеть. Пить. Есть. Не ходить гулять. Лежать.

— Да, — ответила я.

— Воздух, — сказал он опять. — Солнце. Когда-то любил. Теперь забыл.

— Вам бы кальян курить, — сказала я. — Вы пробовали? Он утвердительно прикрыл глаза.

— Поедем, — сказал он, когда мне, наконец, показалось, что он задремал. — Павел Федорович, отпустите барышню со мной.

Павел Федорович сидел к нам спиной и не обернулся.

29

— Рради Бога, рради Бога! — он в это время что-то соображал. — Куда? Ехать? Сонечке? Сонечка, а вам разве хочется?

Я была еще неодета, когда Павел Федорович вошел ко мне и, не обращая никакого внимания на то, что я закрыла от него свои плечи, сказал:

— Он абсолютно приличный человек. Только не пейте слишком много, а то вас будет тошнить. Он абсолютно приличный человек. И очень скучный. Потанцуйте с ним.

Нерсесов вывел меня к автомобилю. Шофер проснулся. Мы сели. На мне было мое голубое платье.

— Вы милая, очень милая. Такая некрасивая и такая милая, — сказал он. — Такая маленькая и такая дурненькая.

И он засмеялся. Засмеялась и я.

Мы приехали в модный в то время ресторан, сейчас же начался длинный, изысканный и непереваримый ужин. Я пила, Нерсесов пил. Зачем я была ему нужна? Он, вероятно, не задумался над этим. Может быть, он был добр, и ему стало меня жалко. Или ему хотелось убить еще одну бессонную ночь? Я не умела ни душиться, ни пудриться, лакеи смотрели на меня с состраданием.

— И вы никогда ни в кого не были влюблены, Танечка? — спрашивал Нерсесов. Я вспоминала свою жизнь, Евгения Ивановича, который уехал и не вернулся, полузнакомое, ласковое лицо в вагоне между Петербургом и Москвой, которое я больше не видела, моего первокурсника в Ростове, над которым так посмеялась Мария Николаевна. И это было все.

— Не Танечка, а Сонечка, — отвечала я на это и опять пила.

— Вас надо выдать замуж, голубушка, — говорил он, — и чтобы были детки...

— Не Олечка, а Сонечка, — отвечала я на это и смеялась сама над собой.

Поздно, перед самым рассветом, он довез меня до дому, поцеловал мне руку и поблагодарил меня «за веселую кабацкую ноченьку». Не сразу нашла я звонок; когда парадная дверь отворилась, мне показалось, что в темноте кто-то есть. Я стала искать выключатель. Я чувствовала, что совсем близко от меня кто-то стоит, и мне становилось страшно. Дверь на улицу я оставила открытой. Внезапно кто-то вышел и закрыл ее снаружи. Я зажгла свет.

Наверху гости уже разошлись. Мария Николаевна еще не возвращалась. Павел Федорович сидел один посреди гостиной. Было накурено, ковер был смят.

— Почему вы не спите? — спросила я.

— Не хочется, — ответил он. — Ну, как вы веселились?

Но я вдруг всхлипнула.

— Рради Бога, рради Бога! — закричал он, как давеча, когда

что-то соображал во время карт. — Идите скорее спать. Вам надо выспаться.

И он вытолкал меня за дверь так, будто боясь, что я сейчас скажу что-нибудь лишнее.

VIII

Может быть, если бы Мария Николаевна в те недели переменилась лицом и душой, страдала бы, да так, чтобы это все видели, и я в том числе, если бы она заболела, лишилась голоса, — не знаю, может быть, с меня было бы этого достаточно. Но кроме пришедшей к ней какой-то тихости да изредка беспокойного взгляда, я не замечала ничего. Опять она была мила и внимательна к Павлу Федоровичу, опять занималась старательно и много, временами ослепительно хорошела и самоуверенно и вольно продолжала свою жизнь. И я чувствовала, что я все больше и больше стираюсь перед ней, а она растет, как певица, и подходит, и внешне и внутренне, к какому-то, если так можно сказать, фокусу своего существования, к точке, которую при ее уме, таланте и красоте она способна будет протянуть, вероятно, на долгие годы.

В ее равновесии было что-то, что восхищало меня до испуга, до отвращения к ней. В том, что она обманывает Павла Федоровича, я не сомневалась, но и это делала она необычно, и он, вероятно, бессознательно, сам помогал ей в этом: он никогда ни о чем ее не спрашивал и тем самым не заставлял ее лгать, не унижал ее — она просто молчала. В том, что с Бером у нее не случайное «приключение» — это слово в приложении к ней звучало так же нелепо, как если бы к ее удивительно «верному» и правильному телу вдруг приставили костыли, — в том, что с Бером у нее долгая, трудная и, возможно, безвыходная любовь, я тоже не сомневалась. И несмотря на неразрешимость этих чувств, она продолжала сиять каким-то постоянным счастьем. И за это вечное счастье я мечтала наказать ее.

Дать понять Павлу Федоровичу, что Бер — в Париже, было мне мало. Мне надо было иметь доказательства, что она с ним видится. О том, что я сделаю с этим доказательством потом и как донесу Травину, я пока не думала. Я ждала, я следила.

О случайной удаче я не думала. Это было бы слишком просто: выйти на улицу и встретить их. Несколько раз мне казалось, что Мария Николаевна сама заговорит со мной о Бере. Я думаю, что этого было бы достаточно, чтобы я навсегда оставила все мысли о каком-то мщении ей, о сведении с ней счетов, по которым заплатить мне мог разве что Бог. В последнее время она все реже бывала со мной нежна, как когда-то, в первые месяцы нашей

31

жизни. Но иногда это все же случалось. Я сидела у рояля, она стояла надо мной и клала руку мне на шею, туда, где у меня такие две жесткие жилы и между ними — ямка. Она трогала мои волосы.

— Сонечка, вы вспоминаете иногда свою маму? Питер? Митеньку?

— Да, Мария Николаевна.

— Может быть, когда-нибудь мы получим от них весточку. Вот бы хорошо!

Я сказала:

— Из Питера приезжают люди. Может прийти письмо.

Она живо отвечала:

— Какое же письмо! Господь с вами! Люди бегут по льду через Финляндию...

Так я узнала, что Бер бежал к ней через Финляндию.

Как я сказала, Павел Федорович в два часа уезжал в контору. В четвертом часу Мария Николаевна уходила. Если у нее сидел кто-нибудь, она говорила: «Я скоро вернусь». И гость, или гости, которых, впрочем, за гостей никто не считал, оставались, бренчали на рояле, листали газеты, играли в шашки. Дора или я носили им чай.

Я все обдумала заранее. Я не обольщалась надеждой, что в первый же мой выход вслед за ней я все узнаю. В первый раз, когда я вышла за Марией Николаевной и пошла по улице, шагах в тридцати от нее, дальше чем до угла я пройти не могла от страха быть замеченной. Через два дня я пошла опять. Наша улица пересекала другую, и эта вторая выходила на большую тихую площадь с памятником. По эту сторону была кондитерская, по ту — бок о бок — три кафе: два по сторонам угловые, довольно просторные и светлые, а в середине — потемнее, погрязнее, так что всякий, кто хотел бы зайти, зашел бы непременно в одно из крайних, никак не в среднее, где и скверное кофе, наверное, считали сантимов на 25 дешевле, чем в соседних.

Мария Николаевна дошла до площади. Думая, что она возьмет автомобиль, я обошла с другой стороны, чтобы ехать за нею, взяв последнюю в очереди машину, но Мария Николаевна прошла мимо стоянки; она прошла прямо в узкую дверь маленького среднего кафе. И я повернула домой.

Когда я вбежала в квартиру, у меня еще оставалась тень сомнения. Я помнила телефон Бера. Я позвонила. Нет, его дома не было, он ушел с час назад. А когда он вернется?..

В эту минуту я услышала, как кто-то вкладывает ключ в замок входной двери. Я повесила трубку, телефон издал слабый звон. Я встала за дверью, скрытая портьерой. Я увидела, как вошел Павел Федорович. Он вошел, словно стыдясь в такое неурочное время оказаться дома.

Первый его взгляд был на вешалку. Гостей не было. Он

32

облегченно вздохнул. Он прошел мимо меня, в гостиную, оттуда в комнату Марии Николаевны. Я кралась за ним — я почти не боялась: оглянись он, я превратила бы все это в шутку. Он постоял довольно долго, как был, в пальто и шляпе, потом прошел коридором в столовую и взглянул два раза на часы. «Сонечка!» — крикнул он.

Я отозвалась уже из своей комнаты.

— Нет, ничего... Я тут забыл... Пришлось вернуться.

Хлопнула дверь. Он ушел. С безотчетной тревогой я кинулась в кабинет, к ящику. Нет, револьвер был на месте. Какая глупость могла мне прийти в голову! Кто, кроме меня, мог сделать, чтобы он взял его и стрелял из него? Но время мое еще не настало.

Если бы я могла иначе свести с ней счеты — открыто выйти на нее, может быть, отнять у нее Бера, сделать так, чтобы голос ее померк рядом с моей игрой, чтобы рядом со мной вся она не существовала, хотя бы для одного-единственного человека. Но у меня не было ничего. Я должна была мстить грубо.

Помню следующий за этим день. Утром она пела вокализы, к завтраку было два француза. Павел Федорович занимал их разговорами, поил дорогим вином. Говорили о том, какие у кого погреба. Потом мужчины ушли. Пришла с примеркой портниха. Потом...

Я вышла первая. Я дошла до площади, пересекла ее и вошла в полутемное, тесное кафе. Слева и справа шли столики, между ними был узкий проход, в конце его была перегородка. Я зашла за нее. Там было еще темнее. Сев за первый столик в углу, я заказала пиво и раскрыла газету. Расчет мой оказался правильным — через 10 минут Андрей Григорьевич Бер, в той же самой шляпе, с той же палкой в руке, вошел и сел в первом отделении, у самой перегородки. Я видела его сквозь прозрачный узор в матовом стекле, в полуаршине от себя. Было тихо, за окнами шел дождь; был тот особенный парижский час, когда в начале февраля месяца ни день и ни вечер, и как-то медленнее движется время и грустнее становится город.

...Мария Николаевна села рядом с ним, им что-то подали. Она была здесь. Мне все еще не верилось. Он взял обе ее руки, стянул с них перчатки, долго целовал их.

— Не плачь, — сказала она вдруг. Прошло долгое молчание.

— У меня руки мокрые от твоих слез, — сказала она опять.

Большие стенные часы тикали надо мною, в темном углу; проехал грузовик. За цинковой стойкой дремал толстый хозяин — и больше ничего.

— Я не могу, — сказала она. — Я дала слово Павлу Федоровичу. Я не могу.

Он сказал:

— У тебя у самой слезы текут, и кофе у тебя простыл и, наверное, соленый.

Она помешала ложечкой в стакане. В неподвижности их больших, темных силуэтов было что-то непохожее на действительность.

— Скажи мне что-нибудь, — сказал он. — Улыбнись мне.

Но, видно, голос и губы не повиновались ей.

— Я не могу его оставить, — услышала я. — Все равно, что пойти и убить. И обманывать его я тоже не могу.

— Так я пойду и убью, — сказал он шепотом. Опять она молчала долго.

— Я хочу приходить сюда, чтобы смотреть на тебя. И ты приходи смотреть на меня.

Он долго смотрел на нее.

— Подожди, — сказал он вдруг и улыбнулся, — неужели ты вправду думаешь, что это может так продолжаться?

Она по-бабьи оперлась щекой на руку. Тикали часы, время уходило, вошел кто-то, выпил у стойки рюмку, звякнули деньги. Ушел.

И когда неожиданно вспыхнул электрический свет над стойкой, над ними, надо мной, Мария Николаевна встала и ушла. И через минуту Бер подозвал хозяина и, расплатившись, ушел тоже... Зажглись еще две лампы. На дворе было совсем темно.

Я вышла как шалая. На свете не было никого, с кем я могла бы плакать. На свете не было никого... Какие-то улицы, углы, фонари... Я ничего не узнавала. Я пришла домой, позвонила. Дора открыла мне; Мария Николаевна была у себя, а в гостиной сидел Нерсесов.

Я долго стояла в дверях и смотрела на него, а он на меня. Может быть, он имел право сказать, что мы с ним водим дружбу. Он единственный из травинских гостей знал теперь мое имя и уже не ошибался в нем; он однажды вечером пожалел меня.

Я села напротив него. Я думала: что было бы, если бы он был моим мужем или хотя бы близким другом? Или пусть не он, но кто-нибудь другой, чтобы только не быть одной, всегда одной, а быть хоть с кем-нибудь вдвоем, чтобы иногда было похоже... Я бы чистила ему по утрам башмаки, гладила бы его носовые платки, вытирала бы его мокрую бритву. Я бы ждала его с обедом, я бы иногда прижималась к нему, чтобы почувствовать телом его тепло.

Старый лысый человек сидел передо мною.

— Где были? — спросил он.

— Гуляла, Иван Лазаревич, — машинально ответила я.

— Вот зашел. Сейчас Дисманы придут, и Павел Федорович вернется. Обедать будем.

Дора накрывала в столовой на стол. Мария Николаевна отдавала ей какие-то распоряжения. Я встала, медленно, с трудом волоча ноги, прошла в кабинет Павла Федоровича, не зажигая света выдвинула ящик письменного стола и вынула револьвер. Тихо ступая, я вышла в коридор, прошла к себе в комнату и спрятала револьвер под подушкой.

Я решила ночью убить Павла Федоровича.

IX

Вечером у нас были гости, человек десять, но в этот день карт не было: Мария Николаевна пела.

Она никогда не отказывалась, если ее просили, но в этот вечер, как мне показалось, она согласилась с неохотой. Гости сидели в углу гостиной, где стояла лампа в глубокие белые кресла. Ляля Дисман, скинув две подушки на ковер, улеглась на них, кое-кто оставался в полной тени. Павел Федорович сидел первый с краю, я видела его лицо. Я видела, как он изредка, когда наступала тишина, вставал, подносил кому-нибудь пепельницу или апельсин, выхватывал из вазы фруктовый ножик и подавал, разливал в стаканы крюшон из огромной стеклянной миски, в которой, как в аквариуме, плавали куски ананасов и персиков.

Я сидела за роялем. Она стояла рядом со мной. На ней было темное платье, она была бледнее обыкновенного. Голос ее звучал прекрасно, как всегда, и может быть, как никогда — но если был человек, который в тот вечер не мог ее слушать, то это была я.

Освободить ее от Павла Федоровича? С первых же звуков, прозвучавших надо мной, я поняла, что это было случайной, ненужной мечтой, которая явилась мне в минуту слабости, после подслушанного ее с Бером разговора. Нет, мне самой нужно было освободиться от нее, время наступило предать ее, чтобы Травин учинил над ней свой суд и дал бы мне тем самым вольную на всю жизнь.

«Завтра», — сказала я себе. И кого из них он убьет — мне все равно. Но он расправится с ними — и этому причиной буду я, я, которую никто не слушает и никто не замечает, я — безымянная, бесталанная я. Вот он сидит, этот трезвый, крепкий человек, этот «купец», который не потерпит, чтобы его кто-нибудь мог обсчитать или обмануть, вот он, с тяжелой жизненной хваткой, для которого смешны все наши «можно» и «нельзя», который, не задумываясь, наступая всю жизнь на других, выбился и теперь ничего своего не уступит. Завтра он все узнает.

Но как? Как донести ему — это надо было обдумать.

В последние недели он почему-то стал избегать меня. Он два раза уезжал куда-то, и я об этом узнавала в самый день его отъезда, от Доры. Написать ему письмо? Но подписать его значит то же, что сказать, а послать неподписанным — не поверит.

35

Прошло время, когда люди верили подметным письмам. Сперва от них гибли, потом они портили настроение. Теперь над ними смеются. Позвонить ему по телефону в контору? Он узнает мой голос, и выйдет тот же разговор, только огрубленный, упрощенный... Но надо как можно скорее положить на место взятый мною револьвер, и надо подождать завтрашнего утра.

Так я думала, вернее, не думала, а лишь мгновениями ловила какие-то мысли, в то время как голос Марии Николаевны резал мне сердце, а глаза мои устремлялись туда, где, откинувшись, неподвижно, с долей важности, появившейся у него совсем недавно, сидел Павел Федорович.

— Довольно, я устала, — сказала Мария Николаевна.

Но никому еще не хотелось уходить. Молодой румяный пианист бойко сыграл два этюда Шопена, Ляля Дисман грубоватым контральто спела несколько романсов, которые Мария Николаевна называла «подозрительными».

Я ушла к себе, осторожно отнесла в кабинет револьвер, потом помогла Доре убрать в столовой. Было 12 часов ночи. Гости разошлись в первом часу.

На следующее утро я проснулась от громкого разговора: Павел Федорович торопил Дору с кофе. Павел Федорович уезжал в Лондон, по делам. Чемодан его уже был в передней. Надолго? Дней на 10. Мария Николаевна, едва заколов свои косы, была тут же. Они простились, он подал мне руку.

— Посмотрите на себя, Сонечка, — говорила Мария Николаевна, — вы становитесь прямо прозрачной. Надо нам с вами жизнь переменить, а то жизнь наша пропадает. Вчера я пела в накуренной комнате — дрянь я после этого! Вина пить нельзя, уплетать с аппетитом всякие вредные вещи.

Она макала в кофе сухарь, сидя напротив меня.

— И капризничать нельзя, и многого еще нельзя делать, грустить, например. А я иногда грущу. Вы удивляетесь? У меня сегодня, Сонечка, был нехороший сон, будто у меня все лицо волосами зарастало; началось со лба; глаза, нос, щеки — и быстро так. Я проснулась от своего крика.

Она болтала долго, я почти не отвечала ей. Отъезд Павла Федоровича сбил меня с толку. Потом пришла Ляля Дисман — она вчера забыла у Травиных перчатки. Она осталась завтракать, рассказала два анекдота, из которых я одного не поняла, причем Мария Николаевна покраснела и сказала:

— Пожалуйста, будь осторожнее: Сонечка у нас еще девочка.

В половине третьего Мария Николаевна усала меня в библиотеку, а оттуда — купить билеты в балет. Лил такой дождь, что зонтик мой вымок, пока я дошла до угла, и я решила взять таксомотор. Не прошло часу, поручения ее были исполнены. Когда я вышла из театра, слабое солнце пыталось пробиться сквозь сырой февральский воздух, бледная падала с неба радуга. Я пошла к остановке автобуса. Все, что я делала в тот день, я делала как-то автоматически, я не чувствовала себя, я ни о чем не думала, кроме того, что Павел Федорович уехал на 10 дней. Что из этого следует — я еще не знала.

Я сошла с автобуса у кондитерской на нашей площади. Радуга теперь струилась где-то высоко, где уже сквозила почти весенняя лазурь. Я обошла памятник. Перед кафе, где в этот час сидели Мария Николаевна и Бер, сверкала огромная голубая лужа.

Они сидели там. Эти улицы, этот тротуар, эти стеклянные окна еще несколько дней тому назад не существовали для меня, а сейчас при виде их головокружительная слабость, какая-то необъяснимая боль находили на меня. Лучше было не смотреть на все это; я ждала два года, я подожду еще десять дней. Но я все не отводила глаз, я стояла неподвижно, прижав к груди книги и зонтик; голубая лужа была формой похожа на дубовый лист... Голые деревья роняли в нее жемчужные, светлые капли... Под деревьями стояла мокрая, словно лаком покрытая скамейка. А на скамейке этой сидел Павел Федорович.

Меня удивило, что он здесь, когда утром он должен был выехать в Лондон, но еще больше удивило меня то, что он сидел не только без всяких признаков недавней своей сытой важности, а в странной, для него совершенно несвойственной позе смертельной усталости. И я поняла, почему не сразу узнала его.

Я отошла за памятник и постояла немного. Когда я вышла из-за него, Травина уже не было. Не было его и на тротуаре, он непостижимо быстро ушел, и может быть, будь я в другом состоянии, я бы усомнилась в том, что я его вообще встретила. Но я так отчетливо видела все вокруг себя, и детскую колясочку, которую катила негритянка в зеленом платке, и пестрый газетный киоск, и радугу в небе, что у меня не было сомнения в том, что Павел Федорович только что сидел под этими деревьями и смотрел прямо в стеклянную дверь с надписью «Liqueurs de margues». Значит, он вернулся и, может быть, уже дома. Но где его чемодан? Накормит ли его Дора, если он не завтракал? Вот, наконец, настало время все ему сказать, остаться с ним вдвоем, лицом к лицу. Вернуть его на эту площадь в минуту, когда те будут расходиться.

Я бежала домой, чувствуя, что мне надо торопиться, что жизнь где-то со мной рядом, обгоняет меня, что сейчас найдут облака, начнет смеркаться, и там, на площади, зажгут фонари, как напоминание о том, что им опять пора расстаться. Я тяжело хлопнула входной дверью: медленно, бесшумно вознесся лифт. У меня был ключ. Я отперла дверь и увидела, что пальто и шляпа Травина висят в передней.

Я помню, как я провела рукой по рукаву пальто — оно было

совершенно мокрое. Я вошла в гостиную. Рояль остался незакрытым, белая сирень со вчерашнего дня порыжела и сникла. Я подошла к дверям кабинета. Там было тихо.

— Павел Федорович, — сказала я негромко. Ответа не было.

— Павел Федорович, можно к вам? — и я стукнула два раза.

Я явственно сознавала в ту минуту, что не успею даже сесть в кожаное кресло, стоящее у стола, что тут же на пороге скажу ему всё, и если он плюнет мне в лицо, сдержусь и смолчу.

Но ответа из-за двери не было.

Тогда я приоткрыла ее.

Павел Федорович сидел у стола. В комнате чуть смеркалось. Он сидел, выдвинув средний ящик стола, склонившись над ним, и что-то внимательно в нем разглядывал. Левая рука его висела между креслом и столомгг правая лежала перед ним.

— Павел Федорович! — крикнула я. Но он не двинулся.

Тогда я увидела, что он мертв, что в правой руке его, уроненной на стол, зажат револьвер.

Я закричала. Дора, за тремя дверьми, на кухне, не услышавшая выстрела, выбежала на мой крик. Она потерялась — не знаю, что больше испугало ее: труп Павла Федоровича, сидящий в кабинете, или мой долгий крик, который она никак не могла остановить и который все продолжался. Когда я вспоминаю его, мне кажется, что он длился дня три. На самом деле Дора догадалась мне плеснуть в лицо воды, и я стихла. А через 10 минут она уложила меня на диван в гостиной, где я и осталась — опять-таки не помню сколько, вероятно, до прихода Марии Николаевны, хотя сейчас мне кажется, что пролежала я там долго, очень долго, как-то даже вовсе вне времени.

Эти полчаса теперь представляются мне самыми непереносимыми во всей моей жизни, и не только моей. Я думаю, что, несмотря на весь ужас и страх существования, 9 человек из 10 никогда не знали того, что знала тогда я. Между «это случилось» и «это могло не случиться», между «это случилось» и «это не могло не случиться» дрожало и падало куда-то мое сердце. Я не могу ни вспомнить, ни объяснить того, что я тогда чувствовала (или думала — это было одно). О себе, о роке, о людях, о счастье, еще о роке, и даже о той пуле, которая недавно еще была у меня под рукой, которой я метила в пространство и которая нашла сама свое место, предназначенное ей.

— Будьте мне другом, Сонечка, — сказал надо мной голос, который я узнаю и через тысячу лет, и в полном беспамятстве. — Помогите мне.

И Мария Николаевна за обе руки подняла меня с дивана. В дверях стояли незнакомые люди.

Все изменилось, жизнь этих двух лет, волнение, слежка, все кончилось, и все, что совершилось, совершилось без меня, вне меня, как если бы я вовсе не существовала. Я возвращалась к тому, чем была вначале, — с чувством неодолимой усталости в сердце, с сознанием полной своей ненужности. Мимо меня прошли люди и страсти — я видела их из своего угла, я рвалась к ним, чтобы кому-то что-то испортить, кому-то помочь, как-то заявить себя в этом движении, и я осталась обойденной, меня не взяли в игру, которая кончилась самоубийством Павла Федоровича. Он до меня знал обо всем, он без меня понял, как следует ему поступить, он не сквитался с Бером и Марией Николаевной, а уступил ей дорогу, для того чтобы она продолжала жить, как ей хочется, и быть счастливой, с кем хочется. Для того чтобы она была свободна.

Я полюбила говорить сама с собой. От своих тогдашних монологов я, может быть, пришла к этим запискам. Никто не слышал меня. Ночи — лунные, февральские ночи — я стояла у себя перед окном, не зажигая света, не опуская штор. Улица серебрилась. Мне мерещился Петербург, мама, наш старый длинный рояль, по бокам его — две наши кровати (в холодные месяцы мы жили в одной комнате), две наши узкие кровати, покрытые белыми пикейными одеялами, с привязанными к шишкам иконками, которые я за столько лет так и не удосужилась разглядеть как следует. Луна белила асфальт, чуть морозило. Мне мерещилось детство в N., скрипучая калитка двора, пес хозяев, которого я боялась, кухарка, ждавшая со мной вместе с уроков маму к обеду, бедность, и грусть, и сиротство нашей жизни. Парижская улица была тиха и пуста; луна и холод были за окном. Мне мерещилась жизнь, которая ходит рядом, трет и мелет людей, а меня не берет — сколько ей ни навязывайся.

За стеной не было Павла Федоровича. Мария Николаевна была одна, но люди, в последние месяцы не оставлявшие ее с ним наедине, и теперь продолжали окружать ее, днем и ночью. Они не звали ее, как раньше, куда-то ехать с ними, не требовали к обеду дорогих вин, не рассказывали про скачки, про биржу, про гастроли венской труппы. Они просто присутствовали: — Нерсесов и Дисман курили в гостиной, в спальне Ляля Дисман, сидя по-турецки на кровати, пыталась что-то вышивать, кто-то в столовой заводил стенные часы; в кабинете Павла Федоровича сидел его помощник по делам, бывший адвокат и член Государственной Думы, и что-то считал на счетах. И Мария Николаевна не удивлялась этому. В день похорон она вернулась с ними со всеми с кладбища, на следующий день с утра опять все были в сборе. Я спросила ее: не тяготит ли ее постоянное присутствие людей в доме? Она сказала, что ей все равно, что она, вероятно, скоро уедет.

Адвокат, Нерсесов, Дисман говорили между собой о том, что дела Павла Федоровича в последнее время сильно пошатнулись. Мария Николаевна это знала. Да, дела Павла Федоровича в последние недели были хуже, чем раньше, и Травина могла бы оплакать его с чистой совестью, сказав себе, что не она, но деньги повинны в его смерти. И однако, она прекрасно знала, что именно было причиной ее.

Она заговорила со мной спустя неделю после похорон. К этому времени кое-кто прекратил свои визиты к нам, и если бывали посторонние, то только к обеду или к завтраку. Ночью Мария Николаевна приходила ко мне в комнату, садилась на постель.

— Вы не спите, Сонечка?

— Нет, Мария Николаевна.

— Можно, я посижу с вами? Я люблю болтать с вами. Подвиньтесь немножко.

Я с бьющимся сердцем лежала и смотрела на нее. Свет из соседней комнаты падал ей на руки. Она сидела, завернувшись в теплый белый халат, с толстой косой за плечами, в спадающих туфлях на довольно больших, смуглых ногах.

— Что мне делать, Сонечка? — говорила она тихо, сжимая руки и глядя на меня. — Вот и смерть задела меня, а я все не могу утерять ощущения какого-то постоянного своего счастья. Бог знает, откуда оно во мне, чем оно кончится?.. Уж кажется, в жизни много чего было — да я самой жизнью счастлива! Сама не знаю чем, тем, что дышу, пою, живу на свете. Вы осуждаете меня?

— Нет, Мария Николаевна.

— ...другие скажут, что это я убила его. Но что мне делать, когда я не чувствую вины за собой? А вы думаете, он осудил меня хоть когда-нибудь? В последнюю, в предпоследнюю, в какую-то минуту? Нет, знаю, что нет, и Бог это знает... Откуда такое у меня сознание правоты? Может быть, это у всех оно, да только другие по лицемерию скрывают?

Я хотела ей ответить. Долго думала и сказала:

— Есть такие люди. Великолепие в них какое-то. Рядом с ними страшновато немножко (ничего, Мария Николаевна, вы всерьез не принимайте). Изменить, искалечить их редко что может (это если предположить, что мы все остальные калеки)... Я не могу выразить: счастливый человек, он как-то надо всем живет (ну и давит слегка, конечно), И этого ему и прощать не надо, это у него как здоровье, как красота.

Она подумала и ответила, улыбаясь:

— А вы все-таки, Сонечка, простите.

И мы обе замолчали. О, как недосягаема она опять становилась для меня этой улыбкой!

И вот наступил день нашего расставания: было лето, окна были открыты настежь, квартира была сдана, мебель перевезли на склад; Мария Николаевна уезжала в Америку с Бером, подписав контракт на два года.

Ничто не напоминало больше жизни при Павле Федоровиче. Мария Николаевна постепенно развязалась со всеми своими прежними знакомыми, бросила дела Павла Федоровича на произвол судьбы, бросила приемы, выезды, денежные расчеты. Она надеялась теперь только на себя, и от этой самостоятельности еще больше окрепла и помолодела; в ней появилась прелесть, какая бывает в независимых женщинах, на которых «общество» махнуло рукой и которые на это отвечают «обществу» полным равнодушием. Она много работала в последнее время и со мной, и с Бером. Я теперь хорошо знала этого человека. Он перестал быть для меня загадкой.

Он весь был в будущем, и не потому, что перед ним была какая-то «карьера» или он был одарен каким-нибудь талантом. Ему едва исполнилось в то время 30 лет. То был человек молчаливый, горячий и очень нервный, понимавший даже случайного собеседника с полуслова и легко угадывавший мысли близкого человека. Эта какая-то сверхъестественная чуткость заменяла ему все остальные свойства: в музыке — музыкальность, в жизни — практическую хватку. Он ничего не «обещал», но, глядя на него, думая о нем, казалось (и не мне одной), что ему предстоит, быть может, судьба не вполне обыкновенная.

Теперь он становился постепенно аккомпаниатором, а заодно импрессарио Травиной. И он должен был в скором времени стать ее мужем. Как это очень редко бывает, в этой любви сквозила какая-то глубокая, верная правда, где не было места ни их ревности, ни нашим сомнениям. Мария Николаевна его любила... Впрочем, мне казалось порой, что она и без любви была бы счастлива — ей, право, не нужен был никто. Но его она любила.

Они уезжали, а я — я переселялась в отель. Я искала работы. Мария Николаевна дала мне обещание не забывать меня; она оставила мне деньги, она кое-кого попросила за меня. И, крепко меня обняв, она сказала, что если я хочу обратно, в Питер, она и это устроит.

Нет, обратно к маме я не хотела.

И вот она уехала; и, глядя на нее в последние минуты мне казалось, что едет она не в деловую и, в общем будничную Америку за работой, успехом и заработком а в какую-то не совсем реальную и, конечно, счастливую страну, куда путь другим людям заказан, и где ее ждут давно, и уже любят ее, как и она всех любит.

Бер, когда-то принявший меня за прислугу и давший мне 2 франка на чай, мало замечал меня и был при прощании со мной холоден. Я тоже испытывала к нему некоторую неприязнь. Нам с ним вдвоем было тесно подле Марии Николаевны, и я уступила ему дорогу, потому что другого мне ничего не оставалось. Мария Николаевна долго и пристально смотрела на меня. Может быть,

41

прощаясь со мной, она впервые задумалась надо мною, над моею жизнью, над моей любовью к ней.

Я осталась на перроне разбитая, обессиленная ушедшим прошлым, без настоящего, с пустым, темным будущим. Я приехала домой в пустую квартиру, взяла свой (еще русский) сундук, связку книг и нот и попросила швейцара сходить за извозчиком. Тогда в Париже извозчики были дешевы: я вдруг стала озабоченной и расчетливой — и в сундуке аккуратно разложила свои тряпки. Его поставили мне в ноги, книги я положила рядом с собой. Я ехала по городу и думала, что это не может быть, что это не тот Париж, другой, что мне снится сон, что невероятно, чтобы я была одна на свете, одна, без человека, без мечты, без чего-то, с чем только и можно жить среди вас, люди, звери, вещи...

Теперь прошло три года с тех пор, как я думала так, и за это время мне много раз хотелось то зарыться кротом в землю, чтобы ничего не видеть и не слышать, то голосить о том, что в мире не так, не по правому все устроено... Мария Николаевна еще в Америке.

Она замужем за Андреем Григорьевичем и в Европу не собирается, — она поет в Филадельфии, раз в 2 года ездит в турне, и ее особенно любят в Калифорнии. Она присылает мне письма, газетные вырезки о себе, иногда деньги. Деньги мне очень нужны: зарабатываю я мало, — я играю на рояле в маленьком кинематографе, на одной из улиц, выходящих к Порт-Майо. Оркестр наш состоит из трех человек: я, скрипач, он же дирижер, и виолончелист, перед которым, кроме виолончели, стоит также и барабан с тарелками. Это место, как ни странно, нашел мне Нерсесов. Было это почти год спустя после отъезда Травиной. Вскоре после того Нерсесов умер.

Я уже служила около года в этом кино, когда из России внезапно в Париж приехал Митенька. Он разыскал меня, чтобы сообщить мне, что мама моя умерла, и передать мне ее (ничего не стоящие) бирюзовые сережки. Ей, кажется, было лет 60. Она простудилась, когда ездила куда-то за продуктами. Ах, там все продолжалась эта тяжелая и странная, полузабытая мною жизнь! Там люди жили не то как муравьи, не то как волки. По-своему достойнее, чем жили мы здесь...

Митенька теперь был женат, жена его была беременна и почему-то ото всех пряталась. Митенька был все тот же — сопел, кряхтел и плохо мылся, но был он уже знаменит и из вундеркиндов вышел в заправские гении.

— А я в кино играю, — сказала я, потому что и мне захотелось ему рассказать о себе, не только его слушать.

Он склонил свою облысевшую голову и грустно посмотрел на меня.

— И не стыдно, — сказал он наконец чрезвычайно гнусаво, — и не стыдно вам, Сонечка. Мы от вас столько ожидали!

Ей-Богу, он путал меня с кем-то другим, — никогда никто от меня ничего не ожидал!

Потом он пригласил меня к себе, показать жене. Она вышла, смущаясь, держа руки на животе.

— Вот это Сонечка, — сказал он, — о которой я столько тебе рассказывал. (Ее лицо не выразило ничего.) Это Антоновская, Софья...

Он растерялся, позабыв мое отчество, но отчества у меня никогда не было, и я не выручила его; впрочем, мне самой уже давно все это было безразлично.

И право, стоит ли обижаться на собственную мать за то, что тебя оплевали до рождения? Ведь бывало — и не раз, — что именно из таких оплеванных выходили люди настоящие, гордые и добрые люди. Тут дело не в рождении, тут дело в чем-то другом. И пусть мне скажут, что не смеет всякая козявка посягать на мировое великолепие, я не перестану ждать и говорить себе: тебе нельзя умереть, тебе нельзя отдохнуть, еще ходит по земле один человек. Еще есть один долг, который, может быть, ты когда-нибудь взыщешь... если есть Бог.

И на этом кончаются мои записки. Но монолог мой, который никто не слышит, продолжается.

1934

Роканваль

(Хроника одного замка)

1

Десять лет тому назад, в июле 1926 года, я впервые перешел тяжелый, каменный мостик между двух ржавых цепей, который соединяет замок Роканваль с остальным миром. Под мостиком, по которому я тогда шел, — а мне навстречу открывалась тяжелая полукруглая дверь, и сквозило что-то зелено-голубое, похожее на сад, — в сырости и тьме растет тучный бурьян, цветет бледная крапива, а на крутых стенах средневекового рва сидят жирные красные улитки. Какие-то цепкие кусты, названий которых я не знаю, колючие, всегда зеленые, ползут по старым стенам, закидывают жесткие усики с камня на камень, с мха на мох. Трехсотлетние, в три обхвата, деревья даже в знойную погоду томительно и серебристо шелестят высокими своими верхушками: аллея чудовищных, древних лип, усаженных в четыре ряда, ведет сюда из остального мира. И пока я шел по ней к каменному мостику, я успел и разволноваться и подготовиться: подготовиться к тому старинному и торжественному, что ожидало меня впереди, и разволноваться тем, что эта аллея прадедовских деревьев напоминала мне мое единственное русское впечатление, увезенное нечаянно, как увозят чужую вещь, обнаруженное внезапно, как наследственная болезнь, — к огромной моей радости, когда я уже начал свыкаться с тем, что настоящей России не знаю, не видел, а помню только то мучительное и случайное, что так или иначе двигалось со мною вместе во время нашего путешествия.

Путешествие началось за много лет до описываемого дня; оно длилось сперва — года четыре — по России, потом — года два — по морям и Европе; самому мне в то время было то восемь, то двенадцать, то четырнадцать лет. Мой отец и мама иногда спрашивали меня, помню ли я Петербург, Читу, Ялту? Но я только путал какие-то квартиры и вагоны и оживал окончательно лишь где-то совсем близко: чуть ли не в Калэ, куда мы спустились из Англии, незадолго перед смертью отца и замужеством сестры.

Но вот однажды, читая не то Толстого, не то Тургенева, не то, может быть, даже Чехова — потому что мама приохотила меня к чтению именно русских книг, — читая описание какого-то вполне сказочного помещичьего дома, я внезапно представил себе —

44

сперва очень обще — дорогу, ведущую к этому дому, к ампирному его балкону, к низким жасминным кустам.

Я увидел старую липовую аллею, вечно темную, вечно живую, с пронзительным, ярким, полдневным просветом в конце; старые, почти страшные деревья стояли надо мною. Я различал с полной отчетливостью узор солнечных пятен на заросшей дорожке, белый камень, большой темно-зеленый гриб подле него. И вдруг я заметил, что в книге уже давно ни о чем таком нет ни слова, а какие-то чужие люди пьют на террасе чай, и слышно, как стучит шарабан едущего со станции гостя... Я захлопнул книгу и пошел спросить маму, не видел ли я когда-нибудь такой аллеи, такого настоящего русского сада? Ей было, кажется, не до меня, но она со всегдашней нежностью мне ответила, что, конечно, видел, что это дом, где мы жили четыре лета подряд, дом моего деда. Она сказала еще что-то о качелях, куда меня, несмотря на запрет, сажала молодая нянька, сказала о беседке над прудом, где отец ей сделал предложение, но я уже не слушал, я чувствовал себя человеком, вдруг обретшим память, вспомнившим, как его зовут, и с того дня при слове «Россия» в уме моем непременно возникал этот волшебный, этот густой липовый угол, дорога, шедшая по диагонали — от полевых ворот к белому крыльцу нашего дома. Особенно остро чувствовал я черную, как черный хлеб, кору деревьев, которую я трогал руками, когда подходил, к которой иногда почти больно прижимался лицом.

Волнение, охватившее меня при въезде в Роканваль, было неожиданно и сильно. Аллея моего детства, моего рождения, моего досуществования торжественно и чудно стояла передо мной, скрывая небо, солнечный свет, весь этот июльский знойный полдень! Темный корень неподвижно змеился у моих ног, белый камень с отметиной лежал как верный пес, и смотрел мне в лицо, щербатая кора деревьев ждала моего прикосновения. Молчание и трепет — в одно и то же время — ниспадали на меня с высоких, склоненных друг к другу верхушек... Мне не нужно было воображать, не нужно было вызывать в уме милую, таинственную картину — она была передо мной. Но впереди все шире открывалась скрипучая, медленная дверь, и, подхватив чемодан, я заспешил к замку.

С Жан-Полем мы познакомились еще в первый год, в лицее, но, как это часто бывает, лишь в самое последнее время перед выпуском узнали друг друга — так что сперва даже были на «вы», разговаривали вежливо, и, кажется, обоим нам нравилась такая, необычайная для лицея, дружба, где все кругом либо давно друг другу надоели, либо вовсе не обращают друг на друга внимания, и где нецензурные словечки произносятся вместо «здравствуйте», как во всех школах мира. Мы несколько раз говорили друг с другом, правда, довольно долго, так что разговоры, начавшиеся в классе, продолжались на улице, а потом и у меня дома. В конце концов мама на цыпочках приносила нам огромные малиновые персики, которые Жан-Поль в рассеянности и съедал. Разговоры продолжались ночью, когда я шел провожать его, и на набережной, где свалены щебень и доски и где трепещет по ночам жаровня, мы долго просиживали рядом со спящим сторожем. Я рассказал Жан-Полю о том, что мечтаю стать писателем, прочел ему свои стихи (французские, а потом и русские); он удивил меня тем, что ни о чем таком вовсе не думал: будущее являлось ему не в виде дара, на который каждый из нас имеет право, а в виде хитро запрятанной ювелирной вещицы, которую, при известной ловкости рук, может быть, и удастся украсть — украсть и уехать путешествовать за северный полярный круг, на оленях, на собаках, или на забытые, на неоткрытые тропические острова, чтобы где-нибудь там, как он говорил, «начать жизнь сначала», — о чем так часто мечтают пожилые люди и что так легко сделать в молодости. Прощаясь со мной у подъезда, он однажды улыбнулся, сморщив нос и скосив глаза (это была ему одному свойственная гримаса), и сказал — по-русски это надо бы перевести так: «Вы мне очень симпатичны, Борис», а более вольно: «Давайте водиться!» И сразу после этого он пошел обратно — уже провожать меня, и, словно оправдываясь в сказанном, объяснил мне, что это, вероятно, потому, что я русский, и у него в роду были русские, а некоторые русские родственники живы и до сих пор.

— Очень приятно, — сказал я, предполагая тогда, что, верно, какой-нибудь двоюродный дядя его женат — скажем — на польке, и он говорит так только для того, чтобы меня обрадовать. А через несколько дней он снова пришел, и в том, как он разговаривал с мамой, я увидел, что не одно имя его было благородно, но и вся повадка обличала человека бережного воспитания и старых корней.

Да, имя его было вместе и громко, и жалко — потому что от титула сейчас веет не только пышностью, но и обреченностью, когда у носящего его денег меньше, чем у среднего буржуа, и когда все знают, что деньги эти — последние, не в том смысле, что их хватит на день или на месяц, а в том, что их хватит на вот это последнее поколение. Я не сравнивал себя с ним: после отца мама получила страховую премию, и на эти деньги была снаряжена под венец моя сестра и мне давалось образование. В ту весну, когда мы оба стали бакалаврами, и он пригласил меня гостить к себе на лето, он сказал, что его отцу принадлежит замок Роканваль, в юго-западном углу Иль-де-Франса.

Из кого состояла его семья, я в то время еще не знал, потому что в тот день, когда сошел с автобуса в тихой солнечной деревушке и зашагал по липовой аллее, я не знал еще самого главного — того, что было корнем этого дома в последние полвека.

Я увидел крепость, заложенную фаворитом Франциска I, часовню и самый замок, с серыми стенами и узкими окнами в кирпичном, нехитром узоре наличников, мертвые башни, оборванные водосточные трубы, плющ, разлегшийся по крышам, и молчание, — это было молчание ночной птицы в солнечный день. Жан-Поль не раз говорил мне о своем отце, три раза вдовевшем, женатом в четвертый раз (первым браком — на матери Жан-Поля, вторым — на красавице, убившейся с лошади, третьим еще на ком-то, и, наконец — на женщине легкого поведения), — о брате отца, монахе, человеке, два раза менявшем религию, стрелявшем в кого-то, бывавшем в России; о сестре отца и ее дочерях (причем младшую звали Кира, что очень меня удивляло). Но о всех этих людях и даже о бабке своей, которая, по его словам, должна была мне очень понравиться (тут он косил глаза и собирал нос в складку с особенно лукавым видом), даже о бабке своей он говорил как бы вскользь, и я только позже узнал историю их жизней в подробностях.

Высокий человек, отворивший для меня полукруглую дверь — привратник, лакей, домоправитель, — видимо зная, кто я, поклонился мне и повел меня по широкому, камнем мощенному, внутреннему двору, мимо настежь открытых пустых конюшен, с выбитыми оконцами и сорванными с петель дверьми. Сухой мраморный фонтан, зелено-ржавая ваза на стройном цоколе, безголовый лев, изъеденный временем у протоптанных плит входа, тихо сторожили полуподвальную низкую залу, где когда-то, должно быть, у гигантского камина грелся графский караул, и за ней — розовую каменную лестницу.

Там наверху тянулась выходившая окнами на две стороны дома гигантская галерея, с хорами, и я увидел спускавшийся когда-то правильными террасами, а теперь сбегавший лениво и неряшливо к зацветшему тиной озеру парк. Какая-то женщина с разметавшимися черными волосами и огненными глазами бежала снизу, и в руках у нее мотался полный моркови и репы нечистый передник. Мы прошли угловую гостиную, где замелькала мебель всевозможных времен, шелк директории и кретон 70-х годов, часы с амуром, мелкие фотографии на стенах. Мы завернули в коридор, где пахло сыростью и чем-то кислым, и поднялись по деревянной лестнице, плохо оструганной и скрипучей, во второй этаж.

Здесь сразу потолки стали низкими, повеяло жильем, пестрые обои конца прошлого века, со смешными розовыми человечками, закрыли стены от пола до потолка; лаком крытая дверь не сразу поддалась, и я вошел в комнату Жан-Поля, предназначенную и для меня. Высокий человек с серьезным лицом заглянул в фаянсовый кувшин на умывальнике, снял указательным пальцем паутину, искусно свитую пауком в самом стекле керосиновой лампы, сказал, что Жан-Поль с девочками в саду, что он их поищет (при этом он вздохнул, и в лице его изобразилась скука и уверенность в том, что поиски окажутся тщетными), и чтобы я, как только отдохну с дороги, спустился вниз, чтобы идти к старой графине.

— Зачем же к старой графине? — спросил я, оробев.

— Кто первый раз в доме, того непременно принято водить к старой графине.

— Да она, верно, и не знает, кто я и когда приехал?

— Нет, она знает. Она уже два раза сегодня спрашивала о вас.

Я поставил свой чемодан у двери и присел на его край.

— Она очень старая?

— О да, мосье!

— Ей восемьдесят?

— О да, мосье!

— Ее надо называть «madame la comtesse»?[1]

— О нет, мосье!

— А как же?

— Vous allez la nommer par son prenom et celui de son pere.[2]

— ?

— Vous allez l'appeler «Praskovia Dimitrevna».[3]

2

Когда я в ранней молодости думал о прошлом веке, то представлял его себе гораздо отдаленнее, чем он есть на самом деле, вернее, представлял себе не конец XIX века (для таких, как я, именно последние 30 лет XIX века есть время «дедовское»), а темный фантастический период, из которого сейчас уже не уцелел никто. Вероятно, в этой ошибке повинны были прочитанные в детстве книги, где «прошлым веком» именовался век XVIII. Тогда, воображая себя Николаем Ростовым или Германном, я еще слишком близко чувствовал воображением закат екатерининской эпохи, эпохи гросфатера, который в детстве застал молодой Ростов, эпохи пудреного парика, который старая графиня сняла в своей спальне, в то время как Германн стоял за ширмами. Нет, нет! Время наших дедов — это первый автомобиль и парижские выставки, франко-прусская война и смерть Скобелева, это «Пиковая дама» Чайковского и романы Боборыкина, это что-то совсем близкое, не вчерашний, но третьеводняшний день. И этот век, как Ростову — гросфатер, как Германну — пудреный парик,

---

[1] Мадам графиня? (фр.)
[2] Вы назовете ее по ее имени и по имени ее отца. (фр.)
[3] Вы назовете ее Прасковья Дмитриевна. (фр.)

случилось мне увидеть в замке Роканваль. Это была бабушка Прасковья Дмитриевна.

Она не была окружена ни моськами, ни приживалками, к ней не ездили с визитом волочащие ногу вельможи, она жила в замке, как может жить одинокий, старый, ото всего отошедший человек. У нее были дети, у нее были внуки, но она не участвовала в их жизни, и онивспоминали о ней лишь по врожденной вежливости да еще по обязанности чтить всякого предка — даже не очень далекого. И я не знаю, любила ли она детей своих и внуков. Вероятно, любила, но любовь эта уже слабо теплилась в ее омраченной душе и не давала ни ей, ни другим никакой радости. Только память о том, чем была она сама и что была жизнь вокруг нее 40, 50, 60 лет тому назад, сохранялась в ней, как сохранялся в самом Роканвале пленительный в своей живучести дух старой Франции.

Комната, в которой она жила, была когда-то одной из гостиных, но от прежнего убранства сохранились в ней лишь гобелены по стенам, из которых один был грубо вырезан ножом — в трудную минуту, как я потом узнал, его содрал и продал младший сын Прасковьи Дмитриевны — и это место стены оставалось голым. Два канделябра с необожженными свечами стояли у зеркала; это было трюмо, каких теперь не делают, зеленоватое, с гнутыми ножками прескверного фасона девяностых годов. Оно притянуло меня к себе с первого раза, не знаю чем — во всяком случае, не тем, что в нем иногда отражалась моя собственная фигура. Я смотрел в его прозелень и все чего-то не мог увидеть, не мог вспомнить, словно оно отражало уже когда-то, где-то, далеко отсюда, ту, а не эту мебель, те, а не эти канделябры; так же стояли вокруг него тогда всевозможные мелкие вещицы, подушки, этажерки, вазы, шкатулки, и ходила какая-то женщина, и качались бархатные кисти дивана. Я вглядывался в мутное стекло, и мне казалось, что я уже смотрел в него совсем маленьким. Я вглядывался и ждал, что сейчас в нем откроется мне Россия, та Россия, которая шумела в роканвальской липовой аллее, которая блеснула в имени Прасковьи Дмитриевны, сидящей за мною в кресле.

Она была маленького роста, — а когда-то была высока и стройна; талии ее завидовали женщины парижского полусвета; о красоте ее уже нельзя было догадаться, смотря на одутловатые щеки, обсыпанные белой пудрой, на рот, наполненный слишком белыми, слишком большими зубами, на нос, опустившийся к бледным, лиловатым губам. Она внушала почтительность и ужас. Высокий ворот ее платья был обложен кружевом, руки в кружевах были малы и пухлы; глаза в дымке, какая бывает у новорожденных, то видели, то не видели — очков она не носила.

На темени ее был заложен узелок черновато-желтых волос, где волос было меньше, чем черепаховых гребней.

— Boris, — говорила она, — спасибо прийти каждый день. Очень приятно, Boris, на одно полчасика с вами.

И этот русский язык из ее уст казался мне чем-то схожим с ее трюмо, пытавшимся отразить для меня забытую мною Россию.

Я начинал свое посещение медленным обходом ее большой, полутемной комнаты. Иногда я приходил, а она еще дремала после завтрака, укутанная пледом, похожая на большую старую напудренную птицу. Яшел вдоль стен, увешанных фотографиями. «А кто это, Прасковья Дмитриевна?» — спрашивал я. Она открывала большой черный тусклый глаз, по направлению моей руки, и говорила с остатками еще живого, еще теплого лукавства:

— Это — сама Пашенька, когда она имела двенадцать лет.

И я старался узнать в черномазенькой девочке в панталончиках ту, которую сейчас видел перед собой.

Киота в комнате не было, а мне почему-то хотелось, чтобы был киот. Над постелью висело католическое Распятие, а над ним, повешенная не наискось, а просто, как вешают чей-нибудь портрет, — большая старинная икона. Рассмотреть ее было невозможно, но по двум круглым дырам в серебряном окладе — одна побольше, другая поменьше — я догадывался, что это Богоматерь с младенцем. Этой иконой благословили Прасковью Дмитриевну ее родители, когда она выходила замуж за французского графа, приняв его веру и навсегда уезжая из родной страны.

Венчалась она тайно... «А это кто, Прасковья Дмитриевна?» — спрашивал я опять, все нападая на какие-то стертые следы ее жизни.

— А это, mon ami, — и она, едва взглянув, уже видела, зная наизусть, кто где висит. Мне все хотелось, наконец, чтобы она сказала:

— А это тот самый мой брат, — но она не говорила. Венчались они тайно, но не от отца, не от матери. Был у Прасковьи Дмитриевны брат, старше нее лет на пятнадцать, брат этот с юности проявлял над ней довольно-таки странную власть. Французский граф, когда она однажды сказала ему, что брат никогда не позволит ей выйти за него, немало удивился; он стал присматриваться к их отношениям и вдруг объявил, что спешит со свадьбой, что во всем этом есть что-то ненормальное. Они женились, помчались через всю Европу, и здесь началась их безумная, дикая, их полная счастья и блеска жизнь.

— Мой муж говорил, — сказала однажды Прасковья Дмитриевна, раскладывая пасьянс, а я рассматривал ее толстые, пестрые кольца, — что нечего разоряться на многих женщин, что только дураки не понимают этого. Он говорил: я разоряюсь на одну-единственную, да еще на законную свою жену... И чего-чего он ни делал для меня: горностаевую ротонду? Горностаевая ротонда! У императрицы Марии Федоровны колье из черных жемчугов перебить? Перебил. Захотела учиться стрельбе в цель, на лошадях скакать? От Гастин-Ренетта пистолеты в серебряной оправе, с тульских заводов скакунов выписывает. Опомнились с первым ребенком, то есть с первым ребенком перестали по несколько раз в год в Гомбург к рулетке ездить...

— Прасковья Дмитриевна, да ведь вас там, может быть, Достоевский видал! — вскричал я.

Но она не обиделась, она только заулыбалась и намекнула, что ей не сто лет, а гораздо, гораздо меньше.

И опять я вставал и шел к простенкам, где уже научился различать каких-то родственников ее покойного мужа (находившихся в свойстве с Бонапартами), где постепенно изучил и дагерротипы с выцветшими мальчиками, держащими в руках какие-то дурацкие букеты, и добротные картоны конца прошлого века — с красавицами в страусовых боа, и огромные, бледные фотографии недавних времен, где младшая внучка Прасковьи Дмитриевны, Кира, поднимала неправдоподобные ресницы над громадными, в пол-лица глазищами.

Иногда, когда погода бывала хорошая, она выходила на прогулку в парк; появлялась какая-то женская тень — без лица, без возраста — и одевала Прасковью Дмитриевну. В высокой шляпе с вуалью, в черном дипломате, обшитом толстой тесьмой, в фетровых сапожках, с палочкой и огромным редикюлем в руках, она, опираясь на мою руку, спускалась вниз. Жан-Поль и Кира, завидя нас издали, строили соответствующие лица: выкатывали глаза, воздевали руки к небу, тихонько приплясывали на месте, намекая, что совершается единственное в своем роде событие, а потом бежали куда-нибудь и там смеялись надо мной, и я за спиной грозил им и бросал убийственные взгляды в кусты, где они прятались. Мы шли по широкой пыльной лестнице, по прорастающему гравию, мимо ближнего пахучего гнилью пруда. Прасковья Дмитриевна принималась жевать, словно зубы мешали ей; прогулка волновала ее.

— Вот здесь, в один красивый день, неожиданно приехал к нам мой брат, — и она останавливалась и долго смотрела на давно поваленные, сгнившие боковые ворота сада.

Брат, от которого она уехала, от которого тайно венчалась, через несколько лет после ее свадьбы появился в Роканвале. Граф заплатил его долги и поселил во флигеле. Он прожил недолго. Однажды случилось что-то: кажется, граф запретил Прасковье Дмитриевне целовать брата перед сном. Произошла короткая безобразная сцена: граф был сильнее, ловчее, тот — старше,

51

неповоротливее, а главное, тот не ожидал, что будет выкинут из замка по ступенькам, на плиты двора...

— Уже домой пора, уже время, — стучала по руке моей Прасковья Дмитриевна.

— Еще разочек вокруг этой клумбы! — и я увлекал ее к высоким крапивным зарослям. — Ну и дальше, что же было дальше?

— Домой, домой, assez, — и голова ее начинала подергиваться, она топотала от меня в сторону, а я пускался за ней и так и не получал от нее последних строк этой страшной истории. Солнце стояло над деревьями, и был душистый, ясный, летний день, но ей казалось, что уже вечереет, что уже сыро, что фетровые сапожки перестают ее греть.

Проходя мимо столовой, она непременно останавливалась, вытягивала палочку в направлении радиоаппарата (огромного ящика, одной из первых моделей) и, задохнувшись, говорила:

— Un peu de Schumann?[4]

И если Шумана нельзя было в ту минуту поймать, она сердито молчала, подозревая, что кто-то что-то унес, иначе не может быть, чтобы в этом ящике, где вчера был Шуман, сегодня его не было.

Потом она останавливалась перед длинным, рыжим, мутным от сырых зим роялем, и я видел, что она глубоко-глубоко что-то роет в мыслях, какие-то воспоминания.

— Он играл здесь, — проговорила она однажды, — а я нарочно (смешок) шумела: закрывала и открывала окно, чтобы он не очень-то воображал.

— Кто играл здесь, Прасковья Дмитриевна?

Она смотрела туда, где над роялем в безобразной рамке из венецианской мозаики и слоновой кости, между настоящими портретами конца XVII века, висела фотография носатого мужчины.

— Мосье Сэн-Санс, — сказала она и опять, уже молча, стала рыться, рыться, забыв и про меня, и про все на свете, словно отделившись в какой-то своей обособленной жизни, все удаляясь, все отчуждаясь и душевно и телесно становясь почти что призраком самой себя.

Закрывалась высокая дверь, и я оставался один. Птицы невыносимо шумели в одичавшем саду, солнце слишком тяжело светило, и я думал о том, что, в сущности, еще неизвестно, кому из нас все это принадлежит: ей или нам; я думал, что вот — старые камни, а вот — старые деревья, а вот и старый человек, и, может быть, не она, а мы все не совсем здесь у места. И еще я думал: неужели и мы станем такими же, как она, как ее трюмо, как эти липы, и будем отражать для кого-то — или не будем — двадцатые

---

[4] Что-нибудь из Шумана? (фр.)

52

годы нынешнего века, и я, и Жан-Поль, и пятнадцатилетняя Кира, от влажного голоса которой стучит мое сердце?

3

Мысль о том, что я влюблен в пятнадцатилетнюю девочку, наполняла меня счастьем и страхом. Самому мне было в то время 19 лет, товарищи мои влюблялись в сверстниц — почти всегда счастливо и не мятежно — и женились рано. Кроме того, в моей любви к Кире было одно неоправданное ожидание: из взрослой молодежи, кроме Жан-Поля и меня, в то лето в замке гостили две девушки: старшая Кирина сестра Мадлэн и подруга ее, молоденькая англичанка, со смешным именем Юна, которая почему-то считалась невестой Жан-Поля. Таким образом, тут, несомненно, ждали меня для Мадлэн, и это в нее, по общему расчету, следовало мне влюбиться.

В тот первый день, когда ошеломленный роканвальской аллеей, ошеломленный знакомством с графиней Прасковьей Дмитриевной, ошеломленный замком и садом, и тишиной, и бедностью, и пышностью этого старого гнезда, я лежал на своей постели перед вечером, Жан-Поль в сумерках сидел на стуле и пытался уверить меня, что «la grand'mere» выжила из ума лет 20 тому назад, еще при жизни деда, что происхождение ее от французских родственников утаилось, а из ее родных был известен только некий полусумасшедший и весьма непрезентабельный брат, которого дедушка в оны дни спихнул с лестницы, как диванную подушку. И так далее. Рассказ этот был прерван гонгом: нас звали ужинать. И вот мы очутились за столом: Жан-Поль, Мадлэн, Юна, Кира и я — все обитатели замка Роканваля. А графине Прасковье Дмитриевне в маленькую боковую дверь все тот же служитель, который меня впустил, понес на подносе чашку бульона.

Кира сидела напротив меня.

Нет, у нее не было ни тех глаз, ни тех ресниц, какие ей придал фотограф на фотографии, висевшей у Прасковьи Дмитриевны над столом. У нее было нежное и подвижное лицо такого оттенка, какой бывает иногда у чайной розы внутри, и, вероятно, щеки ее и лоб были всегда прохладными, как те лепестки. Волосы у нее были какие-то розовые; когда она улыбалась, открывался ее рот и видны были мелкие и тоже почти розовые зубы. Смотря на меня дольше, чем следовало, она выронила вилку и, поднимая ее с полу, опрокинула стакан. Когда она выползла из-под стола, она была очень красная, и слезы стояли у нее в глазах, и тогда я ахнул и уронил себе на колени кусок говядины в соусе, чтобы вывести ее из смущения и сравнять наши шансы, и не дать Мадлэн ее упрекнуть. Восхищение разлилось у нее по лицу, она глубоко вздохнула и с облегчением растопырила пальцы рук, — это у нее была такая привычка, от восторга, от радости топырить все свои десять пальцев.

А потом она повела меня по замку, вверх и вниз, в мертвые башни, на чердак, в кордегардию, и хотя ничего уже нельзя было различить в темноте, я делал вид, будто и в самом деле осматриваю что-то. Когда я взбежал за ней по каким-то лестницам, мне пришло в голову, что эти лестницы, эти стены, самый этот воздух требую от меня, чтобы я с моим внезапным чувством ждал по крайней мере года три, ждал, пока она вырастет, как ждали люди, жившие здесь когда-то, и тотчас, подумав это, я схватил ее в объятие и, забыв все на свете, стал целовать ее в розовые волосы, над лбом, над ухом. Она толкнула меня в грудь обеими руками и исчезла во тьме, и я не знал — умчалась ли она в другой конец дома, или стоит вон за тем черным выступом. И, подойдя к высокому окну, я увидел, что месяц играет в тине пруда, а разросшийся тополь уходит от меня по склону туда, где начинается остальной мир...

— У тебя когда-нибудь была гувернантка? — спросила она меня через неделю, внимательно и долго глядя мне в лицо, а я старался поймать губами ее длинные живые ресницы. Мы сидели с ней рядом, в ее комнате, где она жила с Мадлэн и Юной, в низкой, обшитой деревом, длинной комнате верхнего этажа, с маленьким створчатым окном, которое в то утро все распахивалось.

— Нет, не было, — ответил я.

— Ты, наверное, удивляешься, что у меня нет гувернантки?

— Немножко.

— Это потому, что у нас нет денег, — сказала она спокойно.

Я хотел возразить.

— Слава Богу, у нас нет на это денег! — повторила она. — Я думаю, что скоро, если только я не выйду замуж за богатого человека, я буду служить в конторе.

— Почему в конторе? Бог с тобой!

— Это будет чудно. А когда бабушка умрет... Как ты думаешь, она скоро умрет?

— Она может прожить еще лет двадцать.

— Что ты! Разве живут до ста лет?.. Да, так вот, когда бабушка умрет, — она остановилась, — Роканваль, — она опять остановилась, — про-да-дут.

— Да что ты?

— Продадут! — вскричала она с восторгом и растопырила пальцы. — Сперва продадут деревья, — с этого начнут. Липы, тополя, осины, — знаменитые, которых никакой червяк не ест, из которых строят все самое лучшее во Франции. Потом — дом с

54

кусочком сада — под богадельню или санаторию. Потом разрушится сама собой каменная ограда, и землю разобьют на маленькие участки и продадут их в рассрочку. И люди начнут строить такие маленькие, гаденькие домики, все одинаковые, а какие останутся кусты, — обведут проволочным забором. И вот поставят там граммофоны, и развесят сушить белье, и посадят кругом цветочки...

Какая-то грустная радость была в ее голосе. Она вдруг замолчала, прижалась ко мне, обняв меня за шею. Мне было грустно и хорошо, так хорошо, как еще никогда с ней не бывало. И вдруг мы услышали страшный шорох, тихий звук, идущий не то с потолка, не то со стен. Я удивленно прислушался.

— Это червяки, — сказала она. — Точат дерево. Точат Роканваль. Тихонько точат. Тут, видишь ли, не из нашей сосны строили, из простого дуба. Эти комнаты дедушка отделал наспех, когда у бабушки начались дети, а деньги кончились.

Она говорила все это так просто, так спокойно, так по-взрослому, задумчиво, что я подумал: полно! Та ли это девочка, которая еще вчера притащила из шкатулки Прасковьи Дмитриевны какой-то пахучий порошок и уверяла всех, что это — нюхательный табак (он оказался сушеной лавандой)?

— Поди сюда, — сказал я ей, хотя нельзя было быть ближе. Я хотел рассеять впечатление взрослости, которое так меня всегда в ней волновало. — Поди сюда. Почему ты все это говоришь? Почему ты хочешь, чтобы бабушка умерла, почему ты хочешь, чтобы продали Роканваль?

— Он какой-то... не модный.

— А разве ты любишь только модное?

— Я ничего не люблю.

— Но ведь он немножко и твой. Если его продадут — не будет ничего.

— Эка важность! Пусть не будет ничего.

— И не жалко?

— Жалко? — спросила она жестоко, звенящим голосом. — Мне ничего не жалко.

Я взял обе ее руки, сжал их в своей, и, сам не знаю почему, мне стало вдруг невыносимо, до слез грустно. Мне хотелось — я сам не знал, чего мне, в сущности, хотелось в ту минуту, — может быть, не жить сейчас, а быть сверстником Прасковьи Дмитриевны, или еще не родиться, а родиться когда-нибудь после, когда вес это уляжется.

— Почему тебе дали русское имя? — спросил я, чтобы скрыть странную тоску, которая нашла на меня.

— Так. Для бабушки. Она просила. Она очень больна была, и мама согласилась.

— Ты хочешь в Россию?

— С тобой?

— Со мной.

— Хочу.

— А без меня, вообще?

— Нет. Не все ли равно, где жить?

И опять в тишине и молчании мы услышали, как древесный червь точит толстые брусья потолка, шуршит по плинтусам, будто кто-то в старой картонке шуршит шелковый бумагой, шуршит и не находит того, что ему нужно, шуршит и ищет, и не может найти, а время все идет и идет...

Мы целовались с ней в саду, под деревьями, на каменной щербатой лестнице. Иногда она заражала меня своей жестокостью, веселостью, бесстыдством. Она была девочкой, но внезапно я увидел, что и в Жан-Поле, и в Мадлэн существуют те же непреодолимые и убийственные черты, что и в ней. И главной из них было равнодушие к семейному их крушению, и какая-то тайная черствость ко всему остальному миру, и злая радость, и нежелание ничего поправить и изменить даже для самих себя.

По пояс в траве, мы уходили вглубь сада, где разросся орешник, где дико шумела крапива, выросшая в человеческий рост, где за Кирино синее платье цеплялся чертополох, где яблони стлались по земле, забитые ползучим шиповником. Где-то, в другом углу сада, Жан-Поль и Юна, кажется, решали свою судьбу, где-то одна, молчаливая, хмурая, ходила с тросточкой в руке, в огромной, мягкой, соломенной шляпе, падавшей ей на лицо, Мадлэн и, вероятно, искала нас.

Да, она искала нас, и я не знаю, какой именно разговор наш она слышала, что поняла из моих признаний и Кириных лукавых ответов, что видела из этих первых наших долгих и нежных объятий. И я не знаю, что именно написала она в том письме своей матери, которое решило судьбу этого лета для нас обоих.

Однажды утром во дворе зазвонил велосипедный звонок телеграфиста. Мадлэн с недовольным лицом прошла мимо меня. Кира сбежала сверху и застыла на последней ступеньке в позе балетного арабеска.

— Мама велит тебе собираться, — сказал Мадлэн, вернувшись.

А Кира, не двигаясь, все стояла на одной ноге, и я вышел из комнаты.

Мадлэн усылала ее из Рокванваля, ей, может быть, хотелось остаться со мной вдвоем. Кира уезжала к родным своего отца — мелкого провинциального банкира, — под Гренобль. «Ты же не маленькая, — кричал я, — ты же можешь сказать „нет!“». Но она пожимала плечами и смотрела мимо меня. И в те минуты я видел, что она не может сказать «нет», что она даже не знает, что нужно делать. Я взял ее за плечи, я приблизил свое лицо к ее милому розовому лицу, глаза ее медленно наполнились слезами, но не

56

взглянули в мои глаза. И она отошла от меня, как отходит облако, и, наверное, если бы только могла, сделалась бы прозрачной в ту минуту.

На следующий день она ходила прощаться с Прасковьей Дмитриевной, а затем мосье Морис — неизменный мосье Морис — выволок из конюшни высокий зеленый Дедион одиннадцатого года, усадил ее, сел сам и с адским шумом, в туче бензинного дыма, стреляя, подпрыгивая, выехал со двора на станцию железной дороги: здесь уже мало оставалось живых предрассудков, — их, как мертвых мух, каждый год выметали из всех углов, — но ездить в автобусе наследницам Роканваля все еще считалось непозволительным.

— Я сам не понимаю, почему это так, — сказал мне Жан-Поль ночью, пожимая плечами.

А ее уже не было. Она уже была далеко. Где-то шумел ее поезд.

4

Однажды ранним августовским утром я проснулся и почувствовал странное беспокойство, полную невозможность заснуть. Все было как всегда: солнце косо входило в комнату, мимо Жан-Поля, который спал, раскинув руки; часы показывали без десяти семь, в доме все было по-ночному тихо, а я не мог. Я встал, бесшумно оделся и, стараясь не шуметь, вышел. (Мы жили с Жан-Полем в одной комнате, как в одной комнате жили Мадлэн и Юна, не потому что в замке было мало комнат, даже в нашем коридоре их было по крайней мере шесть, но все они были запущены, убрать их было некому, да, кажется, не хватило бы тогда ни керосиновых ламп, ни умывальных тазов.)

Я спустился, отпер дубовую, в железных заплатах, дверь в парк. Птицы свистали в кустах. День начинался ясный и яркий. Я пошел вдоль прудов, покрытых неподвижной, жирной тиной, когда-то раскинутых здесь в подражание Версалю; мимо толстых пней — деревья шли на дом, падали на него, закрывали его, и их пришлось год назад спилить. Дальше шли заросли орешника, сирени, бурьяна, в которых нами же этим летом была протоптана тропинка вся в павилике и хмелю.

Я шел довольно долго. Парк становился все гуще, все сырее, все темнее. Было еще далеко до его конца — который должен был обозначиться высокой каменной оградой, бегущей за нею проезжей дорогой (низовой) и далеким полем. Я шел и шел, иногда с трудом продираясь сквозь цепкие кусты, иногда перепрыгивая через какие-то ручьи; в обе стороны от меня что-то

57

иногда убегало, ушурхивало, взлетывало из густоты деревьев. Мне встретилась куча рассыпанных старых камней — словно кто-то хотел сложить из них мостик и раздумал; потом мелькнуло влево от меня что-то плотное — и через минуту я увидел не то киоск, не то будку с дверью, сорванной временем, и с окном, выбитым человеческой рукой.

Пол был вымощен тем же изразцом, что и полы замка, черная клейкая паутина липла к углам, круглый черный гриб нарос на двери, летучая мышь, повиснув на одном крыле, качалась у потолка, давшего широкую трещину. Я взглянул на дверь, державшуюся на косяке, чем-то острым было вырезано русскими буквами: «Роберт. Ольга. 1897».

«Роберт. Ольга», — сказал я громко, и что-то побежало от меня по траве, что-то простонало в ветвях огромного вяза. Еще раз нападал я на русский след в этом французском замке, на след, который оставляла — вплоть до Киры — бабушка Прасковья Дмитриевна. «Ольга, Роберт», — повторил я опять. И вдруг в тишине сада раздался звук — мирный ход автомобиля по низовой дороге. Да, здесь, в двадцати шагах от меня, кончался Роканваль и шла старая каменная ограда. И вот, мимо ехал кто-то, может быть, зеленщик, может быть, владелец той новой белой громадной дачи, о которой у нас рассказывали чудеса: горячая вода проведена там во все спальни, и обед из кухни в столовую поднимается лифтом!

Обратный путь показался мне короче. Часы на деревенской колокольне прозвонили девять раз. Я вернулся в дом. Неизменный мосье Морис, с тем выражением рассеянности и высокомерия, которое я в нем так хорошо знал, встретился мне в буфетной.

— Жан-Поль встал?

— Нет, мосье.

— А кто же там? (Из столовой, собственно, ничего не было слышно, но было ясно, что там кто-то есть).

— Monsieur l'abbe, monsieur,[5] — и он, поклонившись мне, прошел мимо меня.

Деревенский священник в доме не бывал, но я решил, что на этот раз это, конечно, он, тот самый, который не раз проезжал мимо замка на велосипеде — молодой, веселый, с грубыми руками и лукошком под сиденьем. Он, вероятно, явился к Прасковье Дмитриевне за какой-нибудь лептой. Любопытно взглянуть на него вблизи... Я открыл дверь, и то, что я увидел, на одно мгновение смутило меня.

На конце стола сидел человек лет пятидесяти, черный, с блестящими глазами, с красным, слегка опухшим лицом, и, широко расставив локти и зажав нож в кулаке, резал бифштекс.

---

[5] Господин аббат, месье. (фр.)

Он был в сутане, с откинутым правым рукавом, и быстро и жадно ел, пил красное вино, вытирался салфеткой и опять припадал к тарелке, где сочилось кровью толстое мясо (мне казалось, что оно визжит под его ножом). Сверкая глазами, он громко жевал, — и что-то хрустело в комнате, — подливая в стакан, присасывался к стакану. Это было так необычно в девять часов утра, когда никто еще не спускался в столовую, и солнце еще не перешло за вон ту низкую ветку яблони, и маленькая стрелка часов еще не поднялась до верху, и я сам, неумытый, наспех одетый, стоял и приглаживал нечесаные волосы.

— Bonjour, Monsieur,[6]— сказал человек в сутане. — Кто вы такой, смею спросить?

— Друг Жан-Поля, — ответил я.

— В гостях?

— Да.

— Un lyceen?

— Un bachelier.[7]

Он нахмурился, бросив нож и выложив на стол тяжелую руку.

— Скажите: ronronner.

— Ronronner.

— Вы не француз, — и он удовлетворенно хватил из банки горчицы. — Вы не можете сказать «ronronner». Кто вы такой?

— Я русский.

Лицо его вдруг изобразило тревогу, но он что-то подавил в глазах, сжал рот, сложил руки и нагнул голову.

— Так, — сказал он смиренно. — Вот и моя жена была русской. И любовник ее был тоже не француз. Друг мой, в смерти которого меня обвиняла парижская молва, был вашим соотечественником. И моя мать, как вы знаете, опять-таки русская. — Он опять захохотал и бросил на стол салфетку.

Это был младший сын графини Прасковьи Дмитриевны, дядя Жан-Поля, тот самый дядя Роберт, который срезал гобелен в комнате матери и продал его.

Дожевав последний кусок текучего камамбера, с которого он даже не счистил корки, он встал. Он оказался меньше, чем я ожидал. «Морис, — крикнул он зычным голосом, и мосье Морис тотчас явился. — Ну что же, не будем терять драгоценного времени. Ты предупредил ее?».

— Графиня вас ждет.

Аббат вынул из кармана круглое зеркальце, внимательно погляделся в него, затем провел широкой рукой по лицу, крепко сжимая свой нос и щеки. «Иду, — сказал он, и тяжелые его

---

[6] Здравствуйте, месье. (фр.)

[7] — Лицеист?, — Бакалавр. (фр.)

башмаки на гвоздях застучали по мозаичному полу. — Прощайте, молодой человек. Желаю вам скорее вернуться в Россию».

Ровно через минуту отворилась дверь — как бывает разве что на сцене.

— Он убрался? — спросил Жан-Поль.

— Да, но он еще придет, наверное. У него, знаешь, такой аппетит...

— Нет, он не оригинален: он всегда от бабушки уходит прямо на автобус. Теперь ты видел его!

И Жан-Поль брезгливо отодвинул пустую бутылку из-под вина и тарелку с остатками сыра...

Я видел его в первый и последний раз. Он приезжал проститься с матерью перед каким-то далеким путешествием, он уезжал миссионером. Это был единственный человек во всей семье, говоривший по-русски, бывавший в России, но об этом я узнал лишь вечером, когда его уже не было. Полный месяц светил в комнату, Жан-Поль курил, расстегнув ворот рубашки и задрав ноги выше головы, — он говорил, что все известные путешественники любили так делать... Я сидел на подоконнике и все заглядывал вниз, в сад, точно ждал, что там непременно явится какая-нибудь белая женская тень — так полагалось когда-то, при луне. Чем-то опротивевшая мне после Кириного отъезда Мадлэн и обоим нам надоевшая Юна играли в белотт рядом, у себя, и ссорились, — слышны были их голоса, — и мы оба втайне боялись, как бы они не пришли к нам с их глупым щебетом и бессмысленной ненужностью. Жан-Поль рассказывал, — как один он умел — как будто и длинно, а вместе с тем хотелось, чтобы было еще длиннее, как будто и подробно, но хотелось еще больше подробностей.

Да, дядя Роберт был «дегенерат», был авантюрист...

— Но ведь ты сам хочешь быть авантюристом! — вставил я.

Он задумался. Да, дядя Роберт был человеком без национальности.

— Но ведь ты сам иногда... — хотелось мне вставить, но я удержался.

Он был младшим сыном бабушки Прасковьи Дмитриевны и явился на свет, когда разорение шло уже полным ходом и ничего нельзя было ни поправить, ни спасти. Он кончил блестяще Эколь Нормаль и уехал в Россию, где изучил язык и принял православие. Он об'ездил Сибирь, а затем пропал, и на шесть лет нить его существования теряется. Говорят, он разводил где-то куниц, переправился на Аляску и гостил у какого-то индейского царька, который пожаловал его высоким чином. Когда он вернулся в Париж, его называли «русским графом», несмотря на его французское имя и парижскую юность. Здесь же, во Франции, он женился на русской барышне, встреченной на водах. Уже на второй год супружества эта женщина стреляла в него, промахнулась и бежала с каким-то офицером. Через полгода у нее родился ребенок, — он не признал ребенка. Еще через полгода она вернулась к нему, — он не принял ее. Затем след его опять теряется. Перед войной он вынырнул уже особой священной и в сутане предстал перед воинским присутствием (он опять вернулся в католичество). Невероятная доблесть его стала легендой, в 1919 году о нем была написана книга, после чего он принял монашество. К этому времени у него не оставалось уже ничего ни от задора, ни от мятежных чувств, он отрицал какую-то бы ни было свою принадлежность к России, однако, как говорят, в годы гонений на католическую церковь в СССР побывал у папы с обстоятельным докладом.

— Когда этот человек встречается мне на пути, — говорил Жан-Поль, в облике дыма и лунного света, — ты не можешь себе представить, как нарушает он во мне все, решительно все; он мне чем-то отвратителен, и вместе с тем, я не могу отмахнуться от него. Я должен, как бы это сказать, принять его во внимание.

Молчание. Я опять смотрю вниз, — нет, никого там нет, хоть и д о л ж н о бы быть, хоть и бывало в такие именно вечера когда-то.

— Пожалуйста, задерни занавеску и садись просто в кресло, — говорит Жан-Поль, — а то уж очень выходит поэтично. Нестерпимо противна эта луна!

— Онегин тоже находил, — бормочу я, слезая с подоконника.

— Что ты бормочешь? Послушай, поговорим о чем-нибудь дельном. Знаешь что, прочти мне те стихи, ну ты знаешь. Они меня как-то примиряют... со всеми вообще.

Я смотрю мимо него и читаю:

> Ты помнишь ли, Мария,
> Один старинный дом
> И липы вековые
> Над дремлющим прудом?

И сейчас же перевожу по-французски — мне кажется, что у меня получается недурной перевод.

> И рощу, где впервые
> Бродили мы одни...

— Еще раз, — говорит Жан-Поль. И я опять читаю.

— I lipi vekovie nad... — повторяет он, внимательно вслушиваясь. — Дальше не могу, там слишком много ch, zch, trch... Клянусь тебе, эти стихи почему-то примиряют меня с Роканвалем!

61

5

Я был недоволен, я был почти несчастлив, все было не так, как, мне казалось, должно быть. Роканваль, со своей русской аллеей, прошлым бабушки Прасковьи Дмитриевны, с трюмо, сохранившим в своей сырой глубине какие-то русские отражения, уходил от всех нас в сторону. И невозможно было следовать за ним на его старом, романтическом и гибельном пути.

Лето кончалось. Был конец сентября, то время, когда неистовые ветреные ночи сменяются ясными, еще жаркими днями; и выходишь утром, и ищешь следов той бури, которую слышал за ставнями, просыпаясь, когда носилось и выло что-то в трубе, и скрипело и хлопало в саду, и мело в окна дождем и ветром. Но все спокойно, все чисто, кто-то нашумел и притаился. Голубое небо высоко; молчат и сверкают высокие деревья, смочен гравий дворца. Зелено-ржавая ваза у входа роняет последнюю каплю, словно полна до краев, а безголовый каменный лев уже высох на солнце. И не желая быть обманутым, я спускаюсь деловито в сад, в самую его гущу; мне нужны доказательства бывшего ночью первого осеннего налета; я иду удостовериться. И вот на меня ливнем падает вода с задетой ветки, нога увязает в гнили и страшной уликой ложится на дорожку, на выползших красных червей, оборванная, тяжелая яблоневая ветвь, изменившая своим падением милый, привычный профиль знакомого дерева.

Итак, по притаившемуся Роканвалю, мимо людей — не тех, уже не тех, какие, мне казалось, должны были здесь жить! — мимо живых, чуждых этому дому, мимо самого себя и всех нас, я шел искать те следы, которые в первые недели моей жизни здесь мне столько обещали. Да, по-прежнему воскрешая, нет — рождая в памяти исчезнувшее мое прошлое, стояла перед входом липовая аллея; в спальне Прасковьи Дмитриевны, рядом с Распятием, висела икона в старых, суздальских ризах; женское имя русскими буквами было нацарапано на стене беседки. Я пытался воображать то «дядю Роберта», русского графа, то розовую девочку с искусственно-русским именем, то еще каких-то неведомых — живых и мертвых — людей, о которых догадывался. Но те, кто были вокруг меня, люди, жившие здесь и приезжие, были уже далеки от того действенного очарования, которое еще жило в именах и предметах.

Конечно, гости не могли приехать сюда, как мне, может быть, хотелось, на тройках с бубенцами, с толстым кучером с перышком в шапке. Шофер в лаковых крагах высадил из длинного автомобиля сперва отца Жан-Поля, потом его жену, а потом и отца Юны — тощего шотландца в клетчатых чулках, такого сухого и чистого, словно он был из картона. Они приехали за барышнями

— за Юной и Мадлэн, но я понимал, стоя у окна, что до всеобщего отъезда будет отпраздновано одно событие, о котором умалчивает, но хорошо знает Жан-Поль.

Я смотрел на молодую графиню. Я вспоминал слова Жан-Поля: «Четвертым браком отец мой женат на женщине легкого поведения» — и от волнения ничего не видел перед собой. Она, кажется, пошла показать шотландцу парк, пока муж, в охотничьем костюме, с ягдташем и собакой, стрелял в поле зайцев. Потом им был подан чай.

— Значит, сегодня тебя объявят женихом? — спросил я, оборачиваясь к Жан-Полю.

— Да, да, ты же видишь... Впрочем...

— Но ты сделал предложение?

— И без того все ясно! Нет, предложения я не делал.

— А когда же свадьба?

— Ах, Боже мой! Ничего этого не будет.

Он все последние дни был сам не свой, с ним нельзя было разговаривать — он сейчас же начинал кричать. Но тут вошла Юна и, ничего не говоря, положила свою голову Жан-Полю на плечо.

Нет, эти гости совсем не шли старому, гордому, тихому дому. И Прасковья Дмитриевна не вышла к ним, и они — кроме, кажется, графа — не зашли к ней. Огромные вазы Императорского фарфорового завода стояли на двух концах стола, и из них на скатерть падали толстые красные георгины. Ростбиф был пересушен, консервный горошек катился по тарелке, деревенский хлеб пачкал руки мукой. Шампанское, привезенное из Парижа, невесело стреляло и пускало свой легкий, мгновенный дымок.

Я сидел рядом с мачехой моего друга, с четвертой женой его отца, и всякий раз, когда взглядывал на нее, с трудом отводил глаза. Не то чтобы она была по особенному хороша или красива; женщины, вероятно, нашли бы в ее внешности более недостатков, чем достоинств.

Она была довольно толста, а лицо, наоборот, оставалось тонким и длинным, как бывает у женщин, внезапно располневших. Руки ее были очень малы и изобличали совершенную праздность, волосы она носила гладко. Но я затрудняюсь описать ее. Помню, что на ней было ярко-синие платье, того безжалостного оттенка, которое не оставляет лицу ни тени теплоты.

Шотландец поддакивал охотничьим рассказам графа, Мадлэн и графиня переговаривались через меня о чужих для меня людях. Юна, склонившись к Жан-Полю, жевала, широко раскрывая рот и поводя глазами, время от времени поднимая лицо к лицу Жан-Поля, клала ему на плечо руку, на которую он не смотрел. К концу обеда, когда в кружевных чашках мосье Морис подал кофе (мне и Мадлэн под чашками были поданы грубые фаянсовые блюдца), шотландец встал, выплеснул монокль из глаза и сказал речь, которая начиналась «милые мои дети», но в которой никаких иных намеков не было. Он смотрел на дочь и на Жан-Поля, и мы невольно повернулись в их сторону. Теперь, прямо перед собой, и очень близко, я видел предплечье, шею, синий шелк, узел темно-синих волос этой женщины, узкий от вина угол темного глаза. Я чувствовал запах, исходивший от нее, я мог сосчитать бриллианты в пряжке на ее плече, и мне казалось, я слышу, как под платьем живут и дышат ее плечи и грудь. «Она назначит мне свидание, — мелькнула у меня мысль, позорная своей безотчетной глупостью, — вот где разрешится тоска этого вечера». И мне захотелось вниз, в сад, во тьму, где нам будет друг друга не видно.

Мы вышли все вместе; оказалось прохладнее, чем мы думали, и небо было черно, и вообще ночь не хотела казаться лучше, чем она была на самом деле. Она не хотела притворяться продолжением шотландской речи, выкриков графа, улыбок Мадлэн. Все на земле и в воздухе было сумрачно и тихо. Мы пошли к прудам — Юна, Жан-Поль, Мадлэн и я, — а сзади догоняла нас графиня, бросив мужчин, и говорила, не слушая нас — невесть о чем: о Париже, портнихах, о чьих-то похоронах, о том, можно ли завещать что кому хочешь, о том, сколько стоит объехать вокруг света... Падал туман, и все рыжее и рыжее становилось окно спальни Прасковьи Дмитриевны, где горела лампа, где она еще не спала, все более предательским, все более осенним становился старый сад. Мы прошли под вязами, графиня шла уже с нами; я не слушал ее, я думал, что было бы сейчас, если бы мы остались вдвоем в саду, во всем замке, в мире, под этими деревьями, в которые уже тихонько начал падать дождик. Что было бы, если бы я стянул с нее этот ужасный макинтош...

Но мы вернулись в дом, и началось прощание. Мадлэн все совала куда-то свой тяжелый чемодан, ловя полы драпового пальто, скользившего с ее прозрачного платья; Юна клала щеку на лацкан Жан-Поля, а Жан-Поль молчал. «Prenez soins a la grand mere»,[8]— закричал граф; два желтых сильных огня резнули воздух и уперлись в траву. «Мой маленький, сладкий, пушистый тигреночек, — сказала Юна, — мой цыпленочек, мой нежный воробушек не оставит надолго своей крошечки?» — «Нет», — ответил Жан-Поль. «У меня был зонтик!» — закричала графиня. «Какой в высшей степени приятный пикник», — произнес голос шотландца из темноты, и мотор заработал.

«А ведь, кажется, идет дождь», — объявил я хрипло, когда автомобиль провалился в ворота и все стихло, но Жан-Поль не ответил ничего. (Зонтик схватил и подал сам граф, и все было

---

[8] Позаботьтесь о бабушке. (фр.)

кончено, и только шумело в голове от улетучившейся напрасной радости.)

Я прочистил горло и вошел в дом.

— А мы когда в Париж? — спросил я небрежно, Жан-Поль запирал двери ощупью.

— А тебе, собственно, когда надо?

— До пятнадцатого мне решительно деваться некуда, если хочешь знать правду: мама переезжает на новую квартиру.

— Так оставайся здесь до 15-го, если не надоело.

По черным окнам галереи уже струилась вода, и сад с шумом гнулся, шатался и грозил завалить дом: это шла осень, которую днем никак нельзя было поймать с поличным. Я слушал ее, раздеваясь в темноте у нас в комнате. Что-то громко кричало в саду, и хотя Мадлэн не раз уверяла меня, что это лягушки, мне представлялась в деревьях громадная полуслепая птица, чем-то схожая с графиней Прасковьей Дмитриевной. Наконец я лег, и, все удивляясь, что нет Жан-Поля, уснул. Проснулся я от шороха: он укладывался спать в своем углу; за окном было тихо.

— Который час? — спросил я.

Он не ответил.

— Сочтешь ли ты непоправимым свинством, если я уеду до тебя, оставлю тебя здесь одного с бабушкой и Морисом?

— Нисколько, — быстро ответил я (неужели он уже соскучился по Юне?).

— Я уеду не в Париж, — продолжал он. — Пожалуйста, не говори мне ничего ни о славянской душе, которая во мне просыпается, ни о тяжелой наследственности и дяде Роберте. Ох, ты многое можешь сказать, но не говори ничего. Помнишь, как мы ходили ночами по набережным и сидели у костров?

Теперь я молчал.

— Да... Послушай, ты спишь? Послушай, на прощание я хочу быть с тобой добрым и милым. Если она тебе нравится, то позвони ей по телефону — папы не бывает дома по утрам. Она наверное согласится с тобой позавтракать...

Я всхрапнул искусственно и слишком громко, и он умолк, и хотя мне очень хотелось переменить положение — ныла нога и онемел локоть, — но я продолжал лежать неподвижно, пока и впрямь не заснул...

— Прасковья Дмитриевна! — вскричал я, вбегая утром к бабушке, а она еще не выходила из-за высоких, рисованных своих ширм (какая-то кузница изобразила на них, годах в восьмидесятых, страуса, распушившего хвост, лилии, двух зайцев и болотистую даль с снеговыми горами на горизонте). — Прасковья Дмитриевна, простился он с вами? Когда он исчез?

— Я — больной, — сказал спокойный голос, и я понял, что она лежит на своей высокой постели, под выцветшим атласным балдахином. — Я совсем больной сегодня, Boris. Нельзя так беспокоиться. Он простился со мной, он сказал, что он никогда не женится. Он хочет странствовать...

Эта милая мне, знакомая комната, со всеми ветхими, старинными и просто старыми предметами, как будто что-то знала, больше, чем знал я, во всяком случае. Я смотрел на ее пышное, громоздкое убранство, на тусклый пейзаж Пуссена в простенке, на бронзовые канделябры, на описанный в каком-то путеводителе по Иль-де-Франсу изразцовый камин... И вдруг я понял, что здесь опять, во второй раз, произошло что-то незаконное, непоправимое: второй (из четырех, великолепных, трехсотлетних) гобелен был вынут отсюда сегодня и унесен, но не вырезан ножом, как сделал когда-то дядя Роберт, а именно вынут, бережно и аккуратно; и также, как под первым, обнажилась под ним нештукатуренная стена с темными разводами, с сетью грибков у высокого лепного потолка.

— И вот я больной теперь, — говорил голос бабушки, — я совершенно простуженный и очень нервный. Оставьте меня, Борис... и вообще я прошу никого не входить сюда, сюда нельзя... — И беспокойно, почти сердито — В эту комнату запрещается теперь смотреть!..

6

Колокольчик у ворот визжит тонким, пронзительным звуком, кто-то дергает его в третий, в четвертый раз, кто-то звонит, звонит, сливая в долгую, резкую трель этот звон; ночь, черная сентябрьская ночь на дворе, упавшая, почти без сумерек, холодом и мраком на деревья, оборвавшая первые бурые листья. Во всем доме — я один, и сердце мое начинает стучать гулко и часто, потому что я уже понял, что мосье Морис и жена его, в их полуподвальной спальне с окнами в сад, не слышат, что кто-то звонит у ворот и требует в этот поздний час, чтобы его впустили. Я вскакиваю с постели, хватаю с вешалки пальто и в войлочных туфлях на босу ногу, чиркая спичками, держа в руке подсвечник с оплывшей свечой, бегу по темному коридору, сбегаю по лестнице, миную первую гостиную, вторую (где холодно и белеют чехлы), потом — галерею, где мелькает мысль, что мой свет уже видит тот, кто стоит за воротами. Но колокольчик дрожит опять, нечисто, тревожно, я бросаюсь вниз, мимо кордегардии, во двор; холодный ветер хватает меня за волосы, я режу двор по диагонали; черное небо; черные деревья шумят по другую сторону ограды; черные ворота, к которым я припадаю, оказываются вблизи светлее всей этой ночи. «Кто там?» — кричу я.

Колокольчик перестал рваться.

— Да отоприте же, — говорит женский голос по-французски, — оглохли вы все, что ли?

Я обеими руками поворачиваю громадный ключ и отваливаю дверь. Из темноты выходит ко мне незнакомая женщина, — я вижу, что это женщина, но какая она, кто она, увидеть не успеваю, — она обходит меня и впереди меня идет к замку, словно ей знаком каждый камень этого старого двора. Я иду за ней, и так мы в молчании приходим к входу; на каменной лестнице, на широких перилах, оставлена мною свеча. Страшная тень подготовляет меня к тому, что я сейчас увижу: передо мной незнакомое лицо, с которого смотрят большие злые глаза; перед мной женщина лет тридцати, усталая, измученная, с большим животом и той невыразимой бледностью щек, которая бывает только у беременных. Насторожившись, она стояла так внизу лестницы, сдвинув брови, смотря на свечу и не взглядывая в мою сторону. Башмаки ее были в грязи, пальто измято, будто оно недавно вымокло и высохло у нее на плечах. Из-под шляпы падали прямые волосы; их оттенок напомнил мне что-то: они были рыжими с розовым отливом.

— Проводите меня к бабушке, — сказала она, продолжая принимать меня за лакея и тяжело вступая на первую ступеньку.

— Простите, но графиню вчера увезли.

Она поймала стену левой рукой и, наконец, вперила в меня тяжелый взгляд.

— Если вы не проводите меня к бабушке, я сама пойду. Не велели пускать?

Я объяснил ей, что Прасковью Дмитриевну вчера увезли в Париж, что я вызвал к ней графа, что сегодня я звонил ему по телефону: у нее оказалось воспаление легких, и, вероятно, она не перенесет его.

По бледному лицу женщины вдруг потекли слезы.

— Кто вы такой? — спросила она тихо.

— Я... зажившийся гость, завтра уезжаю. Я сейчас разбужу мосье Мориса.

Но тут она метнулась ко мне и схватила меня за рукав.

— Нет! Не уходите. Не надо Мориса. Он потом всем скажет, что я была тут и какая стала.

Она перевела дух.

— Я посижу здесь до света. Дайте мне кресло. Когда уходит первый омнибус?

Она еще что-то сказала, но так тихо, что я не разобрал. И это бормотание опять напомнило мне что-то, и такая жалость к ней вдруг проснулась во мне, — жалость, смешанная с любопытством, — что я сказал:

— Пожалуйста, пойдемте к нам в мезонин. В доме нет никого, вы, наверное, проголодались. Я сейчас принесу из кухни, что осталось от ужина; простите, хозяйство здесь небогатое. А потом я вам постелю постель.

Из всего, что я сказал, она поняла только то, что в замке никого нет.

При свете керосиновой лампы она теперь сидела за нашим столом наверху, по ее просьбе я плотно закрыл наружные ставни. Она ела сыр и пила красное вино — все, что я мог найти в холодной кухне.

— Значит, бабушка при смерти? — спросила она меня вдруг, — а еще неделю тому назад она мне писала и была здорова.

— Она вас звала сюда?

— Да, она мне писала, что осталась одна, и я могу к ней приехать, когда захочу — ведь я не видела ее больше года, когда поссорилась со всеми ними.

Она беспокойно оглянулась.

— Я вам рассказываю все это, но доверия у меня к вам нет. Хотя вы такой любезный и добрый. Я ведь разбудила вас? Это потому, что я шла пешком от Лэ Руа.

Я не садился и старался держаться далеко от нее, ступать тихо, говорить мало.

— Это чья же комната?

— Вашего двоюродного брата и моя.

— А рядом?

— Рядом жила Мадлэн.

Она опять заплакала беззвучно, сидя неподвижно, не закрываясь ни руками, ни платком.

— И Кира была здесь?

— И Кира.

И вдруг я понял окончательно, кто была она: эти розовые волосы, это нежное, так рано поблекшее лицо, этот слабый голос выдали мне ее наконец. Это была старшая Кирина сестра, о которой никогда не говорилось в замке.

Она сидела так и плакала. А я стоял — все в пальто и в туфлях — у двери и не мог не смотреть на нее.

— Что же будет теперь? — спросила она.

— Теперь вы ляжете и уснете. А я возьму вот эту кровать и тихонько, совсем тихонько, только, пожалуйста, не волнуйтесь, вынесу ее в коридор и лягу тоже.

И я постелил ей на кровати Жан-Поля, а свою выдвинул за дверь.

Она долго не тушила лампы, и я долго из темноты смотрел на полосу под дверью, на звезду, сиявшую мне из дверного замка. Прямо передо мной, в конце коридора на площадке лестницы, было окно с матовым стеклом, и постепенно оно начало сквозить какой-то мутно-серебряной изморозью — это низко, под самое утро, где-то взошла и через час упала луна. И тогда со мной случилось что-то странное, я потерял чувство времени. Сначала мне показалось, что это рассвет, потом представилось, что это не коридор вовсе, а узкая больничная палата, где я лежу, но не сейчас, а Бог знает сколько лет тому назад.

Чем-то северным сквозило окно. От белых стен исходили призраки. Хирургическая, морг, чистилище — все оказывалось как-то рядом. Словом, вероятно, это был сон, потому что наяву я никогда не мог бы ощущать такой оторванности от настоящего.

Я спал в пальто и, когда утром приоткрылась дверь, вскочил сейчас же. Она была уже одета.

— Я провожу вас, я только оденусь, — сказал я ей, и она вышла. — Подождите меня внизу.

Едва одевшись, я уже искал ее по дому; она стояла посреди одной из зал, и в лице ее опять была такая печаль, что меня снова что-то схватило за сердце.

— Двадцать лет тому назад, — сказала она, не обращаясь ко мне и все-таки, вероятно, радуясь, что есть человек, который ее слышит, — двадцать лет тому назад, когда я была совсем маленькой и был еще жив дедушка, здесь стояли такие громадные кресла, в которых можно было свернуться и спать. И как все тогда любили друг друга!

Я слушал молча.

— Я ведь старшая внучка. Потом уже они все. И как всегда всем хотелось, чтобы все у меня было хорошо, счастливо, а главное — прилично, а вот вышло не счастливо, не хорошо и совсем не прилично, и только бабушка одна, только она... У нее у самой нет денег, а она посылала. И даже увидеть захотела.

Она подошла к окну.

— Боже мой, — она глядела на в сизом утре блекнувший сад, — что сталось с Роканвалем! Как дико все, как уныло! И какие-то посторонние люди, — теперь она говорила не для меня, — какие-то чужие люди принимают меня...

Я все ждал.

Она обернулась, что-то вспомнила, быстро, насколько могла, прошла мимо меня, спустилась по лестнице, уже не боясь быть увиденной, пересекла двор. Я отпер ей ворота.

— Прощайте, — сказала она. — Спасибо.

Но я проводил ее узкой улицей до деревенской площади, помог войти в высокий, синий, уже почти полный омнибус (в Лэ Руа был базарный день, и старухи в черных фартуках и соломенных шляпах трещали о своих делах). На секунду все смолкло, какой-то парень встал и уступил ей место. Она села, ни на кого не глядя.

Когда омнибус, качнувшись, отъехал, я почувствовал, что непременно, сегодня же, и не днем позже, надо уехать отсюда и мне.

А на площади против самой церкви, из двухэтажного деревенского дома, голося и причитая, женщины выносили свой домашний скарб. Большая желтая афиша объявляла суконным языком, что за неуплату долгов будет нынче утром продаваться с молотка имущество мосье Дюпона. Тарелки, подушки, кофейная мельница, старая плита, кресло без ножки, буфет уже стояли во дворе, в куче; и начинал стекаться народ. Сперва робко, смущаясь происходящим, потом все смелей, потом нагло подходили люди рассматривать, ворошить чужое добро; они садились в кресло, скрипели дверцами буфета, крутили кофейную мельницу. Два маленьких мальчика стояли тут же и без слез провожали то, в чем до сих пор жили.

Я вернулся в замок.

Нет, отсюда ничего еще пока не было вынесено, и роканвальский знаменитый и гордый скарб не был еще выброшен на посмеяние прохожим. Все еще продолжало быть цело, на месте, хотя в Париже и умирала Прасковья Дмитриевна, хотя черви и точили брусья старых наших потолков. И дом этот не пал еще, как Дом Эшера, и никакой вообще сказки не было за этими, мхом заросшими, высокими стенами. Это просто наступала осень, и я возвращался в Париж; рушилось лето и отлетал призрачный, одному мне еще дорогой дух этого старого, чужого праха. Испарялись какие-то впечатления, какие-то образы принимали неверный оттенок. Все явственнее вставали впереди: университет, мама, новая квартира, может быть — свидание с мачехой Жан-Поля, может быть — открытка от него самого, из Александрии, Лимы или... Москвы. Может быть — на похоронах бабушки — запретная встреча с Кирой. Все это казалось таким приятным и обыкновенным: я знал, что она будет, что оно возможно. Я увязывал книги, запирал чемодан и шел прощаться с мосье Морисом, и все, что покидал я в тот час, так печально и безнадежно затихало за мною: затихали наши комнаты, затихали гостиные в чехлах, затихала лестница; в тягучем шепоте осени затихал парк; в последний раз стукнули и стихли ворота, и заскрипел ключ, и смолкла надо мной моя аллея, похожая в это утро на памятник чему-то, чего давно уже нет, ни здесь, ни в моей стране, нигде на свете.

1936

Лакей и девка

I

Она была дочерью петербургского чиновника, дослужившегося до действительного статского советника, человека с узким, длинным лицом, подозрительного, болезненного и всегда всем недовольного. Мать ее была женщина до такой степени схожая с женами других петербургских чиновников, что когда она умерла, Танька, которой шел пятнадцатый год, в памяти своей уже не могла отличить ее от других дам, бывавших в доме, больно бравших ее за подбородок, говоривших друг с другом — истерически хохоча и ненатурально играя лорнетками — о прислугах, Гостином дворе и благотворительных комитетах.

В доме появилась гувернантка, но не ужилась, не совладала со старшей, с Лилей, за которой в гимназию приходил какой-то гардемарин. Таня и Лиля научили ее пить мадеру, произносить нецензурные русские слова и уверили, что нижний жилец без памяти влюблен в нее. Однажды, когда никого не было дома, гувернантка потихоньку вынесла свои вещи, сложила их на извозчика и уехала, оставив его превосходительству записку, что она больше не может.

Это было за год до революции. Отца назначили в Сибирь, и все трое переехали в Иркутск. Четвертой была Элла Мартыновна, старая гувернантка матери, сухая, как кость, с когда-то блудливыми, а теперь подслеповатыми глазами. Буфеты, рояль, две копии с картин Шишкина и французские ковры тоже были перевезены. И началась в Иркутске, в огромной казенной квартире, среди новых знакомств и новых удовольствий, по старому безалаберная жизнь.

Элла Мартыновна ограждала от отца. Впрочем, он очень скоро завел шашни с вице-губернаторшей, не шашни даже, а тягучий нервический роман. Пожилая, толстая вице-губернаторша и кавалер Станислава второй степени встречались на уединенных дорожках городского сада или за городом, на берегу пустынной Ангары. Иногда они выбирали для этого лунный вечер и присаживались, когда бывало не слишком сыро, на травку или сухой пенек. Они играли в молодость, в Мопассана, в беззаконность, а над его сюртуком и ее пенсне смеялся весь город.

А в это время в душной шашлычной, где звенела зурна, где

71

вертлявый, безлобый, перетянутый, как оса, черкес танцевал лезгинку, Лиля, высоко заложив ногу на ногу (а справа напирал знакомый армянин), курила, задыхалась в дыму, щурилась, отставляла мизинец от мокрого стакана и выходила в уборную: еще почернить глаза, еще и еще попрыскаться духами.

Танька в эти вечера сердитая сидела дома и думала. Она думала о том, что бы ей такое натворить? Чем бы стать? Вот-вот должна была наступить настоящая жизнь, надо было приготовиться к ней, не прозевать, не попасть впросак. Выйти замуж как можно скорее? Или стать опереточной дивой? Или сделаться писательницей, описать историю собственной души? Элла Мартыновна гадала ей, мусоля длинный, жилистый палец, и всегда выходило одно и то же: кто-то портил ей, кто-то завидовал, кто-то становился поперек пути, но она преодолевала все препятствия и соединялась законным браком с мужчиной темной масти и при деньгах.

И опять — отъезд, на этот раз без буфетов и копий Шишкина, — отъезд в Японию, бегство. От кого? Кстати — и от вице-губернаторши, но главным образом — от большевиков. Зашиваются в корсеты царские кредитки, и Таня надевает корсет, и Лиля, и Элла Мартыновна. В хрустящих от кредиток корсетах, в тяжелом, обвисшем на одну сторону сюртуке, опять вчетвером, как самая тесная и друг без друга не могущая дышать семья, они едут в Нагасаки, они бегут. На большом пароходе, под вежливый лепет японцев, Лилю рвет кровью, ей приходится спуститься и лечь. И Танька, поздно ночью, на палубе, среди каких-то мешков и ящиков, прижатая пожилым инженером к борту поцелуем, вдруг понимает: да ведь ей без Лили во сто раз веселей, свободнее, легче, ведь она без Лили всем нравится. Ведь ей рядом с Лилей житья нет.

Лиля красива, но по приезде в Японию Таня замечает, что задор ее начинает пропадать, сдает изощренная лживость, и самое лицо — правильное, бледное, длинное — начинает становиться строгим и скучным. По утрам Лиля много молится, в медальоне у нее — портрет царя. А к весне она совсем стихает, не шьет себе платьев, ни с кем не целуется, закладывает волосы на затылке трагическим узлом и говорит, что жизни не хватит ей отмолить Россию.

— С чем тебя и поздравляю! — кричит ей на это сестра.

У Тани мелкие, редкие зубы и нежная, неестественно нежная кожа, и даже когда она была подростком, не было у нее на теле шершавых мест. Под узкими с толстыми веками глазами у нее веснушки, нос толстый, и неправилен овал широкого лица. Она невысока и слишком полногруда, руки у нее большие, хваткие, походка кренит на одну сторону. Но вот проходит несколько месяцев, и кругом Тани — мужчины, между собой откровенно говорящие о том, что она как-то особенно умеет подаваться всем телом, когда ее целуешь, а на Лилю никто уже и не смотрит, и ходит упорный слух, что ей скоро тридцать лет.

Был, однако, среди этих, громко ржавших над анекдотами и много евших, певших романсы и хватавших Таню в объятия мужчин, один, по имени Алексей Иванович; готовившийся в контрразведку и потому знавший японский язык, теперь служивший в японском банке, человек кроткий, болезненно брезгливый к чужим вилкам и стаканам, с большими, неподвижными, почти голубыми глазами и словно нарисованными глупыми черными усиками. Он приходил и уходил вместе со всеми. Но однажды Элла Мартыновна сказала, что «трефовый король на лестнице признался бубновому, что Танюша — прелесть, но что влюблен-то он, собственно, в Лилишу». В самом деле, этот Алексей Иванович вообразил почему-то, что мелькнувшая ему два раза в коридоре девушка, с трагическим узлом волос и нездоровым цветом лица, и есть именно то неземное видение, воплощения которого он ждал всю жизнь. На следующий день Лиля вышла к гостям, сильно напудрив свой правильный, хрящеватый нос и приколов к груди какую-то фарфоровую птицу. Она закидывала голову, мучила свои длинные, жилистые руки, как-то особенно многозначительно кашляла, а через месяц Алексей Иванович сделал ей предложение.

Таня в первый раз растерялась. Она не спала ночь, закинув руки, ухватившись ими за спинку кровати и выгнувшись всем телом, пока не омертвела вся. Ей казалось немыслимым, невероятным, чтобы кто-то предпочел ей Лилю. Нравился ли ей Алексей Иванович, она не знала, но это был единственный человек — из всех, кто к ним ходил, — который не пытался ее целовать и мять, который не шептал ей сальностей, который вообще совершенно не обращал на нее внимания. Она только теперь сообразила все это. Мысль, что кто-то обошел ее, что с проигрыша начинается жизнь, была ей невыносима. И черные усики и неподвижные глаза постепенно стали для нее каким-то нечаянным соблазном.

...Она пришла к нему часов в десять утра, в воскресенье; он только что оделся и ходил по комнате еще босой (у него потом оказалась эта привычка). «Очень рад, Татьяна Аркадьевна. Польщен. Чему обязан таким счастьем?» — спросил он улыбаясь и большими белыми руками подставляя ей кресло. Она была в шубке и меховой шапочке и с удивлением смотрела на его босые чистые ноги. «Я пришла на пари, — сказала она, еще не зная, как выпутается из этого, и не попадая зубом на зуб, — сама с собой пари держу». Он громко захохотал: «Сама с собой», — повторил он, вовсе не замечая, что она волнуется. «Смотрите!» — сказала она вдруг глухо и распахнула шубку: чулки кончались широкими атласными подвязками (вчера купленными), потом шли батистовые, в смятых воланах, панталоны на тесемках, а больше на теле Тани не было ничего; ее нежная, неестественно нежная кожа отливала чем-то голубым, а тени под грудью и соски были оранжевыми. Она сидела, не двигаясь несколько мгновений, ноги ее были крепко сжаты, один чулок был натянут выше другого. И внезапно она сделала одно движение... Она уже не помнила, откуда взяла его: все тот же Мопассан, или просто Марк Криницкий, или даже безымянный автор одной книжки, проглоченной еще в Петербурге. Но главное пришло к ней само: в криках и судорогах она выказала Алексею Ивановичу такую страсть, которой научилась в снах.

Алексею Ивановичу всегда казалось, что жизнь состоит в том, чтобы ступать как можно осторожнее и преимущественно смотреть себе под ноги — как бы не провалиться в какой-нибудь открытый люк. Смерть была таким люком, и все, что неожиданно, грозно меняло жизнь, было таким люком — революция воображалась дырой, куда провалились брат и отец Алексея Ивановича и которую сам Алексей Иванович миновал. И еще были какие-то неизвестные ямы, куда могла соскользнуть нога. Страсть к Тане на следующий же день показалась ему именно таким страшным провалом, куда он с грохотом и ужасом, босоногий, с перекошенным лицом, в разодранной рубашке, провалился, пересчитав коленями какие-то ступени и больно треснувшись головой о невидимый выступ. Это была спинка кровати, о которую он ударился лбом, после чего от боли, ярости и счастья почти потерял сознание. А через неделю к нему вернулись его кротость, его улыбка, слюдяной блеск больших, плоских глаз, и он женился на Тане, и уехал с нею в Шанхай — расслабленный, с потерянным выражением лица, с внезапной худобой и дрожью в теле.

Она была довольна мужем, и Шанхаем, и тем, что бросила дом; и девять лет с Алексеем Ивановичем, во время которых она имела короткую связь с американцем и невеселый роман с женатым русским, родила мертвую девочку и однажды ездила к отцу, прошли спокойно, и так как она никогда не думала о настоящем, а если думала, то только о будущем, то прошли они и вполне бесследно. В Японии уже ничто не напоминало ей юности. Отец лежал в параличе, Лиля служила переводчицей в экспортной конторе, она дурнела и старела. Эллы Мартыновны уже не было в живых. К концу девятого года Тане захотелось в Париж, куда уезжали многие, и Алексею Ивановичу захотелось в Париж, — ему, впрочем, всегда хотелось того же, что и ей. Он все обдумал, как ему казалось, очень основательно (что стоило ему немалых усилий); он бросил службу. И вот они уехали — искать счастья, как говорила Таня, все думая, все загадывая о каком-то будущем. Но не совсем ясно было, как именно представляет она себе это счастье, свое счастье в частности, свое и Алексея Ивановича парижское счастье.

Главным козырем, с которого Алексей Иванович надеялся ходить в Париже, был японский язык. Он верил, что может принести им кому-то там огромную пользу. Но через четыре месяца, когда деньги были на исходе, работы никакой все не было, а были лишь осложнения с визой и паспортами, и с языком французским, которого из них обоих ни один не знал, с Алексеем Ивановичем начали приключаться какие-то припадки: он бил и ломал все вокруг себя, страшно ругаясь и сквернословя, и вовсе потерял сон. В бессонницу, босой, он шагал по комнате маленького отеля, где они теперь жили, а Таня билась головой по подушкам. И вскоре в гостях, у дальних родственников (хозяин был священник из гусар), с ним случился его последний припадок.

Это было за городом; дом стоял в низком, сыром саду. Окно было открыто, и комары летели на лампу, обжигались и падали в вазочку с вареньем. Все было очень похоже на Россию: медный самовар стоял на краю стола, в него подливали кипяток из чайника, согретого на плите. «Матушка» с розовыми ногтями и перекисью крашенными волосами рассказывала какие-то истории про незнакомых людей высокого рождения. Гости пили чай, а от яблочного пирога оставался на блюде один треугольный короткий кусочек.

И вдруг Алексей Иванович прервал речь хозяйки и звенящим, рыдающим голосом объявил, что ему жарко. «Пересядьте к окну, — сказал священник из гусар, — ночной бриз освежит ваше истомленное тело». Но Алексей Иванович вскочил и крикнул, что к окну его не заманишь, шалишь! Я знаю, что это такое: туда проваливаются... Некоторые взглянули на него обиженно. Но он в одно мгновение ока сорвал с себя пиджак, жилет, брюки и стянул уже один башмак, когда его схватили. Светлыми глазами поблескивая вокруг, он стоял весь в белом и, снова став кротким и улыбающимся, чернел глупыми своими усиками. Однако он отбивался так жестоко, что пришлось вызвать карету «скорой помощи», и два санитара накинулись на него, сбили с ног, подмяли и поволокли по дорожке, пока он громко бредил какой-то чепухой.

Через несколько дней он умер в больнице, в отделении для буйных, опухший от побоев, полуседой, со сломанными передними зубами. И Таня осталась одна в Париже, в комнате дешевого отеля, куда приехала «искать счастья».

Она осталась одна. Начинался день, как жизнь, серый. А она не хотела такого дня и такой ночи, долгой и мертвой, когда в голову шли расчеты: сколько еще осталось денег, и что можно на эти деньги купить, и где найти такого мужчину, за которого можно было бы спрятаться, который бы думал обо всем, и платил бы за все, и делал бы подарки, и обожал бы, как это бывает, как это, вероятно, бывает у всех, как это есть у встреченных здесь двух петербургских подруг, у одной шанхайской знакомой, словом, у женщин, которых, как ей казалось, она знала. Начинался день, и она принималась ходить по магазинам, почти никогда ничего не покупая, но выбирая, приценяваясь, роясь в чулках и перчатках, жалея денег и в мечтах волнуясь до сердцебиения, воображая на себе то эту, то ту шелковую или меховую тряпку. Она перебирала вороха кружев, пересыпала в пальцах пуговицы, все сомневаясь и боясь купить не то, все продолжая носить на себе вытертую рыжую лису с толстым, свалявшимся хвостом, висевшим на плече, и черную пыльную шляпу с черным цветком, которая должна была изображать траур. Ей было теперь тридцать два года. За время замужества и после мертвой дочки она потолстела, но лицо ее было все так же ослепительно свежо и теперь, грязно и неумело накрашенное, оно все еще обращало на себя внимание.

Она приходила иногда к этим своим Надькам, Марусям, Таточкам, и то одна, то другая дарили ей что-нибудь: пару чулок, с упавшей петлей, старую сумку, с разбитым зеркалом. То одна, то другая в быстром, неряшливом разговоре приоткрывали перед ней угол своей жизни, и у Тани захватывало дух от дикой свободы страстей, денег, праздности, холи и счастья; она ловила, хватала эти крохи и уносила с собой, к себе, чтобы ночью стараться понять: что же, собственно, за жизнь — их жизнь, не ее жизнь, где все так весело, прочно и покойно? Потом она шла к другим, которые ничего не дарили, жили бедно и работали. Среди них была Белова, портниха, и тема разговоров была всегда одна и та же: что носят? И как сделать так, чтобы как можно дешевле и как можно лучше одеться? И у Тани подкашивались ноги, когда она слышала, что от одной ничтожной ошибки, от неправильно вшитого рукава или не так срезанного ворота может к черту пойти и платье, и вся судьба. Была еще одна — высокая, крашенная, озлобленная, по имени Гуля, испробовавшая с десяток профессий. Она когда-то обучалась в институте красоты, была манекеном, но потом страшная болезнь и два выкидыша обессилили и скрутили ее, и теперь она подавала в ресторане, где била посуду и грубила клиентам.

А Таня все ходила по домам, по магазинам, по улицам, до одури всматриваясь во встречных женщин, вслушиваясь в язык, который не всегда понимала, до полного отупения мысленно вымеривая, прилаживая что-то, перебирая бессонными ночами все, что видела и слышала днем. Надька говорила: «Милая моя, тебе прежде всего надо научиться мыться, ты мыться не умеешь». Белова клялась, что ей надо выкраситься в рыжий цвет и носить одно черное. Кто-то умолял ее похудеть, — но во всем этом сквозило их равнодушие, почти презрение к ней. И только Гуля никогда ничего не советовала, хотя, вероятно, знала лучше всех, что Тане нужно делать.

И вот постепенно, никому ничего не говоря, Таня стала преображаться, помня все время, что денег и уменья хватит у нее только на то, чтобы сделать себя, и к себе — одну-единственную раму и в этой раме выйти... куда? В русский ресторан, где поют «Чарочку», и еще в другой, где едят осетрину и рябчиков, и наконец, в третий, в ночной кабак, где музыка уже не русская, а аргентинская, где Танька одна, ночью, с нежным лицом, грудью и руками, с толстым, мягким ртом, играя длинными ногтями, будет сидеть, тянуть через соломинку что-нибудь холодное и пьяное и почти не смотреть вокруг себя.

В этот ночной, очень модный и всегда полный ресторан ее, однако, не впустили, потому ли что она была одна, потому ли что надо было заплатить метрдотелю за право завести здесь знакомство, но ее отстранила рука у самого входа, и бархатный баритон по-французски, но с русским акцентом, попросил ее уйти. Она мгновенно потеряла голос от волнения, не удержалась, сделала плаксивое лицо и вышла, и, пока решала, на чем ей ехать домой, какой-то веселый человек в разлетайке и шапокляке назвал ее «шармант» и чмокнул воздух в вершке от ее щеки.

Проезжий автомобиль обдал ее водой. Ехать куда-нибудь в другое место было поздно, была ночь, и она вернулась, от злобы расплакалась, сидя на постели, закапала черными от ресниц слезами светлое платье, стала его чистить бензином, все испортила и хотела выброситься в окно. Но комната была на третьем этаже (об этом она потом всегда помнила и никогда не угрожала) и выходила во двор, а во дворе так нехорошо пахло, что она сейчас же закрыла окно.

На следующий день она поехала в ресторан — без музыки, без цыган, — где просто очень дорого кормили. И пока она проходила по зале, ей с одного стола мелькнула карточка, и она увидела, что меньше чем за сто франков здесь не поешь. У стен сидели вовсе не обращавшие на нее никакого внимания мужчины, чем-то похожие на ее отца: лысые, бородатые, жадно жующие или уже пищеварящие. Она потерянно взглянула на пучеглазого, нестарого господина, ковырявшего в зубах, сообразила, что она здесь никому не нужна, и сказала, что ей надо просто позвонить по телефону.

Она вышла и поняла, что ей остается одно последнее место: тот веселый, шумный цыганский кабак, о котором ей говорила Тата. Она поехала туда. Ей хотелось есть. И тут ее встретили оркестром, усадили в угол, заботливо стянули с нее — все ее достояние — пальто с горностаем. И сразу она почувствовала, что здесь она хоть на время найдет то, что искала, — и пусть это будет не сегодня, не завтра даже, но это случится именно здесь.

Скрипач под румына и певица под цыганку визжали над ней. С неба, где был потолок, спускалась влажная, дымная паутина. Пары, подрагивая, плыли мимо нее, а она, положив на стол белую руку, в которой дымился длинный мундштук, выставив обтянутую большую грудь и светясь в этой ресторанной мгле своим лепестковым лицом, сидела и смотрела, и не смотрела. И было в ее ожидании, в тайном голоде, причинявшем в последние недели почти боль в глубине ее сонного тела, что-то схожее с томлением кисейной барышни в жасминовый вечер, в окне спящего родительского дома. Так же сильна была в ней жажда чего-то, и так же впереди все было туманно, розово и страшно.

Потом, когда позади остался грубый, голодный роман со скрипачом под румына, о котором она после вспоминала не как о человеке, но как о человекообразном; потом, когда, после полутора лет оскорбительной жизни с ним, изъеденная тоской, и ревностью, и ужасом перед завтрашним днем, она вышла из больницы после операции, похудевшая, нищая, с увеличившимися и чем-то горьким и ясным загоревшимися глазами (а скрипача не было, он поступил в оркестр и уехал в Лондон), она вернулась сюда, уже догадавшись, что никто никого не обожает и не любит до гроба, что не за кого спрятаться, что то, что случилось с ней, случается со всеми ее Татами и Надьками, но ни одна об этом не рассказывает, и, значит, надо врать, врать, хвататься в жизни за все, что только можно схватить, и постараться забыть, запить, задавить эту свою ошибку, эту постыдную уступку черноглазому мерзавцу, несколько раз торговавшему ею и вот бросившему ее.

Еще только иногда по утрам, просыпаясь на рассвете от раннего шума в узком, вонючем дворе, она безудержно, злобно возвращалась к этим месяцам, к тому, что сперва было так похоже на огнем бегущий по жилам цыганский романс, пропетый шепотом в самое сердце, и что потом отдавало запахом несмененных простынь, городской канализацией в сырой ноябрьский день, когда по скатам мостовой струится что-то оранжевое, зловонное, бежит мимо горько скрученной тряпки, и страшно ступить на нее и потонуть в ней каблуком. Она лежала — час или два, — погрузившись в эти воспоминания, не примешивая к ним никаких других, и потом тяжело засыпала. А днем старалась вернуть то утерянное свое чувство, тот ушедший свой облик, которые когда-то вели ее — после смерти Алексея Ивановича — на поиски чего-то, чему названия дать она не могла, но без чего она не представляла себе возможности жить на свете: это непременное, необходимое состояло из праздности и телесной сытости, — а вместе могло бы называться на ее языке парижским счастьем.

Но вечерами она возвращалась в единственное место на свете, другого у нее не было, все в тот же цыганский кабак. И минутами, когда она сидела там, под грохот музыки, в ресторанном удушье, полном людей, она забывала на лице выражение обиды, печали, страдания. И рука, протянувшаяся к ней через столик — плотная, короткая мужская рука с открытым портсигаром, — принадлежала человеку, которому понравилось в ней именно ее усталое и растерянное лицо. Она взяла папиросу, отняла и положила на скатерть портсигар и сжала вдруг эту руку, и сквозь слезы вопросительно улыбнулась. «Что может быть лучше русской женщины! — закричал человек с акцентом. — Нет, скажите мне, пожалуйста, что может быть прелестнее, роскошнее, великолепнее русской женщины?» И с грохотом и визгом музыка как бы повторила этот вопрос, угождая клиенту.

Четыре года. Три раза в неделю — днем — он приходил «отсыпаться» от биржи, жены, бриджа, неоплаченных векселей, дутых чеков, кризиса, от всей своей трудной, перебойной мужской жизни. Каждый раз он оставлял ей сто франков, говорил, что только здесь, в этой очаровательной, грязненькой, дешевенькой комнате, он чувствует себя человеком, а не скотом. «Женится? — думала она иногда. — Разведется? Бросит жену?» Бывало, она просила повести ее куда-нибудь: вдруг кто-нибудь увидит их вдвоем, донесет, и это взорвет его жизнь. Но он был осторожен и как только приходил, требовал свой халат, туфли, велел ставить чай и развертывал пирожные. «Не женится, никогда не женится», — говорила она себе по ночам, глядя с ненавистью на висевший за дверью его красный халат с кистями, распространявший в комнате его запах, сторожащий его добро. Как она радовалась в день, когда он принес ей этот свой запах, принес пижаму и туфли. Ей казалось, что он почти переехал, и еще немного — она окончательно завладеет им.

«Можно револьвером, — сказала однажды Гуля, — только попугать. Ну представь — его переедет автомобиль? Ведь ты останешься ни с чем, как была. А годочков-то прибавилось».

Но револьвером она не грозила. И вот к концу четвертого года он пропал. Сказал, что уезжает из Парижа по делу на неделю, но прошел почти месяц, — а его все не было. Домашний его адрес, который она знала, был неверен — дома с таким номером вовсе в этой улице не оказалось. У нее был телефон его клуба, она позвонила туда. Ей сказали, что он уже полгода, как не бывал.

Она потеряла голову, заметалась по городу, хотела бежать в полицию. Денег у нее оставалось несколько десятков франков, за комнату она задолжала, она опять была одна. «Эта сволочь даже скопить не дал», — думала она о нем. В ярости, отчаянии, с развитыми волосами, немытая, она пришла к Гуле. «Ты дома? Ты не работаешь?» Гуля сидела у окна с котенком на больших своих коленях и вышивала крестом. В ресторане ей отказали, она теперь брала вышивание на дом.

«Ты тоже можешь, если хочешь, — басила она, а папироса в это время осыпалась на красный гарус, на голубую канву, — можно выработать сантимов девяносто в час. С голоду не подохнешь...»

«Но ведь есть же и другие, — думала она, — тоненькие, изящные, веселые, сытые, которые где-то служат секретаршами, продавщицами, живут с патронами, ездят на зимний спорт, покупают все очень модное... Почему не я?» И в черных стеклах магазинов она видела себя, заплаканную, постаревшую, с висящей грудью и низкими боками, идущую неровной своей походкой, без перчаток. «Вероятно, нету, — отвечала она себе. — На месяц, на два... все врут... Все такие же, как я, чертовки». И слезы текли по ее лицу, и она вытирала их ладонью.

Рестораны? Она их теперь хорошо знала. Тот цыганский кабак закрылся, вместо него открылся другой; шикарный ночной ресторан, куда ее когда-то не впустили, был все тот же — туда возил ее однажды Таточкин содержатель. Несколько раз с Надькой они обедали там, где она так оробела когда-то, и мужчины, хоть и немолодые, хоть и похожие чем-то на ее отца, были там, в конце концов, как и все мужчины, и даже некоторые довольно пристально рассматривали и Надьку, и ее.

Но идти туда в старом корсете, не имея в сумке ста франков, было невозможно. И она, еще несколько дней покидавшись по городу, еще два раза забежав к Гуле, стала вышивать.

В первый день она наработала на девять франков, во второй день — на одиннадцать. Третий день она пролежала и проплакала почти весь, наработала на четыре франка и с опухшими глазами повалилась снова в постель. На четвертый день она купила за семь пятьдесят пол-омара и съела его с майонезом — она больше всего на свете любила омары и майонез. К вечеру четвертого дня она была как пьяная, ничего не поняла, когда с ней заговорила хозяйка (о том, чтобы она не беспокоилась с уплатой за комнату, можно и подождать). На пятый день она пешком пошла к Гуле — у нее не было на метро, и она ничего не ела. Работы у Гули не было, но ей дали кофе.

Сто пятьдесят франков — одну бумажку в сто и пятьдесят мелочью — она взяла взаймы у Надьки в тот же вечер, поужинала у нее, выслушала поток хвастливого вранья, сама ответила тем же и с утра, истратив франка три на еду, стала думать, что ей делать. У нее дрожали руки, когда она пересчитывала деньги. У нее было два проекта, и один исключал другой.

Первый был: купить на эти деньги револьвер, нажраться и

застрелиться. Второй был: пойти к парикмахеру, завиться, сделать педикюр, одеться к лицу и ехать обедать, да так, чтобы непременно кто-то другой заплатил за нее и чтобы выйти из ресторана вдвоем. Она подошла к зеркалу и сделала то лицо, которое обыкновенно делала, когда на себя смотрела, и которого у нее в другие минуты не было. И вот она принялась за себя со всем стараньем, на которое была способна.

Было восемь часов с четвертью. Она немного опаздывала, она никогда никуда не поспевала вовремя. На ней было черное платье, черная шляпа открывала кверху поднятые и завитые волосы — она недавно выкрасилась в рыжий цвет, но темные корни уже сквозили у виска. Воротник каракулевой шубы скрывает ее толстую белую шею; когда она откидывает его, вырывается душистый и теплый столб воздуха и облаком ложится на ее лицо. На ногах — паутина последних целых чулок и легкие, открытые туфли. Она опять подходит к зеркалу, опять делает не свое лицо — довольное, спокойное, то лицо, какое хотела бы иметь. Она долго смотрит на себя. Хороша. Ей пошла бы маленькая собака — лишний повод к знакомствам. «Дура! Почему не попросила своего жида подарить собаку, еще вначале, когда он был такой милый». Милый? Да, он был милый, — в первый год и во второй год их... любви, скажем, когда подарил ей эту шубу, когда сносил все ее капризы, ее подозрительность, ее ужасное лицо в слезах. Потом, когда начались упреки в том, что он на ней не женится, угрозы прицепиться к нему, он перестал быть милым. И он был прав. «Можно было удержать. Сама виновата во всем, — сказала она себе вдруг. — О бессчастная, бесталанная дура!» Она была наедине со своим отражением, она схватила, качнула и захлопнула дверцу осинового скрипучего шкафа. «Он был милым, он был добрым, и он мог всегда быть таким, — словно читала она в себе самой, и что-то еще было там дальше: — а теперь ты будешь вышивать гарусом или станешь тротуарной девкой». Она закрыла зеркало рукой, чтобы не видеть выражения своего рта. «Мелко плаваешь», — опять прочла она дальше и сказала это вслух, и сейчас же опять увидела свое искаженное лицо. Уверенность в себе, в том, что то, что она сейчас собирается сделать, — правильно, вдруг пропала. Лечь спать; смотаться вниз, купить полбутылки коньяку. Распить... Она заспешила от этих убогих соблазнов, еще раз распахнула и запахнула шубу, и ушла.

В ресторанной зале, отделанной с претензией на строгость, когда Таня вошла, было занято не более трети столиков: справа в углу — пожилой господин с пожилой дамой, в левом — молодой человек с барышней; дальше шли еще лица, мужские, немолодые, кажется (все это надо охватить в несколько секунд). Трое мужчин, занятых закусками и водкой, сидели вдалеке. Метрдотель хотел посадить ее рядом с молодой парой, у двери, но она прошла мимо него и села в глубине, за соседний с обедавшими мужчинами столик. Два лакея подбежали к ней, но она осталась в шубе. Сейчас же слетела ей в руки карточка, замелькал в воздухе прибор, и пришлось развернуть салфетку.

«Он был милым, он мог быть милым», — повторила она себе и почувствовала, как она устала от всей этой недели, вспомнила о своем лице и слегка улыбнулась в сторону, но на нее не смотрели. В это время пришли еще двое (французы, кажется) и сели напротив нее. А она чувствовала, что не может оживиться, что ей хочется скорее поесть и уйти, что ей нужно остаться со своими мыслями. «Додумать. Выспаться. А завтра что? — мелькнуло в голове. — Завтра буду как Гуля, или еще что-нибудь... Служить пойду. В прислуги. Служат же люди. Вот лакеи бегают — служат». И она стала следить за одним из них — немолодым, высоким, лысым человеком в кургузой белой куртке, волосатыми руками что-то делающим над ее прибором. «Принес селянку. Осетрину накладывает».

— На левый стол грибки, — пробегая мимо, прошептал лакей помоложе, с картонным лицом, покачивая чистыми стаканами, ножками вверх.

— Даю, — отозвался лысый без голоса и, подставив Тане селянку, побежал куда-то, шатаясь. Она едва не потеряла его среди четырех других таких же. Она следила за ним со смутным чувством. Он показался опять, плавая в воздухе с узким блюдом маринованных грибков, откупорил вино в салфетке, двинул в дальний угол низкий стол на роликах с сырами. «Зачем живет такой человек?» — спросила она себя, а лакей опять замелькал туда и сюда, унося грязные тарелки, и вдруг Таня увидела, как в официантской, находившейся наискосок от нее, он что-то жадно сунул себе в рот с чужой тарелки. Она почувствовала отвращение.

«Зачем живет такой человек? Боже мой, зачем? Но зачем я сама живу? Для чего все это? — подумала она с жалостью и к нему, и к себе. — Зачем вообще живут люди? — Она с минуту соображала. — Для удовольствия. Да, это так. Люди живут для удовольствия. Но какое же в его жизни, в моей жизни удовольствие?»

— Осетринка, мадам, не понравилась? — спросил он почтительно, видя, что она не доела селянки.

— Н-нет, понравилась.

Он, плавно действуя волосатыми руками, унес селянку и еще что-то, и принес на мельхиоровом овальном блюде индюшечье крыло. Накладывал он, вытянувшись, действуя одними кистями рук.

— Прикажете красненького?

Она заказала полбутылки нюи. Один из мужчин, сидевших за соседним столиком, поднял на нее соловые, выпученные глаза. Мгновение — он что-то старался связать, вспомнить. «Гарсон! И сюда одну нюи», — крикнул он, поняв, наконец, что ему надо. Таня отвернулась.

«Зачем живет такой человек? — повторила она опять. — Ах Боже мой, где же он? Вот бежит с судком, качается. Какое у него лицо старое, усталое, какой череп странный. Он, наверное, много курит, зубы прокурил, сердце прокурил... А я зачем живу? Зачем стараюсь? Куда все это?.. Для чего завтра умру и как умру? Успокоюсь. Не буду больше завидовать, высчитывать. Остановлюсь».

С необъяснимой симметрией встала пожилая, а за ней молодая пара. Пузатый шассер на тонких, кривых ножках подал им одеться. Они ушли. Соседи требовали счет, вырывали друг у друга бумажники, опрокинули графин; наконец, главный, с соловыми глазами, заплатил. Таня долго держала во рту кусок мороженого персика и смотрела — не в лица их, а на то, как они оставляли на чай и как лысый, с переменившимся лицом, сгибаясь в пояснице, сгребал деньги и благодарил, поспешно отставляя стулья от их спин.

Потом он передал их метрдотелю, а метрдотель — шассеру, а шассер — уже на улице — шоферу такси, и у лакея в это время лицо опять стало прежним.

— Кофе, пожалуйста, — сказала Таня одними губами. Ну вот, и прошел этот обед, за который она сама заплатит. Все было очень вкусно. Как опустело кругом. Вот уже тот, с картонным лицом, и другой, помоложе, несутся с ворохом салфеток, и опять — стаканы, но грязные, и ножками вниз. Есть еще французы, кажется, но они теперь с дамами. Она проглядела, когда они пришли: нарядные, веселые, живучие. Вот они так — «для удовольствия»... Опять бежит этот высокий — зажигает спиртовку под фильтром.

— Народу у вас немного, — говорит Таня и сама не знает, зачем это говорит, — это хорошо, когда народу немного.

— Так точно. Это приятно-с.

Он отходит, спиртовка горит и перегоняет кофе. Он поспевает вовремя.

— А за завтраком больше бывает? (Зачем я его спрашиваю, я ведь больше все равно сюда не приду).

— Как же-с. До трех часов иногда присутствуют.

— Утомительно, наверное?

— Привычка-с. Десятый год служу.

— А чем вы раньше были?

Но он, слегка припадая, бежит за сахарными щипцами. Она опять смотрит на его волосатые пальцы, и ей кажется, что сквозь кургузую куртку она видит его худую, впалую, страшно волосатую, седую грудь.

— Раньше? Когда именно-с? — и он, танцуя вокруг нее кругами, смущенно пытается осклабиться.

— Раньше, в России.

— Сражался за веру, царя и отечество, — говорит он заговорщицки.

Она мешает кофе и глядит на него. Он стоит сбоку, навытяжку, опять насколько это возможно при его сутулости.

— Вы не из Петербурга?

— Как же-с. Николаевского кавалерийского.

В мозгу ее образовывается что-то похожее на длинный коридор, она не может разобрать, что там, в его конце.

— Я из Николаевского кавалерийского знала Ахлёстышева и Цауне, за старшей сестрой моей ухаживали.

— Ахлёстышева знал. Был моложе меня на четыре выпуска.

Так. Теперь она дает ему возможность отойти, составить компотницы — одну на другую, — вынести их в официантскую на лед, до завтра, вернуться, постоять у кассы, заложив салфетку под мышку, бегая глазами по последним посетителям. Еще у дверей снуют другие. Если бы она села к окну, ей подавал бы не он, а, например, тот гнилой блондин с прозрачными ноздрями... Он может отойти теперь: все известно, между ними уже образовалась какая-то тонкая, слабая связь, через Лильку и громадного, давно мертвого Ахлёстышева, которого Таня так боялась, когда была девочкой, и который однажды, схватив ее, протанцевал с ней, грубо замяв ей платье.

Он взглянул в ее сторону. Нет, она все еще не требовала счета. Он прошелся мимо нее.

— А скажите, — она думала, что он не услышит ее бормотанья, но он услышал и опять затанцевал кругами вокруг, наклонив на бок свой длинный череп, — вы, может быть, и сестру мою знали, Лилю Шабунину (а я Таня Шабунина, урожденная Шабунина, я замужем была). Нет? А Завертяевых? (фамилия смешная!) Мы там часто бывали. А еще такие Филантьевы были. Там елки устраивались, я помню, много было детей. Все — старше меня; между мной и сестрой — шесть лет. Филантьевы. Жили у Чернышева моста. Еще бывали там такие фон-Гогены... Отец мой с Киркилевичем вместе служил. Не знали Киркилевича? Его дочка теперь за Цветковым... А из Николаевского кавалерийского, нет, из Константиновского артиллерийского, я еще помню Охотникова. Его отец был шишкой.

Он подставил пепельницу под ее окурок.

— Как же-с, — механически ответил он, неловко расшаркнулся и сам пошел писать счет. Одну из белых, круглых люстр потушили, но Таня этого не заметила.

— Послушайте, — сказала ему кассирша, — ваша знакомая нас ужасно задерживает. Одиннадцатый час.

Он затрепетал счетным листком и вдруг бросился в официантскую: ему жадно, остро захотелось хоть минуту побыть одному; одиночество, тишина; возможность припомнить что-то, возможность восстановить...

Он открыл дверь в маленькую гардеробную, где было темно, пахло капустой и старой одеждой. Тут висели на худых вешалках темные лакейские пиджаки. Он узнал свой пиджак по какой-то особой легкой зернистости шевиота. Он держался за свой пустой рукав, мял его и думал.

Восстановить ему хотелось страстно, но восстанавливать он не умел. Он был из тех людей, которые при словах: «дом выходил окнами в сад», — всю жизнь представляют себе один и тот же, случайно когда-то запримеченный деревенский дом, обветшавший с годами, дежуривший в памяти бессменно. А при словах: «поезд медленно подходил к станции», — он вечно видел все тот же черный паровоз, уже остановившийся у полуразрушенной водокачки, польскую надпись на стекле станционной двери и белесоватую синь за долгие годы приевшегося горизонта. А что не имело в памяти своего постоянного образа, то не удерживалось, то давно скользило. Но сейчас случилось с ним что-то странное: слова «Чернышев мост», «елка», как обвал, пронеслись в мозгу, и то, что осталось в столбе пыли, в грохоте Таниных слов, застыло и замерло, очаровывая и умиляя сердце. Стройная девочка в красном платье тонкими, потными пальчиками давит в труху блестящий, стеклянный шар с выемкой, только что снятый с елочной ветки. Он — в мундире, он чисто вымыт, у него на золотистых вихрах — треух из хлопушки, съезжающий на одно ухо — тоже чистое. Стеклянная пыльца обсыпает руки и платье девочки... Может быть, эта дама, которая сидит там и курит, и пудрится, эта особа и есть та девочка? Нет, конечно, это не она. Тогда, может быть, это ее сестра? Нет, и этого не бывает на свете. Тогда это кто-нибудь, кого она наверное знала, видела. Филантьевы... И больше ничего. Больше он ничего не может ни вспомнить, ни связать. Но и этого довольно: вдруг понеслись, покатились, помчались на него солнечные обрывки какого-то детского летнего дня, когда он повис курточкой на шпингалете, выпрыгивая из окна, и другие — смешные и грустные, и пестрые, пестрые, и такие быстрые, что нельзя было удержать их. И тугие белые перчатки на маленьких руках, и кадетская длинная шинель, и все то гордое и жуткое, что появилось после поступления в корпус, и дикая, дивная, вольная воля весной, и опять голубая декабрьская погода, и тот перекресток около Биржевого моста, где он навеки почему-то представил себе в туманах входящий в Малую Неву океанский пароход, распирающий берега, вырастающий выше Петропавловской крепости; еще что-нибудь; грозные, рыдательные аккорды, завивы полковых труб над гробом отца. Песок и снег. И тишина. И в черном северном небе какая-то комета, которую он углядел ночью, с подоконника. И еще что-то, и еще... Пока не оборвалось все в жизнь, в войну, в производство, в пьянство, в женитьбу, в бегство, не привело в этот чулан, в чадный мрак официантской, к чужим тарелкам, к горчице, размазанной по краям, к салатному листу, липнущему к пальцам; к недопитым стаканам, из которых он не раз хлебал какую-то на бегу слитую смесь. Он сжал и скомкал в руках на деревянном плече худой рукав человеческого своего одеяния, он дернул его, ожидая, что раздастся колокол, раздастся набат на всю вселенную, и, может быть, сбегутся к нему люди... Но все было тихо; глухо доносилось сюда шарканье и голоса; все было тихо.

Тогда он открыл дверь и вышел.

Она по-прежнему сидела там и была теперь совершенно одна в полутемном ресторане. Уже сдергивались скатерти со столов; тесня ее, подвигались лакеи, составляя стулья. Метрдотель, без фрака, стоял перед кассой, и появился хозяин — изящный грассирующий поляк с цветным платком в боковом кармане, со свистом листавший счетную книгу. Она все еще сидела там. Она могла уйти, но она не могла уйти. Или вернее: он не мог упустить ее; она еще что-нибудь скажет ему, она еще напомнит о чем-нибудь. Какая чудесная, мягкая, летучая красота в ее лице, как непонятно все это — ее глаза, и пальцы ее, и голос; и она сказала «Ахлёстышев». Кто такой этот Ахлёстышев? Может быть, тот самый, который в восемнадцатом году... И он воскрес теперь из мертвых, воскрес и свел их вместе сегодня, здесь...

Он положил перед Таней счет.

— Позвольте отрекомендоваться, — сказал он, — поручик Бологовский.

Она выложила на стол бумажку, прихлопнула ее рукой, подняла лицо.

— Очень приятно.

Он подбежал к кассе, разменял, вернулся.

— Такое знакомство. Удивительно. Давно покинуть изволили?.. (Так, чтобы только как-нибудь еще, — ну неужели ему интересно, десять, пятнадцать или сколько лет мотается она по миру?)

— Ох, давно!

Она взяла сдачу и оставила на чай. Он с застывшей улыбкой дернул головой, подавая кому-то знак, и пробегавший мимо с картонным лицом огромными темными кистями сгреб деньги, прошуршав благодарность.

— Разрешите мне, — и тут он согнулся, голова ушла в плечи, а спина стала узкой и круглой, — выйти вместе? Поручик Бологовский. Не сочтите за назойливость.

— А вам разве можно уйти?

— Момент.

Теперь она увидела, что давно пора ей отсюда; она открыла и опять закрыла пудреницу, выхватила зеркало. От вина и еды ей было жарко.

Жизнь его была рассказана. Он скомкал что-то с женитьбой и выспренне выразился о замужней дочери, которая жила в Болгарии и все собиралась к нему, да как-то не выходило. Жизнь была выболтана в час времени, пока ехали, пока пили анилиновый ликер в русском ночном кафе, где-то в пятнадцатом округе Парижа, где он был как дома. Сердце шумело, руки (забыл вымыть, так спешил) подрагивали над папиросной коробкой, стараясь навести на столе относительный порядок: вот тут ее рюмка, тут моя, здесь папиросы — там спички, здесь перчатка ее, черная, теплая, душистая, там — ее белая, теплая, душистая рука. Перед ним сидит женщина, он не очень ясно помнит, как это произошло, он много выпил всякой дряни, ноги его прямо-таки валяются под столом, как сапоги, как краги, и ужасно хочется плакать... Это — старость. Он ни за что не скажет ей, сколько ему лет, пусть думает — сорок пять, пусть думает даже — пятьдесят. Пусть думает, что хочет.

Он смотрит ей в грудь, в руки, почти не смотрит в лицо. Вот ему и весело. Но как вспомнишь, сколько было в жизни всего! О чем это я? Ах, да, о прошлом моем, зыбком, дурацком, жалком.

— Но такого вот вечера, позвольте вам признаться, не было. Нет, такого не было. Не сочтите за комплимент.

— А хоть бы и комплимент, — говорит Танька. — Женщины любят комплименты. Вы — мужчина, вы должны это понимать.

Она тоже пьет. И так как к полуночи он говорит, что проголодался, она вместе с ним просит водки и еды, впрочем, только для того, чтобы закусить три своих рюмки. У нее ложатся две широкие, темные петли вокруг глаз, и рот от водки делается влажным и каким-то глубоким. «Куда это он метит? — спрашивает она себя в пьяном сне. — В законные мужья, в первые любовники или в коты? Что, если прямо спросить его об этом».

От этой мысли с нею внезапно делается припадок визгливого, слезного хохота, голова ее клонится, она обеими руками держит себя за лицо, чтобы оно не упало на стол.

Ее внезапное неумение совладать с собой возбуждают в нем страсть и нежность. Она тяжко всхлипывает, хватает стакан и в белых, ровных своих пальцах с хрустом давит его.

— Ради Бога, Татьяна Аркадьевна, — кричит он, мгновенно вспотев лицом. — Так порезаться можно.

Руки и платье ее обсыпаны стеклянными осколками, но он уже ничего не говорит, а, сжав кулаки под столом, с шумом в голове и огнем в сердце, сидит, и смотрит, и тонет в счастье, которого она причиной, ничего не помнит, старается не дышать, не мигать, и в мареве его блаженства — все пьяно, чисто, и весело, и грустно зараз.

Но ей было скучно. Трактир с бывшим губернатором за стойкой был пропитан салом и табаком. Бумажный тюльпан на проволоке, который Бологовский все переставлял, не зная, куда его поставить, с чем спарить, все время лез ей в лицо. Со стен смотрела фотография какого-то матадора с гитарой. Все это, и человек, сидевший с нею, по крахмальной груди которого полз красный клоп, казалось ей таким падением, такой расплатой, таким скорым путем к концу, что она с тоской и ужасом удивлялась: как жестоко и круто расправляется с нею жизнь.

«Если полезет целоваться, дам в морду», — решила она про себя.

Но он одной большой жесткой рукой стиснул обе ее руки, и в ночном такси обхватил ее и измял, прижимаясь жесткими губами к ее губам, твердым лицом к ее лицу. И через минуту жалость и нежность к себе залили ее — куда рваться? Зачем? Боже мой, как все грустно на свете... Она постаралась увидеть его глаза в сумраке, скорее по привычке, чем из любопытства. Совсем еще чужие глаза блестели металлическими слезами, и редкие волосы его (он снял шляпу) показались ей железными тоже.

Молча он поднялся за ней, и там, в комнате, где был такой беспорядок, где в потолке горела голая лампочка, а ситцевая штора закрывала окно, он затолкал ее грубо и жадно, торопясь, падая (а она все медлила, будто обдумывая что-то). И все-таки не успел так, как хотел. И в страшной усталости, опоенный ее теплом, он тяжело уснул, лицом в подушку.

II

Растрепанная, в мятой голубой сорочке, с размазанной чернотой вокруг глаз, она лежала в постели, свесив почти до полу руку со старым, еще русским, серебряным браслетом.

Он стоял у окна, в пальто. За окном был двор шириною в три метра, городская расщелина, сырая и темная.

Собирался дождь. Над собой он видел другие окна, и сколько ни выгибайся — неба не было. Был дым, шедший откуда-то сверху и падавший в эту расщелину. Хриплым голосом он сказал, нараспев:

Дождик, дождик, перестань,

Мы поедем в Арестань.

Она не расслышала последнего слова и повторила, зевая:

— ...мы поедем в ресторань.

Он издал звук, похожий на короткий смех, оглянулся, увидел ее и, сделав несколько шагов, поцеловал ее в голову. Рыжие волосы ее помертвели и выцвели, пробор был темен, с проседью.

— Не хнычь, пожалуйста, — сказала она, поднимая с полу руку, как гирю, — ну о чем ты опять плачешь?

Он не плакал, а смотрел сверху ей в лицо, ожидая, когда она поднимет глаза на него, чтобы ей улыбнуться.

— У тебя всегда такой вид, будто ты собираешься заплакать. Веки красные, должно быть, глаза больные. И такая слеза железная у носа. Ну, улыбнись, черт возьми, разве тебе не весело?

Он осторожно погладил ее по голове и еще раз поцеловал в пробор.

— Зубы плохие улыбаться, — сказал он и через силу засмеялся.

И правда: почему ему было так щемяще грустно смотреть на нее? Чего ему было жалко? Ведь то, о чем он и мечтать не смел в первый вечер знакомства, случилось: она была с ним, ее тело, ее тепло были с ним, у него была женщина, своя собственная, не такая, которую мог иметь всякий другой. Она напоминала ему что-то бывшее наяву и похожее на сон, иногда (Боже мой, если бы она только знала!) ароматом своим, беглым прикосновением руки к его затылку она напоминала ему мать. Он уходил на работу в одиннадцать часов и возвращался в четыре, и опять уходил в шесть и приходил к ночи. И она всегда была тут, она провожала его, она ждала его. И в постели она лежала рядом и грела его, и он не мог спать от сознания, что она с ним, что она откуда-то как будто вернулась к нему, принеся ему с собой обратно все, что было им потеряно.

— Понимаешь, Тасенька, моя маленькая, моя сладенькая, — заговорил он вдруг, — мне так хорошо, что и не знаю как. И грустно почему-то... Я все думаю, за что мне это? И знаешь, я часто раньше думал: ну что я такое? Зачем я?.. А теперь махнул, не думаю больше.

— Философствовал.

— Ну да. С таким вот рылом философствовал. А теперь и желания никакого нет.

— И слава Богу! — И ей смутно припомнилось, как она в тот день, в ресторане, одна, тоже философствовала.

— А теперь я пойду, — это он всегда говорил, будто подготовляя себя к прощанию с ней. — Надо, пора.

Она встала, накинула короткий капот, захлестнула у пояса и босая стала ждать его ухода.

Потом она легла поперек неубранной постели и принялась за вчерашнюю газету.

Раньше ей в руки никогда не попадались газеты. Бывало, тот оставлял ей свою — и она ее выбрасывала, не раскрывая, — ей было неинтересно знать о людях, с которыми она не была и не будет знакома. Но вот уже месяц — с тех пор как Бологовский переехал к ней (и разговор все чаще заходил о каких-то бумагах, которые надо куда-то подавать, чтобы можно было, в конце концов, повенчаться), с тех пор как он был с ней, она приохотилась к уголовным историям, о которых рассказывалось подробно, смачно, с бойкостью пера необыкновенною, и в конце которых всегда возникала либо кровью залитая простыня, либо заскорузлое, в чем-то подозрительном выпачканное полотенце — непременно зловонный и бесстыдный предмет, уводивший Танино воображение.

И были драмы, схожие с разниманием быка в мясной лавке. И были другие — когда ночью вспухшее тело бесшумно сталкивалось в воду. Какие-то корзины отсылались неизвестному получателю. Люди орудовали револьвером, кухонным ножом, стамеской. Но самыми жгучими и неотвязными были преступления, вдохновленные ложью: из арифметики переход в алгебру. Не просто уничтожить, или уничтожиться, но еще и надуть весь мир — хотя бы и поплатившись за это собственной жизнью. Вот женщина, ревнуя любовника к собственной дочери, отравляет его жену. Ее приговаривают к каторге, но подозрение в сообщничестве падает и на него, раскрылось еще кое-что (о, это «кое-что», которое есть за каждым!), и любовника ведут на смертную казнь. Разве не алгебра? Или другая: на глазах у мужа стреляет в себя и успевает шепнуть комиссару, что это не она, а он стрелял, чтобы отделаться от нее. И опять «кое-что», и его шлют на каторгу. И уже не важно — умирает сама она или выживает. Важно, что есть на свете вещи, за которые стоит платить их настоящую цену.

Хорошо, что от чтения этого уходят время и скука. Таня лежала и представляла себе, ворочая ленивыми мыслями, как отчетливо, безошибочно верно она могла бы тоже сделать это: застрелить себя. Застрелить себя — потому что не вышло «для удовольствия», и корни растут седые, и Бологовский беден, скучен и стар, и нет другого, и впереди ничего; она лежала навзничь, свесив босые, холодные ноги, закинув руки, выставив безволосые подмышки. Но кто же виноват во всем? На кого она покажет? Ах, не все ли равно! Справедливой быть она не подрядилась... Только не надо рисковать — комиссара может ведь и не оказаться, того самого, который согласен будет выслушать ее предсмертную ложь. (А уж священника наверное не случится... А то хорошо было бы именно в предсмертной исповеди соврать раз и навсегда.)

90

Рисковать нельзя. Она подготовит все по-своему, она, как мать детёнышу, уготовит Бологовскому его судьбу.

На сегодня довольно. Одевшись (дырявое бельё и старое красное платье, которое почему-то так нравится ему), она отправляется к Гуле. Там опять перемена: Гуля теперь по утрам водит гулять богатую девочку, получает за это сколько-то франков и завтрак.

Котёнок подрос, стал пегим, скребётся, ходит по столу, спит на Гулиной подушке. В комнате вовсю пахнет именно им, приторно-терпкий запах, а не Гулиными резкими, напоминающими денатурат, духами.

Громадными ладонями подпирает Гуля бледные щёки, когда-то красивое, мясистое лицо, словно раздутое болезнью. Под низким лбом — волоокие глаза. Колени её широко раздвинуты, и две большие, толстые ноги в расшлёпанных туфлях, с торчащей внутрь костью, стоят перед Таниными глазами, как два неподвижных, неживых предмета. В длинных толстых пальцах Гуля держит грошовый мундштук с погасшим окурком. И низким, почти мужским голосом говорит:

— Сегодня — лакеем, а завтра попрут, так засвистит в кулак. Без копья сядет на шомажные. Ты требуй.

— Ревнует абсолютно к каждой собаке.

— По-своему прав. Ты последней собакой не погнушаешься.

Танька переливчато хохочет. Это значит, что Гуля считает её «гранд амурез». Они говорили как-то о том, что Надька и Тата не «гранд амурез»; и Тане это приятно.

— Денег нет, зато философствует много. Да и староват он немножко для меня. Ты понимаешь?

— Уже! Вот сукин сын. А туда же, ревновать.

Танька закуривает.

— Вчера мне сказал: убить мне тебя или жениться на тебе?

— Это почему же?

— А так. Истерика.

Гуля передвигает ноги.

— Для чего, спрашивает, мы живём, и ты, и я, и все люди?

— Да что он, Лев Толстой, что ли? Ты скажи ему, что живёт он для того, чтобы свои чаевые получать.

Танька опять хохочет.

— А что, — спрашивает она сквозь смех, не имея сил оторвать глаз от Гулиных ног, — если он и вправду меня прирежет?

Гуля внезапно ложится лицом в раскинувшегося на столе кота.

— Да зачем ему?

— Ох, разве все зачем-нибудь делается? От скуки.

Тут начинается разговор о другом: о том, как переделать

прошлогоднюю шляпу, о Надьке, о спившемся Гулином любовнике, об одном верном средстве... Смеркается; идет дождь; из-под Гулиной крыши в маленькое окно виден перекресток двух сине-лиловых улиц, трамвай бросает малиновую звезду в вечерний воздух, и так мокр асфальт, что не знаешь, где верх, где низ.

Проходили дни, словно кто-то сдавал их, как карты, те самые, на которых гадала когда-то Элла Мартыновна, в которые теперь иногда играли Таня с Гулей, когда не о чем больше было говорить. Вторник, среда, опять неделя прошла, и другая; опять какой-то четверг, и уже суббота. Опять малиновая звезда трамвая гаснет вдали, когда Таня выходит из дому, и «это уже было когда-то» хочется воскликнуть, когда она приходит к себе, зажигает свет и ждет Бологовского. С ним скучно, но одной еще скучней. «Моя Тасенька, — говорит он иногда, — моя, моя. Это Бог мне тебя послал. Ну скажи, разве не случай, родненькая, что ты тогда к нам в ресторан завернула? Ах, и любишь же ты хорошо покушать! Последние деньги, да еще вышиваньем сколоченные, можешь на индюшку выбросить. Подожди, золотая моя, я тебе в этом месяце непременно икорку доставлю, настоящую, зернистую, черную».

Она сладко жмурится. Он целует ее и идет за ширмы раздеваться. Начинаются рассказы о том, кто что заказывал сегодня и сколько оставил. Она слушает, слушает и засыпает, неумытая. Он боится разбудить ее, осторожно ложится рядом. В комнате накурено, душно, пахнет ею, женщиной, его женщиной. У него есть женщина. Как это чудно и как страшно. Надо написать дочери, что он собирается жениться. Он скрыл от Тани, что у дочери есть сын, что у него внук. Ему четыре года. Вот она удивится! Как-то им там? Впрочем, не все ли равно? Главное — она. Не разбудить бы...

Он медленно (но хрустнули шейные позвонки) повернулся к ней и вдруг увидел блеск в ее лице, тот самый блеск, что отражался в кране умывальника, в замке шкафа: это был отблеск света, должно быть, падавшего из окна. Глаза ее были открыты, она смотрела мимо него. «Тасенька», — пробормотал он, пугаясь неизвестно чего. Она не отвечала, и от этого ему стало еще страшнее. Он крепко обнял ее за плечо — оно было теплое, живое. «Что с тобой?»

— Без. Сон. Ницца, — с расстановкой процедила она так жестко, словно кто-то сказал это вместо нее.

Он затих и весь обратился в слух. Она дышит. Не скажет ли она еще что-нибудь? Не двинется ли к нему?

— Ты когда-нибудь думал о том, что такое моя жизнь? — спросила она и положила обе руки себе на грудь. — Ты когда-нибудь думал, зачем все это?

Он почувствовал внутреннюю дрожь, ноющую боль между горлом и сердцем и мгновенную, от волнения, глухоту — через несколько секунд он уже опять слышал ее голос.

— ...невыносимо. Понимаешь, невыносимо. Надо было тогда вместо омара с майонезом револьвер купить. Ты видел, там у меня халат с кистями висит? Ты даже не спросил, думаешь: мужа. Как скучно! Отпусти ты меня, Христа ради.

Он присел, и в темноте она увидела, как он потрогал для чего-то руками свой длинный череп, и опять стали неподвижны его узкие, покатые плечи.

— Я тебя не держу... Постой, нет, я держу, я сам держусь. Ты мое последнее. Вон у меня уже внук есть, Володя, Лидочкин сын. Куда же мне... Тасенька? Что мне сделать для тебя? Чего тебе хочется? Может быть, тебе ребеночка хочется? Знаешь, у каждой женщины...

Она поднялась тяжелым телом и тоже села на постели, с ним рядом. С минуту она не могла произнести ни одного слова. Потом повалилась и, рыдая и всхлипывая, сказала:

— Я — о себе, а ты о чем! Все делаю, чтобы не было, а ты спрашиваешь. О Господи, так не понимать! Да меня Гуля засмеет.

Ее слезы, и эта темнота, и духота, и блики, переползающие, как светляки, с одного предмета на другой, но главное — ее слезы, мутили в нем все, что еще было ясного. Он зажег свет.

— Чего тебе? Ну чего? Тасенька...

Но она от слез потеряла нить мыслей, сама уже не помнила, с чего и зачем начался этот разговор, эти рыданья. Не об этом ли мечтала она все эти годы: рядом с ней был тот, кто готов был любить ее и заботиться о ней всю жизнь. И она весь день безнаказанно может шляться, перешивать старые платья, шлепать картами. Но отвращение и к себе, и к нему ломало ей душу. Она не знала, что такое жизнь, но чувствовала, что не это, не это. И годы ушли, и теперь, с этими тугими мыслями, с этой скукой в сердце, с этой немолодой грудью и злым лицом — куда ей? Кто возьмет, кто укажет, что делать? Не может быть, чтобы в мире так все было, так убого, так горько...

— Не отпущу. Люблю тебя, буду держать тебя. За тебя держаться, — это он повторял, и горела в потолке лампочка, и так покаты были его плечи, и сквозила в прорези рубашки твердая седая грудь.

— Потуши свет, — сказала она тихо. — Пора спать. Она и вправду скоро заснула.

Ночь была длинная и текла, как бесшумная река, которой, кажется, не будет конца и которой никогда не было начала. И в первый раз за эти месяцы жизни с Таней Бологовский с тревогой и грустью припомнил свою прежнюю жизнь и вдруг усомнился в том, что она могла привести его к счастью. Он знал, что у него там, в этих воспоминаниях, все приблизительно в таком же порядке, как и у всех: чистота детства и ошибки молодости, груз судьбы, связанной с отечеством, потеря крова, семьи, смерть жены, замужество дочери. Лакейская служба десять лет. Две, нет, три, женщины за эти годы: одна немолодая родственница; подруга покойной жены, на которой его хотели женить; на бульваре встреченная француженка, под Новый год — который? Тридцать второй? Тридцать четвертый?

Он тогда пил... Это был невеселый период его жизни, впрочем, тоже, как бывает у всех. Играл на скачках, пил. Дочь прислала ему на билет, он и билет пропил. Потом прошло, и наступила усталость, от которой он иногда ночью не мог заснуть, ломило спину и плечи. Особенно — это вихлянье с тарелками. Но ему многие завидовали.

И вот она появилась. Положительно, он не мог теперь припомнить тот непохожий на другие вечер; она сидела за столиком и мешала кофе, потом они сидели друг против друга, и был какой-то бумажный тюльпан, тоже напоминавший детство. Потом у нее под левой грудью оказалась белая горошина — след детского нарыва — и две крепкие, нежные жилы под коленом, мягким и сильным. Так вот оно что? Вот, значит, зачем были все эти годы. И те, и эти. Все исполнилось, все вернулось. И, может быть, даже больше обещанного.

С тревогой и грустью. О чем? Она лежала рядом, ей снились сны, а он с тревогой и грустью вспоминал — вспоминал свою жизнь без нее, и когда перебрасывал в мыслях мост через эту ночь, льющуюся, как река, из прошлого в будущее, то никак не мог увидеть Таню рядом с собой, а опять видел лишь себя одного, совсем одного, еще больше одного, чем прежде. Почему? Вероятно, потому, что у него не было воображения.

Утро, и опять утро, и еще новое утро, а вчерашнего уже нет, и может быть, его не было вовсе. Может быть, это все одно и то же утро, которое повторяется эх, раз, еще раз, еще много, много раз. Это поет Таня; на спиртовке подрагивает облупленный голубой кофейник, в раскрытое окно слышно, как по-весеннему кричат воробьи. Одна мысль, об одном и том же, перехватывает у Тани дыхание. Одна-единственная мысль.

Когда Бологовский перебрался к ней с двумя старыми корзинами, она едва заглянула в его вещи, брезгуя этой ветошью, всеми его реликвиями, старой одеждой и даже засаленным томом Куприна. Но что-то мелькнуло в тряпье тогда, очень нужное (уже в то время!), и она решила проверить, то ли это.

«Ну мне, кажется, пора», — опять, как часы, которые бьют, сказал он, и как только стихли его шаги, она раскрыла первую корзину, но в ней кроме старых крахмальных, очень нечистых воротничков не было ничего. Зато вторая была почти полна. Таня села на стул, повязавшись поверх капота платком, и нырнула под крышку головой и руками.

Чего там не было! Старые подтяжки и дюжины две ножей для безопасной бритвы — ржавых и черных; пустые гильзы от патронов, масляная лампа, без стекла, карандаши, тряпки, куча ярких носков с дырами, в которые проходил кулак; обгорелые церковные свечи, георгиевская лента — совсем новенькая, метра полтора; в шелковую бумагу завернутый футляр с офицерским крестом, какой-то истлевший на сгибах, великолепной толщины картон с печатями; рассыпанные между носками письма. И в углу — то самое, что, ей казалось, она уже видела (она теперь вспомнила, как он сказал тогда: «Не мой, не мой, но стреляет отлично»), обернутый в кусок бухарской цепкой шелковой шали (по малиновому полю голубые и желтые «глаза») — лежал небольшой, тяжелый, дулом в угол корзины, давно обрусевший браунинг.

Так с шалью она его и взяла, но шаль была так ярка, что все вместе завернула она в газету — вчерашнюю, уже проглоченную, — и когда совала пакет под белье, думала, что вот начинает уже смахивать на одну из тех, о которых вчера читала, чей портрет...

У нее был план. Как у полководца, у путешественника и преступника, у нее был свой собственный план. В последние дни, когда она оставалась одна, она его выдумала, и не только мозг, но все нутро ее участвовало в этом. Чем больше она думала, тем сильнее ей хотелось пить, и она то и дело подходила к умывальнику и пила из крана. Теперь два дела надо было сделать предварительно: написать письмо, всего одно письмо и все равно кому, хотя бы Беловой — она аккуратная и наверное сохранит его; и пойти в последний раз к Гуле и сказать: у меня предчувствие, я боюсь...

Нет, было еще третье: пожалуй — главное: предупредить отельную хозяйку, то есть заронить в ней беспокойство. «Ах, господин следователь, я тогда же подумала: он убьет эту женщину, этот зверь. Она так кротко смотрела на меня, когда говорила: да, мы непременно завтра вечером пойдем смотреть эту интересную картину (кинематограф у нас напротив, господин следователь, мы ходим туда раз в неделю, и все жильцы наши ходят), мы непременно пойдем, сказала эта бедная русская дама, если только будем живы».

Но зачем, для чего ей надо быть живой? Для чего жила Лилька, сестра, засохшая в своей экспортной конторе, отец, разложившийся в параличе? Да и существовала ли вообще когда-нибудь в мире та страна, где она выходила замуж, где жила с Алексеем Ивановичем, изменяла ему? Ничего в те годы не произошло такого, о чем стоило бы пожалеть, что стоило бы любить, всегда ей казалось, что могло быть лучше, что будет лучше, что у других — богаче, веселей, полнее, то, что называется счастьем. И раньше, в детстве, в другой стране, о которой она давно забыла. Не совсем невинные хитрости, мучительное тщеславие, с девяти лет — нечистые сны. Не стоит и думать. Под землю, под землю! Убраться бы поскорее, отомстив все равно кому, за всю жизнь сразу, отомстив Бологовскому, потому что другие все ушли, разбежались, попрятались, мерзавцы.

Денег оставлял он ей мало, не потому, что был скуп, но потому, что у него их не было. Когда он жил один, у него водились деньги, ему хватало, и даже иногда оставалась сотня-другая, которую он посылал дочери. Теперь ему бывало трудно, и все-таки, возвращаясь домой в метро, в спертом воздухе, окруженный плотностью чужих тел и запахом людского дыхания, он думал, что есть у него что-то общее с той потной прачкой в углу, которая блаженно млеет, обнявшись. Проезжали темные, душные станции. Иногда он успевал заметить, как, не обращая никакого внимания на проходящие вагоны, сидела на скамейке сгорбленная, седая, нищая старуха с клюкой и мешком, дремал старик в сапогах, подвязанных веревками, жевал хлеб безрукий рабочий. И странные мысли шли тогда в голову Бологовскому: страх какого-то конца, может быть, старости, а настоящее стояло перед ним, как тяжесть, которую сдвинуть он не мог.

Все настойчивее, все упорнее, сам не сознавая того, от любви своей ждал помощи. Он не мог бы сказать, чего именно он требует от этой женщины, вероятно, если бы его спросили, он бы ответил, что ему всего довольно, но не называя словами, сердцем, он ждал тепла, еще тепла, ласкового слова, понимающего движения в его сторону, и может быть даже... вышивания крестом, которым, как он думал, она до него существовала. Какого-нибудь облегчения всей его тяжелой радости, так похожей, в сущности, на беспрестанную муку, с которой он, как накипь, снимал и снимал пену дрожащего своего блаженства — поцелуями, словами, глухим своим смехом.

«Может быть, — думал он (и эти мысли начинались обыкновенно тогда, когда он подходил к дому), — у нее после мужа был кто-нибудь. Ведь прошло лет шесть или пять, как он умер. В прежнее время я не смел бы подумать такого, но сейчас все так изменилось, она жила одна, ей было трудно. Ну и пусть, что мне за дело. А если она и теперь обманывает меня? Нет, это невозможно».

Сам по себе он не был ни ревнив, ни подозрителен, ему необходима была ежедневная пища, чтобы терзаться или обнадеживаться. Но именно пищи-то и не было. И каждый раз, как он брался за входную дверь, на этом самом пороге, сомнение в том, что там, за ним, по-прежнему все цело, спирало ему сердце;

он боялся догадаться, что там все остыло, что там вообще нет ничего. И тогда он под звон брошенной двери бросался наверх, худыми, не совсем прямыми ногами перебирая ступени, чтобы только убедиться, что Таня все существует.

Она сидела посреди комнаты на стуле совершенно раздетая и ждала, когда высохнут десять красных ногтей на руках и десять на ногах, только что накрашенные лаком. Она была очень бела, и большой, круглый живот и бедра ее меняли очертания в зависимости от того, как она сидела. Растительности на теле ее почти не было — ее безбровость была тому порукой. Выставив перед собой ноги и развесив руки, она ждала, и в лице ее было то выражение, которого она сама никогда не видела, но которое видели в ней другие — тупое и старое.

— Здесь кто-то был, — сказал он, почувствовав в воздухе чье-то присутствие. Пепельница была полна окурков.

— Гуля была, — отвечала она, не двигаясь.

— С чего это?

— Беспокоилась, вот и зашла. Он стал раздеваться.

— С чего же она беспокоилась?

— Обо мне беспокоилась. О жизни моей с тобой.

Он снял пальто, шляпу, пиджак, выдернул деревянные от усталости ноги из башмаков и, сев за стол, стал смотреть на нее, неподвижную и голую, слегка сползшую вправо со стула, на ее тяжелую грудь, на двадцать ярких, как редиска, ногтей.

«Так это ты? Та самая ты? — осторожно спросил он себя. — Господи, но кто же ты? Почему ты такая голая? Ах, закройся, ради Бога, закройся, прошу тебя!» — это он говорил сам с собой, про себя, и в то же время чувствовал, что теряет дар речи, словно голос и язык отнимаются у него. Молчать. Надо молчать. Рот его внезапно сложился совсем по особенному, словно его прорезали бритвой и сейчас же зажали, и, далеко вытянув по столу свои волосатые руки, Бологовский стал ждать, когда же встанет эта женщина и закроет свою наготу.

Она, наконец, встала, нашла шлепанцы и стала одеваться в двух шагах от него, и ему не было странно, что она так близка, так доступна, а ему не хочется и смотреть на нее.

— Гуля беспокоится обо мне, и Белова тоже, и даже хозяйка внизу каждый раз, как видит меня, говорит: «дье мерси»; я по лицу их вижу, что если я сдохну от грибов или тухлой рыбы, они тебя заподозрят в моем отравлении, — она хохотнула, затягивая несвежий лилово-розовый корсет. — Ну чего ты молчишь? Вот умру, тогда будешь знать... Заговоришь. Ох, надоело мне все, надоело... Все — дырявое... — и она застегнула лифчик английской булавкой, — и волосы висят, а пудры на донышке осталось... Да заговори ты! — и она в одном чулке застыла, со злобой глядя на Бологовского, — если уж живешь со мной, так говори, а не молчи...

97

Зачем живешь-то? Зачем вообще живешь? Со мной зачем? Да ты слышишь или нет, что я спрашиваю? — плача закричала она.

Он пошевелил пальцами, но не произнес ничего, только по лицу его прошло какое-то движение и глаза стали еще более металлическими.

— И с таким человеком я думала как-нибудь... как-нибудь... — бормотала она, хватая себя за волосы обоими руками в тоске. — Да ты понимаешь, что у меня кроме злобы ничего к тебе нет? Ничего! Зачем ты три месяца меня кормишь? Зачем со мной спишь? Да вот я сейчас застрелюсь, так тебя полиция схватит; а еще перед этим самым я в звонок позвоню... закричу...

Она вскочила, но он вскочил тоже и перегородил ей дорогу.

Куда она бросилась? Не к нему. Не к звонку, который был у изголовья кровати. К шкафу. Но он все не мог преодолеть своей немоты, не мог произнести ни единого слова, да и какие были у него слова? Ласки? Брани? Она остановилась у дверцы, полуодетая, с чулком в руке, и пока он поспешно совал свои ноги в брошенные под стол башмаки, пока натягивал пиджак и пальто — все молча, — она продолжала стоять у шкафа, не имея, казалось, сил исполнить то, что хотела. Лицо ее теперь было страшно; еще четыре, три... две секунды; нет, она уже не сделает того, что казалось ей таким простым и легким. Одна секунда. Не развертывая бухарской шали, только добраться до звонка; сквозь шаль — в живот, в мой теплый, мягкий живот, трезвоня и крича на весь дом. (А он в это время уже бежит по лестнице.) Что случилось? «Она застрелилась, — говорит он бегущим навстречу, — смотрите, она еще держит револьвер в руке». — «Ничего подобного, вы арестованы, — отвечают ему. — Если бы она стрелялась сама, она бы не звонила, не кричала бы о помощи, она бы не твердила всем и каждому всю эту последнюю неделю, что вас боится. Вы убили ее». — «Но я выбежал на лестницу д о выстрела, спросите соседей...» И вот кто-нибудь скажет (под присягой!), что сперва был выстрел, а потом — шаги на площадке; а другой кто-нибудь (под присягой тоже!), что сперва были шаги, а потом выстрел...

Он был уже далеко, то есть был уже на улице, а она не двигаясь все стояла у шкафа. И вместо того чтобы думать о том, что именно помешало ей исполнить то, что она хотела, она думала о посторонних вещах: который теперь может быть час? Вот паутина висит с потолка. А что это там лежит такое? Как называется этот вид душевной болезни? Мания. Какая-то мания. Лимфо... литомания. Нет, что это я! Мифомания, от слова миф. Я выдумала историю, за которую, если бы написать ее, можно было бы получить деньги в такой вот газете. Я выдумала... Боже мой, а где же он-то? Боже мой, да ведь он бросил меня!

Шесть часов. У кассы горит лампочка под зеленым колпаком.

Семь человек в одинаковых белых куртках бесшумно накрывают столики. Из кухни и с ледника с тихим шелестом поднимает подъемная машина закуски, вносят «тарт мэзон», облитый сливками. Кто-то перетирает стаканы — ножками вверх несет их... И Бологовский двигается туда и сюда, в похожем на аквариум свете, перебирая тяжелые мельхиоровые вилки. В четверть восьмого начинает вертеться входная дверь, входят первые клиенты, за ними другие. Сперва занимаются места в четырех углах зала, потом — в середине. Свет горит, голоса. Плывут горячие мисочки, тащут куда-то ведерко со льдом, шашлыки проносят на длинных вертелах... Зал наполняется. Восемь часов. Нет ни одного свободного места. Фортиссимо в невидимом оркестре, и потом — постепенное стихание голосов, движения, отлив людей, тарелок и рюмок (ножками вниз); подбирание салфеток, нагромождение стульев; одна лампа гаснет, другая, третья. Часы показывают десять, ровно десять. А на улице летняя ночь, майская ночь; Париж — тот же самый. Не верится как-то.

Он шел и думал, и мысли давались ему с трудом. Чувство же было одно — отвращение к ее наготе, к ее слезам, и, возвращаясь памятью к трем месяцам жизни с ней, все или почти все принимало этот оттенок — бесстыдства, грубости и лжи, не за что было ухватиться, так все было скользко, так гадко, и самым невыносимым было сознание какого-то неизжитого, напрасного обмана перед самим собой, — она была не она, и он был не он в этом соединении.

Он шел по улицам, во мраке и влажности этого вечера, не замечая людей, шедших мимо. На огни — он заходил, чтобы выпить, и душа — да-да, вот и доказательство ее существования! — душа его от спирта расправляла свои пыльные крылышки. Еще разок один брякнуть деньгами по цинку, хлопнуть под язык, почувствовать к плечам и ребрам бегущее тепло, то самое, которого ему было так мало. А вот опять какой-то угол, фонарь, аптека; стоит телега высокая, белая, грязная, в какой возят лед; стоит лошадь. Не путайте, пожалуйста — при чем тут артиллерия? Николаевского кавалерийского, славного училища... «Ишь ты, — говорит он, заламывая на затылок шляпу и обнимая смирную каурую лошадиную морду с большим глазом, — ишь ты!» И гладит, и треплет ее, и целует в губу, и нюхает воздух, дующий ему в лицо из ее смирной ноздри. И она нюхает его, и так они нюхают друг друга. «Ишь ты, узнала, вспомнила, — говорит Бологовский, — не забыла». И щекой, щекой и всем лицом, он трется и обеими руками гладит.

Возница, внесший в кафе ледяной брус, возвращается, молча лезет на козлы, молча поднимает кнут. И лошадь уходит, равнодушно, покорно, оставляя Бологовского одного.

Таня стояла в темноте у самой двери, прижавшись к стене,

когда он распахнул дверь и вошел; она сжимала обеими руками и прижимала к груди клубок бухарской шали (где и когда он видел эту шаль?).

— Тасенька, что ты? Будто испугать меня собралась, — сказал он и улыбнулся.

Она недоверчиво отодвинулась от него.

— Где ты был?

— Как где был? Работал. Лакействовал.

От него пахло вином, шляпа была примята на бок.

— Скажи мне, Тасенька...

Она крепко прижала к груди клубок шали, он приближался к ней, в глазах его светилась незнакомая ей глубина.

— Скажи, так ты меня не любишь? «Как-нибудь, как-нибудь»... думала... Ах ты! А я вот думал не как-нибудь, а так, что даже и выговорить страшно.

Он вплотную встал к ней, положил ей руки на плечи и грудью уперся ей в грудь.

— И вот, выходит, зря. Скажи мне, маленькая моя, который я?..

Она молчала. Револьвер давил ей грудь, давил и ему, но он не замечал его.

— Скажи, который я у тебя, и я отстану. Будешь свободна, как была. Черт с тобой, дурочка моя! Не вышло, не надо.

— Бросишь? — прошептала она испуганно и постаралась поймать под шелком гашетку. Он вдруг отодвинулся и схватил дуло правой рукой.

— Это что ж такое? — спросил он, слегка трезвея, но она стала медленно падать назад, — нет, ты сознания-то не теряй, притворяться ты умеешь, я знаю. Я знаю, как... здорово... Так это что ж такое? — Она перестала падать, тяжело дыша прилегла к стене, и лицо ее стало неподвижным, белым и мокрым. Он одной рукой держал ее кисти, в другой вертел браунинг, держа его за дуло, а шаль моталась, как флаг. — Это что ж? Это? Такое? — повторил он с остановками и, выронив револьвер со стуком на ковер, уже обеими руками схватил ее руки; увязая пальцами в их мякоти, громко дыша, он пригнул ее и потащил от двери.

— Я закричу, — закричала она, ударившись головой о спинку кровати и следя за тем, чтобы он опять не схватил оружия.

— Убить. Меня? Хотела убить! — шептал он, пригнув ее еще ниже, волоча ее, таща, мотая так сильно, что она наконец, охнув, упала между кроватью и столом.

— Пусти, — завизжала она и как большая рыба забилась, стараясь вырваться из-под него, чувствуя на себе его знакомое, тяжелое тело. Он давил ее коленями и грудью, сжимая, ломая ей руки: «За что же? Гадина, за что?» — бормотал он; все лицо его —

так близко от ее лица — покрылось сетью вспухших вен, как сеткой.

— Пошутила, пошутила, шутила... ила, — повторяла она бессмысленно, все пытаясь сбросить его с себя, ударяясь затылком обо что-то твердое. Он локтем повернул к себе ее лицо, еще сильнее придавил грудью и левой рукой ее руки и взял ее правой за белое, бархатное горло, которое было так похоже на ощупь на то самое место под коленом, которое он иногда сжимал, над икрой, где две упругие жилы, и нежная кожа, и крепость, и слабость.

— А-а-а, — завыла она, выкатывая наружу два страшных, без блеска светлых глаза, — а-а-а, — но этот второй звук был уже не вой, а хрип.

Да, те же две твердые, сильные жилы, трезво понимал он, — что-то круглое посередине, и вокруг всего — дрожащее сало, в котором вязнут его волосатые пальцы. Он долго сжимал его, пока оно перестало пружинить. Не жива больше? Может быть, еще жива? Он сдернул с кровати подушку, бросил ей на лицо, другую на грудь, и опять лег, придавливая, не веря, что она не оживет. В дверь громко грохнуло что-то. Подождите... Надо, наверное, постараться, чтобы не было щелей, потому что слишком страшно будет, если она окажется живой — с этими ногтями, с этими словами, с этими судорогами, с прошлым, которого он не знал, с будущим... Но будущего, слава Богу, нет.

1937

101

Облегчение участи

1

Мамаша, маман, маменька жила на седьмом этаже громадного старого дома. Весь этаж отдавался по комнатам; в каждой комнате люди ели, спали, готовили и в общий коридор, по вечерам, выносили ведра с отбросами. Старинного устройства водяной лифт портился через день, свет не всегда горел на лестнице, не имевшей окон, чугунная дверь на улицу была слишком тяжела, и потому мамаша почти никогда не выходила: в лавку бегала соседка, в гости мамаша отправлялась либо в своем этаже, либо этажом ниже, — дом был заселен русскими, и только в церковь — по большим праздникам — она спускалась, и потом долго поднималась, стуча зонтиком, дыша, чуть не плача. А когда ей говорили знакомые, встреченные у свечного ящика: «Зашли бы как-нибудь, Клавдия Ивановна, чайку попить», в мыслях был все лифт да лифт, темный заворот этажей, крутые, обшмыганные ступени. «Нашли тебе место, и сиди, — думалось ей, — а то еще уйдешь — не вернешься, застрянешь между этажами, или задохнешься пешком». Алеша же находил, что квартирка у маман очень удачная, что чем выше жить, тем чище воздух. Когда он приходил, он настежь открывал окно, выходившее на глухое, круглое здание, похожее на земной шар, — то был газовый завод. А за ним была видна бесконечная городская муть домов, крыш, окон, какая-то башня, которая то пропадала, то появлялась снова, то с флагом, то без, то с усеченной макушкой, то со статуей ангела на ней. «Какая вы счастливая, маман, — говорил Алеша, — что живете так покойно, не нервно», — и садился пить чай с пирогом, кренделем, вареньем, читать газеты, которые носил с собой, а иногда рассеянно уставлялся неподвижными глазами в трясущийся пробор, жидкие волосы, в сухие руки с кривыми пальцами. «Я даю вам полную возможность жить в свое удовольствие, — говорил он, — и сам живу в полное свое удовольствие. Достаточно мы в жизни промучились с вами, теперь — ассе, ассе, ассе. Вы имеете электрическое освещение, теплый клозет, солнце — и штору, если охота от него закрыться; у вас функционирует центральное отопление, и документ ваш в полном порядке. Все это, маман, называется комфортом, да, да! И мы с вами имеем его, потому что я — слава Богу!»

Она сидела за столом, кивала ему, улыбаясь, и, не глядя вниз, вязала ему толстый, белый свитер на спицах, а перед ней на столе лежала картинка модного журнала, на которой был изображен молодой человек с дивным, коричневым лицом, выпятивший молодецкую грудь в толстом белом свитере. Она смотрела и вязала, что-то считая про себя, и выходило очень похоже; клубок белой шерсти шевелился у нее на коленях. А Алексей Георгиевич открывал и закрывал окна, пробовал, действуют ли задвижки, зажигал и тушил свет, прыгал, не скрипит ли паркет, дергал — прочно ли висит занавеска.

— Вот лифт у нас вчера опять не ходил, — говорила она грустно, — что-то чинили; говорят, в подвале испортилось. Да так и не починили, бросили.

Но он мало слушал ее; он говорил сам, либо молчал, читал. Когда он рассказывал ей, то никогда ни одним словом не упоминал про дела, которыми занимался, про людей, с которыми водился, а вспоминал вслух что-нибудь давнее, как со старым союзником, с которым уже нет настоящего, но зато есть прошлое, и какое прошлое! — долгое, боевое, обоим памятное навеки, обоими чтимое: ею — потому что ее Алеша был его героем, и им — по той же причине. Или он рассказывал ей о какой-нибудь покупке, о блюде, съеденном в ресторане, О чем-нибудь необыкновенном, виденном на улице. Но прошлое, их обоих сорокалетнее прошлое, было живее этого ничтожного, ничем не согретого настоящего.

— А помните, мамаша, когда мы на Сиверской жили, помните, еще у меня такой костюмчик синий был, в то лето, когда папаша уже не жил с нами, и кража была серебра, помните, какой я тогда был энергичный, полный мальчик? И мечтал дрессировать ежей, выступать в цирке?

Она, конечно, помнила.

— Сегодня иду, смотрю: дети в сквере кораблики пускают. Техника, мамаша, коснулась даже этих глупых затей. И расстроился я: почему это мне на роду написано было довольствоваться плоскодонками из древесной коры?

Он смотрел перед собой большими голубыми глазами, вспоминая какой-то русский пруд, какие-то ветлы, свои голые коленки, свои собственные, толстые подвернутые над коленками штаны. Когда это кончилось?

— Кончилось детство, мамаша, как-то вдруг. Со школой, что ли? Как пошел я с черным ранцем за плечами, как пошел, как пошел-пошел... Так прямо будто до сего дня и не останавливался. Все иду... На завтрак вы мне давали тридцать копеек, а я на двенадцать кушал, а восемнадцать откладывал. А потом, когда вы в Москву меня послали, помните, я на гостинице сэкономил страшные деньги. Дайте-ка карандаш.

Она кивала головой, крестилась, ловила пальцем слезу из старых глаз.

103

— А теперь, Алешенька, а теперь-то!

— Просто смешно, какие деньги сэкономил. Да, много чего было. А главное — ведь здесь все с начала пришлось начать. Здесь ведь уже не выедешь на том на сем, как у нас. Здесь совсем другое оказалось нужно. Но я родился европейцем, мне просто смешно было бы в России жить.

— Одним бы глазом увидеть!

— Мне часто говорят: Асташев, неужели вы русский? вы совсем наш.

Потом она прижимала к себе его рыхлое, вялое тело, его чистые руки с розовыми ладонями и нежными треугольными ногтями, гладила старыми руками его синий пиджак, его светлые волосы, всматривалась в круглое, моложавое лицо, всегда младенчески выбритое.

— Умница мой, — говорила она, — утешение мое. Он целовал ее, еще раз смотрел на часы и, так как был девятый час, уходил.

— Куда идешь теперь? — спрашивала она, — не завел ли себе какую душеньку?

Он отвечал, аккуратно застегивая хорошо сшитое пальто:

— Мамаша, я не имею никакого права заводить себе душенек. Плодить нищих не в моем вкусе. Для здоровья иногда увлекаюсь, но жениться — минимум три года подожду.

— Ну, Господь тебя сохранит, — шептала она, так и не узнав, куда он шел. За все эти годы у нее ни разу не возникло подозрения.

Через полчаса он уже звонил у широкой полированной двери, где лестница была в коврах, а внизу у зеркала стояли пальмы.

— Это, верно, Алексей, — говорил женский голос за стеной, пока прислуга помогала ему раздеться.

— Да, это я, маменька, — отвечал он. — Здравствуйте.

— Здравствуй, хищник. Ну, кого нынче обглодал? Он подходил здороваться. Обыкновенно бывал еще кто-нибудь, и Ксения Андреевна держалась с ним надменно-игриво.

— Вы слышали: «маменька»! — восклицала она, а крашеные рыжие волосы, низкий бюст, слои напудренной шеи безжалостно выдавали в ней что-то почти старушечье. — Ты старишь меня, бандит.

Это была вторая жена Алешина отца, его мачеха, одержавшая когда-то над Клавдией Ивановной большую жизненную победу.

Он расцветал здесь каким-то особенным, редким цветом, округло садился в кресло, сытно острил, сам хохотал густо и громко, масляно смотрел на Ксению Андреевну, на гостя или двух — чиновных, не бедных, которых маменька приголубливала. Несмотря на разницу лет, Алеша умел поддержать их особый разговор, где действовали всё какие-то члены, председатели и вице-председатели, где обсуждались выборы в какой-то комитет, или совет комитета, или президиум совета. Евграф Евграфович намекал на возможность кандидатуры Юлия Федоровича в ревизионную комиссию. Один гость делал многозначительное лицо, другой гость считал перебаллотировку неминуемой, маменька ядовито и очень к месту интриговала в пользу адмирала Вязминитинова, передавшего кому-то какие-то благотворительные суммы.

Алексей Георгиевич внезапно требовал шампанского, рассказывал веселый анекдот, целовал ручки Ксении Андреевне, вел себя как избалованное сокровище, которому все позволено, потом становился почтительным, нежным, вынимал из кармана контрамарку в легкомысленный театр, дарил ее всем вместе и откланивался.

Алексей Георгиевич прожил часть жизни с отцом, часть жизни с матерью, месяц там, неделю тут, зиму там, лето тут. Ему было десять лет, когда отец его бросил семью, сошелся с женщиной, которая называла себя актрисой, и продолжал неаккуратно и скудно содержать Клавдию Ивановну с двумя детьми: им и сестрой Нютой, умершей через год от менингита. Он ходил в реальное; жили на Песках, в темной квартире с одним ходом, заставленной прежней, громоздкой, скучной мебелью. Из комнаты в комнату вели какие-то окошки, чтобы было светлее, и там у потолков плели паутину толстые пауки. Их никогда не снимали озабоченные чистотой крашеных полов и крахмалением занавесок мать и нянька. И иногда, по вечерам, окруженные собственной парчой и женским суеверием, пауки выбегали на середину потолков и там кидались друг на друга, сосали друг друга и, высосав, сохли, сморщивались и падали.

Возвращаясь из реального, Алеша сейчас же садился за стол в своей, заставленной шкапами и корзинами, комнате, где неделями не открывалась фортка, сидел так до вечера, писал сочинения, решал задачи, в истории и русском языке заглядывая на одну главу далее того, что требовалось, чтобы уже знать, о чем будет речь завтра. У него была над столом ореховая полочка, и там стояли латинские подстрочники, гектографированные решения теорем, книга «Образцовые сочинения для VI, VII и VIII классов», другая: «Самоучитель по физике», третья — «Билеты по географии и ответы на них». По каждому предмету требовался в классе один учебник, а у него их было несколько: были Сиповский, Саводник, Незеленов, Смирновский, были Краевич и Цингер, были Лебедев, Смирнов и Янчин, были Киселев и Давыдов, а по истории — Илловайский, Платонов, Виноградов, Белярминов, Елпатьевский и еще неизвестно кто, потому что первый лист был вырван. Все эти учебники Алексей Георгиевич приобретал путем мены: брал из узенького шкапа со шторками материнские книги: Пушкина, Лермонтова, Мамина-Сибиряка и Шеллер-Михайлова, а иногда и переводные романы Золя, и выменивал их в реальном (там все уже знали его) на учебники, которые ученики всех классов сплавляли ему — не только свои, но и старших сестер и братьев.

Он был первым учеником, сидел под самой кафедрой, на первой скамейке, был очень долго меньше всех ростом, а так как его фамилия начиналась на А, то отовсюду его было видно, все начиналось с него — и парное шествие, и экзамен, и классная перекличка, и какое-нибудь приветствие говорил всегда он, и инспектору отвечал тоже он, и ответственность за чистую доску и мелки тоже почему-то нес он; и при всем том никто никогда не позавидовал ему.

По субботам Алеша из реального домой не возвращался, а ехал на четырнадцатом номере к Сенной. Отца его за год до этого за какие-то не совсем безобидные проделки исключили из сословия присяжных поверенных, и теперь он «ходил по делам». Квартира была совсем приличная, с золоченым фризом в приемной, бархатом, шкурами и даже лакеем — грязноватым, прыщеватым малым с сальными волосами и носом, как говорится, на лафете. Алеша уважал и отца, и лакея, и эту квартиру, и новую жену. Это была настоящая женщина, первая женщина, которую удалось ему видеть близко — одетую, полуодетую, раздетую, здоровую, больную. Это была настоящая женщина, имевшая какое-то необъяснимое отношение к отцовскому бумажнику, и вблизи нее всегда было тревожно, весело и не совсем ловко.

До утра понедельника он оставался здесь, и жизнь его в эти два дня нисколько не походила на жизнь у Клавдии Ивановны. По субботам у мамаши номер два был журфикс — в гостиной пили чай, острили и сплетничали гости. И он, отложив уроки на после, на ночь, сидел, выпучив глаза, в каком-нибудь кресле, не имея сил уйти, мысленно стягивая с женщин их шелковые в подборах и воланах платья, мысленно заползая в мужчин, глотая вместе с эклерами, песочными, лодочками, буше все слова и словечки, сыплющиеся, как горох, как дробь, как бисер.

Вечером обедали втроем: папаша, лысый, с длинными, в стороны стоящими усами, красногубый, бровастый, похожий на обложку цыганского романса тех времен; мамаша Ксения Андреевна, в сквозном капоте, с падающими на плечи рукавами, и он. Иногда после обеда отец с женой уезжали в театр; он слонялся по квартире долго, рассматривал содержимое ящиков — запертых и незапертых, — потом садился за уроки. Иногда в театр брали и его — в оперетку, в фарс, к Суворину. Однажды, в воскресенье днем, его повезли на «Ревизора» в Александрийский, и он чрезвычайно заинтересовался «Ревизором», потому что в классе недавно шла о Гоголе речь.

Но обыкновенно, в воскресенье, он вставал поздно, читал за

чаем газеты, от доски до доски, как роман, от нововременских покойников до сентиментальных объявлений. После завтрака Ксения Андреевна брала его гулять. Они шли улицами, Невским, Садовой, шли в Летний сад, где встречали знакомых. Ах, Боже мой! Чей это юноша? Это — мой сын, говорила она, неправда ли, странно, что у меня такой взрослый сын? Озадаченный знакомый молча улыбался. Разве он не похож на меня? И когда все выяснялось, много бывало смеху, уловок с ее стороны, и много плоских острот с другой.

Засыпая ночью, Алексей Георгиевич слышал, как отец его ссорился с Ксенией Андреевной, как что-то разбивается — кувшин или флакон, как падает стул, как шепот и крик их становятся все непринужденнее, все самозабвеннее. Утром он уже никого не видел. Лакей подавал ему стакан чаю, он съедал булку и шел быстрой, катящейся своей походкой на остановку трамвая. Зимой горели на улицах огни в снегу и тумане, и, рассекая мрак, вагон катил, дребезжа звоночком, а Алеша сидел и смотрел на подпоясанных баб, на женщин, на закутанных в лисы и соболи дам и находил, что в них во всех почти есть для него что-то соблазнительное.

В понедельник из реального он возвращался домой. Клавдия Ивановна прилипала к его шинели, выходила из кухни нянька, и они обе принимались его пытать: что он кушал, и не заголодался ли, и не озяб ли, и не обидел ли его кто-нибудь? Он отстранял их, на ходу говорил: «Да все то же, как не надоест, право. Ксения Андреевна себе новую шубу заказала, с хвостами. Папаша, кажется, лошадей собирается заводить».

Воткнув этот гвоздь в материнское сердце, он шел решать задачи, угнездив круглый подбородок (на котором очень долго ничего не росло) в мягкую ладонь. И всю неделю шло это учение, это старание, этот пот, пока опять не подступал конец недели, как неожиданный, беззаконный завиток на скучном, казенном строении.

Голубоглазый, тихий, сочетавший, когда нужно, поспешность (подать, принести) и положительность, с белым, серьезным лицом, он был поведения отличного, ни с кем особенно не сближался, не играл ни в перья, ни в карты и денег взаймы не давал. Он рос, и постепенно выяснялось, что кроме своих учебников он не читал ничего, но зато знал, что требовалось, наизусть; когда ему сделалось шестнадцать лет, он услышал вокруг разговор о женщинах — разговор был очень деловой и сухой, будто дело шло о выборе факультета или обязательном говений великим постом. Это было в одну из суббот. Вечером он был у отца, уже обдумав план действий, и поздно ночью, когда все спали, натянул штаны и босой пошел к кухарке, еще молодой, красивой, вороватой женщине, а через полчаса уже был у себя — за это время не разжав рта, не произнеся ни одного слова, так что кухарка в конце концов сказала ему: «Да что же это вы, Алешенька, все молчите? Какой строгий, хоть и маленький».

В двадцать лет он потерял отца, а Ксения Андреевна в это время была в Кисловодске, водилась с генералами, с подпоручиками, носила белые кружевные юбки, сочинила и издала патриотический роман. Алеша оставался в Петербурге с Клавдией Ивановной, служил в советском учреждении, голодал, в униженных мыслях лелеял какие-то гордые, Бонапартовы планы, не умея даже дать им названия, и в эти-то годы и родилась в нем эта звериная ненависть к власти, к народу, к стране. Принц крови, столбовой дворянин не могли бы с такой слюной и дрожью мыслить о происшедшем, как делал это он.

Все было ему ненавистно: громадное пространство, которое уже одно должно было привести к гибели, потому что невозможно сдержать до бездорожных границ в полицейском порядке лущащий семечки, сморкающийся в руку народ; беспорядок в истории, вплоть до послепетровского престолонаследия, который он воспринимал, как чью-то непростительную глупость, которую теперь приходилось ему расхлебывать; ненавистен был весь девятнадцатый век, казавшийся апокалипсическим знамением, и каждое десятилетие которого говорило о будущем проклятым языком пророчеств; он любил вспоминать о четырех последних проигранных войнах; о лохматых, нечесаных «передовых», пополам с охранниками заседавших и вместе с охранниками бросавших свои бомбы.

Когда границы раскрылись в 1925 году и он оказался в Париже, то называл Россию — совдепией, большевиков — товарищами, Ленина — немецким агентом, верил, что сам чудом избежал расстрела, говорил, что четырнадцатилетние рожают там на государственный счет от неизвестных отцов, а мужики едят человечину. Потом это прошло, о России он забыл. Началась новая жизнь на новом месте. И вначале была такая схватка с ней, что его едва не зашибло насмерть.

Они жили за городом, в холодной комнате вдвоем. Клавдия Ивановна ходила стирать поденно. Он смотрел, как из не старой, грузной, еще крепкой женщины она превращается в старуху, мучимую грыжей, с кровоточащими мозолями на отстиранных пальцах. Он бегал по городу. Что он умел? Что мог делать? Служить в конторе, мыть посуду в ресторанах, быть рассыльным в русской кондитерской, ходить предлагать по квартирам пылесосы? Он все это и делал, коченея, недоедая, дрожа над каждой заработанной копейкой. Если бы он мог украсть так, чтобы никто никогда об этом не узнал, он украл бы, но он не знал, как и где делаются темные дела.

Даже в этой нищенской раскачке, между одним грошовым днем и другим, его тянуло в одну определенную сторону, и он успевал выбирать, всему предпочитая комиссионные дела, долгую, бесплодную беготню по лестницам и дворам — сидению на месте. Ему говорили: найдите человека, который хотел бы приобрести пианино (или швейную машинку, или радиоаппарат, а не то — велосипед, энциклопедический словарь, усовершенствованную половую щетку). Он искал — и не находил, чувствовал подошвами каменный, сырой холод мостовой, сердцем — сотни ступенек, и все-таки все не отпускал смутной надежды на этой именно мостовой, на этих лестницах увидеть свое благополучие. К концу третьей зимы, когда Клавдию Ивановну свезли в больницу и резали, он воспользовался тем, что она не увидит газет, и дал объявление: Ксению Андреевну Асташеву просил откликнуться сын. В контору газеты пришло письмо. Ксения Андреевна давала ему свой адрес, просила немедленно приехать к ней и удивлялась, как это до сих пор ни Надежда Петровна, ни Василий Васильевич, ни Женя Соколова, ни Сипатьевы не сказали ему, что она в Париже. Он никогда не знал этих людей.

Она все поняла в ту минуту, когда он вошел, и хотя сама она изменилась не мало (было сорок, стало пятьдесят), но он изменился еще больше нее: появилась в лице какая-то темная одутловатость, примятость, голос стал громче, словно Алеша был от чего-то в постоянном возмущении; быстрым и тусклым сделался взгляд, и рот расползся по лицу, бледный и влажный. Он не знал еще, можно ли ей сказать, или надо, заложив большой палец за пройму жилета, дымя папиросой, которую она ему протягивает, занестись в рассказе, с храпом и пеной, по таким дорогам, которые и не снились.

— Ну, симпатичный блондин, — сказала она низким голосом, жилистой рукой теребя у шеи цепочку, знакомую ему с детства, — рассказывай. И дурака не валяй.

Комната была не ее, она снимала ее меблированную, но комната была дорогая, с красными шелковыми шторами, с роялем (не нужен ли ей пылесос? нет, наверное не нужен). На столе стояли три бутылки — угощение, которым она собиралась его потчевать, а ему хотелось телячьей отбивной, горячей ветчины, говядины, говядины, жареной или вареной.

— Пропал я здесь, — сказал он, положил незажженную папиросу обратно на стол, посмотрел вниз себе на руки, на обкусанные пальцы. — Не придумаете ли чего, маман?

Она заставила его выпить стаканчик бенедиктина, от чего у него тепло и сахарно помутилось в мыслях. Закинув большую нарядную ногу на ногу, показывая шелковое колено под короткой, узкой юбкой, она сидела перед ним — не молодая, не старая, крашеная, жилистая, самоуверенная, курила, не улыбаясь, — улыбаться было нечему.

— Я тебе дам шанс, — сказала она басом, глядя на него проницательно. — Слушай внимательно, первый ученик. Подожди, я принесу тебе закусить. Там от завтрака осталось.

Она вышла. Ее духи остались в воздухе, крепкие, тяжелые. Он огляделся. Кто она? Что она? Вот утро наступает, она встает, что делать? Куда идет? Чем за все платит?

Она вернулась. Ростбиф с горчицей и хлебом. Он съел. Выпил еще ликеру. Горчица и бенедиктин. Ему понравилось; когда-нибудь надо будет повторить, когда у него будет и на то, и на другое.

— Слушай. Прежде всего — обо мне. У меня есть француз. Царство небесное Георгию Ивановичу, — она плотно перекрестилась, — такого второго в мире нет; талант, темперамент, наша старая гвардия, рысак человек. Да что тебе говорить об этом, ты — сын. Помни одно: был необыкновенный мужчина. Но этот подвернулся — сказка, роман! — в поезде. Зацепило его, как леща на крючок. Четвертый год содержит. Интеллигентный до высшей степени, великолепных кровей, музыкант. В государственных делах — дока, но сейчас в отставке. Одно плохо: за семьдесят.

— Ах ты Боже мой! — вздохнул он сочувственно.

— Что ж ты ахаешь? Подумаешь! Для хорошо сохранившегося мужчины совсем не много. Ведь и мне не шестнадцать. Но все-таки опасно. Этой осенью от сердца едва не умер. А есть семья, жена, дети, есть еще любовница, с которой тридцать лет связан, есть еще актриска одна, стерва страшная, живет с министрами — ему нужна для дел, он у нее встречается с полезными людьми. Словом, я даю тебе шанс. Вместо того чтобы ходить уговаривать людей обзавестись ненужными предметами — застрахуй его в мою пользу.

— Как вы сказали? — не понял он, но по ее лицу догадался, что она подошла к самому важному.

— Ты пьян? От одной рюмки? Я говорю: пойди сделайся агентом по страхованию от смерти, то есть не от смерти, а на случай смерти. Ты встретишься с ним у меня, подружишься. Только при нем уже не «маман», а очень что-нибудь отдаленное, «ма кузин», например, причем с мужней стороны, на двадцатой воде... на киселе... Он спросит тебя: чем же вы занимаетесь, молодой человек? Ты увидишь, он настоящий барин, утонченный, до высшей степени культурный, прямо академик в разговоре. Ты расскажешь ему случаи из практики, объяснишь, что такое оставить нищими близких. Смертью не пугай, этого никто не любит, но намекни о пятом акте, о занавесе, который падает неожиданно и навсегда.

Он засмеялся тонко, уже совсем пьяно, привычки не было пить. Ах, маман, какая вы! Какая добрая, милая, умная! Я поцелую вас, я непременно поцелую вас! Вы мне всегда совершенством казались. Я даже когда-то волновался от ваших пеньюаров. Дайте хоть ручку, если не хотите иначе, как мать сына.

— Дурак, — сказала она, невольно польщенная.

И вдруг он протрезвел, подобрался, прокашлянул.

— А что, если не выйдет? То есть я хотел спросить: а что, если выйдет?

— Получишь процент. Если доведешь до полмиллиона — это большие деньги будут.

— Да ведь наверное это обойдется ему в целый капитал, если он так не молод.

— Обойдется. Но он богат.

Алеша помолчал, потрогал стаканы, облизнул сладкий палец.

— А потом что?

— Нужно иметь первые пять тысяч франков, — сказала она просто и сама выпила, полуприкрыв глаза.

Он посмотрел на нее и вдруг опять засмеялся, но уже по-другому — влажным, мечтательным смехом.

— А ведь хорошо бы было, маменька, дорогая, — забормотал он, и что-то счастливое засветилось у него в лице. — Ах, как хорошо бы было! Неужели это возможно? И таким честным, таким добрым путем? Я, вы знаете, маменька, я ведь люблю честное, я совсем не подлец какой-нибудь; никого не мог бы убить, например, и даже ограбить не мог бы. В жизни своей ничьей жены не соблазнил, клянусь, предпочитал всегда свободных женщин, и за мной, если вспомнить, настоящих грехов никаких и нет. За что я страдаю так? — застыл он, выжидая, пока слезы уйдут под веки. — Боже мой, за что? Характер у меня не плохой, я чистоплотен, вежлив, а если я не читаю там стихов каких-нибудь, или в концерты не хожу — так ведь это же не преступление.

Она слушала его бормотание. В комнате смеркалось. Шелковые куклы на диване никли длинными носами в фестоны пестрых своих платьев. Потом она встала, зажгла свет, напудрилась, надела высокую, странную шляпу и увела его с собой в магазины. И ей было приятно, что он молод, недурен собой, чем-то по прошлому так близок, и что они вместе сделают это дело, которое ей не дает покоя вот уже год.

Когда теперь он вспоминал — очень редко — об этом старике, которому оказалось шестьдесят девять лет (он узнал его точный возраст, когда, по всем правилам страхового искусства, явился к нему уже с врачом для осмотра, для подписания полиса и первого взноса), — когда он вспоминал теперь об этом очаровательном, сребровласом, хрупком старике, который подарил ему, когда все было кончено, записную книжечку, в которую сбоку был воткнут карандашик, а потом, очень скоро, умер, ему казалось, что это было так давно, на пороге детства и зрелости. О, каким он был стыдным щенком, когда нищенствовал, и падал, и давал объявление, и вез Клавдию Ивановну из больницы домой, опять в нетопленую комнату, опять на поденную работу! Но вспоминал он об этом очень редко, и постепенно даже все это — встреча с Ксенией Андреевной, новые рубашки, «ма кузин», вечерние шахматы с мосье Робером, перелистывание нот на пюпитре, когда он уютно и нежно разбирал Шумана, все это так согнулось и скривилось в памяти, что становилось противно и смешно вызывать его из мыслей, где оно дремало. Жизнь шла теперь такая другая, такая бойкая, гладкая, жил он так свободно, так уверенно, позволял себе такие встречи и настолько был сам себе хозяином, что иногда свистал какой-нибудь модный фокстрот на всю чисто убранную, удобную, холостую квартиру.

2

Утро было свежее, яркое; уже два раза успело выблеснуть солнце, и два раза обрушивался дождь, лакируя мостовую. Небо было лазурно и черно, ветер по-животному раздражал ноздри, когда Алексей Георгиевич вышел в котелке, с зонтиком и портфелем, пошел по тротуару и свернул к остановке автобуса. Лицо его блестело, только что вымытое, в глазах была ясность и синева — во всей его внешности было что-то, что соответствовало этому утру, этому часу, воздуху, погоде, — что-то здоровое, крепкое, напряженное и беспокойное.

Он еще не совсем привык к своему новому кварталу, куда переселился с месяц тому назад. Местожительства свои Алексей Георгиевич менял довольно часто, уезжал, не оставляя адреса. Это обычно совпадало с концом какого-нибудь романа. «Красиво оборвать», «не взять последнего аккорда», — так называл он ликвидацию своих отношений с женщинами. Думая в последнее время чаще по-французски, нежели по-русски, он и по-французски уже знал всевозможные подходящие этому выражения. Они в то же время гораздо лучше вязались с самим существом его романов, так как предметы романов были все больше француженки — русских женщин Алексей Георгиевич не любил.

Дыхание его было смесью крепкого кофе и одоля. Он никогда не курил. В голове был адрес одного крупного делового человека, домашний адрес — по конторам Асташев старался не ходить. Алексей Георгиевич спешил, чтобы застать клиента дома. Мысли шли в привычном направлении. Ранним утром он бывал весь внимание. Предстоял трудовой день.

В киоске он купил газету — французскую предпочитал русской, и правую — левой.

В автобусе была недурненькая, и он долго смотрел. Он был любопытен до женщин, любил наблюдать за незнакомыми: как пудрятся, о чем говорят, как поправляют волосы, как скрещивают ноги. Он вышел в пустынной, широкой улице, где в этот час гуляли одни собаки да переговаривались друг с другом пасущие собак горничные. Голубая, вся в локонах, овчарка с пробритой спиной уступила ему дорогу.

Он шел вдоль садов. Ветер вовсю шуршал листопадом. Черт возьми, какой сад, какой домина! Белый особняк, черная дверь, — и уже ничего не слышно, потому что ступаешь по такому мягкому, теплому, песочному, такому толстому и ворсистому, что кажется — оставляешь следы, как в бархатной пыли.

В одном узком зеркале отразилось другое, и там, в том другом, он увидел край накрытого стола, парок над чашкой, и чей-то локоть, и еще дверь, и уже не знал, куда идти: в ту ли, через зеркала, или в эту, ближайшую, куда его приглашала рука пожилого бритого человека в лакейской куртке, с пенсне на черном шнуре.

— Доложите: Асташев, — сказал Алексей Георгиевич, не меняя выражения своего румяного лица. У него была фамилия, и он никогда не пытался объяснить в прихожей, что она значит, зачем он пришел.

Кабинет был белый, как больничная палата, с белой кожаной мебелью такой глубины, что диван и кресла только и ждали, как бы затянуть в свою топь присевшего человека. В эту белизну ковра, кресел, телефона, стеклянного письменного стола, из белой двери вошел человек громадного роста, крепкого сложения, с мертвой скукой в лице. Он посмотрел на Алексея Георгиевича, дернул головой в сторону и оперся о стол двумя кулаками, приготовясь слушать.

— Задержу вас не более пяти минут, ни секундой более, — сказал Асташев увесисто, серьезно, словно хотел в первом же слове выразить, как он молод и как солиден, а голубые глаза чистотой и прозрачностью говорили о честности, о непосредственности, о православном крещении, о том, что еще немного, и природа превратит их в глаза девушки, монастырки, беззаветно уступившей судьбе. — Я позволю себе сообщить вам важную новость.

— Сколько мне это будет стоить? — хрипло и равнодушно спросил деловой человек, еще не понимая, кто перед ним, и держа в равновесии тяжелый корпус на расставленных ногах.

— Ни копейки, если вы не пожелаете ею воспользоваться. Я пришел сказать вещь, которая покажется вам ужасным трюизмом. Мы все смертны. Меня к вам направил Федор Григорьевич.

113

— Никакого Федора Григорьевича не знаю, — сказал деловой человек, сделав непроницаемое лицо.

— Вот часы: я обещал, что задержу вас недолго. Они укажут мне время. Когда-нибудь они укажут нам время. Да, да, не будем закрывать глаза: колокол ударит для всех.

Деловой человек опустил кулаки, толкнул ногой кресло и повалился в него.

— Чего же вы от меня хотите?

— Я пришел к вам, чтобы напомнить, — и Алексей Георгиевич тоже опустился, но с опаской, чтобы не потонуть. — Мы все живем в непростительном легкомыслии. Ведь когда-нибудь она придет. Посмотрю я тогда на вашу жену, на детей. Посмотрю я тогда на вас самих. Вы об этом думали?

Он приложился подбородком к полупустому, мягкому своему портфелю и посмотрел вдаль с мечтой.

— Мы даем вам возможность обеспечить семью — ничего не бояться. Довольно того, что в последнюю минуту придется и без того о многом подумать — душа там или что, я конечно не верю, но многие верят. Страшно все-таки, и всем одинаково. Мы даем возможность и близким предаться горю на все сто процентов, не заботясь о хлебе насущном в первые дни. Ах, эти первые дни!.. Мы платим верно, легко, весело, мы платим быстрее, чем платит Банк де Франс, пока вы лежите, пока покойник еще лежит на столе. И вам прямой расчет застраховаться на случай смерти, которая все равно придет.

— А, вот вы кто, — протянул деловой человек и провел рукой, холеной и бледной, по темному, жесткому лицу.

Алексей Георгиевич продолжал, уже несколько спокойнее:

— Платить вы будете каждое первое число. Я советую вам застраховаться в миллион. Средние деньги. У каждого человека есть минуты, когда он думает о своем конце, простите, я говорю так откровенно, так просто об этом, но ведь мы — одни. Эти минуты страшны, потому что то, что нас ждет, неизбежно, понимаете, неизбежно, как то, что сегодня, по любой погоде, настанет вечер. Пусть вы будете телефонировать, продавать, покупать, спешить, или пусть вы сейчас вот заляжете спать на этом диване, он настанет. И она настанет тоже, и вот это все, — Асташев защипал белое, нежное мясо у себя на руке, — это все кончится. И что тогда?

Перерыв — две секунды. Но, толкнув дверь плотным боком, вошла та самая голубая овчарка; медленно, самоуверенно вскочила на диван, прошлась, оставляя мокрые следы на сафьяне, на ковре, на сафьяновой подушке. Деловой человек не видел ее и не двигался.

— Какой у вас прелестный песик... Разрешите узнать ваш возраст?

— Зачем вам? И вообще зачем...

— Неужели вы не догадались? Чем ближе к концу, тем крупнее взносы: больше шансов. В пятьдесят лет — одни возможности, в шестьдесят — другие. В семьдесят... Но вам не семьдесят, меня не обманешь! Одна подпись ваша, и все будет сделано.

— Больше шансов для чего? — медленно бледнея, словно уставая на глазах и не имея сил прогнать, оборвать пришедшего, спросил деловой человек.

— Для того чтобы превратиться в тяжелый, обременительный и скоро портящийся предмет, — быстро бросил в него Асташев. — Вы, наверное, сидите и думаете: зачем мне страховаться, когда есть дома, капиталы, процентные бумаги... Ах, позвольте по сему случаю рассказать вам не анекдот, а факт. Пришел я вот так тоже к одному большому ученому — не говорю «великому», потому что никогда никого не называю этим словом, это мой принцип. Ученый говорит: помилуйте, зачем мне страховаться, у меня десять томов научной работы, в каждом томе по тысяче страниц. Этого и на детей и на внуков хватит. И что же вы думаете? Не прошло двух лет, он умер, и пришел какой-то недоросль, в развязной брошюрке разоблачил старика, и теперь эти десять томов, — Асташев неожиданно звонко свистнул, — и вдове нечего кушать, так-таки нечего.

Деловой человек внезапно выпрямился, посмотрел на собачьи следы, незаметно трудно вздохнул.

— Спасибо. Я подумаю, — сказал он так, будто и в самом деле собирался долго думать над услышанным. — Прощайте.

— Еще два слова, — вскричал Асташев, но уже приготовился сильными ногами выскочить из кресла. — Ни в коем случае не думайте, или думайте об этом как можно меньше. Ваша подпись — все. — Он вытряс из портфеля лист голубого картона с разводами. — Вот здесь, в уголку. А то еще один певец (баритон известный, не могу назвать его — профессиональная тайна) думал-думал, да и умер. Разве мы можем знать, что с нами будет?

— Уходите. Довольно, — неподвижно глядя перед собой, сказал деловой человек, и желтые белки его опухших глаз напомнили дешевую целлулоидную детскую игрушку. — Тичер, ты наследил, пошел вон. Аут! Генерал, возьмите Тичера.

Вошел лакей в пенсне на ленте и вывел овчарку. Деловой человек тяжко шевельнулся и начал выползать из кресла. Алексей Георгиевич как пружина выскочил из своего.

— Будьте благоразумны, — сказал он опять чисто, честно и преданно. — Если мы не знаем, что будет с нами там, то мы вполне можем устроить свои дела здесь.

— Оставьте меня, — произнес деловой человек совсем тихо,

будто обращаясь к кому-то третьему, стоящему между ним и Асташевым, или даже к тому креслу, которое не отпускало его.

Наконец он встал. Мертвая скука его лица омрачилась теперь еще чем-то, окаменелость темного овала казалась страшной.

— ...я оставлю вам свою карточку, — говорил Асташев, и опять его розовые пальцы пришли в движение, ловя что-то, скользившее из портфеля.

— Не нужно. Я очень занят. Генерал, проводите страхового агента.

Алексей Георгиевич, встрепенувшись, пошел к дверям, к другим, к лаковым, к стеклянным. Он был весь внимание. В голове его уже был новый адрес. Бушевали деревья в узких садах, вдоль которых он шел, играя зонтиком. Собак уже не было, горничных тоже. У автомобилей стояли навытяжку шоферы, ожидая господ, да два повара-китайца шли на рынок, звонко рассуждая по-китайски.

Мимо. Закрыть шлагбаум для мыслей приятных и развлекательных о том, что понесут повара с рынка: лангуста, куропатку, ананас. Он думал: есть ли у делового человека жена? Наверное, глупая, привередливая баба, проигрывающая летом в казино, объедающаяся пирожными со сбитыми сливками. Есть ли у делового человека дочь? Эдакое скучающее, влюбчивое, метящее в иностранца создание (правильный подход!). Где бы найти их, где бы побеседовать? Может быть, у него есть сын? Да, конечно, у него есть сын, и адрес этого сына даже записан у Асташева в книжке. Фильмовое дело, кабинет весь в звездах, междузвездное верчение, кручение, где-то под самым небом, на Елисейских полях. Завтра пойти, уговорить, надавить. Намотать какие-то связи, оставить и там свой след. Но это — завтра, на сегодня же назначены еще три визита.

Город, улицы, этот быстрый бег встречной жизни, он плавал в нем привычно и свободно, ему было в нем удобно, — гражданину, налогоплательщику... но не солдату! Подданства он не переменил, конечно. «Француз в душе», говорил он часто, но паспорт оставался тот же, никчемный, международный, впрочем, нисколько не мешавший ему. Он не желал связывать свою судьбу, свою милую, теплую, крепкую, единственную жизнь с целой страной, с государством, в котором не всегда бывало спокойно, в котором иногда тоже творились безобразия. И деньги свои он держал в американском банке, чтобы в какую-то бурную, тряскую минуту уехать, уплыть, улететь и под всеми парусами продолжать свое счастливое, трудовое и, Боже мой, какое все-таки утлое существование.

— От Ивана Степановича Бессера, — произнес он с поклоном, входя в несвежую, но большую, всю заставленную дешевой стариной гостиную, и чувствуя особое удовольствие от пожатия мягкой, как будто только что вымытой руки хозяина. — Простите, если помешал, но Иван Степанович непременно просил к вам зайти.

— Садитесь, садитесь, голубчик, — и небольшой, рыжеватый, толстенький хозяин с выкаченными неумными глазами подвел его к столику, где неустойчиво дрожали цветы в вазе.

— Отниму у вас минимум времени и сообщу — увы! — то, что по долгу службы сообщать обязан: занавес рано или поздно упадет.

Хозяин ахнул и всплеснул руками.

— Ах, я понял. Не напоминайте. Это ужасно! Неужели же до сих пор не изобрели ничего против этого? Вот в Америке писали про какие-то пилюли... И это называется прогресс!

Алексей Георгиевич даже улыбнулся:

— Какие же пилюли, помилуйте. Все на свете, от букашки до гения, имеет конец. Разве пилюли чем-нибудь помогут?

— Тогда пускай нам скажут, что там! Ведь для чего-нибудь же служат все их академии, университеты, лаборатории всякие? Нет, нет, я не могу говорить об этом, не хочу, переменим тему. Я знаю, Иван Степанович застраховался в сто тысяч, и я тоже решил застраховаться в сто тысяч, и даже жену мою застраховать в сто тысяч (на двоих вы мне сделаете скидку?). Но будем все это обделывать незаметно, тихо, не будем думать о смысле наших актов. Я ночи спать не буду. Я боюсь.

Асташев опять улыбнулся и слегка поклонился в знак согласия.

— Мы и не говорим. Мы уже и забыли, о чем была речь. Если борьба невозможна, надо постараться принять меры, чтобы все прошло гладко, как можно незаметнее; чтобы была выплачена сумма...

— Ах, кстати, говорят, вы не всегда аккуратно выплачиваете?

— Аккуратнее Английского банка.

— Но с вами иногда судятся?

— Одни симулянты. Прошу вас даже в шутку этого не говорить.

— Ах, как интересно, значит, бывают симулянты? А самоубийцам вы платите?

— За что же? — и Асташев сделал неприятное, обиженное лицо. — Одним невоздержанным движением человек зачеркивает назад всю свою жизнь, за что же его награждать? Он от этого получается человек небывший, химера. Мы — за нормальный конец. И потому мы можем платить только бывшим, существовавшим, но кончившимся.

— Очень интересно. Продолжайте, пожалуйста. Я позову жену.

Он встал, открыл дверь в соседнюю комнату и ласково сказал:

— Милая, выйди... Ничего, гость простит.

Вошла женщина, непричесанная, в капоте, с русским широким лицом и полной фигурой без корсета.

— Прошу вас, продолжайте.

Алексей Георгиевич, приноравливаясь к женскому пониманию, вкратце изложил дело, по которому пришел.

— Ну ясно, — сказала хозяйка, почесав в волосах. — В Америке давно все страхуются. Это мы здесь отстали.

Из портфеля выскользнули прямо в руки Асташева листы печатные, листы писанные, листы с пробелами, которые нужно было заполнить. Он быстро нашел в графе сумму, что-то подсчитал.

— Как это интересно, милая, — сказал хозяин, подписывая то тут, то там, — один из нас получит за другого.

— Ну естественно. Очень удобно.

Алексей Георгиевич то тут, то там промокал подписанное квадратом розового клякс-папира.

— И с какого же дня?

— С этой вот минуты.

— Ты слышишь, милая, как это интересно: мы уже застрахованы.

Она тоже подписалась, где было нужно, и Асташеву, несмотря на его отказы, сейчас же выписали чек. Он все уложил, зацепил перо о карман и начал прощаться. Его долго благодарили, уговаривали остаться завтракать и дали ему адрес семейного знакомого («Родного дяди Жени Соколовой, вы, наверное, ее знаете?»): он давно изъявлял желание...

Уже в дверях Асташев спросил, когда можно будет прислать доктора.

— Ах, не надо, не надо, — вскричал хозяин со слезами в голосе, — он найдет всякие болезни... Правда, милая, не надо?

Но Асташев сказал, что без этого нельзя, и они согласились, и опять поблагодарили его, и попросили поблагодарить Ивана Степановича за его постоянную о них заботу.

Был час завтрака. В недорогом, чистом, каком-то казенном ресторане, где его хорошо знали и где справа от него сидели всегда одни и те же чрезвычайно много и вкусно евшие южане, а слева тоненькая женщина с большим носом и ярким ртом, он завтракал каждый день и исключений не давал даже по воскресеньям. Он ел медленно, читал газету, подсчитывал на газете какие-то цифры, записывал что-то в книжку, соображал, иногда требовал адрес-календарь и мягко листал его среди тарелок. Вина он никогда не пил; ему подавалась бутылка минеральной воды. Два слова о погоде гарсону, бросок в сторону большеносой женщины (не похорошела ли со вчерашнего дня?), полупоклон соседям.

Вареная рыба и жаркое, или жаркое и сладкое, кофе, торт. Три куска сахара в маленькую, белую чашку с трещиной. После завтрака он шел мыть руки, чистить ногти, гребешком чесал волосы и плоской щеткой, которую носил с собой, стряхивал с плеч и груди перхоть и крошки. Потом он выходил — в руках зонтик и портфель, в мыслях — новый путь, новый адрес. В этом городском конвейере, по трансмиссии, не имеющей ни начала, ни конца, ни перерыва, он едет, передвигается, движется, как спица, как гайка, и ему это так же естественно делать, как дереву расти на одном месте.

— Перметте.

Но его не впустили. Приоткрылась щель в двери, блеснул глаз; мужской голос сказал:

— Да, это я. А вы кто?

— Я уже заходил однажды, но не застал. Я...

— Щетки продаете? Швейные машинки?

Алексей Георгиевич постарался вдвинуться одним плечом.

— Облегчаю самое тяжелое. Страхую от смерти. Дверь поддалась и сейчас же надавила на него, придавила так, что зонтик вошел, а портфель остался снаружи.

— Подите вон! — и тот, кто стоял в передней, брякнул в руке чем-то металлическим, это была связка ключей. — От жизни не страхуете?

— То есть как это от жизни? — Асташев оторопел, где-то блеснула мысль: а вдруг и это возможно?

— К черту! — крикнул человек, щемя его дверью все сильнее. — Плевать я хотел на нее. Не испугает! От жизни, от жизни, от адовой жизни ищу страхователя.

— Но позвольте, я совершенно не заслужил. Я должен сказать вам что-то очень важное.

— Что в ящик сыграем? Ну и пусть. Только этого и жду.

— Но жену, детей, — лепетал Алексей Георгиевич, стараясь высвободиться из щели, — оставите нищими...

— Жену, детей? — крикнул голос истерически. — Старой дуре на молодого любовника, стервецам — для игры на скачках. Убирайтесь, не нужно.

— Со мной никто так...

— Вон! Вон! — и Асташев почувствовал, как что-то уперлось ему в грудь и толкнуло его, он понатужился, выскочил из двери, рванувшись вбок, и у самого его розового лица она хлопнула так, что дрогнул дом. — С утра шляются, — визжал голос за дверью, — пылесосы, пишущие машинки!

Но Асташев только жирно плюнул, попав чуть выше замочной скважины. «Азия, — произнес он громко, — монголы», и не спеша спустился, раскрыл зонтик, потому что накрапывал дождь, и пошел, успокаиваясь, утишая кровь. И вдруг вспомнил: еще одно

119

место, еще одно имя. Назначенное на сегодня рандеву. Самое занимательное из всего, что предстояло.

Но прежде чем отправиться на это рандеву, к скульптору Энгелю, у которого он уже два раза был и каждый раз не мог закончить своего с ним разговора, он решил съездить в то страховое общество, от лица которого действовал и где обычно бывал каждый день, под вечер.

Громадная зала, в которой сидело около двухсот служащих и в которой обычно толпилось не менее ста человек посетителей, была разгорожена решетками, в решетках были проделаны окошечки, над каждым окошечком был номер, была надпись. Асташев, пожав несколько рук, легонько хлопнув кого-то по спине и получив в свою очередь нежный удар по плечу, прошел к отверстию пятьдесят третьему, над которым было написано «смертные случаи». Впрочем, теперь, овладев французским языком в совершенстве, он уже знал, что слово «смерть» вообще никогда не употреблялось сидящим в этом окошечке усатым, немолодым, в высоком воротничке служащим, но употреблялось слово «кончина», звучавшее гораздо приятнее для уха посетителя.

Проделав все, что полагается, с двумя сегодня полученными страховками, назначив докторский визит, получив необходимые бланки — дополнительные к голубым листам с разводами, и выслушав привычные слова о том, что он один из удачливейших ходоков во всем, сто лет существующем, обществе, он узнал, между прочим, что вчера поступило известие о смерти одного клиента, застрахованного им лет восемь тому назад. Он обещал завтра же съездить к нему, велел барышне, сидевшей в глубине смертного окошечка, найти дело этого заказчика, и пока она выбирала из толстой папки один из первых полисов, меченных его рукой, он поговорил с соседним окошечком, с надписью «личные несчастные случаи».

В пять часов дня он был уже у Энгеля.

Мокрыми тряпками замотанные глиняные бабы, кусок каменного торса с расставленными ногами, только что отлитая из бронзы квадратная морда известного боксера, с усеченным затылком и заросшим бронзовым мясом громадным ухом, громоздились в прохладной высокой мастерской, куда его ввел сам Энгель, маленький, сухой, в длинном белом балахоне, безбородый, безбровый, похожий на японца.

— Ждал вас, очень ждал, — говорил он, растягивая тонкие зеленоватые губы и показывая рот, полный тяжелых сплошных зубов, перевешивающих вперед все его слабое, хрупкое лицо. — Вы так удивительно объясняли в прошлый раз, зачем пришли, что мне захотелось опять вас послушать. Вы так странно говорили, будто вас прислали с того света для напоминания (вы ведь не со всеми же так говорите?). А я не мог тогда, у меня натура сидела,

120

вот эта (он ткнул детской рукой в кусок каменного торса, и показалось невероятным, что такой великан приходил к нему и не задавил его). Я много думал обо всем этом потом, в первый раз пришлось мне так думать об этом. И я понял, что если остаться с моей уверенностью, что там ничего нет, то жить невозможно. Вы курите?

— И не курю, и не философствую, — сказал Асташев, перебираясь с неустойчивого табурета, на который почему-то сел, на мягкий шерстяной диван, стоящий в углу мастерской. — В прошлый раз мы говорили с вами о двухстах тысячах. При вашей относительной молодости — прямой расчет.

— Хорошо, — ответил Энгель, задумчиво и сильно потирая двумя пальцами свой узкий желтый лоб. — Но не это главное. А вот то, что вы пришли ко мне с этими вашими разговорами о пятом акте, занавесе, финале, о том, что все имеет конец, со всеми этими сравнениями не Бог весть какого вкуса, вот что важно, и страшно важно для меня. Вы мне сделались необходимы. Мне показалось, что вы облегчите продумать до конца весь этот ужас.

— Польщен.

— Есть что-то в вас такое коробящее... Впрочем, потом о вас, сначала — обо мне, потому что, не спав много ночей подряд и вот уже две недели почти совсем не работая, я стал во всем сомневаться: мне начало казаться, что если есть здесь, то есть и там, то есть т а м не может не быть, если здесь такое. Я поколебался в своей уверенности, и от этого мне стало немножко легче.

— Помилуйте, — вскричал Асташев и улыбнулся самой прямодушной из своих улыбок. — Что же там может быть? Ведь вам не шестнадцать лет, вы опытны, бывалы, наверное, даже (не обижайтесь!) развратны. Какие же могут быть сомнения в том, что там ничего нет? И что вы нашли здесь такого, что бы ввело вас в заблуждение относительно там? Вкусная еда, молоденькие женщины, красоты природы, комфорт и обеспеченность жизни.

— Нет, что-то еще есть, — настойчиво сказал Энгель и внимательно посмотрел на Асташева.

— Ей-Богу, не вижу. И поверьте, что когда я говорю «вкусная еда», то говорю об изредка съедаемых деликатесах, а вовсе не о том, чтобы наедаться каждый день до отвалу и болеть. А о женщинах: было время — краснели, потели, вздыхали (может быть, не лично я), но сейчас-то уже каждому ясно, что такое есть эта любовь. И сами женщины поняли. А если нет — тем хуже для них.

— Нет, это все не то. Я сам не знаю, но что-то еще есть, кроме этого. Иначе быть не может.

— Искусство? Литература? Было и это. Читали до зари,

121

увлекались политикой (я, впрочем, — никогда). И в этом кое-что теперь уразумели. Научились. Что же остается?

Энгель отошел к окну и там смотрел в сентябрьские сумерки.

— Но ведь так думая, как же жить? Как же умирать?

— Как жить? А вот вы послушайте: шел я сегодня утром к одному клиенту. Кобелек за сучкой на тротуаре ухаживал. И знаете, что я про себя воскликнул? Как просто счастье! — он засмеялся.

Энгель вернулся к дивану, замял окурок в блюдечко и медленно сказал:

— Но что делать тому, кто так не может?

— Стараться устроиться наиболее целесообразно. Принять меры. Лечиться, работать, жить, как все живут. Застраховаться. Государство зиждется на таких, как я и как вы, а не на мечтателях и неудачниках. Круговая порука трезвых людей облегчать себе жизнь и смерть.

— Нет, этого мало.

Асташев мельком посмотрел на часы под обшлагом, повертел в руках какую-то книжку и снова положил ее рядом с собой.

— Мое дело маленькое, — сказал он, как бы извиняясь. — Напоминать людям, что неизбежное придет и что нужно заблаговременно обставить его наиболее выгодным и удобным способом.

Косые глаза Энгеля опять с какой-то грустной надеждой уставились в круглое, гладкое лицо Алексея Георгиевича. Оба помолчали.

— Я воображаю, — заговорил Энгель уже более равнодушно, — какой у вас опыт с людьми. Ведь наверное некоторым от вашего присутствия очень не по себе. Вы могли бы писать записки. Вы, может быть, их и пишете?

Асташев приосанился.

— У меня к литературе очень большие требования, — сказал он с достоинством, — если бы я стал писателем, то вовсю копался бы в человеческой душе и сделался бы чем-нибудь средним между Толстым и Достоевским, но по-французски.

Опять оба помолчали. Наконец, Асташев, все время ловивший в мыслях прерванную нить, нашел слова, которые искал:

— Итак, позвольте подвести итоги: вы испуганы, вы смущены. Но вы не перестаете думать и о практической стороне дела. Я сегодня принес все нужные бумаги; так как вам нет сорока лет, то дело обойдется даже без медицинского осмотра, достаточно одного анализа, и если отсутствует сахар...

— Послушайте, — сказал Энгель с детским удивлением, — зачем мне страховаться? Я совершенно один, у меня нет ни жены, ни детей, ни племянников. Я живу, работаю, продаю, даю деньги

122

тому, у кого их нет и кто меня об этом просит, ношу костюм четыре года и ем одну зелень. Я не буду страховаться.

Асташев вдруг резко встал.

— Позвольте, — сказал он звонко и злобно, — я прихожу к вам в третий раз, и сижу у вас, и объясняюсь с вами. Мое время стоит дорого. Зачем же вы просите меня приходить? Если вам не для кого страховаться, вы должны были мне сказать об этом раньше. Вы делаете большую глупость: вы молоды, вы здоровы, вы можете застраховаться на дожитие.

— Не сердитесь на меня, пожалуйста, — сказал Энгель и повернулся спиной к Асташеву. — Я просил вас прийти потому, что мне казалось, вы что-то знаете, вы, вероятно, сами не замечаете, около чего вы ходите. Скажите же мне только одно: как вы себе представляете, как это будет?

Асташев уже надевал пальто в передней.

— Как с зайцем на охоте, как с мухой в стакане, — сказал он сердито. — Я — сельф мэд мэн, и меня эти подробности не касаются.

Он взял зонтик и портфель, приподнял шляпу над головой и, ни слова не сказав более, вышел. Энгель, вытирая вспотевшие ладони носовым платком, пошел к окну смотреть ему вслед. Окно мастерской выходило на площадь, и он видел, как Асташев вышел, как пошел, как подозвал таксомотор, сел в него и уехал.

День кончался. У Клавдии Ивановны по-прежнему не действовал лифт; он пил чай, она вязала. Говорили сегодня о политике, и Алеша пытался объяснить мамаше, что пролетариат это те, от которых дурно пахнет. Потом он ушел, и у Ксении Андреевны был уже совсем спокоен и весел.

— Маменька, — говорил он, закусывая холодной телятиной и выбирая минуту, когда адмирал и губернатор не слушали, — я вчера от вас поехал в Табарэн, с двумя канканерками, до поздней ночи. Угощал икрой, поил шампанским. Дайте мне на всякий случай адрес доктора Маркелова. Расстались как товарищи.

Она качала головой с нескрываемым удовольствием и грудным своим шепотом отвечала:

— Отсядь подальше, гробовщик: от тебя твоими покойниками пахнет.

3

Он познакомился с ней года два тому назад, она жила с двумя старыми тетками в том же доме, где и Ксения Андреевна, только внизу, и однажды зашла сказать, что если придет Вязминитинов, то чтобы непременно спустился к ним, потому что сегодня заходил кто-то, кто видел недавно его сына в Москве; словом, было какое-то поручение, которое она пришла исполнить. Маман даже не взглянула на нее: хорошо, я скажу. Но когда пришел Вязминитинов, она забыла о Жене, и на следующий день Жене пришлось прийти опять; она настойчиво просила простить ее за беспокойство и оставила Вязминитинову записку. Асташев опять был тут. Он встал, поздоровался, спросил, была ли Женя на модной пьесе, в которой играет актриса с изумительным бюстом; Женя покраснела, глаза у нее блеснули горячо, но строго, и она сказала, что в театры совсем не ходит, так как вечерами всегда занята.

— А в кинематографы? — спросил он, разглядывая ее внимательнее.

— Ох, каждый день, — ответила она. — Ведь я служу кассиршей.

На ней было шерстяное синее платье с пуговками, которые шли по худенькой груди от ворота к поясу.

— Какие в высшей степени оригинальные пуговки, — сказал Асташев и хотел дотронуться до одной из них. Она отшатнулась, глаза ее стали темными (а были светло-карими), и, быстро подбирая и подкручивая на затылке свои светлые волосы с золотым отливом, она ушла. И он увидел вдруг, что она тонка и стройна, в меру высока, с высокой талией и длинными, прямыми ногами.

— Ее мать вторым браком за графом Лодером, — сказала Ксения Андреевна, — тетки у нее полуумные, в страшной строгости ее держат. А она невинная, между прочим, голову даю, невинная. Феноменально, но факт.

Через неделю он столкнулся с ней у парадной двери.

Он уходил домой, она возвращалась с работы. «Вот тут, — он указал на ее черную сумочку, — вы носите всю вашу кассу». — «Нет, — ответила она, — я сдаю деньги хозяину, он заходит за ними». — «Ах, как жалко, а то бы я обокрал вас в каком-нибудь переулке». Она улыбнулась смущенно: «А в кассе у меня почему-то лежит револьвер, — сказала она доверчиво, — я не знаю, зачем он, собственно, лежит, я не умею стрелять». — «Разве бывают такие крупные суммы?» — «В том-то и дело, что нет. Я думаю, его просто кто-нибудь забыл, обронил. Вот уже год как у меня там хранятся пять перчаток, — все с правой руки, две связки ключей, пудреница, зажигалка, булавка с фальшивым камнем. Так и лежат». — «Хотите пройтись немножко? Еще рано, и вечер хороший». — «Нет, — ответила она, — меня ждут дома». И словно недоговорив чего-то, она подала ему худую руку в замшевой перчатке. «Разве у вас нет флирта и вы всегда возвращаетесь вовремя?» — «У меня нет флирта и никогда его не было», — ответила она и ушла.

«А ведь она красива, красива! Мила, невинна, тонка, молода; у нее веселый взгляд и грустный голос, и странно, что до сих пор не замужем. Ей, наверное, под тридцать», — думал он дорогой, но на следующий день он уже не помнил о ней, и когда, через месяц, опять столкнулся с ней на лестнице, не узнал ее.

Он обернулся и она обернулась в одно и то же время и в темноте оба остановились. «Вы со службы? Так поздно?» — «Всегда в это время, в без четверти одиннадцать». — «И завтра, и каждый день?» Она вдруг опомнилась от этих вопросов и не ответила, посмотрев, не глядя. «Вы похорошели, — сказал он, — за то время, что мы не видались. А как поживают пуговки? Все на месте? И до сих пор все нет флирта?»

Она медленно раздвинула накрашенный длинный рот, показала ровные белые узкие зубы и серьезно сказала:

— Если не считать вас.

И ушла в тьму нижней площадки, и когда он зажег свет, шаги ее стихли, и только где-то хлопнула дверь.

Каждый вечер он встречал ее, но уже не на лестнице, а на улице, и они несколько минут разговаривали, и всегда находилось о чем. Он провожал ее до дому, слушая рассказы о службе, о тетках, о матери, о подругах. «Хорошенькие?» — спрашивал он, и она отвечала: «Вроде меня, не очень».

— Из того, что вы каждый вечер приходите к Ксении Андреевне, я заключаю, — сказала она однажды, смущенно улыбаясь, — что у вас тоже нет флирта сейчас, если не считать меня.

Но он ответил с неожиданной прямотой:

— Флирта нет, но есть одна знакомая дама, у нее корсетная мастерская, она, конечно, француженка. К ней можно прийти и к двенадцати ночи, раньше даже нечего делать. Но она мне, кажется, скоро надоест. Вы мужчин не знаете, мы — страшные свиньи. Впрочем, за то нас и любят.

Она твердым шагом дошла до двери и, прощаясь, бледная, сказала, что завтра у нее начинается отпуск. «Как, среди зимы? Куда же вы поедете?» — «Никуда. Разве нужно непременно куда-нибудь ехать?»

Потом тетки ее переменили квартиру. Он никогда не спрашивал о Жене, но иногда она вспоминалась ему таким слабым, стройным, гибким растением, почти прозрачным, немножко ядовитым. Потом он забыл о ней.

Умерла та самая тетка, у которой были деньги, и Женя с другой никак не могли вступить в наследство. Шли месяцы, жить стало трудно. Был спор, близился суд, завещания не нашли. Жизнь стала совсем другой — ограниченной во всем, очень тихой. Женя всю жизнь работала, всегда содержала себя, но теперь на ее жалование жило двое, причем оставшаяся в живых старуха была

125

слаба и всегда болела, и обратиться за помощью было не к кому, потому что эта была сестра Женина отца, и мать Жени была с ней в давней ссоре.

Днем и вечером Женя сидела в кассе небольшого, нарядного кинематографа, так что посетители видели обычно только ее руки, тонкие пальцы с накрашенными темно-красными длинными ногтями и кольцом с агатом, вделанным в платину. Иногда кто-нибудь из покупавших билет старался выгнуться, дышал в отверстие стекла, заглядывал ей в лицо, но она, не поднимая головы, отмечала что-то карандашом, отрывала зеленый билет, давала из коробочки серебряную и медную сдачу. И все шли ей в руки эти билетные книжки, десятки книжек, которые она аккуратно прятала в ящик, тот самый, в котором лежали пять чужих перчаток, пудреница и зажигалки. И иногда подкрадывалась к ней кошачьими шагами надежда, что Асташев вдруг придет — не за ней, не к ней, а придет в кинематограф как зритель, купит у нее билет, и она даже поздоровается с ним за руку в стекле, прорезанном так низко.

Теперь она жила далеко, на другом берегу Сены, и уже никогда не могла бы встретиться с ним ночью, и те прошедшие встречи, когда, как ей казалось, он ждал ее, вспомнились ей чем-то безумным, чем-то вечным; она думала о том, что вот она живет и уже давно о нем ничего не знает, ходит ли он по-прежнему к Ксении Андреевне, живет ли с владелицей корсетной мастерской, по-прежнему ли он улыбается широко и весело, и аккуратно одет, и немножко толст? Ей становилось так грустно, когда утром, заспанная, в халатике, с синевой у глаз, она стояла над закипавшим кофейником и решала написать ему письмо, причем первая фраза была уже придумана: «Не я — Евгенией, но вы должны были бы называться Евгением, милый Алексей Георгиевич, потому что я, совсем как Таня Ларина, пишу вам это письмо». Она понимала в эти утра, что никогда не напишет ему, никогда не попросит подарить ее своим чувством или именем. «Но что же делать, что же мне делать?» — спрашивала она свое большое тусклое окошко, от которого зимой шел холод и которое летом допускало теплый шелест душистых кустов соседнего садика, который был виден внизу, как в колодце.

Бывали дни такой сонной тоски или деловой, суетливой скуки, что мерцание в памяти его голоса, его походки, всего его облика уходило и возвращалось к ней еще более нежным и обескровленным, когда она, усталая, оставалась одна. Комнаты своей у нее не было, она спала в столовой, рядом жила тетка — это теперь была вся их квартира. Женя никогда ни к кому не ходила в гости и никого не звала к себе, потому что на разговоры у нее не было времени, да она и не умела разговаривать. Постепенно она перестала ходить и к матери, потому что ей казалось, что стесняет

126

мать; постепенно она отстала от подруг. Теперь всем стало ясно: она бедна, она одинока, ей выпала жизнь тусклая, без счастья, без восторгов, и удивительны были в ней ее естественное изящество, длинные глаза, золото гладких и легких волос, и длинные ноги, которые она любила одевать в грубые туфли и тонкие чулки, так что сквозили волоски и отчетливо была видна родинка над костью.

Толстая старуха, с трудом передвигавшая ноги, обиженная наследственной тяжбой, привыкшая к жизни праздной и сытой, иногда молчала по целым дням. Женя писала за нее письма адвокатам и нотариусам, кормила ее в постели или в кресле, потом уходила на службу, как во сне видела перед собой меняющийся хвост людей, пришедших развлечься, — и так проходил ея день, и она думала о том, что это и есть жизнь, а то бывает еще и горе.

Почти не решая — она не уследила, как это сделалось, — однажды осенью, после того как она года полтора не виделась с Асташевым, она вздумала пойти к Ксении Андреевне. В кассе кинематографа ее заменили на этот вечер, и она все в том же шерстяном синем платье уехала, сама не зная зачем и не умея объяснить себе этого поступка, на ту улицу, где они когда-то жили. Дом показался ей совсем чужим и мрачным, подъезд разволновал ее воспоминаниями. Но ничего же не было, ничего решительно не сказал он ей, да и не нужно ей было его слов. Она поднялась и уже в передней услышала его голос. Но предлога, которым она могла бы объяснить свое появление, она так и не нашла.

Но предлог был совершенно и не нужен. Ксения Андреевна была в каком-то нервном, повышенном настроении и заключила ее в свои сильные, душные объятия. Кроме Асташева было еще два гостя, оба незнакомых Жене.

— Женечка Соколова, — сказал Асташев, — нельзя ли вас угостить ликером с горчицей?

И вдруг он почувствовал звериную радость от ее присутствия.

Она пила маленькими глотками и улыбалась, и удивлялась этому воздуху, в котором совсем по-другому дышалось, чем всюду на земле: что-то было пряное в этой шелком отливавшей, еще прямой, крашеной старухе, в двух мужчинах, видимо зараженных этой пряностью и грубо и страшно ухаживавших за ней, и наконец, что-то особенное было в Асташеве, в Алеше Асташеве, как она про себя называла его, что-то вдруг близкое, решительное, менявшее ее самое навеки.

— Ну, если вам очень хочется, то так и быть, расскажите, — говорил он, забывая, что только что сам просил ее рассказать, как она поживала все это время. Но она молчала, сияя бледным лицом, смотря в его круглые, голубые глаза.

— У вас такие голубые глаза, какие бывают только у детей или у очень древних стариков, — сказала она с большой любовью.

127

— Мне это мильон раз говорили, — засверкал он зубами, и она заметила, что сбоку появился золотой. — Послушайте, душечка, вы когда-нибудь целовались с мужчиной?

— Нет, — ответила она и покачала своими золотыми волосами.

— Какая же вы, должно быть, тогда дурочка!

Они оба засмеялись. И вдруг ей захотелось расплакаться. Она минут пять просидела неподвижно, молча, пока он рассказывал «совершенно правдивое происшествие» из собственной жизни, и хотя дело касалось женщины, Женя слишком была занята тем, что делалось в ней самой, чтобы понять, что он ей говорит.

«Я его совсем не знаю. За что я люблю его? За его красоту? Но он, наверное, только одной мне кажется прекрасным, да и разве я могу любить кого-нибудь за красоту? Вон как он некрасиво ест, да и вообще, если бы он действительно был красавец, он бы уже давно был женат. Холостых красавцев не бывает. Я люблю его, может быть, за его внимание ко мне? Но где это внимание? Если он однажды спросил меня про пуговицы этого платья, то ведь это еще не доказывает, что он запомнил самое меня. Я люблю его за все, за эту грубость, за кажущуюся его подлость, за разбойный смех, за хамство некоторых движений...»

— Я должен вам признаться, Женечка, я тоже никогда ни с кем не целовался, — и он сделал преступное лицо. — Времени не было. Что другое — было, а вот насчет поцелуев — все как-то не успевал. Вообще я всегда спешил ужасно. И знаете, что я вам скажу: когда мне было шестнадцать лет, то был один будильник, у кухарки в комнате, тикал безбожно громко. Ведь так я и не удосужился рассмотреть: комод там был, или подоконник, или просто полка какая-нибудь — ей-Богу! Жизнь коротка, а дела много.

«А что, если это и есть предел возможного счастья, — думалось ей, — и лучше этих минут не будет никогда, никогда?»

— Вы знаете, что сейчас было бы самое интересное? — сказал Алексей Георгиевич. — Пойдемте куда-нибудь. Пойдемте хоть к вам в кинематограф. Возьмем самые дорогие места.

— Нет, зачем же в кинематограф. Да и поздно. Да и картина там сегодня так себе.

— Ну так поедем на Выставку. Я еще не был на Выставке. А вы были?

— Я ходила с тетей, но почти ничего не видела.

— С тетей. А сегодня пойдете с дядей. Только тоже ничего не увидите.

Это было осенью, в год Всемирной Выставки, той самой, которая так исказила на несколько месяцев Париж и исчезла, не оставив ни эпохи, ни памятника, не оставив в памяти большинства людей ничего, кроме обилия и беспорядка света, предметов и толпы.

Когда они взошли на мост, в густой, пружинившей с четырех сторон толпе (Асташев вел Женю под руку, чтобы не потеряться), и над ними, в лунном сентябрьском небе, длительно и текуче рассыпался залп фейерверка, была уже ночь, и это празднество, которое больше поражало зрителей, чем их заражало, уже клонилось к концу. Под мостом была тяжелая, лиловая от световых фонтанов Сена, где дрожали, меркли, вспыхивали и качались огни; с берегов ввысь неслись ракеты, разрывались, разлетались детскими воздушными шарами в глубокой черной высоте; тысячи шаров млечным путем текли по небу, пропадали, последние становились похожи цветом и размером на плывущий мимо них месяц. С Эйфелевой башни ревела металлическая музыка, хор голосов, орган, от звуков которого рябило в глазах; сирена рыдала вдалеке, и опять сыпалось в небо, потеряв верх и низ, золото римских свечей, и падало в темноту плывущего, заблудившегося облака.

Все качалось — вода под мостом, толпа на берегу, воздух, пронзенный светом; плакал потерявшийся ребенок, прижатый к перилам моста; городовой пробирался к нему сквозь толщу шатающихся тел. И Жене, дышащей дымом ракет и этой ревущей откуда-то музыкой, казалось, что все это, весь этот задуманный кем-то праздник, на самом деле низринут в этот город, в этот вечер, таким, каким он должен был бы быть где-то, где нет ни печали, ни воздыханий, ни жаркой человеческой тесноты, ни обмана, ни разлуки, ни убожества картонной декорации пивного павильона, а есть только хорей собственного сердца, как моторная лодка несущегося по озеру счастливых слез.

Потом они сидели на поплавке, пока все не погасло. Он говорил, что она должна прийти к нему, что русские женщины вообще ужасные ломаки. Когда мимо проходила какая-нибудь женщина, он сейчас же смотрел ей вслед и делал замечание.

— У меня определенный вкус, — говорил он, потягивая из соломинки, заломив шляпу на затылок. — Мне чаще нравились брюнетки, чем блондинки. Была у меня лет пять тому назад одна блондинка. Боже мой, как она мордовала меня, как мордовала. Мы, мужчины, страшные свиньи, вам, Женечка, еще многому учиться предстоит. Предлагаю вам поступить ко мне в обучение.

Ей теперь уже не казалось, она знала, твердо, ясно, что этот вечер не повторится больше, он останется единственным, и надо сделать что-нибудь, чтобы продлить его, потому что ночь, потому что утро оборвут все, сомнут все, сломают ей жизнь. Она не думала больше: за что, почему любит его, все, от его имени до его непобедимой никакими французскими словечками русскости, нравилось ей, томило ее; и зачем, зачем, перед кем и для кого нужно было объяснять и оправдываться? Она никогда не сидела так с мужчиной ночью на палубе неподвижной яхты (которая могла, только не хотела, двинуться в кругосветное путешествие, в сказочные страны, яхты с погашенными огнями); ей казалось, что вдвоем с ним можно было бы прожить нестрашную, голубиную жизнь, или полжизни, или хотя бы четверть жизни, — никогда, ни с кем ей не хотелось прожить даже сутки. Она думала о том, что в чем-нибудь она да поможет ему, рядом с ним, незаметно и храбро, — и кое-чего, чего он не мог один и чего она не умела одна, они вместе, может быть, достигнут.

В полной тьме толпа валила теперь к выходам. Они оба шли скорым шагом вместе со всеми к остановке метро. Ей было в одну сторону, ему — в другую.

— Проводите меня до постельки, — сказал он, удерживая ее руку в своей, — об этом никто не узнает. Не будьте провинциалочкой.

Но она вырвала руку, бросилась вниз по лестнице, остановилась, оглянулась, вспомнив, что он не сказал ей, когда и где они опять увидятся, но его уже не было, сверху на нее шла толпа усталых, измятых, пыльных и потных людей. Они проводили ее и в вагон, и по улице шли с ней, вплоть до самого ее дома, и даже кто-то вошел с ней и поднялся за ней — этажом выше. Зато, когда она осталась одна у себя на диване, в столовой, где всегда пахло едой, слезы вдруг закапали ей на руки, она не знала, что ей делать с ними, как подобрать, как остановить. Слишком жестоко было это приближение к ней совсем чужого человека, вышедшего навстречу из миллиона других ему подобных, которого она до сих пор не знала, чем-то отмеченного для нее, заслонившего ей мир; в этом приближении она угадывала рок, грань жизни и, обеими руками сжимая себе грудь, шептала его имя.

Лил сильный дождь, дул ветер, было совсем по-осеннему холодно, сыро и скучно, когда спустя четыре очень долгих, мучительных для Жени дня он пришел за ней в кинематограф. Было около половины одиннадцатого. Она сдавала кассу хозяину, шел последний сеанс, и Асташев, увидя хозяина, спокойно сказал ей: «Бонсуар, шери», отряхивая зонтик. Она потеряла голос от счастья и стыда, досчитала деньги и талоны и, что-то прибирая, и запирая, и туша свет над собой, несколько раз оглянулась на него и улыбнулась ему. Он разглядывал плакаты на стенах, повернувшись к ней спиной.

Когда они вышли, таксомотор уже ждал. «Куда? — спросила она, — уже поздно». Он подтолкнул ее молча и, когда они сели, не глядя ей в лицо, сказал быстро и сухо:

— Я не из тех, которые обнимаются в машине. Не бойтесь. Во-

130

первых, — это неудобно, не комфортабельно. Во-вторых... Как вы себя сегодня чувствуете?

— Куда мы едем? — опять спросила она и увидела бутылку шампанского, торчащую у него из кармана.

— Женечка, Женечка, — сказал он с досадой, — вы ужасно много задаете вопросов.

— «Вся жизнь моя была залогом», — сказала она тихо и опустила лицо в руку. — Это — из Онегина.

— Хорошая опера, — ответил он и прокашлялся.

— Вы любите музыку? — и лицо ее осветилось такой радостью, что он даже удивился.

— Люблю. Но мало приходится слышать. Ну вот, мы приехали.

Они вышли. От дождя, лившего ливнем, она сейчас же вбежала в подъезд. Он расплатился и, распахнув пальто и куда-то в боковой карман пряча мелочь, пошел прямо на нее, обнял, вдавил в дверь, поцеловал, поймал ее за локти и, не давая опомниться, молча обнимая и торопя, потащил к лестнице.

— Отпустите меня, милый Алексей Георгиевич, отпустите, — зашептала она, — я вам что-то скажу. Я боюсь. В другой раз приду. Я не буду шуметь, я тихонько. Выпустите меня. — Он больно и как-то уж очень умело скрутил ей руки назад и жадно поцеловал ее в губы два раза, шаря по ее груди. Она поймала его руку, не столько чтобы остановить ее, сколько для того, чтобы удержаться самой за нее. И так держась, она вошла за ним в его квартиру.

Она вышла оттуда, когда была еще ночь, в темноте нащупала кнопку и заглянула вниз. Там, совсем близко, стоял лифт — она находилась на первой площадке. Тогда она сошла вниз, открыла дверь на улицу и постояла немного. Редкие фонари были притушены, ни вправо, ни влево не было никого.

Она пошла пешком. За всю дорогу она встретила не более десятка прохожих, двух городовых, несколько автомобилей и одну высокую деревенскую арбу с цветной капустой, державшей путь на Центральный рынок. Она шла около часу. Когда она проходила по мосту, она остановилась. Сена, вздутая дождем, казалась неподвижной, как сало. Женя перекрестилась и ниже перегнулась к воде. В это время кто-то за ее спиной проехал на велосипеде, и тень едущего прошлась по ней. Она разогнулась и пошла дальше. Когда она вернулась к себе, она увидала, что было четыре часа.

Она сняла шляпу, но осталась в пальто, и в одних чулках осторожно вошла к тетке в комнату. Старуха тяжело и ровно дышала. Женя в темноте подошла к ночному столику, выдвинула ящик и пошарила в нем, но найти то, что хотела, она не нашла. С ящиком в руках она ушла на кухню, зажгла свет и стала искать снова — попадались лекарства: строфант, аспирин, нашелся, наконец, и гарденал. Но в стеклянной трубочке оставалось всего восемь таблеток. Тогда она двумя кухонными полотенцами, при помощи хлебной пилы, законопатила дверь, потушила свет и открыла газ.

«Господи, — думала она, сидя перед плитой и не мигая смотря в ничем не занавешенное окно, где красное от огней, низкое, словно дымом схваченное небо висело над землей, — Господи, если Ты есть, сделай, чтобы мне стало страшно, сделай так, чтобы я опомнилась. Если Ты есть и если душа моя захотела этого, сделай, чтобы хоть тело удержало меня, отвратилось, спасло бы себя и меня от греха, помоги, если Ты есть, хотя бы по-животному опомниться». — Но держа шипящую резиновую трубку в руке, Женя вдруг почувствовала не отвращение, а еще более страстное желание смерти, и именно во всем ее разбитом теле, а не только в сознании, все как бы потянулось к небытию и тьме. Душа, может быть, в эту минуту, не разлучаясь, но, наоборот, крепче обнимаясь со своей оболочкой, помогая ей, двинулась куда-то, со звоном колоколов, с разрывом ракет, в исчезающий, тающий, белый Млечный путь. На одну-единственную минуту хватило полного их слияния, в котором и душа и тело были одинаково согласны во всем. С тяжелой силой жизнь еще раз ударила Жене в уши, и все погасло в беспамятстве, в котором нет видений.

4

— Поздравьте меня, — сказал Алексей Георгиевич, — сегодня я сделал, или почти сделал, одно дело, за которым гонялся три недели.

Немолодой усатый человек в высоком воротничке перегнулся к нему, и в соседних окошечках тоже зашевелились.

— Надо вспрыснуть, — сказал кто-то. Асташев уже кивал направо и налево.

— Непременно, сегодня же. Мало того, — он остановился на мгновение, — я сегодня завязал такие связи...

— Господа, он будет директором, — воскликнул кто-то из-за своего стола, из-под зажженной лампы.

— Но я вовсе не желаю быть директором, — и Асташев счастливо засмеялся. — Я вполне доволен своей судьбой.

Он повернулся на каблуке и пошел между столами, угощая направо и налево всех встречных папиросами, которые нарочно для этого покупал. Ощущая легкость и прочность в ногах, он отправился бродить по улицам, смотреть в витринах галстуки. Было холодно и пасмурно, но он сегодня так был полон собой, что не замечал ни погоды, ни женщин. На восьмом этаже, в маленькой конторе на Елисейских полях, где всего-то и было мебели, что пустой письменный стол, стул для хозяина и кожаное кресло для гостя, он познакомился с сыном делового человека, русским, но уже не говорящим по-русски, и тот обещал ему подсунуть отцу в добрую минуту полис для подписи на миллион.

Асташев сейчас же перешел на тон опытного заговорщика, стихал, когда на каблучках вбегала безбровая, охрой пудреная, секретарша, а когда без доклада, в пестром пальто, высокий, плечистый, вошел известный летчик, подписавший здесь недавно контракт на участие в каком-то фильме, и крошечная, полупустая комната сейчас же наполнилась так, что и самый звук голосов стал другим, Алексей Георгиевич встал, чтобы уйти.

— Не нужно ли тебе застраховаться? — спросил директор конторы, — ведь ты окочуришься, наверное, прежде других. Странно, что до сих пор не сломал себе шеи.

Летчик бросил на стол две громадные светлые перчатки.

— Нас страхует компания, — сказал он, мельком взглянув на Асташева.

— Это ничему не мешает, — вступил тот. — Здесь не место и не время, но позвольте сказать, что компания вас страхует по-казенному, гуртом, а вы можете это сделать еще и индивидуально. Всегда приятно действовать индивидуально. И даже в рай, по-моему, веселее войти, как путешествующему за свой страх и риск, нежели как экскурсанту, участнику групповой поездки.

— Какая чепуха! За этот индивидуализм надо платить бешеные деньги.

— Летающие платят всего на одиннадцать процентов больше, чем платят ползающие по земле.

Директор конторы расхохотался.

— Он утешает тебя. Послушай, дай ему свой адрес, он зайдет и объяснит тебе с глазу на глаз, что ожидает тебя на том свете.

— Никогда не говорю про тот свет, — весело сказал Асташев, — с меня вполне довольно и этого. Мы живем не в степи, а в столице мира.

Летчик из широкого лакированного бумажника вытащил свою визитную карточку и, стараясь не выронить каких-то фотографий, передал ее Асташеву.

— Зайдите... когда-нибудь, — сказал он равнодушно. — Я живу очень далеко, за городом. Это на поезде.

Алексей Георгиевич поблагодарил обоих и низко при этом поклонился.

Ему было так легко, так хорошо, он чувствовал себя таким свежим, молодым, спокойным, что, хлебнув отвратительного зеленого напитка у стойки, где угощал восьмерых служащих страхового общества, он стал только еще веселее и приятнее. Позавтракал он чем-то вкусным и острым и часам к двум почувствовал, что на сегодня довольно, что он устроит себе нынче маленькое развлечение, отдохнет, наберется сил, чтобы завтра с утра выехать за город, к летчику. Он никогда ничего не откладывал, и вся его работа всегда шла по горячему следу.

Через три часа он был у Ксении Андреевны: эти три часа он провел в одном доме, где был только зрителем, не участником, и этого с него на сегодня было вполне достаточно. В этом доме, дорогом и открытом только днем, его знали: когда он являлся, швейцар спрашивал: желает ли он в левую дверь или в правую? За левой дверью были женщины, за правой — кресла и экран. Он ходил через раз. Сегодня очередь была за экраном.

Но в этот час Ксении Андреевны дома не бывало. Прислуга открыла ему, он прошел в гостиную, снял башмаки, лег с ногами на диван, взял газету и велел принести себе чаю с лимоном. Газета была вчерашняя. Он читал ее от нечего делать и, странно, но то ли от состояния его пищеварения, то ли от того, что он так долго просидел в душной и совершенно немой темноте, но ему ничего уже не было интересно сегодня, и дремота ходила где-то совсем близко.

Газету он читал ежедневно, и всегда с одним и тем же чувством: а ну-ка посмотрим, что-то они еще поделывают, о чем кипят, в какой просак попадают? Всякая новость, касающаяся России, вызывала в нем усмешку: как, господа, вы еще существуете? Зато, когда ему приходилось смотреть фотографии, где кто-нибудь один, в отличной паре военных сапог, приветствовал тысячи в таких же сапогах, что-то в нем тайно и счастливо трепетало. Только такой должна была быть власть в его представлении, только такой: единоличной, все объясняющей, разрешающей и запрещающей.

И тогда он мечтал, и мечты его, как у многих не умеющих мечтать, были далеки от действительности, в которой он жил, отвлеченны и нелепы. Он мечтал о порядке — о человеке, могущем держать в руках всю Европу, а следовательно и весь мир. И тогда он, Асташев, закажет себе вот такие же блестящие, ловкие сапоги, как орденский знак людей, принадлежащих великой дисциплине. Он окажется необходимым, гораздо более необходимым миру, чем сейчас, потому что сейчас — все равны: здоровые и больные, ловкачи и неудачники, а тогда нужны будут одни Асташевы, Асташевы, Асташевы...

Он читал, бегая глазами. Горный инженер в припадке умопомешательства зарезал жену и двух детей; открылась собачья выставка; на Формозе ощущались подземные толчки; поднятие цены на электричество; в Бельгии — министерский кризис; самоубийство некоей мадемуазель Дюпон: соседи были привлечены сильным запахом газа. Когда они взломали дверь... В записке она просила простить ее за беспокойство и писала, что умирает от неразделенной любви.

Когда он проснулся, в комнате было уже совсем темно. Ксения

Андреевна все не возвращалась. Он обулся, написал на клочке бумаги: «Маман, не хотите ли нынче сходить куда-нибудь, повеселиться? Наденьте самое шикарное ваше декольте. Зайду в восемь». И так как делать ему было решительно нечего, он отправился к Клавдии Ивановне, он не был у нее все эти дни.

Клавдия Ивановна лежала в постели. У нее болели зубы, ее лихорадило; в комнате было неубрано, и ничего вкусного не было сготовлено к чаю.

— Вы знаете, маменька, — сказал он, садясь у постели, — мне ужасно неприятно, что вы больны. Ей-Богу, посидели бы, поболтали бы уютно, — и он почувствовал, что настроение, собственно, начало падать у него еще раньше: еще до сна на диване.

— Пять дней не приходил, — сказала она, грея рукой опухшую щеку. — Здоров ли? С кем пропадал? Хорошо ли кушал?

Он пригорюнился, ответил не сразу.

— Неужели пять дней? Я, маменька, и не вижу, как время бежит. Даже грустно немножко делается — молодость так и пройдет. Да и прошла уж! Отчего это у меня настроение вдруг испортилось? Было такое здоровенное настроение. Это вы на меня подействовали — когда вы больны, у меня душа не на месте. Вы не встанете, маменька? Ей-Богу, попили бы чаю...

Она покачала головой.

— Это оттого, Алеша, что ты все один да один.

Он расстегнул две нижние пуговицы жилета, облокотился о колени и положил лицо на руки.

— Жениться мне, что ли? — спросил он с усмешкой, но в голосе была серьезность, и Клавдия Ивановна вся встрепенулась под одеялами. — На какой-нибудь эдакой молоденькой, скромной, влюбленной по уши. Скажут: русская, нищая... Да, конечно, но зато чистенькая, умыта добродетелью. Два года в одном платье ходит. Служит.

— Алешенька, — тихо простонала Клавдия Ивановна, боясь его спугнуть.

— Свили бы мы с ней гнездышко. Я ведь теперь — слава Богу! Не сейчас, так когда же? Могу себе позволить. Дети у нас были бы, маменька, я вам скажу для смеха, такие рыжеватенькие — что я, что она, оба светлые. — Он поднял голову, потрогал лампу, горевшую на ночном столике, и покачался на стуле.

— Мне все это так сейчас в голову пришло — пустые мечтания! Больше для вас, чем для себя. Мы могли бы тогда поселиться все вместе, я бы холостые штуки свои бросил. Нет такого человека, кажется, который бы хоть когда-нибудь о чем-нибудь не помечтал. Была бы у нас прислуга — такая пожилая, степенная, все бы для нас делала. И ничего бы всем нам не надо было больше, правда?

Клавдия Ивановна приподнялась на худом локте и уронила слезу в подушку.

— Влюблен, Алеша?

Он посмотрел на нее, и вдруг какая-то жесткая, сухая тень прошла в его светлых глазах.

— Вы, маменька, не можете перестать жить фантазиями, — сказал он и встал. — Что я — гимназист? Если уже жениться, то по крайней мере чтобы приданое было, чтобы и вам, и нам, и всем было хорошо.

Он особенно досадовал сейчас на этот намек, который он подал ей о жизни втроем. Ему пришлось бы тогда отказаться навсегда от Ксении Андреевны. Это, конечно, было бы невозможно.

Он ушел очень скоро, с какой-то тяжестью в душе, вспомнив о своей записке, оставленной Ксении Андреевне, и соображая, куда можно было бы с ней пойти. Там, в гостиной, завешенной шелковыми платками и кусками полинялых материй, сидели Вязминитинов и Евграф Евграфович и играли в пикет. Маменьки все еще не было. Он походил вокруг, съел грушу и, не прощаясь, снова ушел, оставив в передней, на видном месте, портфель и зонтик.

Мамаша Клавдия Ивановна. Мамаша Ксения Андреевна. Удачно обделанное дельце, сытный завтрак, экран в известном ему доме, отложенные в банк деньги, две-три мысли о судьбе Европы и возможный билет в любое вечернее заведение, где у входа с поклоном ждет его швейцар. Вот и жизнь его, и он имеет право сказать: «Я — слава Богу». А если иногда все слегка надоедает, то ведь это бывает не чаще, чем раз в пять лет. Правда, в совершенном механизме, у тех существ, что носят эти изумительные твердые и гладкие сапоги, перебоев не бывает всю жизнь, и, значит, он, Асташев, индивид переходного периода, что делать! Утешимся тем, что все относительно, и индивид переходного времени есть существо передовое по сравнению с мадемуазель Дюпон, умирающей от неразделенной любви, по сравнению со скульптором Энгелем, питающимся морковью. И если в минуты какой-то беспричинной тоски не можешь бежать к людям будущего (не хватает настоящей марсианской прыти в славянском рыхлом естестве) и нет еще, не выдумали, марширующих, хором поющих объединений для таких, как он, переходных («а нас много, нас очень много, нас гораздо больше, чем вы думаете!»), то уйдем к людям прошлого, которые чем-то в эти минуты беспокойны для нас, и раздражающи, и необходимы.

Вечер был холодный, сырой, городские камни и огни неподвижны в черном сумраке улиц. О, эти бульвары, идущие по окраине города, по которым теперь он ходит хозяином и на которых когда-то думал умереть в отрепьях, униженный и нищий.

«Не страшно, господа, не страшно», — бормотал он, шагая упругим шагом и уже издали различая темный дом Энгеля. «Вы — богема, — собирался сказать ему Асташев, — и я богема, когда надо. А потому к вам ведь можно в этот поздний час?»

— Спасибо, что зашли, спасибо, — сказал радостно Энгель, узнав гостя и долго держа его за руку. — Здравствуйте. Хотите посидеть немножко? У вас усталый вид. Вы — пешком?

Оба вошли в мастерскую.

— Очень я вам рад, милый вы человек, — говорил Энгель, — хотя вы мне теперь совсем больше не нужны. Совсем.

Асташев выговорил быстро:

— Застраховались помимо меня?

— Помимо вас. Но не застраховался. Успокоился. Сядьте куда-нибудь, отдохните.

На диване неподвижно лежал большой черный мужчина в пыльном черном пиджаке, сильно измятом, и серых полосатых брюках. Он не спал, но как будто только что проснулся.

— Художник Харин, сегодня из Флоренции, — сказал Энгель. — Мишенька, пожалуйста, спи, мы тебе мешать не будем.

Художник Харин поворочался с минуту, нашел удобное местечко и затих.

На двух табуретах, у самого окна, где оба отражались, они сели, и Асташев сложил свои пухлые руки на коленях, потому что девать их было некуда.

— Это пришло не сразу. Может быть, еще и не окончательно, но уже от одного намека стало легче. Вы только не подумайте, что я в церковь зачастил, исповедуюсь, причащаюсь, иконы развесил. Нет. Но теперь я знаю, что надо Бога. Надо молитву. Иначе нельзя.

— Поздравляю вас, — сказал Асташев. — У меня есть старая мамаша, я ей непременно о вас расскажу.

Энгель запахнул свой балахон, поежился, похлопал себя по карманам и нащупал курево.

— Я вам так благодарен за то, что вы ходили ко мне. Если бы вы знали, что со мной сделалось еще после того, первого раза! Жил так, как все живут, и вдруг появление ваше — как труба архангела. Теперь я знаю, что смерть, как страсть, объяснить нельзя, надо почувствовать. Некоторые живут до старости, и им не открывается, другие, может быть, с этим вырастают. Ко мне, значит, пришло в тридцать восемь лет. Вы спросите: что же пришло? Не могу на это ответить — слова все такие стертые: «сознание неизбежности», «уверенность в собственном конце», — и выводы из этого. Простите, опять сравню: «она все шептала: твоя», — это поется в каком-то романсе, и мы уже не реагируем. Но если вдуматься!

137

— «А она, страсти полна», — поправил Асташев. — В граммофоне слышал.

— Мне кажется: здесь узел всей человеческой мудрости — в чувстве смерти, в мысли о конце. Потому что все можно понять, а этого понять нельзя, все можно допустить, а этого нельзя. Я от мыслей своих из этого окна однажды чуть не выскочил. Но путь мой был верен. Когда вы были в последний раз, я уже знал, что невозможно без Бога, но еще не умел сказать. Теперь я счастлив.

— От души поздравляю вас. Видимо, и здоровье ваше тоже за это время поправилось. Цвет лица как будто лучше.

Энгель улыбнулся, перевешивая сам себя громадными своими зубами.

— Маленькая надежда, весом не более, может быть, ресницы, не кончиться, что-то исправить, за что-то ответить; увидеть кого-то, встретить... кого-нибудь дорогого, при воспоминании о ком невозможно удержать слез, но главное — быть, быть, продолжаться, хоть как-нибудь. Теперь я знаю, что это такое. Эта ресница перевешивает для меня вселенную, и даже самые сомнения кажутся мне блаженством по сравнению с тем, чем я раньше жил.

— Значит, бывают все-таки сомнения?

Энгель сжал свои костлявые руки в два темных кулачка и приставил их к груди.

— О, уже совсем не те, что были раньше. Асташев пошевелил ногами под табуретом.

— Я, пожалуй, пойду, — сказал он, — зашел, как говорится, на огонек, а попал на пожар души.

— Да, — радостно воскликнул Энгель, — идите теперь. Мне совсем уже больше ничего от вас не нужно.

Асташев встал. Как был, в пальто, и с котелком в руках, он прошелся по мастерской, медленно оглядывая ее, словно уходить ему не хотелось. На столе стояло глиняное плоское блюдо с блестящей, темно-зеленой поливой.

— Миленький предмет, — сказал Алексей Георгиевич задумчиво.

— Хотите — подарю? — и Энгель уже прижал блюдо к худой своей груди. — Мне все равно хотелось подарить вам что-нибудь на память. За напоминание. Возьмите это. Оно совсем недорогое, но оно красивое, на него можно что-нибудь положить.

Асташев не отказался. С блюдом под мышкой он вышел, попрощавшись с Энгелем и молча поклонившись спине художника Харина.

На улице он вздохнул свободно. Ему было душно весь вечер. Он теперь только понял: ему стало душно и тяжко в сумраке сеанса, и вот с тех пор, весь день и уже часть ночи, он носит в себе эту духоту, эту тоску. Надо непременно уготовить себе в жизни

138

какое-то отступление — десять лет вовсю, а теперь пора: пикет с Вязминитиновым, или рыбную ловлю, или семейное счастье, или еще что-нибудь, для заполнения свободного времени. «Я развивался всегда гармонически, — думал он, — и в сорок лет пришла ко мне эта естественная мысль. Нельзя же в самом деле всю жизнь как вьючное животное; случайные женщины; конторские шуточки; бойкая дама маман с кавалерами. Довольно. Захотелось чего-то, вдруг засосало еще третьего дня, от ночи с Женечкой. Денег не взяла. Милая девочка. Была так напугана!»

Он шел и шел, неся незавернутое зеленое блюдо, как чиновники носят бумаги на подпись; ходьба была ему приятна. Доктор от ожирения советовал ему как можно больше ходить. Эта ночная ходьба механически возвращала ему равновесие, но все не хотелось домой. В третий раз сегодня отправлялся он к Ксении Андреевне. Было уже поздно куда-нибудь ехать, но можно было досидеть у нее до полуночи так, чтобы наконец захотелось спать.

Он позвонил два раза. Издалека раздались шаги, ее шаги, тяжелые, но все еще быстрые; даже домашние туфли были у нее на французских каблуках. Она приоткрыла дверь. «Ты? Что случилось?» Он ответил: «Не спится чего-то. Пустите. Я тут оставил зонтик. Вот вам блюдо в подарок. На него можно что-нибудь положить».

Она в шелковой, с яркими цветами, пижаме, переливаясь, мерцая, повела его по темной квартире в спальню, села на кровать, закурила.

— Собиралась ложиться. Только что вернулась. Вообрази: эта девушка (я-то, дура, думала, что она девушка!) имела ами и вчера застрелилась.

Он стоял над ней, смотрел ей в лицо и делал вид, что еще не понял, сам на себя удивляясь, что понял сразу. Почему он понял? Ведь это необъяснимо, ведь это таинственно. Как мог он догадаться, что Ксения Андреевна говорит про нее?

— Нет, отравилась газом. Хозяин кинематографа сказал, что накануне вечером за ней приходил какой-то господин. Она жила с ним, — это ясно. Может быть, она ожидала от него ребенка? Может быть, она надоела ему? Ах, какие же вы все подлецы!

Он быстро спросил:
— Какой господин? Его ищут?
— Неизвестно какой. Зачем его искать?
— Была записка?

Он сам не понимал, что с ним происходит: он чувствовал освобождение от двухдневного кошмара: раздумий, совести, мечты и грусти. Он опять был совершенно свободен, совершенно спокоен, легок телом и крепок душой.

— Сядь здесь. Прости, я не причесана, ну да для меня ты не мужчина, я вот и зубы уже сняла... Ты знаешь, ее тетка так растерялась, что прислала за мной — что ж, ближе никого у них не нашлось, что ли? Мать за весь день даже не показалась.

— Стерва, — спокойно сказал Алексей Георгиевич.

— Хорошо, я Юлия Федоровича на улице встретила, взяла его с собой. Он распорядился. Ведь тетка дело начинать хотела, да какое же дело, если ее нашли в кухне, с трубкой в зубах, то есть с газовой трубкой. У меня до сих пор руки холодные.

— Успокойтесь, — сказал он громко и твердо, — эта особа ввела нас с вами в заблуждение. Если она была так чувствительна, зачем было красить губы и ногти, пришивать себе на платье какие-то пуговки? Непоследовательно, неблагоразумно.

— Ее, наверное, любовник бросил.

— Маман, что вы говорите! Что же, вас никогда не бросал любовник? Если женщины будут травиться оттого, что их бросили, род человеческий прекратится. Надо уметь жить, надо уметь переживать: смело, красиво.

— Подлецы вы все, — повторила она с жеманной грубостью.

Он поцеловал обе ее руки, которые теперь, без колец, были неузнаваемо стары. Потом подошел к туалету и, с детства питая странную привязанность ко всем вещам женского обихода, подушился, напомадился, прошелся щеткой по волосам, пуховкой по подбородку, понюхал какую-то мазь, пощелкал ножницами.

— Я знаю людей, — сказал он, чистя себе ногти. — Ох, как я их знаю, мамаша! Они всегда сами виноваты во всем, они заслуживают той участи, которую имеют. Я мог бы многое объяснить Толстым и Достоевским, но в наше время их нет, а есть только какие-то Черные, Белые, Горькие и Сладкие, с которыми мараться не стоит.

Она, повиснув на спинке кровати обеими руками и качая босыми синеватыми ногами, смотрела на него.

— Самоубийство, по-моему, есть самый непростительный факт, какой только имеется в природе, — и он заложил пальцы за проймы жилета, выпятив грудь. — Недаром кое-где они строго запрещены. Разрушить все назад! И замечали вы, маменька, всегда из какой-то самолюбивой трусости: ах, карточного долга нечем отдать! Ах, предложения руки и сердца не сделал, а женской слабостью моей воспользовался!

Он умолк, смотрясь в зеркало. Она ждала, что он еще скажет. Ее землистое лицо, намазанное на ночь чем-то жирным, упавшая низко грудь, волосы, в последнее время ставшие медными и еще живые, еще блестящие, хоть и в мешках, глаза, были совершенно неподвижны. Внезапно она сжала с хрустом обе руки и глухо сказала:

— Алеша, как я люблю тебя! Какой ты умный, какой глубокий, элегантный. Воображаю, сколько баб у тебя на шее виснет. Молодец ты мой!

Он с минуту ощущал в груди горячую гордость, потом, когда отпустило, вскочил, взбил ей подушки.

— Ложитесь, устали вы. О бабах не волнуйтесь: не допускаю, чтобы висли. Спокойной ночи.

Она, лениво кутаясь в какую-то шаль и зевая пустым ртом, проводила его до передней.

И он пошел. Зонтик, портфель. Мягкие руки качаются из стороны в сторону, вперед и назад. Бойкие ноги давят камни. В темноту улиц, в мрак города, на крепкий аста-шевский сон, чтобы утром опять — к летчику, за город, — по солнцу, по ветру, в вычищенном котелке, дальше, дальше, шагом прочным, резиновым, как подошвы — гражданин, налогоплательщик, потребитель (но не солдат!) — мимо людей, границ, с мимолетным паспортом в кармане, самопишущей ручкой в другом, в туман, в зной, в серый дождик, раз-два, левой, левой, тенью проползая по всему, что встретилось, угощая папиросами, намекая, напоминая, низко кланяясь, оставляя свой след, дальше, дальше, без конца дальше, уже немножко дряблый, уже лысеющий, с золотом в самой распашистой улыбке, уже чуть-чуть тяжелее дышащий, качающий на ходу бледный жир младенческих щек, по лестницам, по переулкам, по шоссейным дорогам, где мчится автомобиль, по рельсам, где ходит поезд, еще, еще, мимо кладбищ, женщин, памятников, закатов.

1938

Воскрешение Моцарта

I

В самых первых числах июня девятьсот сорокового года, то есть в те самые дни, когда французская армия начала свое последнее бесповоротное отступление после прорыва у Седана, в тихий и теплый вечер общество, состоявшее из четырех женщин и пяти мужчин, сидело в саду, под деревьями, в ста верстах от Парижа. Говорили именно о Седане, о том, что последние дни вернули этому имени, давно ставшему старомодным, как кринолин, его прежнее и роковое содержание. Говорили о том, что самый этот город, никем никогда, конечно, не виденный, умерший в дедовские времена, словно воскрес сейчас для повторения каких-то ему одному сужденных трагических событий.

Была такая тишина, что когда люди умолкали и каждый принимался думать о своем, было слышно в раскрытые окна, как в большом, старом доме тикают стенные часы. Небо, зеленое, чистое, прекрасное, только начинало сиять зелеными звездами, из которых еще ни одну нельзя было признать — так они были одиноки и далеки от всякого узора. Старые деревья — акация, липа — не дышали, не дрожали, словно своей неподвижностью оберегая что-то, что было, невидимо для людей, заложено в этом летнем вечере. Хозяева и гости только что отужинали; скатерть была не убрана; на столе оставались стаканы и рюмки. Лица сидящих медленно менялись в зеленом свете темневшего неба, заволакиваясь тенями. Говорили и о самой войне, и о ее предзнаменованиях. Молодая женщина, гостья, приехавшая на автомобиле из города с мужем и сестрой, умеряя своей сильный с металлическим звуком голос, рассказала про виденный ею недели полторы тому назад метеор.

— Это было в такой же час. Небо было такое же нежное. Он сначала показался мне падающей звездой, но это продолжалось так долго и было так ярко.

— Год назад вы бы его, наверное, и не заметили, — улыбнулся один из гостей, лысый, крепкий Чабаров, с черными висячими усами, в ярко-синей рубашке, живший дворником в замке, верстах в двенадцати, и приехавший нынче на велосипеде.

— Год назад, — сказал Василий Георгиевич Сушков, хозяин дома, высокий, на целую голову выше всех, седой, нестарый, с быстрым и острым взглядом, — да, ровно год сегодня, как умер Невельский. Он многое предчувствовал из того, что случилось, многое предсказал.

142

— Отлично сделал, что умер, хоть не видит того, что мы. А воскрес бы — плюнул бы или заплакал.

Напротив хозяйки, на другом конце стола, сидел француз, привезенный Чабаровым и никому как следует не знакомый. Он просто, без лишних извинений, попросил перевести ему, о чем шла речь.

— Мосье Дону, мы говорим о том, что бы сказали воскресшие покойники на то, что сейчас происходит, — ответила Мария Леонидовна Сушкова.

Дону вынул изо рта черную трубку, опустил брови и усмехнулся.

— Да стоит ли их беспокоить? — сказал он, глядя прямо в глаза хозяйке. — Впрочем, императора Наполеона я бы, пожалуй, пригласил полюбоваться нынешним временем, а вот родителей своих от этого удовольствия наверное бы избавил.

Все вдруг заговорили сразу:

— Воскрешать для себя или для них? Я не понимаю, — с живым лицом и уже не тая свой громкий голос спрашивала, ни к кому не обращаясь, гостья, приехавшая из Парижа, которую звали Манюра Крайн и у которой был полный рот своих собственных, белых больших зубов, производивших искусственное впечатление.

— Если для них, то хорошо было бы, конечно, воскресить и Наполеона, и Бисмарка, и королеву Викторию, и может быть даже Юлия Цезаря. Но если бы было возможно для себя, для одной себя, получить в собственность человека из прошлого, то это совсем другое. Тут надо подумать. Выбор так велик, соблазнов так много... Я, может быть, все-таки, хотя это и банально, воскресила бы Пушкина.

— Милый, веселый, чудный человек, — сказала Мария Леонидовна Сушкова. — Какое было бы счастье увидеть его живым.

— Или, может быть, Тальони? — продолжала Манюра Крайн. — Запереть бы ее у себя, налюбоваться досыта.

— А потом — свезти в Америку, — вставил Чабаров, — импрессарио разорвут на части.

— Ну нет, уж если воскрешать кого, так уже не Тальони, — с тайным раздражением сказал муж Манюры, бывший вдвое нее старше, Федор Егорович Крайн, приятель Сушкова. — Тут легкомыслия не должно быть. Я бы воспользовался случаем, я бы вытащил на свет Божий Льва Толстого. А не вы ли, милостивый государь, отрицали роль личности в истории? Утверждали, что войн больше не будет? А не вы ли, уважаемый, относились скептически к оспопрививанию? Нет, вы теперь не увиливайте, поглядите-ка, что из всего этого вышло. — Видно было, что у Федора Егоровича свои счеты с Толстым и если случится им на том свете встретиться, то заготовлена целая речь.

143

— Avec Taglini on pourrait faire fortune,[9]—повторил Чабаров свою мысль по-французски.

— А я, господа, — заговорила сильно напудренная лиловой пудрой и пахнущая пренеприятными духами старуха, мать Сушкова, — а я, господа, воскресила бы дядю Лешу. Вот бы он удивился.

Никто не знал, кто был дядя Леша, и все на несколько минут замолчали.

Разговор незаметно увлек всех, и мысль каждого ушла от этого вечера, из этого сада куда-то в прошлое — и близкое, и очень далекое, словно кто-то уже совсем наверное обещал им сделать жест престидижитатора и исполнить каприз каждого, и теперь вся задача состояла только в том, чтобы выбрать, — а выбрать было так трудно, потому что хотелось не прогадать, особенно женщинам. «А я — только Моцарта, да, именно Моцарта, — подумала про себя Мария Леонидовна, — и никого другого мне не надо, да и незачем». Она решила так не потому, что болезненно любила музыку, как это бывает с достигшими известного возраста дамами, которых принято называть «культурными», а лишь потому, что с этим именем связывалось в памяти, с самой ранней юности и жило до сих пор, что-то такое высокое, прозрачное и вечное, что могло заменить человеку счастье: Мария Леонидовна жадно курила и ждала, не скажут ли еще что-нибудь, самой ей говорить не хотелось. Заговорила Магдалина, сестра Манюры Крайн, девушка лет тридцати, полная, бледная, с необыкновенно круглыми, как шары, плечами. При виде ее всегда смутно вспоминались какие-то непреложные статистические выводы о том, что сколько-то миллионов девушек в Европе остаются без мужей потому, что мужей на их долю не хватает.

— Нет, я не воскресила бы ни одной знаменитости, — заговорила Магдалина с некоторой брезгливостью к людям славы, — я бы предпочла простого смертного. Какого-нибудь философствующего юношу начала прошлого века, слушателя Гегеля, читателя Шиллера, или придворного времен Людовиков.

Она повела толстыми плечами и посмотрела вокруг. Но было уже почти темно, и лица сидящих едва были видны. Зато звезды там, вверху, теперь уже видны были все, делая небо совсем привычным.

Чабаров долго молчал. Наконец он издал какой-то глухой носовой звук, постучал по столу пальцами, раскрыл рот, но вдруг усомнился, ничего не сказал и опять задумался.

Девятый присутствующий, до сих пор молчавший, был Кирюша, девятнадцатилетний сын Сушкова и пасынок Марии Леонидовны. Он, как считалось в семье, был недоразвит.

---

[9] С этим Тальини можно было бы нажить состояние. (фр.)

Медленно расклеил он толстый, широкий рот и спросил, доверчиво глядя на мачеху своими круглыми, добрыми, без уголков глазами:

— А двоих вместе можно?

Бог весть, что отражалось в это время в его сонном уме. Он считал, что какое-то дело было решено присутствующими и оставалось только уговориться о подробностях.

— Mais c'est un vrai petit jeu,[10]— с невеселым смехом заметил Дону, и все вновь словно вернулись обратно, задвигались, заулыбались. — У каждого оказалось свое пристрастие, и все рассуждают ужасно серьезно.

Мария Леонидовна только кивнула ему. «Моцарта, конечно, только Моцарта, — повторила она себе. — И хорошо, что я уже не так молода и хочу его видеть без всякой возможной чувственной корысти. И мы бы просидели до утра, а он бы играл на нашем пианино, или говорил бы нам о чем-нибудь. И все пришли бы смотреть на него и слушать его, и садовник соседей с женой, и почтальон, и лавочник с семейством, и начальник станции... Какая это была бы радость! И не было бы завтра ни почты, ни поездов, ничего вообще. Все бы пошло вверх дном; и не было бы войны... Нет, война была бы».

Она опять закурила; спичка на минуту осветила ее острое, некрасивое лицо и тонкую, красивую руку. Все, кроме лица, было в ней женственно, молодо и стройно, но особенно легка и неслышна была ее походка, и это все заметили, когда Мария Леонидовна вдруг встала и прошлась под деревьями, и вернулась обратно, и огонек ее папиросы был виден в темноте наступившей ночи.

В это время прохлада тронулась из низкой глубины сада, оттуда, где было два небольших каменных мостика над узкими петлями зацветшей реки. Старуха Сушкова, закутавшись в шаль, дремала в кресле, Кирюша тупо смотрел вверх, и было ясно, что, подобно деревьям и звездам, он только существует, но не размышляет. И внезапно где-то далеко, быть может, верстах в сорока, в пятидесяти, на востоке, в том месте, где летом встает солнце, прокатился, ударился и замер, так похожий на гром и все-таки совершенно иной, тяжелый пушечный удар.

— Пора ехать, пора ехать, — заговорили все сразу, и Манюра Крайн, звеня чем-то, побежала в дом за пальто и сумкой; прошли через столовую и большую, темную прихожую и вышли на двор, где стояла машина. Мать Сушкова тоже уезжала в Париж; она надела шляпу с большим лиловым цветком, и даже в чемодане ее был какой-то лиловый оттенок. Несколько секунд продолжалась недвижная работа мотора, потом, осторожно заводя черные крылья, автомобиль попятился к воротам. Крайн за рулем кивнул

---

[10] Да это настоящая игра, (фр.)

еще раз оставшимся, и Манюра, у которой освещен был только ее фарфоровый рот, улыбнулась за стеклом и что-то сказала. Автомобиль выехал, остановился, дал передний ход и, словно потянув сам себя, скрылся, оставив за собой невидимый, едкий дымок.

Чабаров пошел за велосипедами.

— Очень рады будем видеть вас у себя, — говорил Сушков французу, — все лето будем здесь жить и по воскресеньям, как видите, друзей принимаем. Милости просим.

— Enchante, monsieur, — отвечал Дону. — Я провел незабываемый вечер.

И он вслед за Чабаровым поцеловал Марии Леонидовне худую руку.

На следующий день Василий Георгиевич, как обычно, выехал поездом в город, оставив Марию Леонидовну и Кирюшу одних. Это был тот самый понедельник, когда в час дня с нескольких сот самолетов был в первый раз бомбардирован Париж.

II

Про обстрел Парижа узнали только вечером. Днем слышна была пальба, но так далеко, что нельзя было сказать, происходит ли это в Париже или в Понтуазе, как несколько дней тому назад. Вечером пришли газеты, и маленькое село, в середине которого стояла, с обрушившейся крышей, давно всеми забытая церковь, высыпало на аллейку толстеньких, кругленьких платанов, ведущую от кабака к мерии.

Село почти целиком состояло из старух. Впрочем, возможно, что старух там было, как и во всякой французской деревне, всего половина населения, но так как они чаще всего попадались на глаза, находясь на улице, то разговаривая друг с другом, то идя за покупками, то вытряхивая какую-нибудь тряпку, то развешивая белье, казалось, что они составляют девять десятых жителей.

Некоторым было всего лет пятьдесят, и они еще были гладки и бодры, седоваты, с румянцем и вольчим взглядом. Другие были морщинисты, жилисты и беззубы. Третьи (помнившие нашествие немцев в 70-м году), сгорбленные, едва переставлявшие больные толстые ноги, с темными руками, длинными черными ногтями и совершенно потухшим лицом, ни в чем не уступали друг другу, так же много, текуче и все одними и теми же словами говорили — на углах, под платанами, возле своих и чужих калиток. На всех были ситцевые передники, широкие, завязанные сзади или застегнутые спереди. Некоторые носили на носу железные очки и, качаясь, вязали на спицах, держа клубок под мышкой. Почти все они были

146

вдовами убитых в прошлую войну, и у всех без исключения на эту войну был уведен либо сын, либо зять.

В тенистом переулочке, где тянулся забор сушковского сада, в этот вечер тоже была нарушена тишина, и Кирюша пришел сказать Марии Леонидовне, что в Париже нынче были брошены бомбы, разрушены дома, горят склады, убитых и раненых больше тысячи. Мария Леонидовна посмотрела на Кирюшу, который широко и вяло посмеивался, и ей стало грустно, что этот человек, теперь уже совсем взрослый, остался тем же ребенком, которым она его узнала двенадцать лет тому назад. Было время, она почему-то теперь особенно часто его вспоминала, когда он вдруг собрался учиться. Был какой-то сумрачный краткий расцвет в этом больном мозгу, он пытался запомнить буквы, но из этого ничего не вышло. Все кончилось коротким и сравнительно благополучным Кирюшиным романом с продавщицей колбасной лавки, сравнительно благополучным потому, что ему только постепенно и очень медленно стало делаться все хуже.

Мария Леонидовна быстро перебрала в памяти Париж. В этом городе находился прежде всего Василий Георгиевич, затем была их квартира, хорошая, светлая, теплая, которую она так любила. Потом были Крайны, Абрамовы, Снежинские, Эдуард Зонтаг, Семен Исаакович Фрейберг, Леночка Михайлова и еще, и еще многие, кто мог быть ранен или убит. И когда она думала о всех этих людях, живших в разных концах города, то тут, то там на старой, протертой в складках, карте Парижа, которая хранилась в ее памяти, вспыхивало что-то и потухало.

«Да. Это должно было случиться, — сказала она себе. — Еще вчера об этом говорили. И зачем он уехал, да и Крайны могли остаться. Вчера говорили... О чем-то еще вчера говорили? Ах, да! Ты, Моцарт, Бог, и сам того не знаешь. Вместо всего этого страшного, убийственного и ложного пожелать то, что в себе одном сочетает все прекрасное, чистое и вечное, как эти облака. Прежде чем оглохнуть окончательно, услышать, как звезда с звездою говорит».

Она подошла к маленькому новенькому радиоаппарату, к которому Кирюше строго запрещено было подходить, и повернула кнопку. Сначала говорил французский голос, потом английский голос, потом немецкий голос. Все это было тесно сжато в маленьком деревянном ящике и только разделено невидимыми перегородками. Голоса говорили все об одном. И вдруг раздалась музыка, пение, не то испанский, не то итальянский язык, сладостно, расслабленно задергались гитары. Но прозвучало слово «аморе», и Мария Леонидовна закрыла аппарат и подошла к окну, откуда видна была в зеленых, дымчатых, густых овсах деревенская дорога.

Вторник, среду и четверг в селе был постой: тяжелые зеленые, зеленью изукрашенные, словно с карнавала, грузовики, на которых суриком были написаны какие-то цифры, привезли пятьсот молодых, здоровых, шумных солдат и четырех офицеров, в длинных шинелях, с усталыми, измученными, лихорадочными лицами. К Марии Леонидовне заявился квартирьер — дом, который снимали Сушковы, был лучшим во всей деревне, — и она тотчас же перевела Кирюшу в столовую, отдав его комнату капитану и помещение во флигеле — трем подпоручикам.

Четверо офицеров спали не раздеваясь, и ночью по несколько раз приходил их будить дежурный — то маленький, смуглый, желтоглазый, то большой, прямой, с огромным лицом. Василий Георгиевич звонил по телефону каждый день; звонил он на почту, почта была на углу перекрестка и площади. За Марией Леонидовной прибегал мальчишка с выбитыми передними зубами, и она, в чем была, своей девической, неслышной походкой бежала за ним, вбегала в крошечный дом об одном оконце, схватывала трубку и слушала, как Василий Георгиевич говорит, что все благополучно, что деньги он получил, видел Эдуарда, обедает у Снежинских, приедет в субботу.

— А у меня военные, — говорила она, не отдышавшись от бега, — военные стоят. Я Кирюшину комнату отдала. И флигель.

— Может быть, мне приехать? Тебе не страшно?

— Почему страшно? Прощай.

И в самом деле, она в ту минуту думала, что ей нисколько не страшно, ей казалось, что в том, что она не была одна, а были рядом молчаливые, вежливые, чужие мужчины, было даже некоторое успокоение.

Но ночью она почти не спала. Она слушала. Издалека, в тишине мертвой ночи, начинался далекий, словно шепотом, ход мотоциклетки, еще за лесом был слышен этот звук, какой-то упорный и широкий, который по мере приближения все суживался и усиливался и вдруг мчался уже по переулку и останавливался у соседнего дома, где стоял дежурный. Мотор затихал, и тогда слышны были голоса, шаги. Стучала калитка. Кто-то входил в дом, к ней в дом, кто-то чужой, и старая слепая собака вставала со своей соломы и с рычаньем шла принюхиваться к следу на гравии двора. Где-то зажигался свет, она слышала, как бегают по дому, по флигелю. Звякает что-то, хлопает дверь. А Кирюша спит рядом, в столовой, куда она оставляет открытой дверь, и страшно уже не этих ночных звуков, а всего того, что делается в мире в эту ночь.

И не молчаливых, чужих мужчин было ей страшно, — они на третью ночь ушли, оставив настежь и двери дома, и калитку, без огней выведя из села разукрашенные свежими ветками грузовики, — и не дежурных, ходивших к ним, и не пятисот размещенных по селу полутрезвых, сильных солдат, — ей было страшно воздуха,

148

июньского теплого воздуха, в котором катились по горизонту пушечные выстрелы, который тихо плыл на нее, на дом ее, на сад, вместе с летними тучами, и было несомненно, что это дуновение, которое чем-то похоже на самое время, в конце концов донесет до них всех нечто сокрушительное и гибельное, как сама смерть. Как, при взгляде на календарь, уже никто не сомневался, что через пять, десять или пятнадцать дней произойдет нечто ужасное, так, ощущая днем и ночью на лице этот ветерок, можно было сказать наверное, что с ним вместе придут к этим местам убийство, завоевание, разорение и тьма.

А он, этот воздух, в последние дни был тепел, прозрачен и пахуч. Кирюша работал в саду, каждый вечер поливал клумбу перед домом, выхаживал соседских утят. Мария Леонидовна, в ярком ситцевом платье, повязав голову платком, убрала флигель, нашла забытую сумку с патронами и два распечатанных письма, которые выбросила не читая. В умывальной чашке были окурки, и обгорелая газета валялась на полу. Она постелила Кирюше в его комнате и велела пришедшей бабе вымыть во всем доме полы.

В тот же день, под вечер, к соседям приехали беженцы из Суассона, две толстые бледные женщины, старик и дети. Матрас полосатого тика был положен на крышу грязного автомобиля, и на удивленные вопросы местных жителей приезжие объяснили, что это теперь делают все, что это предохраняет от пуль. Старика за руки и за ноги втащили в дом: он был в беспамятстве.

Другие беженцы приехали к ночи в тот голубой, краской выкрашенный, какой-то игрушечный дом, что стоит против церкви. Говорили, что часть постоя не ушла, а осталась на ночь в другом конце деревни. Казалось, в каждом доме есть кто-то чужой, пришедший или приехавший издалека и спрятавшийся здесь на ночь. Огней не было, все было темно, но за ставнями всюду слышались голоса, кабак гудел криком, пением, галдежом, и под платанами долго не расходились шепчущиеся старухи.

Мария Леонидовна заперла входную дверь, занавесила окна, убрала остатки ужина и, как она это делала всегда, пока Кирюша ложился, разговаривала с ним, сидя в соседней комнате. Время от времени он радостно восклицал:

— А я зубы вычистил! А я левый башмак снял! И если бы не знать, что там девятнадцатилетний мужчина, который страшно много ест, громко храпит во сне и не знает грамоте, можно было бы подумать, что там ложится спать десятилетний мальчик, шутки ради говорящий басом.

Когда она потушила свет в столовой и у него и ушла к себе, она долго стояла у открытого окна и смотрела туда, где днем видны были овсы и дорога. Завтра должен был вернуться Василий Георгиевич. Эта мысль была ей приятна и утешительна, но она сегодня почти не вспоминала о нем, она весь день думала о Моцарте.

То есть не о нем самом. Сейчас, в этой слишком тревожно стихшей ночи, в самый край которой был воткнут только что родившийся острый месяц, мысли ее приобрели особенную ясность. Она весь день, вернее, все эти дни и весь нынешний вечер задавала себе один и тот же вопрос, и не было на него ответа: отчего все страшное, жестокое, горестное так легко материализуется, то есть приобретает твердый образ, и тем сильнее давит на душу, и отчего все высокое, нежное, полное неожиданности и очарования, проходит тенью по сердцу и мыслям и его нельзя ни тронуть, ни рассмотреть, ни почувствовать его вес и форму? «Только любовь, пожалуй, — думала она, стоя у окна, — да, одна любовь дает эту радость. Но тот, кто не хочет больше любить, кто не может любить? Мне некого, мне поздно любить. У меня есть муж, мне никто не нужен». И внезапно ей показалось, что осторожно стукнула щеколда калитки, и она явственно услышала, как кто-то вошел во двор, сделал два шага и остановился.

III

— Кто здесь? — тихо спросила она. Полной тьмы еще не было, и неясная, слабая тень человека лежала на белесом гравии двора. Она двинулась, шорхнул гравий.

Человек должен был ясно видеть Марию Леонидовну такой, какая она стояла в открытом окне, в первом справа от входной двери. Дверь эта, как помнила Мария Леонидовна, была заперта на ключ. Но человек, идущий через двор медленно и прямо, ничего не ответил. Его едва было видно. Он взошел на ступени крыльца, остановился в трех шагах от Марии Леонидовны, протянул руку, и дверь открылась. И когда он уже вошел в дом, она захотела крикнуть, но, как во сне, крика не было.

Он был бледен и худ, с торчащим носом и спутанными волосами; все, от сапог до шляпы, было на нем с чужого плеча. Пыльные руки были так тонки и слабы, что он и не пытался ими что-либо делать. Все лицо было устало, зелено и молодо, но это не был мальчик; видно было, что он кажется моложе, чем он есть, что на самом деле ему может быть и за тридцать.

— Простите, я испугал вас, — сказал он по-французски, но с легким иностранным акцентом, — не мог бы я здесь где-нибудь переночевать?

Она при свете лампы, освещавшей просторную прихожую, смотрела на него, стоя молча и едва владея собой. Но как только он произнес первые слова и взглянул на нее долгим, колеблющимся взглядом, так прошел ее страх, и она спросила:

— Кто вы?

Но он опустил глаза.

— Откуда вы?

Он слегка поежился, придержал пальцами поднятый ворот широкого пиджака, надетого, быть может, на голое тело.

— О, издалека, издалека... Я так устал. Я бы прилег, если бы можно было.

«Бельгиец, — решила она, — а может быть, и француз из какой-нибудь незнакомой провинции. Солдат или беженец? По возрасту — солдат, по виду — беженец. Может быть, шпион?»

Она повела его во флигель, все время думая о том, что он может ударить ее сзади, но одновременно зная, что он этого не сделает. Когда они вошли в комнату, она уже совершенно его не боялась. Он даже не взглянул вокруг себя, молча подошел к кровати, сел на нее и закрыл глаза. Между башмаком и штаниной она увидела его худую, голую ногу.

— Вы хотите есть? — спросила она, закрывая изнутри ставни низкого створчатого окна, — по военному времени свет не должен был быть виден на дворе.

— Что вы сказали? — переспросил он, вздрогнув.

— Я спросила, не хотите ли вы чего-нибудь съесть?

— Нет, благодарю вас. Я закусил в здешнем ресторанчике. У них все полно, и они не могли мне дать ночлега.

Она поняла, что ей пора уйти.

— Вы один? — спросила она еще, мимоходом переставляя что-то на столе.

— Как один?

— Я хочу сказать: пришли вы сюда, в деревню, с товарищами или как?

Он поднял глаза.

— Я пришел один, и вот так, без всякого багажа, — усмехнулся он, не показывая зубов. — И я не военный, я штатский. Я — музыкант.

Она еще раз взглянула на его руки, пожелала ему спокойной ночи и, показав, где тушится свет, вышла из комнаты.

На этот раз она двумя поворотами заперла дверь и, почувствовав какую-то особенную, звериную усталость, сейчас же легла и уснула. Утром она, как всегда, встала рано; Кирюша уже был в саду и горланил какую-то песню, во флигеле все было тихо. Перед завтраком она забеспокоилась, не случилось ли чего: ставни и дверь были по-прежнему закрыты. «Неужели спит?» — подумала она. В четыре часа должен был приехать Василий Георгиевич, и она перед этим пошла опять посмотреть, не встал ли постоялец. Она приоткрыла дверь в крошечные сени и оттуда другую — в комнату. Человек спал, ровно дыша; из всей своей одежды он не снял ничего, даже сапог. Он лежал навзничь на широком матрасе, подушка лежала в стороне. Мария Леонидовна закрыла дверь.

Василий Георгиевич приехал с опозданием — поезд, шедший из Парижа, долго стоял на каком-то мосту. Со станции до дома Сушков нес на своем высоком, твердом плече привезенный из Парижа большой чемодан, почти сундук, — это были вещи, собранные в парижской квартире, без которых Василий Георгиевич не представлял ни своего, ни своей жены существования. Здесь было его зимнее пальто и ее старая беличья шубка, теплое нижнее белье, которое он всегда носил зимами, альбом пражских фотографий (он долго жил в Чехии), дорогой бинокль в чехле, фунт сушеных винных ягод, которые он любил иметь в запасе, хорошо переплетенное издание «Lettres persanes»[11] Монтескье и прошлогоднее бальное платье Марии Леонидовны, сшитое по случаю какого-то благотворительного бала, на котором она продавала шампанское. При виде теплого белья и шуб в июне месяце Мария Леонидовна удивилась. Но Сушков уверил ее, что Париж могут отрезать, или, может быть, им придется отсюда бежать, и тогда ничего неизвестно.

«Бежать отсюда? Да, конечно, надо бежать, если все побегут. Вон беженцы из Суассона опять увязывают вещи и старика опять тащут из дома в автомобиль». Она взяла газету, привезенную мужем, но ничего не узнала из нее. А Василий Георгиевич рассудительно и нежно говорил ей что-то, рассказывал, спорил сам с собой, передавая, что думают о происходящем Снежинский и Фрейберг, и все, что он говорил, было точно, справедливо и неглупо.

— Что ж, уехали твои офицеры? — спросил он ее. — Беспокойно было?

— Уехали, но во флигеле со вчерашнего дня какой-то (она хотела сказать тип, но не смогла), какой-то человек ночует. Тихий, все спит. Верно, сто верст пешком прошел.

— Боже мой, остаешься одна с моим кретином и не боишься пускать чужих, — воскликнул он, никогда не стесняясь в словах, когда дело касалось Кирюши. И, поймав ее руку, он, оцарапавшись ее острым ногтем, жадно поцеловал ее несколько раз.

Перед вечером Кирюша бессвязно рассказал, что живущий во флигеле ушел. А через час Мария Леонидовна услышала, как он вернулся и снова заперся.

— Этот человек вернулся и, наверное, опять будет спать. Ты не ходи к нему, — сказала она Кирюше.

И весь следующий день было то же: гость либо лежал, либо

---

[11] «Персидские письма». (фр.)

сидел у окна и неподвижно молчал, словно чего-то дожидаясь, либо на короткое время уходил в деревню, шел переулочком, площадью, платановой аллеей, покупал себе что-нибудь съестное и тихо возвращался назад.

Странные мысли приходили в голову Марии Леонидовне. То ей казалось, что человека этого непременно арестуют. Почему он не сказал ей своего имени? Почему он одет в одежду, ему не принадлежащую? Если он не шпион, то дезертир. Может быть, он русский? Мария Леонидовна привыкла за много лет жизни за границей к тому, что среди французов чудаков не бывает. Есть ли у него паспорт, или он все бросил, потерял? Выбежал из дому в белье, добрые люди собрали ему одежду? Но возможно, что у него все в порядке и он только сдвинутый со своего места молоденький, одинокий музикус, где-нибудь пилит на скрипке, или дает уроки девицам, или так что-нибудь сочиняет для себя, мечтая прославиться на весь мир?

Но странные мысли приходили и уходили, а жизнь продолжалась беспрерывно, и уже не похоже было это воскресенье на предыдущее, когда так по-самоварному сидели в саду с Крайнами. Из города не приехал никто. В пять часов приехали на велосипедах Чабаров и Дону. Они втроем с Василием Георгиевичем долго сидели у него в кабинете и говорили, конечно, о войне, но уже по-другому, чем неделю тому назад: они говорили о своих надеждах, и Дону говорил о своих надеждах, о том, что на Сене и Марне можно еще остановить это безумное, это железное наступление. Каждый раз, как Мария Леонидовна входила к ним, ей казалось, что француз хочет сказать ей что-то. Он вставал и обращался к ней одной, и это почему-то было ей неприятно, он производил на нее (впрочем, только на нее одну) впечатление истерика, и она выходила из комнаты и потом боялась натолкнуться на него в столовой, во дворе, в саду.

Объяснить своего чувства она не могла, но невеселое, решительное, слишком выразительное лицо Дону было у нее все время перед глазами. Она стала готовить чай, и вот он вышел в столовую, словно нечаянно притянув за собою дверь, и Мария Леонидовна почувствовала, что он ей сейчас скажет что-то такое, чего она не забудет во всю жизнь.

— Nous sommes perdus, madame,[12] — сказал он негромко, глядя ей в лицо своими небольшими неопределенного цвета глазами. — Сам император Наполеон, которого я хотел воскресить в прошлое воскресенье, ничего бы не мог сейчас сделать. Я говорю это только вам, и вы примите решение, когда и куда вам отсюда ехать. Paris est sacrifie.[13]

---

[12] Мы погибли, мадам. (фр.)
[13] Париж сдан. (фр.)

153

Он побледнел, лицо его исказилось, но он неестественно кашлянул, и снова все стало на место. Она оставалась неподвижной, с фаянсовой сахарницей в руке.

— Сражения на Луаре не будет. Линию Мажино возьмут с тыла. Ничего вообще не будет. Все кончено. Они дойдут до Бордо, до Пиринеев. И тогда мы будем просить мира. — Василий Георгиевич и Чабаров в это время вышли в столовую, и все сели к столу.

Она верила ему, но до конца все-таки поверить не могла, и потому, оставшись вдвоем с Василием Георгиевичем, не могла и его убедить в том, что все так и будет, как сказал Дону. Она говорила: «Знаешь, мне кажется, что лучше тебе больше в Париж не ездить. Уложимся завтра и двинемся, хотя бы во вторник, все трое на юг. Ну проведем месяц-другой где-нибудь в Провансе, пока все уляжется. Не все ли равно?» Он слушал ее серьезно, но согласиться никак не мог. «Что скажут обо мне в конторе? Первым трусом назовут. Поеду завтра в Париж и даю тебе самое честное-расчестное, вернусь в среду, даже если все будет спокойно, вернусь. Мы чего не видали-то? Это им страшно, а мы и не в таких бывали... И никакие события не идут таким алюром. Таким а-люром», — пропел он бойко.

И снова на следующий день она осталась одна с Кирюшей. А во флигеле продолжал жить прохожий человек.

Он продолжал вставать поздно, сидеть у окна и смотреть на двор, на деревья, на небо. Сидя прямо, положив руки на подоконник, он смотрел и слушал с равным и печальным вниманием и птиц, шумно возящихся в кустах сирени, и дальнюю пушечную пальбу, и людской говор за воротами и в доме. Раза два в день он вставал, надевал свою выцветшую, слишком большую шляпу, или брал ее в руку, и выходил, тихо стукнув калиткой. Он шел по деревне, приглядываясь к тому, что происходит, как с каждым днем все тревожнее, оживленнее и злее делается народ. Вечерами он долго сидел — уже не у окна, но на пороге флигеля, полузакрыв глаза, положив свою ленивую руку на голову старой собаки, которая приходила сидеть с ним рядом. Смеркалось, поблескивал месяц; что-то угрожающее было в ясном небе, в тихих полях, в дорогах, бегущих туда и сюда, в этом лете, в этом мире, где судьбе угодно было заставить его жить. Казалось, подперев рукой тяжелую голову, он вспоминает что-то, и оттого так много молчит, что это не удается ему. Откуда он? И куда ему идти, и надо ли идти дальше? И что такое жизнь, это биение, это дыхание, это ожидание, и восторг, и горе, и война? И зачем он сам, такой слабый, с могучей гармонией в груди, с мелодией в ушах, зачем он среди всего этого, среди пушечного, уже непрерывного гула, среди этих сборов по деревенским дворам, где выводят коней, привязывают коров, укладывают скарб, зашивают золото?

У него ничего нет. Нет даже узла. Нет родных, нет любовницы, которая зашила бы ему рубашку, сварила бы кашу, примяла и согрела бы постель. У него есть только музыка. Так он рос, так было с детства. Ноги, чтобы носить его, руки, чтобы закрыться от людей, и музыка, а больше ничего. Но не стоило приходить, нет, не стоило, в этот мир, где он останется неузнанным и неуслышанным, где он слабее тени, беднее птицы, глупее самого глупого полевого цветка.

Кирюша, увидев, что собака сидит с ним рядом и не боится, тоже пришел и сел, правда, не на крыльцо, а вблизи него, на камень. И так они все трое просидели долго, молча, пока не стемнело, и тогда Кирюша, глубоко вздохнув, расхохотался долгим, идиотским смехом и ушел в дом.

IV

В среду утром Василий Георгиевич не приехал. Телефон с Парижем уже два дня не действовал, и Мария Леонидовна решительно не знала, что думать. Говорили, что поездов нет, что газеты не вышли, что проехать в Париж нельзя, а из Парижа люди едут вторые сутки. Все село снималось и уходило, и те, которые еще накануне осуждали бегущих, испуганных людей, сами грузили вещи на подводы, автомобили и детские колясочки. Какие-то мальчишки и девчонки целой стаей умчались на велосипедах, а по большой дороге, проходившей в версте от села, в три ряда шли повозки и машины. Весь день ходили по деревне слухи, все время не прекращалась приблизившаяся стрельба, и высоко в небе плыли серебряные аэропланы. Некоторые автомобили, взяв в объезд, попадали на платановую аллею, не знали, как выбраться, петляли и опять возвращались на большую дорогу, шагом втирались в бесконечную цепь и уходили на юг.

Там шла артиллерия, шли цыганские таборы, грузовики, нагруженные гроссбухами (а на них сидели бледные бухгалтеры, эвакуируя банк, основу государства); там шагали пешеходы, ехали велосипедисты, двигалась расстроенная кавалерия на легких лошадях, вперемешку с першеронами, впряженными в длинные телеги, на которых стояли швейные машины, утварь, мебель, бочки. Высоко на скарбе сидели старухи, и в автомобилях сидели старухи, мертвенно-бледные и простоволосые; старухи шли пешком, некоторых вели под руки, и опять шли войска, везли старенькие пушки, великолепный, пустой красный крест шел следом за гоночной машиной, из которой свешивалась лопоухая собака, похожая на мех. Потом везли раненых, и некоторые уныло сидели, держа в руке собственную ногу или руку, обрубок, из которого капала на дорогу кровь. Других рвало пустотой и слюной.

155

Везли сено, немолоченную пшеницу, уходили заводские станки и цистерны с нефтью, и до горизонта был виден этот странный, живой и уже мертвый поток.

До самого вечера Мария Леонидовна убиралась и укладывалась, понимая, что Василий Георгиевич поездом приехать не сможет, как не смогут и они выехать отсюда поездом. Из дому была видна большая дорога, была видна с утра непрекращающаяся река бегущих. Мысль о том, что она останется одна, когда все уйдут, беспокоила ее, особенно же мысль о возможном невозвращении Василия Георгиевича. Беспокоил ее и Кирюша, который, среди поднявшейся тревоги, вдруг стал преувеличенно смешлив и непонятлив. Среди дня она несколько раз видела своего молчаливого жильца, даже поздоровалась с ним издали и решила, что непременно поговорит с ним, разузнает о нем, может быть, поможет ему, и это решение заняло ее на несколько минут. Настал вечер, она собралась ужинать, и только что они сели, как послышался звук мотора: какой-то успокоительный, знакомый звук; на двор сушковского дома въехали две машины: в одной сидели трое Крайнов, в другой — Эдуард Зонтаг, Василий Георгиевич и старуха Сушкова. Обе машины выехали из Парижа накануне вечером, были в пути всю ночь и весь день.

Манюра Крайн даже расплакалась, когда вошла в дом. «Это слишком, слишком! — говорила она своим большим ртом. — Этого нельзя вынести. Детей ведут пешком, старики ковыляют на костылях. Нельзя будет во всю жизнь забыть...» Но Мария Леонидовна едва успела обнять ее, как надо было здороваться с Зонтагом, с Магдалиной, идти за мужем в другую комнату и слушать его взволнованные слова о том, что он еще вчера днем понял, как она была права, что надо было выехать в воскресенье, что теперь они могут не успеть.

— С Кирюшей нехорошо, — сказала она ему, так как считала это все-таки главным, даже сегодня.

Эдуард Зонтаг был связан с Василием Георгиевичем давними деловыми узами, и между ним и Сушковым существовали какие-то одним им известные, слегка натянутые отношения. Он держался несколько в стороне, почему-то считая Крайнов родственниками Марии Леонидовны, и курил толстую сигару. Он был маленького роста и говорил, что чем меньше человек, тем толще сигары он курит.

Яичница, холодное жаркое, салат, сыр, яблочный торт — все появилось на столе как-то сразу, и все стали закусывать, бестолково и жадно, ощущая блаженство в довольстве этого дома и понимая, что завтра всего этого уже не будет. Пили много, говорили много, рассказывали о том, как и когда решено сдать Париж, о том, как бомбардированы были северные и западные его окрестности, и особенно о том, как все всё бросили и бежали, и те, кто готовился к этому, и те, кто ни за что не хотел трогаться с места; как пять часов, в полной тьме, этой ночью, они двигались от квартиры, где жили, до выезда из города, среди тысяч и тысяч таких, как они, как гас мотор, кипела вода, как по очереди спали.

Потом был совет: в котором часу завтра ехать и какую дорогу предпочесть? Долго наклонялись над картой, чертили что-то, тянули ее, и опять что-то пили, и даже закусывали, особенно мужчины. На дворе баба-соседка зарезала двух кур, и Манюра потрошила их на кухне, на широком столе, запускала куда-то руку с лаковыми ногтями в кольцах и тянула что-то скользкое. Магдалина и Мария Леонидовна, сидя на корточках у бельевого шкапа, искали еще одну наволочку для Эдуарда. Мужчины решали: заезжать или не заезжать за Чабаровым, и старуха Сушкова тоже хотела высказать свое мнение, но никто ее не слушал.

Она ушла к себе, то есть в комнату Кирюши, где должна была ночевать, и там сразу пренеприятно запахло ее духами. Крайнам нашлось место в доме, но Эдуарда Зонтага пришлось положить во флигель.

— Подождите, я сейчас, — сказала Мария Леонидовна и побежала наискось, через двор.

Она постучала в дверь. Он лежал на кровати и не спал, и когда она вошла, приподнялся, медленно спустил длинные ноги в рваных сапогах и провел рукой по волосам, словно хотел их пригладить, причесать, придать им подобие прически. Она заговорила мягко, едва глядя в его сторону.

— Простите, но так вышло: у нас полный дом гостей. Люди не спали прошлую ночь, и поместить некуда. Я прошу вас, тут у нас есть сарайчик при гараже. Вы перейдите туда. Мне неловко вас беспокоить, но вы понимаете, что иначе никак невозможно. И потом, мы ведь все равно завтра утром уедем, и тогда вам тоже придется уйти, потому что мы все запрем и ключи увезем. И остаться вы не можете.

Он встал и в полутьме (лампочка горела в сенях, и оттуда падал невеселый, холодный свет) стал ходить по комнате, не зная, видимо, как лучше ей ответить.

— Завтра утром? Так зачем же в сарайчик? Я сегодня уйду.

Она не могла не почувствовать удовольствия от сказанного им.

— Выходит, что я вас гоню, чуть ли не ночью. Я прошу вас остаться: там есть складная кровать. А завтра утром...

— Нет, я уйду сейчас. Ведь, кажется, все уходят?

— Да, если еще не ушли.

— Так вот я и уйду. Спасибо, что разрешили столько дней

157

провести у вас. Право, я очень благодарен вам, ведь это не всякий позволит. Буду долго помнить, очень долго.

У него оказалась толстая палка, которую он, верно, вчера срубил в лесу. Мария Леонидовна встретилась с ним глазами, и его взгляд смутил ее.

— Подождите, я принесу вам... — она повернулась и легко пошла от него.

— Не надо, мне ничего не надо, — крикнул он твердо, — не беспокойтесь, пожалуйста. Прощайте.

На дворе мужчины перевязывали что-то на крыше крайновской машины. Она побежала в дом, вынула пятьдесят франков из сумки, завернула в салфетку остатки ростбифа и кусок булки и вернулась во флигель. Так же в сенях горела лампочка, но никого уже не было. Непостижимо быстро, неслышно, незаметно он ушел, и в комнате было так, как если бы он никогда в ней и не жил: ни один предмет не был сдвинут с места.

Она огляделась, словно он мог еще стоять где-нибудь в углу, вышла, опять вернулась, потом пошла к калитке, открыла ее. Кто-то уже довольно далеко — шел один по переулочку. Она мгновение смотрела ему вслед, и вдруг беспричинные слезы выступили у нее на глазах, и она перестала что-либо видеть. Это было следствием тревожного, одинокого дня.

«Уходит, уходит», — сказала она вдруг тихо, но вслух, как иногда говорят какое-нибудь бессмысленное слово, и залилась слезами; и, не понимая, что с ней и почему вдруг такая нашла на нее слабость, она тихонько закрыла калитку и пошла в дом.

А утром началась жизнь, уже ничего не имеющая общего ни с ушедшим постояльцем, ни с тайными мыслями Марии Леонидовны. Автомобили нагрузили так, что запасное колесо чиркало сзади по земле. Дом заперли, Кирюшу посадили между отцом и бабушкой — он в этот день выказал первые признаки буйства, и это старались скрыть. Эдуард Зонтаг, выспавшийся, свежий, но озабоченный недостаточным количеством взятого бензина, опять долго смотрел на карту, прежде чем двинуться. В первой машине ехали Крайны и Мария Леонидовна. Манюра все говорила без умолку.

По совершенно опустевшей деревне они медленно, туго, все чиркая запасным колесом, проехали до леса и там боковыми проселочными дорогами двинулись в сторону Блуа. Проезжая мимо замка, где Чабаров служит в дворниках, они остановились. Чугунные ворота замка были раскрыты настежь, на английском газоне, между молодыми кедрами, паслись нерасседланные лошади, — здесь стоял со вчерашнего дня французский эскадрон. Солдаты лежали на траве перед домом, стекла нижнего этажа были выбиты. Громадная двухсветная зала сквозила в них фарфором, бронзой, зеркалами.

Чабаров вышел в вельветовых брюках и такой же куртке. Низ его лица был покрыт седой щетиной. Не здороваясь, он сказал, что ехать никуда не может, что должен остаться здесь: накануне вечером Дону (жившего рядом в деревушке) нашли застрелившимся у себя в доме, и так как во всей округе некому было его хоронить, Чабаров решил зарыть тело у себя в саду.

— Если эти молодцы, — сказал он хмуро, указывая на солдат, — останутся до вечера и я успею вырыть подходящую яму, то они будут у меня свидетелями, и я ничего лучшего не желаю. Но если они до того удерут, придется подождать, пока придут другие власти. Штатского населения у нас тут не осталось.

Все притихли, прощаясь с ним. Крайн даже обнял его, выйдя из автомобиля, а уже через минуту обе машины, тяжело оседая, пошли близко одна за другой, под гору.

В этот день пальба слышалась уже с противоположной стороны, с северо-западной, и в небе, с совершенно новым звуком, дотоле никогда не слышанным, похожим на вой, парило два немецких истребителя.

1940

159

Плач

Мою сестру звали Ариадной. Мне было девять лет в тот незабвенный, снежный, голодный год, когда она кончила школу и стала взрослой, и так как в этот же самый год умерла моя мать, — в одной из холодных, пустых клиник Петербурга, — то случилось так, что в два месяца изменилась вся наша жизнь и изменились мы сами.

Была квартира в Ротах, была прислуга, без присмотра которой меня не выпускали на улицу; был чудаковатый отец и неслышная, нездоровая, какая-то неживая от всех своих долгих болезней мать; была видимость семьи и борьба за существование. И вдруг все опустело, выцвело, смерклось. После второй операции были тихие похороны. Ариадна заложила волосы жгутом на затылке, наколола на шляпу креп; папа поседел, похудел, стал совсем сумасшедшим, каким-то веселым сумасшедшим, часто от веселья плачущим; прислугу отпустили, квартиру заселили чужими людьми, и я стала бегать в кооператив, в хлебный распределитель, на пути Варшавского вокзала, где иногда бывало молоко.

Долгая зима двадцатого года соединила нас троих в одной комнате, в бывшей нашей столовой, посреди которой стояла железная печь. Жизнь наша шла вокруг этой печи, где вечерами дрожало медленное, тяжелое тепло. Отец кряхтел и похохатывал за ширмами и оттуда говорил свои остроты, от которых я еще тогда смеялась во весь свой громкий смех, а Ариадна не улыбалась даже глазами. За ширмами он раздевался и одевался, читал, спал и бормотал. В комнате же иногда бывало так, будто мы с Ариадной только вдвоем и есть на свете. Особенно вечерами, когда мы ложились с нею спать на один широкий кожаный диван, стоявший раньше в кабинете отца. Из каждой комнаты сюда была занесена случайная мебель. Мы ложились головами врозь и укрывались каждая своим одеялом. И когда все гасло и только розовато шевелился последний огонь за печной заслонкой, гоня и колебля тени на светлой стене, я засыпала, обняв ее колени.

Я согревала их, я прижимала их к себе, к своей детской, сильной груди; я разговаривала с ними, как не могла разговаривать с самой Ариадной. Я рассказывала им что-нибудь, я мечтала шепотом, я называла их ласковыми именами. Во мне она шевелилась, уходила от меня, опять возвращалась. Белое пятно какого-то света — не то фонаря, не то луны — дрожало в углу потолка, над папиной ширмой. Я тихонько плакала, я смеялась от счастья; я боялась жизни, я верила в нее; я хотела чего-то

160

громадного, я сама себе казалась слишком маленькой; я была всюду первая, и я никому не была нужна.

Из долгой, почти непрерывной ночи мы переходили в долгий, почти непрерывный день, ложились, когда было совсем светло, и вставали при ярком майском свете. Да, она была уже взрослой, она стала взрослой в тот год; у нее нежно закруглились руки и вытянулось тонкое лицо. Она была так худа, что когда раздевалась, чтобы умыться с головы до ног в большом тазу (а я поливала ее, стоя на табурете), видны были все ее косточки, тут и там шевелившиеся под кожей, а розово-голубая грудь, которая шевелилась тоже, то совсем пропадала (когда, например, Ариадна поднимала руку), то появлялась снова (когда она наклонялась).

Вечерами отца не бывало дома, и мы особенно тихо и трудолюбиво проводили вместе эти вечера. Мы купались, стирали свои рубашки, мыли друг другу головы, стригли волосы, что-то перешивали, что-то штопали. Иногда, копаясь в сундуках, мы находили какой-нибудь старый капот или немодную, смешную пелерину, и Ариадна примеряла ее, ходила по комнате, заглядывала в зеркала, потом забывала ее на себе и в ней продолжала выдумывать мне и себе прически, приделывать какие-то пряжки к разношенным туфлям, играть выцветшими лентами. Она воображала таинственный маскарад, на котором ей суждено было вот-вот появиться; должна была начаться жизнь, — не эта, убогая, полуголодная и скучная, а какая-то другая, но она все не начиналась. Она произносила, отставив руку, закинув голову, великолепный, бессмысленный монолог, от которого слезы сверкали на глазах у нее, а у меня текли по щекам. И все, что она ни делала тогда, — а было ей восемнадцать лет в то лето, — значило только одно: где-то есть жизнь, где-то есть неожиданность счастья и произвол судьбы, и надо быть готовой ко всему, когда распахнутся наконец двери в бальный зал, полный света и музыки.

Отец возвращался со службы поздно вечером, съедал горшок каши, запивал его черным чаем без хлеба и сахара. Иногда мы обе уже спали, и он будил нас своими тяжелыми сапогами, от которых вот-вот, казалось, отскочит подвязанная веревкой подошва. Изредка он подходил к нашему дивану и смотрел на Ариадну, на меня, опять на Ариадну. Она открывала светлые глаза, просовывала руку с прозрачным колечком между щекой и подушкой, говорила: «Ах, папа!» — с каким-то печальным укором. А он уже готов был сесть в кресло и разматывать одну из своих нелепых историй, часто начинавшихся так:

— Однажды Марк Твен сказал мне: послушайте-ка, мистер, забыл ваше имя-отчество...

В сентябре Ариадна поступила на службу в музей, и я опять целыми днями стала оставаться одна.

После ее ухода с мышьей неутомимостью, с муравьиной выносливостью начинала я свой трудовой день. Я мыла пол, стояла в очередях, бегала за пайками, готовила и стирала. Иногда, когда не под силу было поднять большую кастрюлю с борщом или котел с кипящим бельем, я звала из соседней комнаты старую, стриженую, с трубкой в зубах, графиню Рыдницкую, и она помогала мне. В каждой комнате нашей квартиры — а всех их было пять — жила отдельная семья, со своими детьми, со своей печкой и стиркой, и только графиня жила одна и все ждала, когда ей позволено будет уехать на родину, но бумаги ее все не приходили.

После завтрака отец уходил на службу, а я опять принималась что-то чистить и скрести, между жесткой воблой и затхлым пшеном насилуя свое детское воображение. Потом я шла к графине и там слушала ее рассказы о несбыточной, нарядной и веселой жизни, об усатых мужчинах, кружевных накидках, меховых рукавичках и Божьей Матери.

В шестом часу мы садились с Ариадной за стол. «Ты бы хоть Пушкина почитала, — говорила она мне. — Хорошо бы тебя в школу отдать, а графиню нанять обед готовить». И я знала, что эта бестолковая жизнь моя скоро кончится, что я скоро начну учиться. В десять лет я была сильна, с красными руками и грубым голосом, носила финскую шапку и шитые из войлока сапоги, и целью моей детской жизни было: урвать где-нибудь что-нибудь съестное и принести домой.

Она приходила со службы, раздевалась и, сидя за столом и глядя перед собой, принималась мне рассказывать свой день. В музее она сидела не там, где висят картины и ходят люди, но в задних комнатах, где ведутся книги и всегда что-то укладывают и раскладывают. У нее был хороший паек: табак, селедки, иногда сало и крупа. Мне приходилось брать с собой наши детские санки, когда я ходила за ним. И как я впрягалась в них, как бойко шла по обледенелым мостовым, по крутым мостам Екатерининского канала, теребя замерзающий нос, перекинув косу за ухо!

Я уже знала и Георгия Серафимовича, ее начальника, и Веру Сергеевну, сослуживицу, и приходящих изредка, как у них говорилось, «музейных работников» — профессора Максимовского, палеонтолога Гризе и поэта Андрея Звонкова. И я так хорошо и верно воображала большую комнату, где у высокого окна сидит за столом Ариадна и круглым почерком, клонящимся влево, записывает что-то в громадную книжищу. Напротив сидит Вера Сергеевна в шелковой кофточке; в нее все влюблены, она знакома со всеми писателями Петербурга и каждый вечер ходит в театр. А Георгий Серафимович, в шапке и калошах, страшно образованный и всегда всем недовольный, ползает между какими-то ящиками с древностями и все бранит кого-то, и грозит, что уедет жаловаться в Москву.

Мне казалось тогда, что жизнь, которой мы живем, которой живут все кругом в этом единственном на свете городе (потому что о других городах я не имела ни малейшего понятия), что эта наша жизнь с вечно сосущим нас голодом, с холодом, с рваным бельем, дырявыми башмаками, с черной сажей печки, тьмой на улицах, льдом, страхом тяжелого сиротского конца, тюрьмы, сумы, разлуки, больницы, есть единственно существующая в мире жизнь. И так же, как я не могла вообразить себе никогда не виданного апельсина или берега моря, так я не могла бы поверить тогда, что бывают на свете бесполезные подарки, бесцельные прогулки, праздные деньги, тепло и покой.

А между тем графиня Рыдницкая приходила к нам иногда и рассказывала Ариадне и мне о меховых рукавичках и кружевных накидках, и убивалась над нами, — надо мной, потому что у меня не было «золотого утра жизни», как она выражалась, над Ариадной, потому что юность ее проходила без той туманной поэзии, которую графиня так любила.

— Бедные мои девочки, — говорила она, попыхивая трубкой, — бедные мои весенние цветы!

Ариадна пригорюнивалась при этом, покусывая свое светлое колечко, а я принималась так же грубо и громко хохотать, как хохотала над отцовскими остротами, хотя и чувствовала (никогда никому не признаваясь в этом), что в чем-то она права, только не совсем, а так, немножко. И, чувствуя это, я боялась, что смех мой перейдет в слезы.

Еще приходили к нам две барышни, две сестры Дюковы, подруги Ариадны по гимназии, Люда и Тата, большие, полногрудые красивые девушки. Сначала они не доверяли мне и требовали, чтобы я на самом интересном месте их разговоров затыкала себе уши, но потом они привыкли ко мне. «Эта Саша! Ох, уж эта Саша!» — говорили они вместе, а то и в три голоса с Ариадной: — «Ох, уж эта ваша-наша Саша!» И это «ох» имело отношение к моему бесстрашию, к моим быстрым ответам, к моим вороватым глазам и сильным рукам, хватающимся решительно за все и крепко за все держащимся.

Она была во много раз лучше и Люды, и Таты, моя Ариадна, с ее громадными глазами, легкими волосами, хрупким телом и такой, как мне тогда казалось, особенной душой, какой ни у кого не было. Слушая их разговоры, шедшие обычно вперемешку с шепотом и смехом, я начинала понимать, что одна из Дюковых собирается замуж, то есть собирается переехать из родительского дома, от сестры, к чужому всем нам человеку, да еще расписавшись с ним в комиссариате, и основой всей этой катастрофы была ее любовь к этому чужому, кажется, не очень

163

молодому человеку, и его любовь к ней, о которой главным образом и говорилось шепотом на нашем диване. Я начинала понимать и то, что другая Дюкова, тоже влюбленная в какого-то мужчину, испытывает невообразимые препятствия к тому, чтобы соединиться с ним так, как бы она того хотела. Мысль, что и Ариадна может когда-нибудь выйти замуж, переехать от нас, оставить меня одну с отцом, в пустоте и беспросветном мраке моей жизни, ужаснула меня. Я стала по-особенному приглядываться к ней, и то, что я заметила, испугало меня.

Я заметила в ней постепенно все увеличивающееся равнодушие к нам, словно мысли ее были уже заняты чем-то другим. Она приходила позже, уходила раньше; она вечерами стала бывать где-то, о чем никогда не рассказывала. Она стала иначе спать — ее дыхание не могло обмануть меня. И даже в самом лице ее я заметила перемену.

Помню в одно из первых воскресений нового, двадцать первого, года мы все сидели вместе; отец что-то писал за своим письменным столом и время от времени, равнодушно поглядывая в нашу сторону, говорил что-нибудь фантастическое, отчего все недоуменно переглядывались. Мы сидели на нашем диване, Ариадна посередине, Люда и Тата по бокам, а я то с одной стороны, то с другой старалась примоститься на ручке, но меня все отпихивали и даже один раз положили на пол.

— Бывают, девочки мои, — говорил папа, — такие животные, которые из собственного пупка вытягивают кишку и на ней играют удивительные мелодии.

Я смотрела на Ариадну.

— Что ты все смотришь на меня? — спрашивала она. — Люда, спихни ее, чего она так смотрит? Ты бы хоть Пушкина почитала! Когда ты так таращишь глаза, видать, что у тебя лицо будто из двух частей составленное. Господи, какая ты будешь некрасивая, когда вырастешь!

Тата смеялась, наматывала мою косу себе на руку и говорила:

— Некрасивая, но с характером практическим и сумасшедшим.

— Практическим и сумасшедшим, как у ее покойного отца, — хладнокровно подавал голос папа из-за какой-то бумаги.

А я все смотрела, и страх будущего — ее и моего — обуревал меня, страх, которым я ни с кем не могла поделиться. Я опять старалась втиснуться между ними, меня, наконец, пускали, щекотали, накрывали мне лицо подушкой. А я все старалась решить: почему я так люблю ее? Почему так боюсь потерять? Почему хочу быть всегда подле нее?

Я помню этот вечер. Он предшествовал той удивительной ночи, когда мы наконец остались одни. Отец влажно храпел у себя за ширмами, в комнате давно погасла печка, и было холодно;

164

незакрытое пианино, на котором Люда на прощанье отбарабанила вальс Шопена, белело клавишами, и в груде грязной посуды (силы не было мыть так поздно все эти тарелки и чашки) что-то изредка потрескивало.

Я прижалась к ее худым, холодным ногам и тихо спросила:

— Ты любишь их? Ты очень любишь их?

— Кого? Дюковых?

— Ты им все говоришь?

Она пошевелилась.

— Я никому не говорю все.

— А я хотела бы кому-нибудь все говорить. Ты нет.

Мне показалось, что ей захотелось отделаться шуткой, насмешкой, но она сдержалась.

— Говори мне все, — сказала она.

— Не могу. Буду, если ты будешь тоже.

Она вдруг протянула под одеялом руку и тихонько сжала мои пальцы.

— Зачем тебе не больше лет, Саша? — сказала она почти вслух. — Ты бы была моей самой близкой, самой первой подругой.

Я замерла, задохнувшись.

— А теперь?

— А теперь это всего только — Тата и Люда. Потом, только много потом — ты. Ах, я не знаю, может быть, так оно даже и лучше. Бывают в жизни такие, знаешь, периоды, когда никакие подруги вдруг не нужны.

— Я не нужна?

— Ты сестра. Нужно вдруг становится совсем другое, такое особенное и серьезное. А прежнее все такое детское.

Я села на постели.

— Ты влюблена? — воскликнула я с ужасом, и слезы мгновенно полились у меня по лицу и рукам.

— Тише, что ты! Ты разбудишь папу. Иди сюда, ляг ко мне.

Я перелезла к ней, и мы на некоторое время затихли. Никогда до этого она не звала меня лечь с ней рядом. Мне было так хорошо, так светло — даже в самых темных углах самой себя, и я хотела тогда только одного: чтобы эта ночь продолжалась вечно. От Ариадны шло тепло, шел милый, мыльный запах от ее шеи и какой-то сладкий — от волос. В длинной рубашке, с высоким воротом и длинными рукавами, она лежала, вытянувшись рядом со мной, и я чувствовала ее плечо, ее колено.

— Скажи мне, кто он? — спросила я, замирая от блаженства и ужаса.

— Кто он? Ах, этого так сразу не расскажешь, — она говорила как бы про себя, для себя. — Он работает в театре, хочет писать для театра, хочет быть режиссером. Но он женат, и мы будем жить так.

Я не совсем поняла, что она говорит, но прерывать и спрашивать не хотелось.

— Папа, конечно, никогда не согласится: у него ни настоящей службы, ни пайка. И вообще он очень странный, совсем особенный, некрасивый ужасно. Ты увидишь.

— Он тебя любит?

Она вздохнула с каким-то перерывом.

— Да, Саша, — и она вдруг отстранилась от меня, — он меня любит, и я его люблю. И мы решили быть вместе.

Слышно было под одеялом, когда мы молчали, как стучит ее и мое сердце, разнобойно и сильно.

Мы заснули вместе, и в эту ночь мне приснился сон.

Содержание сна забылось мною, остался его аромат, волнение, с ним связанное, та тоска, из которой он состоял весь, с первого появления чужого человека у нас в комнате, между печкой и ширмами, до его исчезновения в каких-то незнакомых переулках города, похожего на Петербург. Смысл сна был мною утерян, да его и не было, вероятно, как у большинства снов, только остался удивительный привкус, какой-то таинственный узел, который до сих пор гнетет меня. Этот человек, который во сне назывался мужем Ариадны и на котором вертелся весь несложный механизм моего детского сновидения, был непонятным образом связан со всей нашей действительностью, с распадом России, с тем тяжелым, звериным и тоскливым, что происходило тогда наяву. Он как будто был тут в тесной, и необъяснимой, и страшной связи и со смертью мамы, и с холодом, и с голодом, и с недавним расстрелом моего старшего брата, и с несчастьями графини Рыдницкой.

Его звали Сергей Сергеевич Самойлов, и когда я в первый раз увидела его, был вечер, уже давно начавшийся и еще далеко не кончившийся, зимний вечер, и Ариадна собиралась в концерт, завязывая у зеркала ленты капора. Папа молча, хмуро поглядывал на нее, а она все розовела, все оживлялась, все скорее говорила то ему, то мне какие-то пустяки, топая в валенках, и наконец, когда раздался звонок в передней, уже совсем скороговоркой сказала, что это за ней пришел ее знакомый, приятель Андрея Звонкова, поэта, близкий друг Веры Сергеевны, Сергей Самойлов.

— Женишок? — спросил папа с чем-то неприятным в лице.

Это выпадение Ариадны из круга отца и матери, офицерско-чиновничьего круга, в какой-то иной круг вольных людей, водившихся при университете, при музеях, в литературных собраниях, около каких-то маленьких театров, вдруг отчетливо уяснилось мне в ту первую встречу. Сцепление всех наших бед, больших и малых, привело ее на простор иной жизни, привело к Самойлову, и, кажется, отец тоже понял это тогда. Она, улыбаясь, поздоровалась с Самойловым и познакомила его с отцом. Я стояла

166

неподвижно за печкой, в углу, подле шкафа, и смотрела на них, позабыв всё на свете.

Самойлову было тогда лет под тридцать; он был светловолосый, сутулый, с красным носом, дурными зубами и умным взглядом ярких глаз. Это был молодой человек без всяких признаков воспитания и понимания людей, с простой привычкой говорить самому и не слушать других, приходить и уходить, когда заблагорассудится; он не совсем соблюдал расстояние между собой и другими людьми, что-то упорное было в его вздернутых плечах и наклонном лбу. В серой, толстой фуфайке и ватном пальто, не сразу сняв фуражку, он стоял и ждал, пока Ариадна натянет варежки.

— Я должен вас предупредить и сказать вам откровенно, — уже через минуту говорил ему отец, — чтобы вас не ввели в заблуждение: один глаз у нее стеклянный. Бедная моя Ариадночка, с ней в детстве случилась такая неприятность! Но сделано так хорошо, что вы и не распознаете, который не настоящий.

Самойлов с любопытством смотрел на него.

— Ну-с, а вы чем занимаетесь, товарищ Самсонов? — спросил папа, сладко вдруг улыбнувшись, собираясь сесть в кресло и уютненько побеседовать.

Но Самойлов с Ариадной уже готовы были уйти. Лицо ее было неузнаваемо и сияло.

— Я думаю ставить пьески, пьески разные, на киятере одном, в люди выйти собираюсь по театральной части, — ответил Самойлов с большой серьезностью, — пописываю всякие смешные штучки, стараюсь вовсю, кое-чего добился, кое в чем поднаторел. Поэтические всякие пред-ставленьица очень обожаю.

Я стояла в своем углу, за шкафом, и смотрела на него во все глаза.

— А это кто же? Девочка или мальчик? — спросил он вдруг, увидев меня и протянув в мою сторону палец.

— Девочка, — ответила я громко.

— И зовут, верно, Ирочкой или Кирочкой? — без малейшего смягчения в голосе продолжал он.

— Нет, меня зовут Сашей, — опять твердо сказала я.

— Здравствуй, Саша, — вдруг просто и с какой-то внезапной короткостью воскликнул он, быстро подошел ко мне и тряхнул мою руку. Через минуту их обоих уже не было в комнате.

— Здравствуйте, Самойлов, — сказала я гордо, но не знаю, слышал ли он меня. Отец не взглянул в мою сторону. Он взял тонкий голубой стакан, стоявший на умывальнике, из которого мы полоскали зубы, и бросил его в каминное зеркало. Раздался страшный звон. Стакан разлетелся на мелкие куски, обсыпав всю комнату, но зеркало почему-то осталось совершенно целым, и в

167

нем все так же, все в той же мути и дымной глубине продолжали стоять лампа, мерцать серебристые наши обои, коситься закрытая дверь. Тогда отец ушел за ширмы, лег на кровать и громко захохотал или заплакал, — я никогда не могла распознать его смеха от плача. Но ночью зеркало треснуло.

Я долго в тот вечер не могла уснуть. Графиня Рыдницкая сидела у меня в ногах и вязала шарф, сиреневый, с кисточками. Я смотрела на нее, и мне хотелось плакать и откровенничать, но я мужественно молчала.

— И вот, моя прелестная девочка, — говорила графиня, — в тот вечер, в первый раз, мы поехали с ним на острова. Лихач ждал внизу. На мне было газовое платье шампань с открытой грудью и бриллиантовый кулон с аметистами. Тогда носили локоны над шиньоном, и каждый локон был надушен, а поверх был воткнут гребень, резной, резной, ужасно резной, и со стразами.

Потом она ушла, и я долго смотрела в то место, где она сидела, и ждала Ариадну. Но я не дождалась ее, она пришла, когда я уже спала. Я проснулась, почувствовав, как кто-то лег ко мне под одеяло; руки ее дрожали, шепот ее дрожал тоже.

— Саша, Саша, — шептала она, — пора спать, Саша. Ты не спишь? Почему? Надо спать. Обними меня, Саша. Я не знаю, что со мной, прости меня. Я сама не понимаю, что это такое.

Но я уже не обнимала ее, не плакала с ней вместе, я вдруг очерствела в ту ночь и почувствовала даже некоторое удовольствие от этого жестокого чувства. Я вся сжалась, отодвинулась к стенке, притворилась спящей.

Днем все было то же: стирка, уборка, стояние в очередях, беготня за сахаром к перекупщикам, на третий двор дома на Троицкой, тасканье дров из подвала, где кто-то крал их, и мои слезы о недосчитанных поленьях; жесткая, холодная, не по силам темная жизнь, третья зима — самая долгая, самая долгая, самая унылая. Днем все было то же: и «ты бы Пушкина почитала», и отцовская рука, похожая на плавник, лежащая на столе, пока он пишет, или ест, или так себе сидит и смотрит куда-то мимо. Но вечерами уже все было другое; Ариадна уходила почти каждый день, вернее, она не приходила больше со службы, а возвращалась поздно, когда мы оба уже спали, и иногда я даже не просыпалась от ее прихода.

Но однажды, уже в начале марта (помню, в первую же оттепель я простудилась и теперь сидела дома с завязанным горлом), в один из тех вечеров, когда отца не было, к Ариадне опять, во второй и последний раз, пришел Самойлов. Он был не один. Вместе с ним пришли Звонков и Вера Сергеевна, и все четверо пили чай, который я согрела на печке, ели черный хлеб, курили и разговаривали.

Подобие уюта было в тот вечер в нашей комнате. Треснувшее

зеркало было завешено веселой пестрой картиной, полученной Ариадной в подарок от знакомой художницы; на лампе был новый самодельный абажур; чистая скатерть была постелена на столе, и в вазе стоял большой, сухой розовый цветок, — не то настоящий, не то поддельный.

— Это Саша, — говорила Ариадна всем по очереди, указывая на меня, и я неловко подавала свою красную руку, сама красная от шейного компресса.

Потом я тихонько разделась и легла, а гости, не обращая на меня внимания, продолжали говорить громко и много, заедать чай коркой хлеба, что-то декламировать, о чем-то спорить. Ариадна словно опять казалась мне прежней, хотя папироса в ее тонкой руке и какой-то локон над ухом были для меня неожиданностью, от которой сжалось сердце. Высокая, плоская, косоглазая и все-таки чем-то красивая Вера Сергеевна говорила меньше всех, и однако, мне было ясно, что она ведет разговор. Звонков и Самойлов были на «ты» друг с другом. Звонков читал много стихов, и я понимала, что это все были его стихи; читал он их нараспев, отчего стихи казались мне прекрасными, а Самойлов, когда он умолкал, принимался что-то рассказывать, тоже слегка нараспев — и тогда все стихало, его слушали, но он обрывал, не кончал, говорил, что Бог ему не дал слога, не дал дара, что он может выдумать что угодно, но срифмовать не может двух строк. А вместе с тем у него, видимо, на уме было что-то, что ему хотелось воплотить, что его мучило, что дозрело, быть может, уже давно, какой-то образ, для которого он нашел уже и название: Дырявый плащ.

— Его вынули из старого сундука, вросшего в пол дедовского дома. Он пахнет нафталином и кажется нам слишком широким, но, видно, в старину люди были крупнее нас. Смотри, он весь в дырах! Он совсем вышел из моды. Но хоть он и сильно трачен молью, а все еще великолепен. В него можно с головой завернуться от холода. Его надо проветрить: он слишком долго лежал на дне сундука.

Много лет тому назад наши отцы в лесах Манчжурии, на подступах Порт-Артура, завернули тебя и меня в этот плащ. Мы были детьми, нам было холодно в корейских степях. Отцы наши не вернулись оттуда, наши матери вернулись с нами одни. Наши матери, сероглазые и русые, взрастили нас с тобой, а когда настала русская беда, не вынесли ни этих лет, ни этих зим. Мы похоронили их и поставили над ними простые деревянные кресты.

Мы многое видели, мы ничего не боялись, но еще больше предстоит нам увидеть в будущем. Молитвы мы забыли, надежды отняла от нас жизнь. Ничего этого больше не вернется. Этим старым плащом ты не раз укутывала свои маленькие ножки, я не раз драпировался в него, желая повеселить тебя и изобразить

169

Чайльд-Гарольда старых времен. Скажи, не тот ли это плащ, которым Иосиф укрывал Марию с младенцем на пути в Египет? Или это, может быть, плащ Дон Кихота? Или, наконец, самого бога нашего, Сервантеса? Помнишь, как он кутал в него свою больную руку и закрывал им ослепшие глаза, а мы догоняли его, плача, но он не мог уже видеть нас? Или это плащ Лира, бегущего сквозь знакомую и нам бурю?

Теперь времена настали иные. Я должен уйти в одну сторону, ты — в другую. Мы раздерем этот старый плащ пополам. Он несколько вышел из моды, он напоминает какую-то старую пелерину, но это ничего! Я ухожу навеки в просторы моей угрюмой и жестокой страны, не только потому, что я люблю ее, но и потому, что мне нет иной дороги. Прощай!

Ты же возьмешь другую половину этой двухтысячелетней одежды нашей. Ты убежишь отсюда, от меня, от нас. Беги без оглядки, моя ненаглядная, моя дорогая, через моря и горы, беги в другие земли; не бойся одиночества, не бойся своего сиротства. Живи как птица, живи как ветер. Спасай свою молодую, свою нежную жизнь. Беги в Африку, в Австралию, в Азию, выбери себе одну из двух Америк. Беги от этих унылых и страшных мест,

> Закрыв плащом дырявым
> Прекрасное лицо.

У меня, вероятно, был сильный жар. Я слышала высокий голос Самойлова. Он слегка раскачивался, когда говорил, иногда стараясь облечь в трехстопный ямб отдельные выражения. Я помню, как он сказал: «Мне нет иной дороги», и потом, в конце, «одну из двух Америк», — но стихов писать он не мог, и конечно, поэма его должна была остаться ненаписанной. Однако в полумраке большой комнаты, накуренной и натопленной, она как бы создалась на несколько минут, потому что трое его слушателей и четвертая — я — несколько минут после того, как Самойлов замолчал, еще слышали про себя ход и ритм несовершившихся стихов.

— Хорошо, — сказал Звонков, — очень хорошо. Не подаришь ли?

— Бери, делай с ним, что хочешь, — ответил ему Самойлов. И потом наступило молчание, которое показалось мне бесконечно долгим и в котором я услышала, как стучит и звенит у меня в ушах.

...Это был колючий ветер, резавший мне лицо. Петербург тех лет представляется мне начертанным в снегу чертежом. На углу двух замерзших каналов, у крутого каменного мостика, я видела: налеплена большая афиша: в театре, в двухтысячный раз, идет пьеса Самойлова. Ветер треплет афишу, и она рвется, как старый плащ; в дыры плаща виден красный закат, о красном закате в накуренной комнате читают стихи. Кто-то перевирает их — умышленно, настаивая на своей ошибке, и косоглазая, бледная Вера Сергеевна поправляет Звонкова, но он все настаивает на своем:

Мы — дети Александра Блока —
Забыть не в силах ничего.

Чего не в силах забыть? Холодную клинику, где умерла мама? Или похожую на глину, тяжелую и сырую четвертушку насущного хлеба? Или звезду под Сенатской площадью в прошлом мае, такую зеленую и одинокую?.. И эту звезду я уношу в сон, словно украденную.

Поздно ночью я открыла глаза. Свет горел в комнате. Отец, в одной рубашке и подштанниках, стоял, держась за свои ширмы, и громко говорил что-то. Ариадна сидела у стола, растрепанная, розовая, протянув по столу руки. В комнате был невообразимый беспорядок. Я не шевельнулась и опять закрыла глаза.

— Если он с честными намерениями, то пусть не прячется. Пусть приходит, пусть женится, — говорил отец, видимо, в десятый раз повторяя одно и то же. — Где вы с ним околачиваетесь? Куда бегаете? Что он вообще за человек есть? Нет, ты мне ответь, что он за человек такой есть? Актер? Суфлер? Может быть, акробат? На трапеции работает? Разве мне кто-нибудь объяснил, с кем я дело имею?

Она перевела дух, как будто за него.

— Я скоро уйду к нему, — сказала она спокойно, — мы будем жить так, потому что он женат.

Отец издал звук «А!», и в комнате стало очень тихо. Мне стало страшно. Я открыла глаза и села на кровати. В эту минуту ни к кому на свете не чувствовала я больше любви, а Ариадна показалась мне совершенно чужой. Пораженная этим открытием, я молча посмотрела вокруг себя и громко заплакала.

Она заметила, что я стала не та, и когда на следующий вечер — последний вечер жизни ее с нами — мы оказались с ней вдвоем, как бывало раньше, она, собирая свои вещи в парусиновый мешок, почти не говорила со мной, обходила меня, не объясняя своего ухода, словно все должно было мне быть ясно и без того. Я стояла у окна. «Как же ты пойдешь в такой буран?» — спросила я: крупный мокрый снег валил на улице. «Ничего, это недалеко, — ответила она. — Который час?» Было десять без десяти. «Это письмо ты передай папе». Я почувствовала, как что-то с силой шевельнулось во мне. «Что ж, ты никогда не придешь сюда больше? — спросила я. — А как же я-то?»

— Ну полно, полно, ты совсем, видно, дурочка. Ты будешь ходить ко мне в гости.

— Это неправда, этого не будет.

Она вдруг села и спрятала лицо в руки.

— Я поняла, — сказала она, словно оправдываясь в чем-то и вместе с тем понимая, что не мне слушать такие слова, — я поняла, что жизнь — это не это (она показала на нашу комнату), не ты, не он (она показала на ширмы). Жизнь — это совсем, совсем другое, и на все это непохожее.

— Это Самойлов и его дырявый плащ, — сказала я грубо.

Она улыбнулась.

— Да, это дырявый плащ. Когда-нибудь ты вспомнишь меня, и эти слова, и весь этот вечер, а, Саша?

— Не уходи, — сказала я едва слышно, — не уходи, Ариадна. Сделай все как-нибудь иначе.

— Не могу иначе.

Я не понимала ее, я рыдала на холодном подоконнике, а она целовала меня в волосы, прижимала к себе. Я не помню ничего, что было потом, как мы простились, как она ушла, как я осталась одна при свете горящей в потолке лампы, в какой-то угнетающей душу тишине. Отец вернулся позже обычного. Я вскочила к нему навстречу. Он остановился в двух шагах от меня. «Письмо, — сказала я, — тебе письмо от нее, папа».

— А! — сказал он опять, коротко и резко, — о чем же это письмо?

Я чувствовала, как все мое лицо дрожит под его взглядом.

— Она ушла, папа, — выговорила я наконец.

— А! Так на что ж читать письмо? Коли это все, так нечего и читать. Важен самый факт. Факт известен. А письмо — к черту его.

И он ногой распахнул печную заслонку и сунул письмо в горящую печь. Не снимая ни шапки, ни калош, ни запорошенной снегом шубы, он прошел к себе за ширмы, повалился на кровать и затих.

Мы несколько дней скрывали ото всех наше несчастье, но графиня Рыдницкая в конце концов пришла к нам «вместе поплакать».

— Не можно, не можно так делать, — говорила она, дымя трубкой. — Юность — это цветы, это — любовь, это — красота. Но вот уже грубая жизнь обрывает лепестки, губит ростки... Трагедия отца не поддается никакому описанию.

Я ничего не понимала из того, что она говорит, и это меня озадачивало.

А Ариадна жила недалеко от нас, на Разъезжей, и я раза два в тот год встретила ее. Она носила бархатку на шее и кожаную шапочку самодельной работы. Каждый раз она с радостью и волнением целовала меня и расспрашивала о том, как мы живем, и учусь ли я, и помню ли ее (будто я могла забыть ее, будто мне было не одиннадцать лет, а пять). Она утратила что-то чуткое, что было в ней по отношению ко мне, и разговаривала теперь со мной, как разговаривают с детьми взрослые, непривычные к детям. Я тоже стала чиниться с ней, мне захотелось дать ей понять, что я уже не та маленькая девочка, какой была, когда спала с ней на единственном диване, что я поступаю в школу, что я читаю книги, что я раскусила жизнь и уже многое понимаю. Так мы стояли на углу, возле писчебумажного магазина, и страшно фальшивили друг с другом.

Потом я взаправду поступила в школу. Потом она переехала в Петербургскую сторону. А еще через год папина сестра выписала нас заграницу, и мы — в башмаках, выданных по ордеру, в пальто, сшитых из солдатских шинелей, в рубашках, выкроенных из старой простыни, приехали в Париж, держа в руках корзину с жестяной посудой и ремни с подушками.

Париж. Париж. Есть в этом слове что-то шелковое, нарядное, что-то праздное, для танца созданное, что-то блестящее, шумящее, похожее на шампанское; все там красиво, весело и немножко пьяно, какое-то кружево намотано; какая-то юбка шуршит при каждом шаге; что-то звенит в ушах и мелькает в глазах при этом имени. Я еду в Париж. Мы приехали в Париж. Мы стали жить в Париже... Но то, что я увидела в первый же день, не было похоже ни на шелк, ни на кружево, ни на шампанское.

Представим себе человека, которого наконец домчали на луну. Он ждет, что увидит пустыню, величественную и грозную, увидит мертвые горы, каменные провалы, особенное небо. И вдруг он замечает, что перед ним все та же оштукатуренная стена соседнего дома, идет дождик, во дворе дурно пахнет... Когда я выглянула в окно парижского своего жилища, мне показалось, что здесь все совсем то же, что и у нас в Ротах: окраинный дух большого города, со множеством нищих, главным образом женщин, да еще старух; тихая, сумрачная улица, с дымящейся трубой прачечного заведения, с голубой вывеской слесаря; над вывеской окно с рваной тюлевой занавеской, за ней старик, вправляющий искусственную челюсть в широкий, мокрый рот. Надо всем — узкая полоска: образчик здешнего неба, серого и низкого. Там, за углом, и дальше — опять такая же улица, пустая и бедная; по ней идет некрасивая девочка, вроде меня (или это я сама иду с кошелкой?), сбоку из кошелки торчит кусок говядины, красный и твердый. Проходит рабочий с бутылкой вина в раздутом кармане заплатанной куртки. А потом опять ничего, никого, только слышно, как где-то стучит фабрика, вырабатывающая искусственную кожу для сосисок. Время от времени гул становится слышнее, это значит, что открыли двери на улицу, и тогда во всем квартале и у нас в доме начинает пахнуть чем-то тухлым и вязким.

Я прожила на этой улице не год, не три, не пять и даже не десять лет. Я прожила здесь шестнадцать лет моей жизни, глядя в эти окна, дыша черным выдохом фабричной трубы. Года эти были бесследно похожи один на другой, это были колебания маятника, от весны к лету и от осени к зиме, все тот же образовывался четырехугольник времени, в клетке которого я слушала с одинаковым смирением фабричный шум и воскресную тишину. Что-то за эти годы поблекло, заржавело, выцвело вокруг меня, побледнела лазурная вывеска слесаря. Что-то — наоборот — обновилось, умылось, окрасилось по-новому; но в квартире, внутри, у нас в доме, где в радио изо дня в день продолжал греметь штраусовский вальс, где изо дня в день бессменная кошка играла с собственной тенью, где я жила с отцом в тесной комнате, расставляя из вечера в вечер, наискось от угла, как ставят покойников, свою складную кровать, — ничто не менялось, все держалось кое-как, предполагая, верно, рассыпаться когда-нибудь, когда, может быть, нас уже не будет. Менялись только мы сами: Варвара, сестра отца, выписавшая нас, которую мы застали свежей сорокалетней женщиной, ни одного дня не остававшейся без работы и без любовника, стала за эти шестнадцать лет старухой, все еще ходившей куда-то поденно, на какие-то чужие кухни мыть посуду и натирать полы. К ней вечерами по-прежнему приходили ее знакомые — поручики и капитаны, но уже не бравые, старательно приглаженные и припомаженные люди, а старые и смирные, как и она сама, с такими же, как у нее, громадными, жесткими рабочими руками.

Отец, первые семь лет прослуживший сторожем в многоэтажном гараже, а затем — рассыльным в кондитерской, теперь был без работы: работать, собственно, больше не мог, да работы и не искал. Те же все были безумные рассказы, не имевшие ни начала, ни конца, тот же хохот, похожий на плач, та же мистификация собеседника. Но в конце каждого анекдота появилось теперь слезное обращение в мою сторону: «О дочь моя, моя Корделия!» — а когда меня не было при нем, куда-то в пространство, где я должна была находиться.

Я, конечно, изменилась больше всех: мне было тринадцать, стало двадцать девять, прожита была молодость вся, без остатка; из некрасивой девчонки, угловатой и мускулистой, я стала некрасивой девушкой, коренастой и бледной, а потом очень скоро утратила возраст, утратила свежесть и чистоту скуластого лица. Будучи вполне здоровой, я вдруг стала напоминать мою больную, мою всегда неживую мать, и руки мои, такие прежде ловкие, стали большими и бледными, как у бабы, только что родившей.

Было тринадцать, стало под тридцать, но иногда мне

казалось, что я все та же, что я ничего не узнала, ничему не научилась, ничего не открыла здесь, что все, что во мне есть, было уже там: знание жизни, отчаяние одиночества, высокие, таинственные чувства, мои слезы, мои мысли, моя ото всех скрытая отвага — все это привезла я с собой, всем этим была награждена еще в России, и такой осталась навсегда.

Между тем жизнь моя сложилась не хуже и не лучше иных жизней: тот волчий бег от западни к западне, за сытным куском, за теплым углом, кончился. В новом городе можно было жить по-людски: работать, зарабатывать, сводить концы с концами. Сначала я ходила в школу, но года через два школу пришлось бросить, потому что не было времени: надо было помогать дома. Варвара тогда шила, и я у нее довольно долго состояла в девчонках. У нее я научилась гладить, строчить, метать петли, и за это раз в год она шила мне платье, новое платье из какой-нибудь толстой шерстяной материи, на которое я несколько месяцев перед тем, как его надеть, любовалась бережно и тайно.

Когда мне исполнилось двадцать лет, я поступила гладильщицей в угловое прачечное заведение. К этому времени дела Варвары пошли хуже. В какое-то печальное зимнее воскресенье, перед Рождеством, она отправилась подавать в знакомый русский ресторан и очень скоро получила там постоянное место. Через несколько месяцев она сломала себе ногу, поскользнувшись с блюдом устриц в руках, и осталась хромой на всю жизнь. Ее определили мыть посуду на ресторанной кухне. Потом она стала ходить по частным домам.

Я стала гладильщицей. В течение девяти лет я каждый день с утра до вечера гладила чужое белье, научившись стоять на ногах ежедневно часов по десяти. Я аккуратно получала жалованье и тогда уже знала, что все гладильщицы и прачки откладывают, и даже не они одни, но и приказчики, и конторщики, и актеры, и даже министры. И тогда я тоже стала откладывать, мне понравилась эта мысль, о которой я раньше не имела понятия: сохранить часть заработанных тяжелым трудом денег, и на эти деньги... но что именно я буду делать на эти деньги, я еще не знала.

Военный воздух теткиной квартиры, так не похожий на воздух наших петербургских пещер, сначала очень мне понравился: мне все казалось вечерами, когда гости сидели за чайным столом и говорили все вместе, что назавтра они куда-то выступят, будет дан бой, диспозиции уже взяты; мне казалось: мы все на бивуаке. «Генерал приказал собраться», «господа штаб-офицеры решили», «у гусаров нынче полковой праздник», — только и слышалось. И я удивлялась, почему эти люди с серыми лицами и нечистыми руками не ходят в плюмажах, в голубых и сиреневых мундирах, не щелкают шпорами, не гремят саблями? У них была своя замкнутая, тесная и по-своему дружная жизнь; были какие-то Марьи Ивановны, Евгении Львовны и Ирины Александровны, которые уже с другими мужчинами не водились; у них бывал бал с буфетом и вечеринками с лотереей-аллегри, традиционные обеды, молебны и панихиды, на которых они молились истово, молодецки выпячивая грудь и подтягивая церковному хору; но главное — были эти упоительно бесцельные, содержательные для них одних батальные беседы о том, как отступали от Екатеринослава, как сдавали Перекоп, как эвакуировали Севастополь, и Варвара, у которой муж, гусарский корнет, умер от ран на пути в Константинополь в девятнадцатом году, была в этой странно звучащей, ржавой цепи одним из еще вполне живых звеньев.

Девять лет. Нет, этому невозможно поверить. Разве так бывает в жизни? За что? Почему случилось так, что, не совершив никакого преступления, девять лет простояла я над гладильной доской с тяжелым утюгом в руке? Первые дни я возвращалась домой и плакала ночами от невозможности постичь свою собственную судьбу. Потом я перестала плакать и пришла к заключению, что окружающие правы: работа у меня чистая, место прочное, документ в порядке, жалованье я получаю достаточное, чтобы жить, как мне положено. А образования у меня все равно нет, нет красоты, нет таланта, и, значит, ни на что другое я не гожусь.

И я копила. Никогда за эти годы не купила я себе ничего лишнего, ничего ненужного — чулки, обувь, платье, белье, я все носила самое простое, годами не покупая перчаток и шляп. Я вносила в хозяйство за себя и отца то, что требовалось, а маленькие остатки хранила в толстой книге, стоящей на полке, над моим изголовьем, кулинарной книге, которой уже давно никто у нас не пользовался. Я слышала, что откладывают на операцию, на зубы, на поездку к морю, на новый буфет и просто на старость. С самого начала мне пришло в голову, что на эти деньги я когда-нибудь поеду в Италию. Я не знала, что именно буду смотреть в этой Италии — картины, или города, или просто темные ее ночи, апельсиновые рощи, кипарисы кладбищ? Но мне казалось, что эта моя мечта когда-нибудь осуществится: совсем одна я поеду в Италию, в Геную, в Рим... Зачем? Чтоб увидеть то, чего я никогда, никогда не видела.

За все эти годы один-единственный раз я могла выйти из этой жизни, это было, когда лет пять тому назад ротмистр Голубенко сделал мне предложение. Ротмистру Голубенко, одному из самых бравых Варвариных гостей, было сорок лет с лишним, он держал магазин электрических принадлежностей. Это был черный, волосатый, живой человек, в прошлом смельчак и вояка, а теперь

— любитель балалаечного оркестра, русской кухни и застольных песен.

— Вы будете сидеть у нас за кассой, — сказал он, — компаньон мой, Перловский, Василий Карлович, и я будем носить вас на руках.

За то, чтобы всю жизнь не простоять, а просидеть, я должна была заплатить своей свободой.

— Спасибо за честь, — сказала я как можно мягче, а вышло все-таки грубо, — но я отклоняю...

Откуда пришло ко мне это суконное слово? На следующий день Варвара спросила меня:

— Ответь мне, пожалуйста, на три вопроса: раз — почему ты отказала Голубенке? Два — живешь ли ты с каким-нибудь прохвостом? Три — собираешься ли вообще когда-нибудь обзавестись мужем и каким именно?

— О дочь моя, моя Корделия! — воскликнул папа.

Я добросовестно думала минуты две.

— Раз, — сказала я, — потому что Голубенко бедный. Два — ни с каким прохвостом я не живу. Три — согласна выйти замуж только за богатого.

И сказав это, я пошла в угол, встала к ним обоим спиной, взяла с полки кулинарную книгу и пересчитала свои деньги так, чтобы они этого не видели. Там было восемь тысяч триста семьдесят франков.

Варвара ушла в соседнюю комнату, и там раздался тот характерный звук, который я так хорошо знала: не то смех, не то плач — это у них было общее с отцом, и лицом они тоже были похожи, и напоминающими плавники руками; из соседней комнаты она меня окликнула и спросила: испытала ли я когда-нибудь любовь?

— А что такое любовь? — спросила я. И вдруг вспомнила Ариадну, и мне захотелось, вместо того чтобы ехать в Италию, послать ей все мои накопленные деньги.

Было у меня во всю мою парижскую жизнь одно воспоминание, которое жило во мне, дышало, видоизменялось, росло, крепло, затихало, таяло и опять оживало. Оно иногда не давало мне покоя; оно часто делало меня счастливой; оно открывало мне знание того, что между людьми может быть какое-то серьезное и нежное проникновение друг в друга, радость от близости до тех пор чужого человека, тронувшего сердце навеки, отразившегося в этом сердце и там оставшегося. Это воспоминание было совсем коротким. Это был голос, серьезно и нежно сказавший мне однажды: «Здравствуй, Саша!» Это был взгляд, однажды упавший в меня и как будто застрявший в душе. В моей бедной жизни я ночами жила этим воспоминанием, иногда весело, иногда слезно трогала его и думала над ним. Мне казалось,

177

что так как я все мое детство была немножко влюблена в Ариадну, то теперь оказалась влюбленной в ее мужа; мне казалось, что я бессознательно ищу соперничества с ней и подражаю ей; или что все это лишь одно мое любопытство к их жизни, к их судьбе, любопытство к его несостоявшейся поэзии, которая должна была непременно иметь продолжение. С образом Самойлова у меня постепенно и незаметно связалось все, что есть в жизни недосягаемого и прекрасного, о чем я могла только догадываться, мир, каким он мог бы быть, но не был для меня, люди, какими они могли бы стать, но какими я никогда не узнаю их. Мои тайные догадки о том, что, кроме действительного, происходящего, есть еще образ, есть еще мелодия. Как будто в самые темные, в самые звериные годы моего существования красота и поэзия мира мигнули мне, проносясь мимо меня, и сейчас же опять пропали. Пусть сам Самойлов был некрасивый, не слишком милый, не очень даже приятный господин, не имеющий таланта сочинять бессмертные поэмы (мы что-то не слышали тут, чтобы он прославился), что-то сквозь него увиделось мне тогда, прелесть иного мира мелькнула передо мной и сгинула в то время, когда ни о какой прелести мира нельзя было помыслить; и была теплота человека, на секунду склонившегося ко мне, когда кругом было так холодно и уныло, и люди боялись друг друга и не верили друг другу. Его «здравствуй, Саша», его совет жить

Как птица или ветер,

ничего не бояться, завернувшись в двухтысячелетний, то есть христианский, наш, хоть и разодранный надвое, плащ, остались со мною во всю мою парижскую жизнь. Не скрою, самая память о лице его, голосе за эти годы выцвела, потеряла свою детскую силу, Но все, что пробудилось когда-то от этого лица, от этого голоса, было живо, еще существовало, еще иногда цвело во мне.

Оно не обладало ни твердостью, ни постоянством; в моей маленькой неуютной душе оно иногда не появлялось неделями, потом внезапно, без всякого видимого повода укалывало иглой, или начинало слабо, как-то лунно маячить в мыслях, потом пропадало. В какой-нибудь особенно одинокий вечер, когда рядом со мной, широко открыв глаза и все время разговаривая сам с собой, крепко спал папа (он теперь иначе не спал), а за стеной совсем уже седые, плешивые, беззубые, хриплые, пели и пили Варварины гости (водка, гитара, какие-то прежние, свои женщины, некоторые давно бабушки), в какой-нибудь святочный вечер, или позже, весной, оно налетало, разматывалось, колдовало надо мной, оставляло в блаженном оцепенении, близком слезам.

Был конец августа 1939 года, и из нас троих в это время работала только я одна. Отец целыми днями сидел за столом и раскладывал пасьянсы, переходил по комнатам, держась за стены, остановившимися глазами смотрел и не видел, слушал и не понимал. Найдя вчерашнюю газету где-нибудь в углу, он долго читал ее, потом говорил, едва собирая слова: «Нельзя уступать, придется воевать, все пойдем, главное — твердость показать». Варвара, что-то бормоча, чинила и штопала, стирала и готовила — в августе она всегда оставалась без работы и никогда не могла с этим примириться, все роптала, все проклинала лето, свою никому ненужность. Штраусовский вальс гремел в радио; было жарко, скучно, пыльно в опустелом городе, а я все стояла и гладила, стояла и гладила у белой стены, у белого стола, в белом своем фартуке, в ряду таких же, как я, старых и молодых, одутловатых и худосочных, молчаливых и болтливых гладильщиц, получающих, как и я, по четыре франка в час. Время остановилось. Теплый дух подкрахмаленного полотна неподвижно стоял между нами. Жар печки, на которой грелись утюги, красный жар наших лиц, шипение утюгов, быстрый стук их на краю доски, а в минуту тишины тиканье стенных часов у хозяйского места — все это было неподвижно, неизменно годами — назад, вероятно — вперед. В половине седьмого вечера начиналась уборка прачечной, в семь часов мы уходили домой; шатаясь от усталости, волоча опухшие ноги, проходила я те несколько сот шагов, которые отделяли меня от дома. А из фабрики колбасных кишок мне навстречу валили женщины, и каждая была чем-то похожа на меня, так мне тогда казалось.

Они валили мне навстречу в тот день с особенными, с измененными страхом и злобой лицами. Из маленького кафе рычало радио, но никто не останавливался, чтобы послушать его, каждый и сам знал уже все, что должно было случиться. «Опять она» — говорил кто-то, свесившись из окна на улицу, и тот, что стоял под окном, отвечал: «Опять она, и все сызнова». Растерянность мужчин и ужас женщин делали всех похожими друг на друга; старых выбрасывало обратно в жизнь, и они молодели от прилива чувств; молодых увлекало отчаяние, и осунувшиеся, потемневшие лица их казались постаревшими. Жаркий вечер остановился над городом и не дышал, и в нашей улице в медленных сумерках кто-то громко плакал в подворотне большого серого дома.

Вечером, после обеда, я опять вышла на улицу, и так три вечера — до самого воскресенья — я выходила бродить. На углу улицы Вожирар под тремя растущими там платанами (собирались разбить сквер, но раздумали) толпились до ночи кучкой Варварины друзья и тихо разговаривали по-русски: Муся Мещерская, Петров, фон Моор, дядя Дрозд в синем комбинезоне, мадам Чурчуразова со своей слабоумной дочерью (обе простоволосые и в шлепанцах), Вася Востроносов, Петя

179

Полешатов и другие, тоже все не то помолодевшие, не то постаревшие, называвшие друг друга, по старой памяти, уменьшительными именами, а меня звавшие Александрой Евгеньевной, будто я была другого полку. Три вечера стояли мы там, а в воскресенье я, сделав круг по рыдающим, по стонущим и кричащим улицам, попала на вокзал, где никто никого не слушал, никто никому не отвечал и люди, пьяные от горя, давили друг друга в движущейся тесноте и прощальных объятиях, набиваясь в тяжелые поезда.

А небо было все то же, то же. И такое у меня было тогда чувство, будто не вперед перелистнута была страница в тот вечер, но будто кто-то отхватил полкниги назад, с шорохом перехлестнул лет двадцать пять с лишним и тяжелой рукой повлек всех нас в какие-то давно минувшие, страшные и скучные повторения. Это была западня, в которую мы попадали опять, дверца захлопнулась, безвыходное положение остроглазых, быстроногих мышат — вот только что было возможно и то, и это, а сейчас все кончено — задавило, пришибло, прихлопнуло.

Я была, как все в ту зиму, то есть особенно ни на что не надеялась, замерла в полном и одиноком своем безразличии. Откладывать мне приходилось все меньше: я теперь была единственной добытчицей в доме: отец болел, Варвара почти не ходила поденно, старела, бывала слишком занята и отцом, и домом. Я, как истинный кормилец семьи, приходила с работы на все готовое. Да и какая же могла быть теперь Италия? Какие вообще могли быть мечты? Они хирели в безвоздушном пространстве моих постоянных сумерек. На два десятка лет хватило мне полудетских раздумий; когда Ариадна ушла от нас и с того дня как я больше не видела Самойлова, словно погасла какая-то звезда, и вот столько лет до меня еще доходил ее свет из необъятного далека. Теперь я знала, что по тому точному закону, по которому все кончается, этот свет погаснет.

В самые дни июньской катастрофы умер папа, словно не мог перенести событий, хотя что был он им и что были они ему? Тогда я вынула из кулинарной книги запрятанные деньги. Около половины всего, что там было, ушло на его похороны. Варвара с горячим, опухшим лицом, растрепанная, неумытая, стояла тут же и в протянутую руку принимала мои бумажки, онемев от изумления. Потом она села на мою постель и залилась слезами — но уже не об отце, а обо мне, как я поняла по ее, в рыданиях завязшим, словам:

— Копила! Она копила! Откуда такое благоразумие; Как воли-то хватило? Сама без шубы зимой, в отпуск не едет, а откладывает... Да что ж ты, француженка, что ли? Откуда это в тебе? Вот оно, поколение-то новое, машины, не люди, никаких страстей, никакого безумия, один рассудок, расчет... А мы-то, мы-то! Да, можно сказать, красиво жить умели, о завтра не думали, с двух концов жгли... В сберегательную не носили... Нынешние не то, умеют «про черный день»... Я в твоем возрасте только хвостом вертела. Ну, зато и отца похоронишь не в общей яме. Она копила! Нет, ты послушай, Евгений, друг ты мой, Саша-то наша деньгу копила!

И она с воем пошла к себе в комнату, где теперь лежал покойник, и там продолжала говорить, сморкаясь, пока не подошло время заняться каким-то делом.

Он лежал в солнечном луче с чем-то благородным в лице, чего ему всегда как-то не хватало, со светлой каемкой между век и туго подвязанным ртом. Ноги его тоже были связаны, и перевязаны были похожие на плавники руки, и от этого казалось, что весь он спеленут, как мертвецы древности. «О дочь моя, Корделия!» — прошептал он мне накануне вечером, и от этого воспоминания я заплакала, потому что каждый раз, как он это говорил, я знала, что он вспоминает Ариадну. На его мертвой груди мы нашли крестильный крест и стертый медальон, а в медальоне две фотографии — моей матери и Ариадны, вероятно, вставленные сюда еще в России. Я надела медальон на себя, а заодно и крест, и несколько дней было неудобно, потому что все это цепляло за лифчик.

Похороны его были совсем особенные: ярким солнечным утром явились дроги с клячей и двое служащих бюро. Погрузив гроб на дроги с помощью консьержа, оба служащих сели спереди и предложили нам с Варварой сесть сбоку, что мы и сделали. Мы ехали трусцой, держась за гроб и подбирая ноги, и все время благодарили Бога за то, что так все устроилось. На улицах Парижа не было никого, если не считать германских часовых. Я почему-то особенно хорошо запомнила площадь церкви Монруж, где ни вправо, ни влево, ни вперед, ни назад не было ни одного человека. Авеню дю Мэн была пуста до самого горизонта, авеню д'Орлеан была совершенно чиста. Все двери, все лавки были закрыты. Мне показалось, что в некоторых окнах стояли люди и показывали на нас пальцами. У Орлеанских ворот переминались с ноги на ногу два немецких солдата в полном боевом облачении, они спросили у нас пропуск, после чего мы опять затрусили дальше, а внешний бульвар вправо и влево напоминал своей полнейшей безлюдностью фильм, виденный мною много лет тому назад: какой-то ученый напустил на Париж внезапный сон, все остановилось, и только на верхней площадке Эйфелевой башни уцелели какие-то влюбленные.

Перерыв в прачечной продолжался ровно одиннадцать дней, после чего все началось сызнова, с той разницей, что теперь стирали не на частных клиентов, а на немецких солдат; мыло и щелок доставлялись по ордеру, как и топливо, а белье привозилось и увозилось на грузовике.

Мы вдвинулись в зиму без хлеба, без сала, без шерсти, без угля. Несложные предметы домашнего обихода вокруг нас постепенно начали портиться и ломаться, а заменить их было нечем. Перестали зажигаться спички — как было когда-то в России — признак надвинувшейся беды.

Теперь мы были вдвоем с Варварой, и когда я приходила вечером, на трехногом нашем столе, на кухне, было поставлено два прибора. Мы садились друг против друга, она — полуседая, тяжелая в своей хромоте, до сих пор темным карандашом подводящая глаза, начинающая стыдиться своих безобидных страстишек: выпить, покурить, посидеть при темном абажуре вечерок вдвоем с фон Моором, совсем лысым и очень обтрепанным; и я — худая, но широкая в кости, с неопределенного цвета волосами, грубо скроенным, несимметричным лицом (левая сторона чуть меньше правой), всегда в одной и той же темно-зеленой юбке и серой кофточке, листающая какую-нибудь библиотечную книжку (Варварин вкус — роман из жизни графьев и князей) или тасующая старую колоду карт — успеть разложить единственный известный мне пасьянс, пока не пришли Петров и фон Моор и не сели в дурака.

Темными, толстыми пальцами, распухшими от холода, но все по-прежнему далеко отставляя мизинец, Варвара держала чашку какого-то подозрительного напитка, слегка пахнущего ромашкой и перцем, сахарин шипел в нем, потому что был на соде, а небольшие, дурно нарезанные ломти черствого хлеба, намазанные яблочным повидлом, дополняли угощение. Обычно все жались в крошечной кухне, где было теплее, потому что был газ, и тут же, когда гости уходили, мы раздевались, кое-как мылись над серой раковиной и бежали каждая к себе в ледяную постель, где каталась под одеялом горячая бутылка. Гости выходили на темную лестницу, чиркали спичками, хлопали себя по бокам, ища карманный фонарик, и, найдя, убеждались, что батарея опять не горит — свойство всех батарей, лампочек, зажигалок в грозные времена. Они выходили в черный, без единого света мрак улицы, в осеннюю городскую ночь, которая была как ночь в лесу или поле — ни огня, ни голоса, ни тени. Когда бывала луна, люди подбадривались, шагали крупно, ликуя переходили мостовые; когда шел дождик, то не было слышно встречных, и, бывало, двое сталкивались грудью, отвратительное чужое тепло касалось лица, чужая тяжесть задевала тело. Когда после Нового года выпал снег, то несколько ночей было светлее от белых плешин, от каких-то звездных отсветов. И надо было внушать себе, оступаясь о какие-то кучи, щупая углы домов, чтобы не просчитаться перекрестком, что это Париж — шелк, кружево и шампанское — а не Обоянь, не

Чебоксары между властью белой и властью красной, не двадцатый, а сороковой, сорок первый, сорок второй год, и земля по-прежнему вертится вокруг солнца.

И разговоры чем-то напоминали мое петербургское детство: если они были на высокую тему, то непременно о том, что девять десятых человечества всегда жило впроголодь и что, значит, должна была и для нас, парижан, настать уравниловка; если на низкую, то о том, где достать масло и когда начнут выдавать картофель? Развязывались с легкостью узы, до того казавшиеся нерасторжимыми; слово «арест» ходило наравне с мелкой разменной монетой, и в этой расшатанной, голодной и холодной жизни умирал для меня всякий свет памяти, всякий свет надежды.

Многие в ту зиму уехали — кто куда — устроились на работу в Германию, бросились сражаться в Россию, незаконно бежали на юг. Ни Муси Мещерской, цыганки в длинных серьгах, ни Пети Полешатова, скучного и прожорливого враля, ни дяди Дрозда, георгиевского кавалера и шофера, больше среди нас не было. Продолжали ходить Петров да фон Моор, оба служившие в починочной мастерской при немецком гараже, приносили то кочан капусты, то кило сахару, то просто фальшивую хлебную карточку, и за все это платила я, а когда не хватало жалованья, вынимала заложенные в кулинарную книгу деньги.

Варвара хромала из кухни в комнаты, обсыпая папиросным пеплом постную запеканку из брюквы. Тут же в кухне висела гитара, которую Петров любил держать в руках, — играть он на ней не умел. Все трое, сидя на жидких стульях вокруг стола, в масляно-коричневых стенах, потчевали друг друга «натуральным винцом», хрустели соленым огурцом, выпивали по восьми чашек чаю. Она, попив и покурив, игриво смеялась, они называли ее Барбишончиком, как сорок лет назад, кажется, ревновали ее друг к другу, во всяком случае, обнимали ее по очереди за талию, жали ей под столом ноги, целовали толстые, грубые пальцы. Фон Моор имел на нее заметно больше прав, чем Петров. Между ней и фон Моором иногда вспыхивали многозначительные, страстные намеки, от которых мрачнел Петров и рвал гитарные струны.

— Подсаживайтесь к нам, честь и место, — кричали оба, а мне некуда было спрятаться в холодной квартире, и я шла к ним на кухню, потому что здесь было тепло. — Александра Евгеньевна, не осудите по молодости лет. Страсть есть жизнь, как сказал один испанец.

И я садилась между ними. И Петров, маленький, тощий, но ужасно толстогубый, с совершенно желтыми, как подсолнечник, глазами, целовал меня в плечо, изображая пьяного, а Варвара, млея, ударяла его по руке крепко надушенным, не совсем чистым платком.

Две бутылки стояли на столе. Под них Варвара любила

подкладывать старые конверты, для сохранения чистоты клеенки в цветах. Но на этот раз под бутылкой красного бордо простодушно было подложено нераспечатанное письмо на мое имя, и я увидела его, уже порядком залитое вином.

— Прости меня, Саша, виновата, виновата, — закричала Варвара, — с третьего дня лежит, под хлебом запряталось. Все забывала сказать.

— Из газового общества? — поинтересовался фон Моор и громко захохотал.

— От налогового инспектора, — ответил ему Петров и услужливо подал мне грязную вилку, чтобы вскрыть конверт.

Письмо было совсем коротенькое. Чем дольше ждешь, тем письмо бывает короче. Собственно, оно должно было бы состоять из одного только обращения: ведь столько лет...

«Дорогая Александра Евгеньевна, я хотел бы с Вами встретиться. Давно знаю, что вы тоже в Париже, один раз даже мельком видел Вас (года два назад). Однако не знаю, как Вы ко мне относитесь, может быть, не совсем дружески? Буду Вас ждать в ближайшую субботу в кафе у Вас на углу, часов в девять. Расскажу Вам кое-что. Есть у меня до Вас маленькая просьба — дело моей совести. Впрочем, Вы, может быть, не помните меня? Я — муж Вашей сестры, Ариадны, Сергей Самойлов».

Перечитав это письмо десять раз сряду, я поняла две существенные вещи: первая, что Ариадны с ним больше нет, вторая, что он давно в Париже, но ни разу до сих пор не вспомнил обо мне.

С письмом Самойлова в руке я вышла из кухни, прошла в комнату и там, в темноте и холоде, просидела довольно долго. Меня поразило то, как я начисто лишена каких бы то ни было предчувствий. Казалось бы: стужа и мрак; полуголод, полутеррор; не зажигаются спички; с весной начнет трава расти на улицах. Кому же явиться, как не ему для дополнения картины? А письмо было такой неожиданностью для меня. И я включила радио, совсем тихо, не видя покрутила стрелку. И вдруг кто-то нежно и со всем убеждением, на который способен человеческий голос, сказал:

— Ты здесь еще? Ты все еще здесь? Но, клянусь тебе, там ждут тебя, там все готово к твоему приезду. Сейчас в садах цветут апельсиновые деревья, морское дно видно из окон белой виллы. И, знаешь, вечером по саду летают темно-синие стрекозы, каких ты никогда не видела. Пора тебе туда, пора!

Мгновение тишины; гром аплодисментов и, кажется, тяжелое шуршанье падающего занавеса.

Два года назад он видел меня, но с тех пор ни разу не подумал обо мне.

Но зачем ему было думать обо мне? Зачем вообще было

184

помнить о том, что у его тоненькой, светлоглазой, сумасбродной жены были где-то когда-то родственники — сумасшедший отец, принявший его в штыки, и неизвестных лет не то брат, не то сестра, которых сама Ариадна легко бросила, на письма которых не отвечала и которые в ее жизни никогда никакой роли не играли — люди другого мира, и их, вероятно, покоробило бы, если бы они узнали, что Ариадна стала маленькой актрисой, игравшей сначала разные иностранные пьески с претензиями, а потом — романтические доморощенные агитки; что они оба шатались по театрам сперва Петербурга, потом — Крыма; она все стремилась к Таирову, но так выходило, что в Москве им не было места и они несколько лет прожили в Симферополе и там играли, пока Ариадна не заболела брюшным тифом и не умерла. Он тогда (это было в 1928 году) перебрался в Тверь, к сестре. Здесь его и арестовали по какому-то заводскому делу, в котором был замешан муж сестры. В тюрьме он просидел недолго, всего четыре месяца, и был даже суд, после которого его сослали на Беломорский канал, и там он встретился с настоящими политическими ссыльными, преимущественно сектантами — беспоповцами и субботниками. И однажды, по снегу, лесом, карельским девственным бором, перешагнув через Мурманскую дорогу, мимо озера такой красоты и неподвижности, что, собственно, надо бы туда когда-нибудь непременно вернуться, мимо пограничников в шлемах — а издали казалось, когда он хоронился в сугробах, что у них песьи головы и загнутые шашки торчат из-под длинных шинелей, как песьи хвосты, — мимо всего этого, из сугроба в сугроб, с краюхой краденого хлеба за пазухой, до одной избушки на курьих ножках, с веселыми наличниками, с киноварью и суриком расписанной дверцей, с синим дымом из лакированной трубы, на которой щелкал флажок — полицейский финский участок, а вы думали — игрушечный домик, где живет пряничный карлик из сказки?

Два года Гельсингфорса и пять лет Берлина, сначала грузчиком, потом фокусником, потом шофером, потом гримером. Я переехал в Париж, но на всю жизнь здесь не останусь, нет, нет. И, может быть, уеду очень скоро, здесь мне делать нечего. Куда? На восток, на восток, конечно: не люблю океанов, не люблю островов — люблю твердую землю. Я потому и поспешил... то есть я мог бы и раньше, но не было такой настоя... настоящей необходи... — Тут только я заметила его манеру говорить, не кончая слов. — Я объясню вам сейчас причину. Это для меня так важно. Это просьба... это...

Он крепко обнял и сжал маленький круглый столик, на котором стояло наше пиво.

Он был когда-то некрасив, бледен, красионос, производил не очень молодое впечатление; улыбка беззубого рта безобразила

185

его. Таким он остался навсегда, и умные, блестящие глаза его смотрели тем же прямым взглядом мне в душу.

Но кроме того, в облике его оказалась та русская потрепанность, которую я так хорошо знала, особая потрепанность, которая началась с нашей заграничной жизнью и кончится с нею. Она обошла, как рок, только малое число весельчаков и разбойников, сроднившись со всеми остальными, с их блестящими спинами, душными подмышками, вытертыми обшлагами, истертыми галстуками, серыми носовыми платками. И не имело значения, что Самойлов был более похож на актера и комиссионера, чем на бывшего офицера и каменщика, эта потрепанность его была та же, что и потрепанность Варвари-ных знакомых.

— Я смотрю на ваш серый свитер, — сказала я, — и мне кажется, что это тот же самый, что и тогда. А «Дырявый плащ» помните?

Он помотал головой.

— Я никогда никакого плаща не носил.

— Я и не говорю, что носили, вы сочинили его. Помните, там было про Дон Кихота и Лира?

Он внимательно посмотрел мне в лицо, и вдруг что-то прошло в его взгляде, что-то блеснуло в памяти.

— Это не я, это Звонков придумал. Был у меня такой товарищ, он в ссылке умер.

— Да нет же, это вы, я наверное знаю. Неужели вы забыли? Такая немодная была пелерина, и ее уже поздно было штопать.

— От нее сейчас осталась одна дырка, — усмехнулся он.

Мы замолчали оба. Я думала об Ариадне, о ее прозрачном лице, о груди, которая светилась, когда она купалась в тазу. О том вечере, когда она ушла от нас, завязав ленты капора и взяв какой-то узел на руку бабьим извечным движением. И я думала о Самойлове, о том, что он на две трети прожил свою жизнь, что это свидание имеет для него какой-то важный смысл, и еще о том, что, глядя на меня, он меня не видит.

Я никогда не волнуюсь, я очень спокойная, но в тот вечер я волновалась ужасно, будто что-то могло зависеть от этого свидания. Из-за этого волнения я так плохо слушала его. Припоминаю слабый свет лампы в вонючем кафе, пятна сырости по стенам и его, конечно, оказавшегося куда меньше ростом, чем я думала: в детстве он казался мне высоким.

— Я вызвал вас сюда по очень важному для меня делу, Александра Евгеньевна. И важному, и спешному, — повторил он, улыбнувшись во весь рот. — Я хотел бы попросить прощения у вашего отца. Так-таки прощения, как бывает, когда люди каются. Вы могли бы помочь мне в этом?

Вероятно, лицо мое выразило удивление.

186

— Я перед ним очень грешен, очень виноват. Я у него дочь увел, хуже чем украл, почти что убил. Меня это чем дальше, тем больше мучает.

Тогда я расхохоталась ему прямо в лицо.

— Вы верите в эти глупости? Да вы с ума сошли! Неужели есть люди, которые верят в эти глупости?

Он отпустил столик, который все время держал.

— Не знаю, что вам ответить на это, — сказал он. — Быть может, надо бы промолчать. Или сказать, что есть, есть такие люди, которые верят, напрасно, мол, вам кажется, что их нет. Да ведь вы и сами знаете, что их не так мало. Я думаю, между прочим, что если бы их вовсе не было, в мире было бы очень неуютно.

— Почему?

— А вы представьте себе: вот вы встаете однажды утром, день как день, дождик идет, и вдруг вы узнаете, что то все отменено, что касалось там всяких глупостей, но не так, как в России, где только всего и сделали, что из тысячи церквей оставили одну, а попов отдали в арестные дома. Нет, отменено временем, веком все, связанное с совестью, с сознанием греха, с «блаженны плачущие». Секрет утерян. Остались, так сказать, только права человека и гражданина, да уголовный кодекс. И никто больше ни в чем не сомневается, никто не молится. Вам не было бы страшно?

Я неподвижно молчала.

— Подумайте и скажите. Я ведь знаю, вы, наверное, никогда, никогда...

— Вот именно, — перебила я его, — даже к заутрени. Я потянулась к старенькому, вытертому портсигару, из которого он только что закурил, и вдруг почувствовала, что солгать не посмею.

— Да, это удивительно, но мне стало бы не по себе, — сказала я, — да, мне стало бы неуютно, если бы т о совсем кончилось.

Он едва услышал мой ответ. Какая-то новая мысль овладела им.

— Есть ли у вас кто-нибудь очень близкий, очень дорогой? Нет? Совсем никогда не было? Ну, тогда подумайте о вашей матери. Вы ведь помните ее? Представьте себе, вам скажут, что она была богохульницей, богоотступницей, — ведь это все равно что узнать, что отец был безносый. Вы смеетесь? (Я не смеялась.) Отчего это каждому человеку хочется, чтобы мать у него непременно в какой-нибудь церквушке «припадала», чтобы она, так сказать, за него умела замаливать? И потом, на том свете, тоже немножко...

Я молча пожала плечами.

— Вы знаете, самый холодный, как камень холодный человек хочет, чтобы возлюбленная его умела с Богом поговорить и его детей бы этому учила. Я одного такого знал в тюрьме, ему сектант один Евангелие подарил, а он взял да Евангелием этим мышь

187

убил: боялся мышей, ночью слышит шорох, вскочил, бросил в мышонка Евангелием, на месте пришиб.

Он перевел дыхание, выпил пива.

— Удивительно, — сказала я, опять подняв и опустив плечи, — удивительно, Сергей Сергеевич, что вы о таких вещах думаете, о таких вещах говорите. И каяться хотите. Только отец мой...

Но он перебил меня.

— Я встречал на севере, в лагере, таких людей, таких... Я мог бы рассказать вам...

Но в маленьком кафе, где мы оба сидели, поднялось какое-то беспокойство. Искали чей-то зонтик. Нам тоже пришлось встать. Гарсон ползал на четвереньках под лавки, лохматый пес, дремавший у потухшей печки, заворчал, открыл гнойные глаза, и колыхнулась занавеска над дверью, не пропускавшая на улицу сиреневый свет ламп (старое, рваное биллиардное сукно), выпустив и впустив кого-то. Здесь пахло винной отрыжкой, как во всех маленьких грязных парижских кафе, и ноги мягко шлепали по сырому мусору давно неметеного пола. Куда ни глянешь — глаз всюду встречал какие-то сырые тряпки, которыми время от времени все тот же гарсон вытирал в углах откуда-то набегавшие лужи.

Как иногда бывает, я слушала его голос и не слышала его слов. Я смотрела ему в лицо, видела, как в какую-то минуту рассказа, вероятно, решительную, он сделал остановку и провел обеими руками по щекам. Я слишком была растревожена этой встречей. Я думала опять об Ариадне, о Симферополе, о том, что там есть кладбище, а на этом кладбище — ее могила. Внезапно я прислушалась. Самойлов говорил о каких-то двух женщинах, которых он знал на севере, на лесозаготовках.

— ...и тогда главный начальник — зверь и палач — велел им прийти. И он спросил их: черт побери, отчего вы всегда такие покорные и всему радуетесь, и не боитесь двойной нагрузки, и паек свой отдаете, и всякое глумление переносите, и вот у вас сквозь лохмотья тело сквозит. Отвечайте, сволочи! И они ответили: оттого, что мы верим в Господа нашего Иисуса Христа...

А руки у Самойлова были большие, худые и чистые, с тонким обручальным кольцом на безыменном пальце, и я думала: откуда это кольцо? И что он вообще делает? Где живет? Он рассказывал о каком-то Владимире Борисовиче, студенте Духовной Академии, который с 19-го года ходит по сибирским лагерям, и я только и успела запомнить из всего рассказа это ничего не значащие имя и отчество, потому что Самойлов говорил теперь все быстрее, тайно и глухо разгораясь, сыпал слова перед собой, бежал по ним, пробегал обратно, иногда оставлял их наполовину непроизнесенными. Лицо его было худощавое, совсем мне чужое. Сейчас же над ухом начиналась редкая проседь.

188

Он остановился внезапно на какой-то невидимой точке.

— Ну, это так, к слову. Многое я тогда видел... Теперь о другом, я вас, наверное, задерживаю? Вы, наверное, заняты? Нельзя ли мне увидеться с вашим отцом? Я хочу, я должен просить у него проще...

Я ответила:

— Отец мой умер.

Он остался неподвижно сидеть, только лицо побледнело немного. И я поняла тогда, что по глазам его, по умным, ярким глазам, ничего нельзя узнать, что он думает, что чувствует.

— Вот как, — сказал он медленно и тихо. — В таком случае, простите, что зря вас побеспокоил.

И это было все. Он сложил горкой мелочь — за выпитое пиво, его и мое. Рукопожатие наше было сильно и кратко, после чего он пошел налево, а я направо. И было так темно, что никто не мог видеть наших лиц.

Все было мне понятно: ему нужно было видеть меня, чтобы окончить дело своей совести. Он колебался долго, он, может быть, много лет мучился этим грузом, возможно, что перед каждой исповедью, — потому что он наверное занимается таким делом. Если бы мой отец был жив, Самойлов, вероятно, пришел бы к нам, — и кто знает! — мы бы еще разок могли поговорить на разные темы. Я, может быть, рассказала бы ему о себе, о знакомых прачках, о скопленных деньгах, о поездке в Италию, которая, конечно, никогда не состоится. Он бы посидел вечерок с фон Моором... Но папы не было больше, и он зря потерял время со мной. И я не сказала ему, что он учит меня в жизни тому, чему не могли научить ни прачешное заведение, ни ротмистр Голубенко.

Он зря потерял вечер с совершенно посторонней особой, о которой он не знал решительно ничего и которая ему была никто. Его жизнь с Ариадной, вероятно, представляется ему сейчас юношеским грешком, не более. Бог ему судья. Его Бог. Может быть, скажут, что люди меняются? Нет, люди остаются те же. Он тот же, и я та же, и даже рассказы его звучат продолжением прежних выдумок.

В кухне на этот раз было чадно и дымно, потому что Варвара пекла блины. Петров, фон Моор и вернувшийся в отпуск из Бретани Вася Востроносов (шрам в пол-лица, помнит Каледина) сидели там и уже тянули по третьей. Я сейчас же села с ними, меня стиснули, я выпила и вот уже хохотала, глядя, как фон Моор навинчивает блин на вилку. И когда я хохотала так, я слышала сама, что мой смех начинает походить на плач — точь-в-точь, как у папы и Варвары, это у нас семейное. Я вспомнила про пасьянс, который тоже перешел ко мне по наследству, и от смутного чувства, что бессильна что-либо поправить в своей жизни, стала хохотать еще громче. Но лучше было так смеяться со всеми вместе,

189

чем плакать одной в нетопленой всю зиму комнате, под тонким, полосатым одеялом, в жесткую подушку. Ведь это была и есть моя жизнь.

Вещи вокруг нас делаются все более хрупкими. Каждый предмет — единственный и другого больше не будет. Люди делаются все прозрачнее, и когда уходят, то кажется, что они вот-вот вернутся. Все пропадает: хлеб, бумага, мыло, нитки, керосин и золото. Пропадает пропадом мир, и в этом всеобщем пропадании уже не от звезды, давно угасшей, а от какой-то новой дрожащей звездной туманности тихонько опять сияет для меня какой-то благословенный свет.

Я не могу объяснить, когда и каким образом появился он снова, у меня нет уже прежней зоркости, детской безошибочной чуткости, того нюха, которым я когда-то была наделена, но я знаю, что в нашей черной жизни, телесно слабея, тупея, старея, я с какой-то особенной силой, с особенным жаром опять ловлю его, и то, что оживает наперекор всему (как и двадцать лет назад) внутри меня, можно бы назвать — очень приблизительно и тяжеловесно — исканием высоты, жаждой мудрости, любви, правды, причем все эти слова не значат разное, они части чего-то одного, бесконечного, вокруг которого я хожу, не видя его. Какая высота может ожить там, где именно бедность и пошлость делают ее невозможной? Какая мудрость в моей службе в прачешной и в вечерах, проводимых на теткиной кухне? Где в моей жизни любовь, до которой мне никогда не было дела? И неужели может меня коснуться правда, о которой я никогда не задумалась? Но как двадцать лет назад, бесплодная восприимчивость моей души снова обостряется, как, может быть, ей суждено обостриться всего два-три раза в жизни человеческой. И я невольно начинаю думать, что когда-нибудь, году может быть в шестидесятом, мне будет еще раз положено испытать что-то подобное.

Но где тогда будет Самойлов и каким именно образом подаст он мне знак?

1941—1942

Мыслящий тростник

1

В жизни каждого человека бывают мгновения, когда внезапно и без всякой видимой причины захлопнувшаяся было дверь вдруг снова приоткрывается, решетчатое окошко, только что опущенное, приподнимается, резкое, как будто бы окончательное «нет» превращается в «может быть», и в эту секунду мир вокруг нас преображается и мы сами, как новой кровью, наполняемся надеждами. Дана отсрочка чему-то неотвратимому, окончательному; приговор судьи, доктора, консула отодвинут. Чей-то голос объявляет нам, что не все потеряно. И на дрожащих ногах, и со слезами благодарности мы переходим в следующее помещение, где нас просят «немного обождать», прежде чем столкнуть в пропасть.

Так было и со мной в тот вечер, когда я стояла рядом с Эйнаром в хвосте перед посадкой пассажиров, увозимых автобусом на аэродром Бурже для полета в Стокгольм. Он уезжал, я оставалась. В толпе, на темном парижском перекрестке (было 2-е сентября 1939 года), в девять часов вечера, кроме меня, провожающих не было — им всем велели остаться в зале, уже завешенном черными шторами. Там были прощания, объятия, даже слезы и, как полагается, отцепление детских рук от чьих-то рукавов и карманов. Я вышла с Эйнаром, почти машинально, через вертящуюся дверь. В одной руке он держал толстый портфель, в другой — кожаный несессер. Через его правую руку было перекинуто пальто. Моя рука держала его пальцы под этим пальто, и я касалась холодного замка несессера. Время от времени Эйнар взглядывал на меня. Лицо его в полумраке казалось чужим, усталым, расстроенным, пропали твердые очертания скул и подбородка, которые я так любила; в глазах было беспокойство, и рот был полуоткрыт. «Он некрасивый», — подумала я и почувствовала, что слезы сейчас брызнут у меня из глаз, и не будет голоса ему сказать: «Я не знала, что ты такой некрасивый». С билетом и документом в руках пассажиры поднимались в автобус. Эйнар перебросил пальто на левую руку, я сняла свою, подхватив несессер. Он протянул документы.

— А вы? — Я молчала, я боялась своего голоса; каждому было ясно при взгляде на меня, что в Стокгольм я не лечу.

— Хотите прокатиться в Бурже? — спросил меня служащий в форме.

191

— Я...

— Полезайте, не задерживайте других.

Этим словам я и сейчас не верю. Возможно ли, что такое действительно произошло? Почему именно на мою долю выпало это? Я ни о чем не просила, да и разве кому-нибудь могла прийти в голову мысль просить чиновника о чем-либо подобном? Я вскарабкалась по ступенькам, мы молча (Эйнар впереди, я — за ним) прошли к последним местам и сели. Он обнял меня за плечи, и я замерла у его плеча, у его груди, которая была такая широкая и спокойная и где билось сердце Эйнара, которое я слушала все мои последние бессонные ночи.

Автобус медленно наполнился; в окно было видно, как сновали носильщики, грузя чемоданы на крышу. Над нашими головами гремели шаги, кто-то темный подбежал к одному из окон, спросил что-то, и из автобуса ему ответил голос по-шведски. Шофер в белой фуражке прошел по проходу и по пальцам пересчитал сидящих, пропустив меня. Включили мотор, захлопнулась дверь. Несколько человек выбежали из зала и замахали платками, и мы медленно двинулись. Я еще теснее прижалась к Эйнару. «Ты сейчас некрасивый», — наконец выговорила я, и вдруг мне захотелось смеяться. Он, вероятно, подумал, что я плачу, и пальцем провел по моим векам. Я схватила его руку и прижала к губам его ладонь. Эти минуты были мне подарены! была пожалована отсрочка! Один час всего, но как в те мгновения это показалось много.

Темный Париж, мертвый Париж, но не черный в ту ночь, а какой-то темно-зеленый, весь город, и небо над ним, и река, и то, что было внутри автобуса, — все было темно-зеленым, бутылочного цвета: наши лица, и лица других пассажиров, и здание Большого Дворца, мимо которого мы прогремели, были окрашены одной краской, толстое темное стекло заключило нас в себе, его и меня, город вместе. Эти улицы, которые мы оба так хорошо знали и которые теперь бежали мимо нас, принадлежали к странному темно-зеленому миру, в котором и Эйнар, и я были вместе; и тут выяснилось, что о многом мы еще не сказали друг другу ничего в спешке последних дней, особенно же этого последнего дня; мы столь много недоговорили, и нашего с ним общего, и мирового, связанного с войной и будущим — опять же мировым и нашим, и вообще мы как будто еще и не начали ничего, мне показалось, что у нас с ним вовсе нет и не было никакого прошлого, а о будущем и говорить нечего — призрак впереди, призрак позади, мы оба — призраки, и все вокруг — призрачно, и только всего и есть реального, что эта сила, которая разъединяет нас: сейчас ты здесь, со мной, сейчас мы вместе, а через час — тебя здесь нет, и ты один, и я одна, и ничего вообще нет, что соединяло нас, кроме разве что мысли — твоей обо мне, моей — о тебе.

— Ты и Париж, — говорил Эйнар, но что именно он говорил, я не слушала. — Обещай мне... — О чем он? Он знает, что я обещаю ему все, о чем он ни попросит. Может быть, и мне сказать: обещай мне. Еще есть время. Потом.

— Париж, и ты, и все, что было, — и опять он говорил что-то, чего я не могла воспринять разумом, зная, что, собственно, надо бы сделать усилие, что другого случая не будет — завтра не будет, и послезавтра не будет, и через год, может быть, тоже. Дальше я не умела заглянуть. Бутылка темно-зеленого цвета и толстого стекла, в которую я попала (и из которой он сейчас выйдет), долго не разобьется, настанут осенние и зимние дни, черные военные ночи, когда я буду одна.

— ...и в постоянной опасности, — говорил Эйнар, словно, как всегда, читая мои мысли, — с постоянной нехваткой самого необходимого; обещай мне...

И я, все держа его руку у своих губ, шепнула: ну, конечно.

Я помню раньше, много лет тому назад, я смотрела на Париж как бы отстранясь от него, с чувством отрешенности, холодка, с мыслью: «сколько здесь истории!» или: «сколько здесь красоты!» или даже: «сколько здесь природы!» (неба, птиц, цветов). Или: сколько здесь памятников и книг, могил и мраморных досок: «здесь жил такой-то». Но сейчас я смотрела на плывущие на меня деревья набережной и думала: «сколько здесь страдания было, есть и будет, и не только страдания вообще, но русского страдания, в общем русле которого и я нахожусь сейчас: от страданий Тургенева в квартире на улице Дуэ, и страданий Достоевского в гостинице на бульваре Сен-Мишель, через страдания давно забытого автора строк про реку, которая образовала свой самый выпуклый изгиб, и который покончил с собой здесь, еще до „той“ войны (могилу его я видела однажды, камень стоит прочно, но куст диких роз совершенно завил его), через страдание одного заблудившегося в европейских столицах художника (помнит ли кто-нибудь еще его имя?), который приехал и остался здесь, и говорил: проклинаю, но остаюсь, — пока не проглотил какие-то порошки и его, как это иногда бывает, не откачали, — вплоть до моего самого маленького и самого большого страдания сейчас, когда мы поднимаемся к Опере.»

— А ведь тут подъем, ты чувствуешь? — сказал Эйнар. — Я никогда не замечал, что тут подъем, а уж как эти места знаю!

Все было мертво. А еще вчера вечером все здесь гремело и сияло в огнях и темно-зеленый мрак был новостью для этих улиц, и зданий, и неба, и мостовой, которые столько лет для меня были цвета сирени и мальвы.

— Все другое сегодня, — сказал он опять, совсем тихо, —

смотрю на тебя и смотрю в окно, и не верю, понимаешь, не верю, что всему этому наступает конец.

Он посмотрел мне в глаза и улыбаясь спросил:

— А какое об этом есть стихотворение?

Это он смеялся надо мной: он говорил, что по-русски непременно на все случаи жизни имеется стихотворение.

— Одно уже было, — сказала я, — с тех пор, как мы отъехали. Но я тебе его не скажу.

— Нет, ты мне его скажешь!

— Это когда я сказала тебе, что я и не знала, какой ты некрасивый.

Мы замолчали. И Северный вокзал, темно-зеленый в темной зелени бульвара, остался позади.

— Когда ты приедешь в Стокгольм, — это была одна из его сказок, которые он мне иногда рассказывал. Другая была: когда мы поедем с тобой в Бразилию. И третья: когда мы вернемся в Россию. Русского языка он не знал, никогда в России не был, был коренным шведом, но отец его в молодости живал в Петербурге, говорил по-русски и теперь, вдовый, жил в своем доме с русской нянюшкой, каким-то не совсем понятным мне образом попавшей к ним в семью, с иконами и самоваром. На фотографии, которую я хорошо знала, он сидел, парализованный, в кресле, худой, длинный, его можно было принять за короля Густава, а рядом, чуть отступя, в платке и расшитом переднике, стояла грузная телом, но со сморщенным маленьким лицом нянюшка, подперев подбородок ладонью и опершись плечом о дверной косяк.

— Когда ты приедешь в Стокгольм, — говорил Эйнар, — и пойдешь гулять в королевский парк, ты увидишь в одном из окон дворца, левом верхнем, как кто-то как будто дирижирует одной рукой — это наш король вышивает крестиком.

— А когда мы поедем в Бразилию?

— Когда мы поедем в Бразилию, там необходимо будет осведомиться, существуют ли еще бриллиантовые россыпи, которыми владел отец моей матери. Одно время они приносили много денег, потом приносить перестали, а теперь они вообще, видимо, заросли бурьяном, давно ничего о них никто не слыхал.

— Ты уверен, что это в Бразилии, а не в Родезии?

— Так мне рассказывал брат.

— А когда мы вернемся в Россию?

— В Россию необходимо поехать из-за няни. Она из села Курганы Лукинской волости Весьегонского уезда. Ее надо туда доставить, она очень скучает иногда.

— Теперь волостей нет.

— Весьегонского уезда Тверской губернии.

— И уездов нет, ты ей скажи.

— А что же есть?

— Районы, области, республики.

— Хорошо, я ей скажу.

А широкая прямая дорога, вынеся нас из города, бежала под нашими колесами, и время тоже бежало, навстречу и мимо.

Северо-восток. Почему-то мне давно уже кажется, что северо-восток несчастное, грозное, зловещее направление. Пора доискаться, откуда это ко мне пришло. Аэроплан летит на северо-восток и не возвращается. Нет вестей с северо-востока. Враги приходят с северо-востока. Кто-то ушел на северо-восток, и больше его никогда не видели. Довольно! Останови мою мысль, пожалуйста, я не могу сама этого сделать. Поговорим о Бразилии, о Родезии. Или поговорим о войне.

— Она началась сегодня утром.

— Неужели только сегодня утром? Мне кажется, это длится уже так давно.

Две его руки, две мои, и все четыре крепко держатся друг за друга. Все равно не поможет. Пока мы качаемся в этом автобусе — да, а потом — нет. Осталось еще двадцать минут, может быть восемнадцать.

Рекруты толпой шли в полной тьме, и мы обогнали их, тяжело качнувшись на сторону, так тяжело, что я всем телом легла на Эйнара, и мы опять взглянули друг на друга.

— Не забудешь меня? — спросил он вдруг.

— Неподходящий вопрос, тебе не подходящий.

— Обещаешь?

— Обещаю. Что еще обещать?

— Все что хочешь. Я все возьму.

Он крепко прижал меня к себе. Больше мы не говорили. С автобуса мне сойти не позволили. Я прижала лицо к стеклу. Как когда-то писали в романах:

«Графиня полулежала на кушетке, а граф прижимался пылающим лбом к холодному стеклу...»

Синие фонари, точно громадные ночники, горели в темно-зеленой ночи. Не подводное ли это царство? Не затопило ли нас? Эйнар машет мне рукой, поставив несессер на землю, он — последний, все уже вошли в широкие ворота.

— Эйнар! — я бегу к выходу, чтобы выскочить, добежать до этих ворот и крикнуть ему: Эйнар! Прощай! Живи счастливо на твердой суше, мы тонем, Эйнар, мы тонем и утонем, а если и выживем, то все равно мы будем не те, не такие...

Но дверь автобуса заперта снаружи, они сделали вид, будто меня в нем нет, и никого вокруг. Я сажусь на первое попавшееся сиденье, опять смотрю в окно: никого, ничего. Пока не подходит шофер, тот самый, который считал пассажиров по пальцам и меня пропустил. Он ничего не говорит, заводит мотор, осторожно поворачивает, делает круг, и мы спокойно, ровно катим обратно. Я открываю окно, ветер шумит у меня в волосах, темно-зеленая с оливковым оттенком городская даль начинает приближаться. С долгой судорогой в груди брызжут из глаз моих слезы, но я останавливаю их, я будто сама останавливаюсь вся, и стою, и смотрю на все, что случилось со мной. Но реальность в прошлом и настоящем вся перекошена, уродливо сплющена, чего-то в этой картине нет, а чего-то слишком много. Ветер шумит в волосах, и вот уже бежит мне навстречу та каланча, а вот и тот перекресток. Скоро опять потекут те же улицы, те же здания, скоро вся эта фантастическая поездка (которой никто не поверит, которой я сама не верю) кончится. Окошко закроется, дверь, прищемив чью-то живую лапу, захлопнется, и потечет жизнь, как темно-зеленая река. А рекруты толпой в темноте все идут и идут.

2

Семь долгих лет разлуки. Эйнар прав: у русских, у нас, на все случаи жизни есть стихотворение. С того вечера, когда я вернулась домой в большую, тихую квартиру Дмитрия Георгиевича, где я жила не то в качестве племянницы, не то секретарши, не то жилицы, до того дня, когда я снова увидела Эйнара, прошло семь лет.

Вернувшись домой, я бесшумно прошла по комнатам и постучалась в кабинет Дмитрия Георгиевича. Он сидел под лампой, укутав ноги пледом, в своей старой верблюжьей куртке и маленькой шапочке. Ему тогда было семьдесят девять лет. «Он не похож на Густава шведского, он похож на китайского богдыхана», — подумала я. Он сказал, что ужинал и работал, а теперь читает и ему ничего не нужно, и я прошла к себе и легла не раздеваясь, и пролежала так до утра — без сна, без сил, без слез, только все думая: как все было и как все будет.

Женившись на сестре моей матери, Дмитрий Георгиевич — еще задолго до моего рождения — заставил всю семью свой жены подтянуться, и когда я появилась на свет, самым страшным грехом в доме считалось ничегонеделанье. Если Дмитрий Георгиевич писал книги, ездил на съезды, читал лекции и имел прямое отношение ко многим академиям мира, то и нам всем тоже следовало делать что-то полезное. Первое мое воспоминание: мне едва исполнилось три года, я стою посреди комнаты с чувством огромной вины, раздавившим меня, а моя мать серьезно спрашивает меня: чем ты занята?

— Ничем.

— Пойди займись чем-нибудь. Как можно без пользы терять время!

Теперь от всех этих деятельных, сильных, здоровых, не любивших понапрасну терять время людей остались только мы двое — я и китайский богдыхан, кроткий, тихий, молчаливый, всегда всем довольный, иногда печальный, с двумя парами очков на носу, пледом, шапочкой, весь кругом заставленный книгами, лампами с зелеными козырьками; обложенный бумагами, письмами, переводами своих и чужих сочинений. Вокруг него живут коробочки с использованными марками, с неиспользованными марками, с остатками карандашиков, с кнопками и скрепками; вокруг него лежат подушечки «времен покорения Крыма» (не помню, которого) и записные книжечки с малиновыми закладками, на одной из которых с буквой ять вышито: «книгу бери, на место верни».

В первый год войны, до падения Парижа, от Эйнара приходили письма, и он даже писал, что, может быть, ему удастся приехать весной по делам «и вот видишь, как все хорошо получается». Но он не приехал. Весной начались события; по-прежнему, и даже больше прежнего, Дмитрий Георгиевич, укрытый пледом, сидел в кресле и читал, по-прежнему говорил тихо и только необходимое; все чаще дремал или сидел, закрыв глаза, сложив на коленях маленькие сухие руки, пальцы которых, с аккуратно подстриженными ногтями, были искривлены ревматизмом, и эта несимметричность кистей его рук была для него очень характерна.

В день взятия Парижа, в часы, когда немецкая армия проходила его с северо-востока на юго-запад, жизнь у нас в квартире продолжалась — как, между прочим, продолжалась она и во многих других местах города: кое-какие кинематографы были открыты, и метро не остановилось ни на минуту. Странно было позже себе представлять этот день: вражеская армия берет столицу, а под землей мчатся поезда, в Национальной библиотеке кто-то сидит над эстампами, и мы, Дмитрий Георгиевич и я, завтракаем яичницей, салатом и сыром, заплаканная прислуга ходит из кухни в столовую и обратно; мы оба молчим, но, может быть, не больше, чем мы молчали вчера или третьего дня. И китайский богдыхан, положив вилку, подходит к окну и смотрит на улицу, на густые деревья бульвара де Курселль, под одним из которых немецкий солдат остановился для естественной надобности.

До этих дней я работала в газете, но теперь я осталась с полными сутками свободного времени на руках. Я не знала, что с собой делать, пока не отпустила прислугу. Тогда хозяйство стало заполнять мой день. Я боялась остаться в пустоте и бралась то стирать, то красить переднюю, то переписывать что-то для Дмитрия Георгиевича, только бы не сидеть сложа руки. Иногда приходили гости: две старушки, когда-то, вероятно, поклонявшиеся Дмитрию Георгиевичу, его дальняя родственница, Елена Викентьевна, тяжело работавшая в мастерской дамских шляп. Она называла Дмитрия Георгиевича «Девятнадцатый век».

— Девятнадцатый век наш здоров?

— Как вы тут с Девятнадцатым веком справляетесь?

— Девятнадцатый век спит, — иногда говорила я, и она уходила, оставив торт.

Четыре года — четыре посещения. Первое: генерал в сопровождении молодого адъютанта, который пришел «поклониться великому человеку» и спросить, не может ли он быть чем-нибудь ему полезен. Дмитрий Георгиевич по своему обыкновению больше молчал; я стояла за дверью и подслушивала. Генерал предлагал выписать нужные книги, прислать ящик продуктов, рекомендовал усовершенствованную грелку для ног. Когда он ушел, почтительно расшаркавшись и попросив автограф, я удивилась тишине, наступившей в квартире. Дмитрий Георгиевич лежал у себя, отвернувшись к стене. Я принялась чистить серебро, и это было как раз то занятие, которое мне было нужно. В окне кухни треугольником, как гуси, летели аэропланы. «А ведь так можно и отупеть, — сказала я себе, — может быть, начать перечитывать какие-нибудь хорошие старые книги?» О том, чтобы читать какие-нибудь новые книги, мне не пришло тогда в голову. Например, «Возвращенный Рай» или «Историю Государства Российского», или «Путешествия Гулливера»?

Второе посещение было во второй год. Утром, часов в одиннадцать, у входной двери раздался долгий, какой-то веселый звонок, будто кто-то наконец добежал до нас. Я никогда до этого не видела доктора Венгланда. Сорок лет, каждый раз, как Дмитрий Георгиевич бывал в Берлине, он останавливался у доктора Венгланда, доктор Венгланд мне по имени был знаком с детства. Я помнила по рассказам, что во время «той» войны доктор Венгланд какой-то тонкой хитростью давал о себе знать Дмитрию Георгиевичу кружным путем через Данию. Доктор Венгланд был неотъемлемой частью жизни нас всех. В последний раз они виделись на каком-то съезде в Гейдельберге, лет десять тому назад («в эпоху электрической разведки нефтяных месторождений». — как сказал бы шведский издатель Дмитрия Георгиевича, Ольнерс). Старый, огромный, радостный, доктор Венгланд ринулся в комнаты и заключил Дмитрия Георгиевича в свои объятия и, вытирая слезы, бегущие из глаз, и громко сморкаясь, пошел в кабинет. Двери закрылись, стало тихо. Я ушла к себе и медленно начала протирать сначала свое зеркало над туалетом, потом окна внутри, а когда и это было сделано, вылезла наружу и вымыла оба окна, стараясь не смотреть вниз. И все время меня беспокоила вполне законная мысль: а почему бы, собственно, и не посмотреть вниз (со всеми вытекающими отсюда последствиями), почему, собственно, стоя на карнизе пятого этажа, бояться каких-то там головокружений?

Обедала я в тот день одна. Доктор Венгланд ушел, а Дмитрий Георгиевич сел в гостиной к камину, который никогда не топился и из которого дуло; гостиной этой никто никогда не пользовался. Дмитрий Георгиевич стал смотреть в этот камин, повернувшись спиной ко всему остальному, словно здесь играл огонь. С этого дня он как-то внезапно потерял интерес к своим бумагам и книгам, и несколько раз я заставала его перед книжным шкапом в прихожей, где на полках было все то, что в начале этого столетия было привезено из России. Эти книги давно стояли без всякого употребления.

Третье посещение было совсем коротким: два высоких, стройных красавца с нашивками на рукавах, со значками на груди и железными птичками на фуражках прошли по квартире в быстром и довольно поверхностном обыске, едва заглянули в мою комнату, взяли две папки писем различных ученых друзей к Дмитрию Георгиевичу, отстранили его (он приходился им по грудь), когда он хотел защитить средний ящик своего письменного стола, который они выдвинули так, что он свис вниз. Быстро перебрав коробочку с мятными лепешками, коробочку со старыми резинками и даже коробочку со стальными перьями всевозможных фасонов, они поблагодарили, коротко извинились, объяснили, что искали оружие, и ушли. И в этот вечер я заметила, что Дмитрий Георгиевич находится в тяжелой тоске, и я посидела с ним до одиннадцати ночи, открыла ему постель, положила его плед; когда он вернулся из ванной, я увидела, что он, всегда такой аккуратный, на этот раз не запахнул халата, ночная рубашка доходила ему до колен и из-под нее торчали худые, желтые ноги в венах и буграх. Я отвернулась. Не обращая на меня внимания, он лег под одеяло, положил челюсти в чашку с водой и потушил свет. Я вышла на цыпочках.

Стирать я больше не могла — мыла было в обрез; красить стены тоже — слишком дорого стоила краска, все деньги шли на питание; шить мне было нечего, да и ниток не было, когда надо было пришить пуговицу или зашить дырку, я выдергивала нитки из старого, стараясь их не порвать. Мне нечего было делать, мне некуда было девать себя. Электрический свет давали вечером, ночью его выключали, и мы жили в полной тьме. Иногда я зажигала свечу, читала полстраницы «Истории Пугачевского бунта» и откладывала книгу.

В марте 44-го года было четвертое и последнее посещение. Случилось это в семь часов утра. Я вскочила, проснувшись от сильного звонка. Это была французская полиция — двое штатских и двое городовых, таких, какие обычно стоят на углах улиц и управляют движением или отвечают на вопросы прохожего, как пройти на такую-то улицу. Городовые были самые обыкновенные, краснолицые, плечистые, но в квартирах я их до того никогда не видела, как не видела в квартирах лошадей или овец, которые принадлежат улицам и дорогам, но никак не комнатам. Они попросили разбудить Дмитрия Георгиевича, ждали, пока он оденется, и мирно и спокойно, и даже с какой-то терпеливой вежливостью попросили его захватить с собой одеяло. Чемодан, который я наполнила лекарствами, фуфайками и носками, они не позволили ему нести, а понесли сами. Он вдруг стал совершенным карликом, весь съежился, спрятал шапочку в карман, надел шляпу, которую я ему подала, и осторожно поцеловал меня в щеку, а потом в руку, и я тоже поцеловала его сначала в бороду, а потом в руку. Полицейские в это время разглядывали потолок.

Через несколько минут (я еще была в передней, не зная, куда мне теперь идти) опять раздался звонок; помню, что я никак не могла повернуть замок, дрожали не только руки, я сама вся дрожала. Наконец я отперла.

— Господин профессор спрашивает, положили ли вы строфант? — спросил городовой. Я не помнила. Я не могла вспомнить, уложила ли я строфант среди лекарств. Я побежала в кабинет Дмитрия Георгиевича, увидела, что все содержимое ночного столика вывалено на пол, и стала на коленях перебирать коробочки и пузырьки. Строфанта не было. Между тем в эти мгновения мне стало казаться, что строфанта не было и раньше, когда я укладывала чемодан. Я побежала в ванную. Там на полочке, над умывальником, стоял строфант. Но городового больше не было, он, видимо, не мог так долго ждать. Я побежала на лестницу; один этаж, другой, пятый; повисший между этажами лифт (висел уже много месяцев), наконец — открытая дверь на улицу: «Утро на бульваре де Курселль», картина кисти художника Икс: хвост у молочной, вывеска цветочного магазина, ребенок играет собачьим калом, уехавший автомобиль заворачивает за угол; а пешеходы еще не нарисованы.

Как я узнала позже, его поместили в роскошном номере роскошной гостиницы, реквизированной для крупных ученых, но, видимо, не рассчитали его возраста: в восемьдесят три года трудно менять привычную обстановку, и хотя к нему приставили доктора, но и это не помогло.

За его книгами приехали перевозчики и в один миг смахнули их с полок.

— Вот ордер, — сказал один из них хмуро. Подошли они и к шкапам в передней.

— Это — мои, — сказала я с истерикой в голосе, удивившей меня самое. — Прошу оставить эти в покое.

Они ушли. В кабинете стало странно пусто. Я туда перестала ходить.

Он умер через две недели, во сне. Когда я позвонила Елене Викентьевне и сказала ей, что случилось, она стала причитать:

— Бедный, бедный Девятнадцатый век!

Тогда же было вскрыто завещание. Ей досталась дача под Версалем, мне — все остальное. Я стала приводить в порядок его бумаги, сдала гостиную и столовую, стала жить дальше.

Много позже, уже после войны, я узнала, что все три ящика его книг сгорели где-то по недоразумению.

3

Прошло два года после смерти Дмитрия Георгиевича, война кончилась, и я начала получать письма из разных стран мира по поводу различных дел, связанных с его работами. Слава его была велика. Калифорния запрашивала о покупке его архива, из Лондона было письмо о переиздании его работ; были письма из Норвегии, Голландии и Канады, и я уже стала привыкать к этим запросам, и так естественно было получить письмо из Стокгольма, но когда пришло письмо со шведской маркой, на меня нашло какое-то затмение, я сказала себе: это от Эйнара! Наконец-то это от Эйнара! Но письмо было от Ольнерса, шведского издателя; он спрашивал меня, не напишу ли я биографию Дмитрия Георгиевича, или еще лучше — книгу о нем, о моей с ним жизни (Min liv med...) и о его смерти, и не приеду ли я для переговоров в Стокгольм, где, между прочим, лежат в банке авторские Дмитрия Георгиевича за все сочинения его, изданные и переизданные за последние не то восемь, не то девять лет. Деньги эти переслать нельзя, но их можно получить лично. Я ответила, что как только будет возможно, я приеду.

Два мои письма к Эйнару вернулись за ненахождением адресата. Это показалось мне странным. Больше я не писала ему. Но я думала о нем все время. Я теперь опять работала в газете, и опять вокруг меня было много людей, друзей — близких, или просто знакомых, начиналась опять прежняя деловая и разнообразная в своей текучести жизнь, прерванная событиями. Я разучилась стирать, шить, гладить и готовить, иногда вздрагивала от телефонного звонка, от прихода почтальона. И с холодным, тяжелым любопытством думала о своей поездке в Стокгольм. Мне казалось, что если он переехал в Бразилию, я там об этом узнаю.

Мне с самых ранних лет юности думалось, что у каждого человека есть свой no man's land,[14] в котором он сам себе полный хозяин. Видимая для всех жизнь — одна, другая принадлежит

---

[14] Ничейная земля. (англ.) здесь: тайная, личная зона.

только ему одному, и о ней не знает никто. Это совсем не значит, что, с точки зрения морали, одна — нравственная, а другая — безнравственная, или, с точки зрения полиции, одна — дозволена, а другая — недозволена. Но человек время от времени живет бесконтрольно, в свободе и тайне, один или вдвоем с кем-нибудь, пусть час в день, вечер в неделю или день в месяц, он живет этой своей тайной и свободной жизнью из одного вечера (или дня) в другой, эти часы существуют в продолжении.

Эти часы либо что-то дополняют к его видимой жизни, либо имеют самостоятельное значение; они могут быть радостью или необходимостью, или привычкой, но для выпрямления какой-то «генеральной линии» они необходимы. Если человек не пользуется этим своим правом или вследствие внешних обстоятельств этого права лишен, он когда-нибудь будет удивлен, узнав, что в жизни не встретил самого себя, и в этой мысли есть что-то меланхолическое. Мне жаль людей, которые бывают одни только у себя в ванной комнате, и больше нигде и никогда.

Инквизиция или тоталитарное государство, к слову сказать, никак не могут допустить этой второй жизни, ускользающей от какого бы то ни было контроля, и они знают, что делают, когда устраивают жизнь человека таким образом, что всякое одиночество, кроме одиночества ванной комнаты, не допускается. Впрочем, в казармах и тюрьмах часто нет и этого одиночества.

В этом по man's land'е, когда человек живет в свободе и тайне, могут происходить странные вещи, могут случаться встречи с другими такими же, как он, или может быть прочитана и особо остро понята какая-нибудь книга, или услышана музыка, тоже не по-обычному, или может прийти в тишине и одиночестве мысль, которая впоследствии изменит жизнь человека, погубит его или спасет. Может быть, в этом по man's land'е люди плачут, или пьют, или вспоминают что-нибудь, о чем никому не известно, или рассматривают свои босые ноги, или стараются на лысой голове найти новое место для пробора, или листают иллюстрированный журнал с изображениями полуголых красавиц и мускулистых борцов, — я не знаю, да и не хочу знать. В детстве и даже в юности (как, вероятно, и в старости) мы не всегда имеем потребность в этой другой жизни. Только не надо думать, что эта другая жизнь, этот по man's land есть праздник, а все остальное будни. Не по этой черте проходит деление, оно проходит по линии абсолютной тайны и абсолютной свободы.

Наша с Эйнаром встреча произошла в по man's land'е. Затем случилось то, что иногда бывает: вторая жизнь выросла и начала заслонять первую. Мы были с ним тогда в той стадии любви, когда мысль о чем-либо другом не допускается. И мы оба знали, что такое абсолютная тайна и абсолютная свобода. В начале наших отношений мы уже говорили об этом, о заповеди: «Помни день субботний; шесть дней работай и делай всякие дела твои, а день седьмый — суббота», — бери его у самого себя для самого себя; и у каждого из нас была эта «суббота» (одна для обоих), которую мы для отличия шутя называли «вторником». «Право на вторник» — было наше тогда выражение. А ведь люди борются за свой «вторник»! Пусть декретом всем, всем, всем будет дарован «вторник»! И мы смеясь говорили друг другу: ты — мой «вторник», пока не увидели однажды, что вторник становится всей неделей.

Сейчас мой по man's land по-прежнему был населен мыслями об Эйнаре. Все сводилось к трем вопросам: жив ли он? увижу ли я его когда-нибудь? любит ли он меня еще? Я старалась не давать этим мыслям разрушить мою основу — мою работу, мои взаимоотношения с другими людьми, часто не совсем простые, и на эту борьбу уходили все мои душевные силы. А внутри меня, в пределах моей второй жизни, эти часы тревоги, отчаяния и надежд продолжали оставаться моей тайной собственностью. Я была, как всегда в жизни, полной и единоличной хозяйкой моего по man's land'a.

Наконец, пошли поезда, открылись границы, установился порядок приездов и отъездов. Через оживавшую, деловитую, чистую Бельгию, через разбитые города Германии — словно посудная лавка после землетрясения были для меня тогда и Кельн, и Дюссельдорф, и Гамбург, — в туманы поздней осени, встретившие меня в Дании, со всей поэзией ночной жизни спального вагона, когда просыпаешься в голубом свете поющего фонарика и под мирное поскрипывание чего-то совсем домашнего или даже детского, будто летишь в бездну — уже не домашнюю и не детскую, а очень даже страшную, которая никогда не забудется и сыграет таинственную и железную роль в твоей судьбе. И вечерний пароход в огнях, отплывший из Копенгагена в Мальме, где я сидела над стаканом вермута, жуя какие-то соленые печенья, глядя на темное холодное море подо мной, а три датчанина, севшие еще днем во Фленсбурге в мое купе и принимавшие меня за француженку, говорили мне, что я не могу оценить всей прелести севера, тумана, дождей и напрасно еду в Стокгольм, где в это время года меня ждет дурная погода, скука и хмурые люди.

В эту последнюю ночь я не сомкнула глаз. Проводник время от времени громко кричал в коридоре: Линчопинг! Норчопинг. Нючопинг! Поезд на минуту останавливался и мчался дальше. В окне мелькали пятна снега под черными елями, деревни и города, где люди крепко спали под северными звездами, которые сияли и горели во сто раз ярче, чем над Парижем. Начался слабый северный рассвет, воздух осторожно из черного стал серым; деревянные дома и сараи, крашенные в темно-красную краску, под елками, замелькали огнями, шел дым из труб; и вот в коридоре началось движение, люди вставали, шли умываться, запахло кофеем; румяная женщина, улыбаясь и приседая, принесла мне плетеную плоскую корзинку с завтраком, и когда я открыла ее, в ней на маленькой сковородке еще шипела глазунья, обложенная копчеными сосисками, которые прыгали, как живые, в кипящем масле.

В утренних сумерках, вдоль улиц, горели фонари, и трамваи, светясь розовыми огнями, шли вверх и вниз по Вазагатан, не переставая звонить. Такси вынес меня на набережную, и справа, за мостом, вся суровая, гранитная, строгая красота Стокгольма мелькнула на минуту у меня в глазах. Вода была темно-серая, и небо было темно-серое, и ярко одетые дети, идущие в школу, казались нарочно рассыпанными по всему городу, чтобы сделать его веселей, пестрей, не таким серьезным. Мое безумие тех минут доказано тем волнением, которое охватило меня при входе в Гранд-Отель, когда великан в галунах подал мне записку: вчера вам звонили по телефону. Уже через секунду я сказала себе, что никто, кроме Ольнерса, не мог знать, что я приезжаю, что этот укол в сердце был чистейшим сумасшествием, и конечно, так оно и было. Ольнерс желал мне «вилкоммен» и сообщал, что он в моем распоряжении завтра с одиннадцати часов утра.

Освободилась я только в три часа, после завтрака с Ольнерсом, с тем, чтобы вечером быть у него и познакомиться с его женой и сыновьями. Выйдя из издательства, я свернула на Кунгсгатан, перешла через мост и медленно стала спускаться к Мэлару, где на набережной, в огромных, видимо, не так давно отстроенных домах, занимавших целый квартал, жил Эйнар и где он теперь явно не жил, раз мои письма до него не дошли. Летом, вероятно, здесь, во внутренних дворах, холят и стригут крошечные квадратики яркого газона, сейчас, в тишине и пустынности, здесь не было ничего, дул сильный ветер, набережная была величественна и сурова, на противоположном берегу, в сыром осеннем тумане, горели цепью фонари, впереди, в черноте ноябрьского дня, висел мост, длинные баржи выходили из-под него, уплывая в Балтийское море, и свет, качавшийся на них, будто капал в черную воду, капал, и пропадал, и возникал опять в воде, и пахло северным приморским городом, какая-то петербургская ностальгия была разлита в этом ампире родственных нам дворцов, в этом холодном молчании широкого водного пространства, и в благородстве набережной, и в тяжелом небе. Северо-восток. Письма не доходят до северо-востока. Люди не возвращаются с северо-востока. Враги пришли с северо-востока и ушли на северо-восток. И я сама сейчас на северо-востоке. И вся моя воля уходит на то, чтобы не сделать, не ступить какого-нибудь окончательно непоправимого шага.

Подъезды А, В, С, и так далее. Наконец я нашла подъезд К.

Там, налево от широкого входа, у лифта висела доска, и, как это иногда бывает, прежде чем в самом деле прочесть его имя на ней, среди сорока других имен, я уже увидела, что оно там есть. Да, Эйнар жил здесь по-прежнему, и квартира его была номер 16; но к его имени на доске было прибавлено «ок фру», что означает «и госпожа», что означает «э мадам», что означает «энд миссис», что означает «э синьора». И еще это означает «унд фрау». Когда я исчерпала все языки, какие знала, я должна была сесть на длинную бархатную скамейку, которая стояла здесь для удобства ожидающих лифта, потому что, несмотря на современность и, так сказать, «модерность» постройки этого дома, лифт, как мне показалось, был устройства несколько старомодного: он спускался и поднимался очень медленно, время от времени в нем что-то щелкало и даже вздыхало. Только не надо делать поспешного заключения, что я на нем куда-то поднялась, я просто слышала, сидя на скамейке, как он действовал, когда в нем спускались какие-то три барышни, одинаково одетые, в чудных калошах, которые были так совершенны в калошном смысле, что удивительно, как до сих пор этот предмет не был воспет в поэзии. Поэты, где ваши глаза? Шведские калоши ждут от вас поэмы, так же, как и непромокаемые плащи с удобнейшими капюшонами и прорезиненными чудо-перчатками. Не забудьте заодно и теплые штаны, которые здесь все носят с августа по июнь, — они тоже ждут от вас оды.

Когда я вышла из оцепенения и перестала бормотать пошлейшие глупости, я взглянула на часы. Было четверть пятого. На улице теперь было совершенно темно, шел дождь пополам со снегом, и мне необходимо было немедленно вернуться к действительности: ехать в Нордиск Компаниэт покупать себе калоши, перчатки, плащ — одним словом, все, что полагалось. Я это и сделала, взяв такси, и, вернувшись домой с покупками, я долго лежала в горячей ванне, испытывая странное чувство абсолютной уверенности, что никто не придет, никто не позвонит, что никто никогда не узнает, о чем я сейчас думаю и какие решения принимаю.

В тот вечер я вернулась домой около часу, кроме семьи Ольнерса было еще человек шесть гостей, и, кажется, все пригласили меня к себе, фамилии и адреса были записаны у меня в календарике. Это была гостеприимная Швеция, которая хотела развлекать, кормить, ласкать и одаривать меня.

Однако никаких решений принимать было не надо. Привыкнув жить в громадном городе, жить — когда того хотелось — совершенно незаметно, я не представляла себе, какой небольшой город Стокгольм, я не могла знать, что в нем всего два или три места, где принято ужинать или бывать вечерами, что если остаться в нем на неделю, то кое-кто из жителей даже может

205

примелькаться, и что здесь часто видишь, как знакомые встречаются на улицах, что бывает в Париже так редко. Свои дела я закончила через неделю, побывав за семь дней, вернее, вечеров, в семи различных домах, на семи различных приемах, на которых, впрочем, встречала все одних и тех же людей; получила на руки большие (по моим понятиям) деньги и даже получила разрешение на их вывоз. В этот последний вечер я была в опере на «Риголетто» со всей семьей Ольнерса — женой, сыновьями, невестками и внуком — и была вся с ног до головы одета во все новое, только что купленное: белье, чулки, туфли, платье и даже меховую шубу. После спектакля мы всей гурьбой и довольно шумно пошли в ресторан, тут же в здании Оперы, огромный полутемный и уютный, где среди нарядных и тоже шумных людей нас усадили за длинный стол. Когда все мы расселись и перед тем, как метрдотель принес карточки, я не только увидела Эйнара совсем близко от себя, но я совершенно естественно встретилась с ним глазами. Он, не спуская глаз с моего лица, начал вставать со стула, медленно, держа в руке салфетку, растянув рот в противоестественную, неприятную улыбку, совершенно для меня новую; потом он уронил салфетку на стул и пошел ко мне, и тут я увидела, что он овладел с собой: на слегка постаревшем лице его изобразилось то, что он хотел, что старался изобразить: приятная неожиданность при встрече со старой знакомой. Лицо его стало снова прежним.

Разговор за его столиком замолк, и мне в те мгновения показалось, что вокруг меня тоже внезапно воцарилась тишина. В этой тишине я увидела себя со стороны — это бывает со мной очень редко, и я не люблю этого, это длится обычно несколько секунд, но ощущение бывает мучительным: вот я сижу в новом платье, моя новая сумка лежит у прибора, черные волосы парикмахер остриг коротко и зачесал назад, открыв лоб и уши, от меня пахнет новыми духами, я их чувствую; моя левая рука лежит на скатерти, правая трогает стакан, я вижу кольцо с топазом. «Сейчас она улыбнется и заговорит», — думаю я о самой себе и стараюсь прекратить это раздвоение. Оно проходит само.

Очень полная, очень крупная дама и человек за столиком Эйнара обернулись на меня. Я увидела ее и еще лучше я разглядела ее, когда мы обе встали и, встретившись на полпути между столиками, как-то развязно и радостно поздоровались. Начались восклицания: Ольнерс прекрасно знал Эйнара, но давно (т. е. месяца два, кажется) его не видел. После недолгого беспорядка, когда все метались и стулья скользили между столами, столы сдвинули, все разместились, улыбаясь и пожимая друг другу руки; ломаная французская речь полилась вокруг, и подняты были рюмки — за меня, за Россию, за Францию, за будущую книгу о Дмитрии Георгиевиче, которого Ольнерс сравнил с Менделеевым в короткой, но очень ловко импровизированной речи.

Жена Эйнара была русая, голубоглазая великанша с круглым кукольным лицом, с круглыми большими щеками, выдававшимися немного вперед, напоминающими толстого ангела или — пожалуй — ангела, дующего в трубу. Соединение Рубенса и Беллини. Она двигалась медленно, как подобает женщине, которая не только больше всех остальных женщин, но и больше многих сидящих вокруг мужчин. Она несколько мгновений рассматривала меня и потом, без малейшей тени смущения, громко сказала:

— Эйнар, почему ты мне сказал, что она похожа на китаянку? В ней вовсе нет ничего китайского!

На следующий день я не уехала, а уехала только через четыре дня. Четыре вечера я приходила к ним, днем мы бродили с Эммой по городу, ездили в Скансен, были на могиле Стриндберга и смотрели на громадный деревянный крест с золотой надписью. Мы даже забрели однажды под вечер в Тиволи, где стреляли в цель, играли на биллиарде и смотрели уродов. Она мне призналась, что оба мои письма она отправила обратно потому, что не хотела, чтобы Эйнар, который так счастлив с ней и для которого, со времени встречи с ней, прекратились все душевные бури, возобновил со мной переписку. Они оба дружно постарались устроить свою жизнь в мире и любви, «мы принимаем осень и принимаем весну, — выразилась Эмма, — как все в природе, и оба любим хорошую погоду и радугу в небе». Они были женаты уже пять лет, и не думайте, сказала она, держа в руке сладкий пирожок, что мы погрязли в нашем разумно устроенном семейном счастье и никогда не вспоминаем о прежних друзьях, у меня у самой в Италии есть очень, очень близкие люди, дорогие люди, друзья моей безгрешной молодости (она не шутила), и все эти годы войны и Эйнар, и я столько беспокоились, столько терзались... особенно эти лишения, и когда бомбардировки... Ведь у нас здесь все было всегда; конечно, винограда весной не привозили, но разве это важно? Скажите мне, я хочу знать, важно ли для вас, что весной нет винограда?

Вечерами я приходила к ним, и мы сидели все вместе — Эмма, Эйнар, доктор Маттис и я, в жарко натопленной комнате, в низких креслах. Говорила больше всех я: об этих годах, о Дмитрии Георгиевиче и холодном камине, перед которым он часто сидел в последнее время, — а тут пылал камин толстыми березовыми поленьями, такими сухими, что они занимались от одной-единственной спички, — о четырех посещениях, о сгоревших по недоразумению книгах, о нашем чтении вслух вечерами, при свечах, о том, что не хватало жиров и бывало зимой очень холодно, о важной роли, которую играют шерсть и сало в человеческой жизни. Потом я спохватывалась, мне вдруг казалось, что не надо вдаваться в такие подробности, что лучше рассказать им о докторе Венгланде и о том разговоре, который был в кабинете Дмитрия Георгиевича при закрытых дверях. Донес он или не донес? — это оставалось для меня загадкой. «Конечно, донес», — сказала Эмма твердо. Доктор Маттис сказал: «Может быть, проговорился», а Эйнар молчал и курил. И так я говорила и говорила, а они слушали, и я рассказала про строфант, и сказала, что Дмитрий Георгиевич мог бы прожить дольше и, может быть, дожить до конца, если бы я положила тогда строфант в чемодан. «Ни в коем случае!» — сказала Эмма. «Очень сомнительно», — сказал доктор Маттис. Поздно ночью мы ужинали холодными цыплятами и белым вином, и свежей клубникой, которая в это время года была еще большей редкостью, чем виноград весной. И все это было возможно тогда потому, что там, у лифта, в первый день стокгольмской жизни, я приняла решение никогда Эйнара больше не видеть.

С Эйнаром за все эти четыре дня она меня вдвоем не оставила, и телефонного звонка от него тоже не было, и если я, несмотря на принятое решение, ждала ее разрешения на это, то его не получила. Они все трое пришли провожать меня на вокзал, и мы гуляли с Эммой по перрону, в то время как доктор Маттис и Эйнар пошли искать по вагонам, не едет ли в этом поезде какой-то Густафсон, который как будто собирался сегодня в Антверпен. Эмма и я ходили по перрону и говорили о том, что через год, может быть, можно будет поехать в Италию, пожить во Флоренции, в Венеции, в крайнем случае — через два года. Она смотрела на меня пристально, будто примериваясь ко мне, будто что-то в уме прикидывая и соображая, и успела мне сказать, что я «ужасно» понравилась ей, что она не ожидала, что я такая милая, веселая и еще какая-то, и я чувствовала, что все происходит и будет происходить в дальнейшем так, как решит она; потом мы смеялись над какой-то ее французской ошибкой, и она меня учила, как надо протестовать по-шведски, если ночью проводник опять будет мешать мне спать криками: Линчопинг! Норчопинг! Нючопинг! Густафсона они не нашли, я стала на площадке и пожала руки всем троим, и в последнее мгновение перед отходом поезда вдруг появился посыльный с горшком белой сирени от Ольнерса — белой сиренью в ноябре, что было драгоценнее и земляники, и винограда весной.

Итак, едва знакомая женщина, с лицом херувима, улыбаясь и угощая меня, не дала Эйнару ни минуты остаться наедине со мной, не дала ему позвонить мне (я подозреваю, что все эти дни он не был у себя в конторе); ничуть не смущаясь, она объявила мне, что она отослала оба мои письма обратно, приглашала меня к себе, уговорила Эйнара и доктора Маттиса приехать на вокзал — и результаты этого отношения были совершенно те же, как если бы она заперла своего Эйнара на ключ, или посадила бы меня в подвал гестапо, или под замок в роскошный номер роскошной гостиницы. В то время как я бегала по музеям, магазинам, чужим гостиным, я была у нее под стражей; среди всей этой осенней меланхолической красоты черного Мэлара, в огнях несущего петербургскую ностальгию «полукитаянке, полуфранцуженке» (так она смеясь называла меня), у меня здесь было не больше по man's land'a, чем у Дмитрия Георгиевича где-нибудь в «Мажестике» или «Бристоле»; только я не умерла, как он, потому что была вдвое моложе и питалась земляникой, осетриной и рябчиками, запивая все это пуншем.

Но от бессильной злобы теперь, в жарком ночном вагоне, я чувствовала, что перехожу к жестокой обиде на Эйнара за то, что он ничего не сделал, чтобы побыть со мной хотя бы один час где-нибудь, свободно и тайно, чтобы сделать меня опять своим «вторником» на один-единственный раз. Разве нужно было что-либо объяснять мне? Разве и так все не было ясно? Ждал два года, война затянулась, женился, устроил свою жизнь (она вчера сказала: пришлось мне переехать к нему, здесь у нас ни за какие деньги вот уже сколько лет нельзя найти квартиру, вот и живем в тесноте, часть мебели на складе); женился и теперь, с Эммой вместе, «принимает и осень и весну».

Нет, объяснять ничего не надо было, и вспоминать прошлое не надо было, но, может быть, можно было побыть вместе? И я представила себе вдруг это «побыть» и поняла, что оно было ему совершенно не нужно. Оно было нужно только мне, чтобы сказать ему: а знаешь, Эйнар-дружок, ты ведь под башмаком у своей Эммы, она и писем-то твоих тебе не передает! И в это время, в бессильном и горьком отчаянии, я почувствовала, что вся горю от злобы, горя, обиды. А в коридоре кричал проводник, и мы где-то стояли.

И все-таки я любила его, я только его и любила, и сколько я ни повторяла себе, что он меня совершенно не хочет, я от этого меньше его не любила. Я, может быть, еще больше любила его после свидания в Стокгольме, вся жизнь была полна моей безнадежной к нему любовью, которая мешала мне устроить собственную судьбу и накладывала на все мои дни и ночи тяжелый груз, от которого я не могла, а может быть и не хотела, отделаться.

4

Вернувшись домой, я сразу окунулась в деловую послевоенную жизнь и почувствовала, что эту жизнь надо разумно построить. Прежде всего я решила отделаться от старой квартиры на бульваре де Курселль, где вполне естественно было жить Дмитрию Георгиевичу до «той» войны, но где мне жить совершенно не годилось. Я обменяла это огромное, темное, старое русское жилье на маленькую светлую квартиру на Левом берегу и с помощью Елены Викентьевны разобрала старые русские вещи. Квартира эта была снята еще до «той» войны («в эпоху электрических фильтров и волнового метода», как выражался Ольнерс), и сюда тогда же были перевезены кое-какие вещи из Петербурга женой Дмитрия Георгиевича и моей матерью.

— Все это — археология! — говорила Елена Викентьевна, продавшая версальскую дачу, открывшая собственную шляпную мастерскую и собиравшаяся замуж. — Тут наслоения целых эпох! русское серебро пудами! картина Коровина с надписью! подарок Чичибабина — мраморный мальчик, вынимающий знаменитую занозу из пятки... У Ипатьева был совсем другой вкус: ведерко для крюшона, выгравированы какие-то даты... Люди, что называется, жили! Бенуа — этюд Фонтенбло, это уже после «той», между «той» и «этой».

— Он бывал у нас. Я его помню.

— Кто тут не бывал! Воображаю! Подушка вышитая...

— Это подарок вдовы Мечникова, всего каких-нибудь двадцать лет тому назад. В день его рождения.

— Смотрите: группа! Две дюжины старушек!

— Это «университетские женщины».

— Царица небесная!

До писем и рукописей она не дотрагивалась, она с трепетом смотрела, как я складываю их в ящики, но книги, стоявшие в шкафах, в передней, она помогла мне разобрать. Здесь были многие с надписями, — книги его современников, родившихся, как и он, в 60-х, а то и в 50-х годах прошлого века. Многих из тех, что их когда-то писали, я знала, кое-кто умер совсем недавно, кое-кто умер перед самой «этой» войной. Живых уже не было. А. А. Плещеев, позже ослепший, ходивший с белой палкой, в лохмотьях, в детстве видавший Достоевского, на своих «Воспоминаниях» надписал «Солнцу нашей науки!» и поставил длинную кляксу. Елена Викентьевна даже прослезилась. «Я помню, как он ходил по городу, — сказала она со вздохом, — останавливался на углах и говорил „траверсе муа“, и как один раз ему подали милостыню... Солнце нашей науки!»

Все пошло легко и споро с того дня, как я решила одну из трех комнат будущей квартиры отдать целиком прошлому Дмитрия Георгиевича. Труднее всего было с двумя огромными картинами неизвестных художников: «Прием посетителей губернатором» и «Похороны купца второй гильдии» — их в конце концов забрал старьевщик, и их не было жаль, но кое-чего было жаль, я умолила

Елену Викентьевну взять себе и вышитую подушку — копия гладью Сикстинской мадонны — и крюшонный сосуд, и мальчика, вынимающего занозу. Тележка старьевщика стояла внизу, на улице, и на нее «антиквар» (как величал он себя) грузил потертые до основы ковры, просиженные кресла, звенящие люстры, драпировки с кистями, бронзовый письменный прибор, медную посуду, на моей памяти никогда не употреблявшуюся. Потом Елена Викентьевна на такси увезла две корзины, и уже в сумерках явились перевозчики и повезли ко мне то, что еще могло мне служить в двадцатом веке. На новом месте я вечерами, когда приходила из редакции, убирала и раскладывала по шкапам все, что должно было позже уйти в Калифорнийский университет. И так как на новом месте не было ни камина, ни настоящей кухонной плиты, то все двадцать два аккуратно перевязанных пакета писем (главным образом — семейных) мне пришлось отвезти однажды вечером к одним друзьям, у которых была в старом доме настоящая печь, и в ней мы долго их жгли, меланхолически помешивая кочергой легкий, тлеющий пепел.

Потом побежала жизнь. И только мой no man's land оставался тем же, чем был: мысли об Эйнаре, мысли о далеком прошлом и о совсем недавнем, мысли об Эмме, о Стокгольме, о моем будущем, которое мне казалось невозможным без него и неосуществимым с ним.

Эмма иногда писала мне. Ее письма были смесью французского с немецким и главным образом были связаны с временами года: снегу много, во дворе у нас дети вылепили бабу — какой симпатичный обычай, не правда ли? Дни становятся длиннее — это нам всегда дает энергию и бодрость, зима не вечна, говорим мы себе. Скоро Пасха, желаем вам веселых праздников! Наступают теплые дни, и мы едем на месяц в шхеры — чудно будет отдохнуть от суеты города, пожить среди природы, со своими мыслями; иногда полезно бывает глубоко подумать о чем-нибудь, я уверена, что вы тоже любите это. Белые ночи, если бы вы были здесь, напомнили бы вам ваше детство, но к ним вам надо было бы привыкнуть. На некоторых они действуют дурно. Доктор Маттис с нами, мы купаемся и катаемся на лодке и очень приятно проводим время. Эйнар говорит, что ему немножко скучно, но я не верю ему, он выглядит прекрасно и завел большую собаку, датскую, породистую, — не кажется ли вам, что в животных есть что-то облагораживающее? Сегодня затопили, были уже заморозки. В городе туман пятый день, я сижу с насморком дома. В болезни есть то хорошее, что вдруг находится время прочесть хорошую книжку... Поздравляем с Рождеством! Желаем все трое счастливого Нового Года! Надеемся в новом году увидеться!.. И потом опять: желаем веселой Пасхи! Думаем ехать летом в Италию. И еще через месяц: решили прожить месяц в Венеции.

211

Берите отпуск, приезжайте к нам. И письмо от начала июля: мы сняли квартиру около Сан-Заккариа, для вас есть комната.

Я села к столу, взяла лист бумаги, перо и, чувствуя, как лгу каждым словом, написала:

«Дорогие Эмма и Эйнар! Спасибо за приглашение. Рада буду увидеть вас обоих и провести неделю у вас. Взяла отпуск и буду пятнадцатого; кажется, поезд приходит вечером. Если доктор Маттис с вами, передайте ему привет. Ваша...»

Я так и написала «ваша» и делала это совершенно машинально. Я вообще в те дни старалась не думать: если начну думать, то непременно благоразумно останусь в Париже и потом буду себя казнить. Это судьба ласково опускает мне подножку в своем старинном экипаже и просит меня садиться, а если думать и думать всерьез, то додумаешься до скверного каламбура: судьба просто дает мне подножку, чтобы повалить, положить на обе лопатки, прижать... Я даже говорила себе иногда: не слишком ли я всю жизнь много думала? Другие не думают и живут счастливо. Дай-ка дам себе волю раз в жизни не думать. Примем за чистую монету это приглашение, не будем задумываться, зачем оно, примем Венецию, как принимают подарок — без того, чтобы непременно из коробки конфет или букета цветов выползла змея или вылетела летучая мышь.

У меня о Венеции было единственное детское воспоминание, было это до «той» войны, и мне было лет пять. Кстати, это, пожалуй, единственное воспоминание детства, непосредственно связанное с Дмитрием Георгиевичем. Правда, ребенком я всегда слышала: Дмитрий Георгиевич приехал, Дмитрий Георгиевич работает, Дмитрий Георгиевич ушел по делу, но прямо с ним я никаких отношений не имела. Между тем в Венеции я помню один вечер. На небольшом балконе, вероятно, не слишком высоко, но мне казалось, что мы сидим на высокой башне, было поставлено два стула. На одном сидела я, на другом — в чесучовом пиджаке и панаме Дмитрий Георгиевич, с толстой книгой в руке. Вероятно, это была гостиница на Лидо, где мы тогда оказались: он, его жена, моя мать и я. Вероятно, это был вечер исключительный, когда меня оставили с ним одну, потому что я не помню, чтобы это когда-нибудь повторилось. Широко открыв рот и вытаращив глаза, я слушала, как он читал мне вслух «Руслана и Людмилу». Вероятно, он решил, что мне пора познакомиться с русской литературой.

— Я прочту вам, то есть тебе, — так приблизительно он начал свое предисловие, — гениальное произведение гениального русского поэта. У Лукоморья дуб зеленый. Вы, то есть ты, поймешь когда-нибудь, так сказать, всю силу этого выражения: Лукоморье! Мы сейчас у моря, проводим время, так сказать, летние каникулы, но это еще не есть Лукоморье. Златая цепь на дубе том. Об этом в свое время было много споров, потому что есть две теории, откуда, так сказать, могла эта цепь появиться. Друиды, как вы знаете, т. е. знаешь, м-да, жили под дубами. Но тут имеется кот, который, с одной стороны — кот народный, древний, о котором много интереснейших фактов сообщил мне в свое время покойный Александр Николаевич, а с другой стороны — кот этот символический. Продолжаем: И днем и ночью кот ученый всё ходит по цепи кругом.

Дальше пошло уже без комментариев, но зато и дошло до меня очень немногое. Ученый кот остался в памяти, и вся картина запечатлелась приблизительно таким образом: на высокой башне, у какого-то Лукоморья, сидим мы с Дмитрием Георгиевичем, у меня не закрывается рот и внутри все пересохло от восторженного удивления и благоговения, так как Дмитрий Георгиевич сообщил мне новость: в Венеции, с древних времен, проживает некий ученый кот. И видимо, этот кот прекрасно известен Дмитрию Георгиевичу.

Кроме этого, я о Венеции не помнила ничего, и когда пароходик повез меня от вокзала по Большому Каналу, и слева и справа от меня стало мне открываться почерневшее от времени каменное кружево дворцов, я почувствовала себя заброшенной в иное измерение, где все вдруг стало легким, кружевным, воздушным, где нельзя было (да и не хотелось совсем) мерить жизнь и себя в ней прежними мерками, где все вдруг стало другим, невозможное — возможным, тяжелое — легким, безнадежное — печальным и радостным вместе. То тут, то там между домами открывались узкие каналы, крошечные над ними мосты, церкви, тающие в сумраке; бледно-розовые в розовом воздухе, ноги неподвижно сияли или будто реяли над водой; какие-то совсем не наши, волшебные, звездно-зеленого цвета огни скрещивались с ними. Чувство странной подводной медлительности наполнило меня всю, чувство особенного, никогда прежде не испытанного замедленного ритма, где слились с движением пароходика мое дыхание, все мои движения, где проплывала мимо нас в грустной созерцательной неподвижности старость и нищета дворцов, смотрящих на воду и на меня в непостижимой прелести и задумчивости.

Когда слева все в том же удивительном ритме скрещивающихся огней и теней открылась широкая набережная с Дворцом Дожей, а справа — полная неведомого ночного смысла лагуна, я почувствовала прилив почти нестерпимого счастья при мысли, что через несколько минут увижу Эйнара и он будет со мной в этом колдовском сумеречном мире. Когда пароходик остановился у пристани, меня повлекло к выходу. Мальчик-носильщик одной рукой схватил мой чемодан, а другую положил мне на плечо и повел меня перед собой. Я ступила на землю. Эмма раскрыла широкие объятия, доктор Маттис стоял рядом с ней. «Это — Марио», — сказала она, представляя мне кого-то. Я взглянула, за ее плечом стоял Эйнар. «Ах, как хорошо, что вы приехали! — закричала она. — Ах, как все будет чудесно! Эйнар, поцелуй же ее, ты же ужасно ей рад! И мы так давно не виделись!»

Он послушно нагнулся и поцеловал меня в щеку. Это случилось так быстро, что я не успела ни сказать что-нибудь, ни сделать движения в сторону. Доктор Маттис стоял и смотрел на нас обоих. Он показался мне не в духе.

Квартира выходила одной громадной комнатой на тихую площадь с церковью, большая спальня Эммы и Эйнара — в игрушечный сад за домом. Доктор Маттис, прислуга и я помещались в крошечных комнатах по коридору, смотревших во внутренний двор, где журчал маленький фонтан, у которого день и ночь стирала белье какая-то женщина. Из комнаты в комнату вели ступеньки, казалось, что часть квартиры — дом, каменный, старый, а другая часть — только пристройка, прилепившаяся к нему. В большой комнате, где мы ужинали и где долго потом сидели, был тот же спокойный порядок и прочный северный уют уже обжитого места, который Эмма, видимо, всюду возила с собой. Но что было новым, так это присутствие Марио, про которого Эмма сказала мне, что он давний друг ее молодости, что еще до войны она знала его во Флоренции, где она одно время училась живописи; было это до «этой» войны, и теперь он приехал в Венецию, чтобы повидаться и вспомнить прошлое. «У него уже четверо детей, — кричала Эмма, — Марио, покажи ей фотографии!»

Позже Марио ушел, и Эйнар (куривший теперь трубку, что позволяло ему говорить все меньше) очень основательно, как подобает гостеприимному хозяину, стал расспрашивать о моей жизни, о новой квартире, о новых знакомых, о работе. Эмма слушала, во взгляде ее появилась рассеянность. Доктор Маттис, который собирался завтра рано утром уехать в экскурсию, наконец ушел к себе, и скоро после этого я простилась тоже. Оставшись одна в своей комнате, где слышно было журчание фонтана, я зажгла свет, осмотрелась, увидела свои вещи, наполовину опустошенный чемодан, белые стены, половичок на полу, кисею на окне, какие-то милые, чистые предметы на комоде: пепельницу, бутылочку странной формы, пеструю салфетку, стакан радужного стекла. Завтра. Что будет завтра? Я присела на кровать и, еще раз взглянув вокруг, сказала себе, что приехала сюда в надежде остаться, наконец, с Эйнаром наедине, сказать ему, что я писала ему, спросить его, любит ли он меня, заставить его сказать мне, как все произошло; приехала сказать, что я по-прежнему люблю его, что я больше не могу продолжать так жить, не услышав от него ни слова. Неужели так-таки он смахнул меня, вытолкнул из своей жизни, без единого слова? А теперь? Почему они захотели, чтобы я приехала? Или он всегда хочет того же, что и Эмма?

Был десятый час, когда я проснулась и внимательно прислушалась к непривычным звукам: легкий звон посуды, женское пение, — должно быть, прислуга поет, — шаги по коридору вперед, назад; фонтан журчит, ведра гремят; голубь воркует где-то совсем близко. Я вскочила, умылась, оделась и вышла в столовую.

— А я вас поджидаю, — сказал Эйнар из кресла у окна, с английской газетой в руках, — будем пить кофе.

Мы сели друг против друга, и шведский завтрак появился на столе, все, что полагается, без чего Эйнар не мог жить и в Париже. Но подожди, подожди, сказала я себе, вдруг напав на какую-то совершенно новую мысль, разве так уж нужно было броситься тогда вон из Франции, 2-го сентября того страшного года? Разве необходимо было непременно, во что бы то ни стало кинуться со всех ног домой к отцу (похожему на короля Густава), русской нянюшке, брату, собиравшемуся в Бразилию, в мирную Швецию из загремевшей всеми пушками Европы? Разве никто тогда не остался среди нас из «нейтральных»? Разве был такой закон, что всякий должен водвориться на свое место? Нет, не было, по-моему, такого закона, он пришел гораздо позже. Я хорошо помню одного знакомого швейцарца, который никуда не уехал, и я встретила его на Рождестве, было это в 39-м году, а может быть даже в 40-м. И была семья одного американского адвоката, которая продолжала жить на нашей лестнице, как это раньше не приходило мне в голову. Эта семья жила так до осени 1941 года, когда наконец уехала. Много позже на двери были наложены печати.

— Сейчас мы пойдем гулять, и я покажу вам все, все, все, — говорил Эйнар, — так до вечера буду вас водить всюду.

— Где Эмма?

— Эмма уехала с доктором Маттисом на Торчелло.

— Уехала! На весь день? Разве она собиралась?

— Она собралась в одну минуту, они и Марио с собой взяли.

Мне показалось, что мне расставлена какая-то ловушка, с самого начала была расставлена, в тот день, когда она писала: мы сняли квартиру, для вас есть комната. Нет, гораздо раньше, когда в Стокгольме, на вокзале, она, кажется, сказала: «И почему бы вам не приехать на время в Италию, когда мы там будем?»

Мы вышли с Эйнаром и не торопясь пошли по Рива дельи Скиавони к площади. В том напряжении, в котором я жила в тот день, я все время чувствовала его полное спокойствие, его внутреннюю свободу, уверенность, что все, что он делает, — правильно. Признаюсь, не противясь ему, я сама через час или два

215

стала спокойнее и свободнее. Мы даже несколько раз посмеялись вместе. После завтрака, когда мы сидели у Флориана, он совершенно просто спросил, нет ли русских стихов, в которых бы говорилось про это.

— Про что? — спросила я и почувствовала внутренний испуг, что будет что-то похожее на объяснение.

— А про Венецию, — сказал он.

— Много есть, очень много, — ответила я, — когда-нибудь, не сейчас, я вам их все скажу.

— Я так и знал, — сказал он очень довольный, улыбаясь счастливо.

Под вечер Эмма вернулась домой одна.

— Мы не ездили на Торчелло, — сказала она равнодушно. — Когда мы пришли на пристань, не было мест, и доктору Маттису пришлось ехать одному, а мы с Марио поехали на Лидо, купались там и обедали. И меня ужасно обожгло, — она спустила платье с плеча, предплечье было воспалено.

Эйнар ушел куда-то, а мы с Эммой сели у стола и пили кофе. Она была весела, говорила много, мерила себе температуру (она любила мерить себе температуру ежедневно) и уверяла, что если у нее жар, так это от солнечного ожога. Но жара не было.

На следующее утро Эмма и Марио уехали на Торчелло («я свое всегда доберу», — сказала она), и мы опять остались в Эйнаром одни.

Этот день и три последующих дня я вспоминаю теперь со смешанным чувством: в них было ожидание чего-то, чего я хотела так страстно, ради чего приехала, и какое-то неуютное, почти тревожное предчувствие, что то, чего я так жду, не должно произойти, что я не могу его принять, что в нем есть что-то от милостыни, которую мне кто-то протягивает в удобную для него минуту, и протягивает не мне одной, но нам с Эйнаром вместе. К этому примешивалось впечатление от всего виденного: пестрой толпы на площади св. Марка, вечного праздника огней и теней; сумерек школы св. Рока; сотен картин, виденных тогда — разверзтых туч с парящим Саваофом, и туфелек Урсулы, и уже хорошо знакомых мне ангелов Беллини, дующих в трубы. Эйнар был со мной, мы бродили в залах Академии, говорили и молчали, поднимались на горбатые мостики, сидели на площадях, иногда безымянных, на ступенях Фрари, опять бродили, и я уже твердо знала теперь, что все это нужно Эмме, которая все это устроила: и приезд краснолицего, широкоплечего Марио, и мой приезд.

На пятый день моего пребывания уехал доктор Маттис. У него было недовольное лицо, и он стал говорить со всеми нами как-то резко, почти грубо. «У него несчастный роман с англичанкой, — сказала Эмма насмешливо, — она, кажется, вчера уехала в Рим». Но я не поверила ей. Его отъезд ставил меня в тягостное и одновременно чуть-чуть смешное положение: мне не хотелось оставаться с ними втроем. «Вы не знаете, как мы относимся к вам, — сказала мне Эмма вечером, будто отгадав, что я собираюсь ускорить свой отъезд, — вы стали за эти дни совсем своя, и Эйнару так хорошо с вами. А я просто ужасно вас люблю». Она любила слово «ужасно», а я совсем не любила его. Поверила ли я ей? Нет, не поверила ни на минуту, но поверить было бы тяжело, а не поверить еще тяжелее. Мне теперь было ясно: с первой минуты моего приезда она дрессирует меня. Кот ученый жил в Венеции, вспомнилось мне, и мне не захотелось быть похожей на этого ученого кота.

Нельзя позволять ей трогать мою судьбу, давать или не давать мне пропуск в ту или иную часть моей вселенной, устраивать, как ей покажется удобным, мой собственный по man's land. Они уходят вечером с Марио в театр Фениче, и она небрежно, с напускной рассеянностью говорит, что сегодня будет полная луна и мы могли бы проехаться на Сан Джорджио Маджиоре. Если я послушаюсь ее, то, с ее разрешения, я наверное буду менее несчастна, но я не могу послушаться ее, уж как-нибудь я сама все решу и уеду отсюда. Она указывает мне дорогу, но я пройду другим путем. У меня есть мое, тайное и свободное, которым я владею и буду владеть, и там я не допущу ее вмешательства.

Я сижу у Флориана и долго смотрю на гуляющую толпу. Как когда-то, глядя на темный, военный Париж, я думаю: сколько здесь было страданий, мировых и русских страстей; есть тут капля и моего, самого маленького и самого большого страдания. Эйнар подходит к моему столику, у него счастливое лицо, он загорел, похудел и, помолодев, напоминает того, прежнего Эйнара. «Поедемте на Сан Джорджио Маджиоре, — говорит он, — у нас по крайней мере два часа свободы, пока они в театре». Эти слова ударяют меня, мне от них больно, меня от них коробит. «Два часа свободы, — повторяю я. — Свободы для чего?»

Он садится и, прежде чем заказать что-либо, жадно пьет из моего стакана остатки лимона и льда.

— Очень хочется пить, — говорит он. — Я все хочу вас спросить, почему вы ни разу не написали мне?

— Как вам сказать, — говорю я, — сама не знаю. Время прошло, все изменилось. Не легко было писать. Впрочем, я писала вам, но не отсылала писем.

Он смотрит на меня долго, он давно так не смотрел на меня.

— Что вы смотрите так на меня, Эйнар? Вы не знаете, можно или нельзя? Конечно, можно, раз вам позволили.

— Я не понимаю, о чем вы говорите.

Но я не отвечаю, и он, вероятно, по моему лицу видит, что я не поеду на Сан Джорджио Маджиоре. Он осторожно берет мою руку и держит ее в своих теплых, больших руках. Где-то играет

217

оркестр, кругом продолжается праздник, здесь ходят люди, которым весело, но мне не весело, и... «ропщет мыслящий тростник».

— Вы знаете, Эйнар, — говорю я, не отнимая у него руки, — у меня в юности было однажды тяжелое разочарование (это я вам рассказываю о русских стихах), когда я узнала, что наш великий поэт Тютчев свою лучшую строку украл у одного француза. Я, собственно, до сих пор от этого не оправилась.

Он смеется, и я смеюсь, и тихонько отнимаю у него свою руку и придвигаюсь ближе к нему.

— Я завтра уеду, Эйнар, — и я смотрю на него внимательно и близко вижу его глаза, — и я хочу вам сказать на прощанье, что я кое-чему научилась за эти годы. Теперь, когда приоткрывается дверь или приподнимается решетка — слезы благодарности больше не душат меня, нет, не душат! Я не всякой возможностью пользуюсь и не всякому разрешению кланяюсь. После всего, что я видела, мне не хочется быть, даже в самом малом, той серой скотинкой, которую мобилизуют, муштруют, гонят куда-то, кормят пломбирами или морят голодом, наказывают или дают орден за хождение по струнке.

— Вас никто не наказывает и не кормит пломбирами.

— Я хочу сказать вам еще: если кому-нибудь дать разрешение устраивать твой по man's land, то в конце концов, логически рассуждая, дойдет до того, что тебя посадят в роскошный номер роскошной гостиницы, и сожгут твои книги, и прогонят от тебя всех, кого ты любишь. Только уступи — и не будет границы, где остановиться, все будет отнято; где предел, Эйнар? Где тогда будут тайна и свобода? Два городовых (один, между прочим, был чем-то похож на Марио!), следователь и судья — все поселятся на твоем участке.

Теперь он понял, я это вижу по его глазам. Он понял все, до конца, я слишком хорошо его знаю. Он даже понял, что я писала ему, что я люблю его. И что меня коробит от его спокойной радости, что ему все позволили. Вот проходит минута, другая, но он не отвечает мне ничего. Но я и не жду ответа: я ни о чем не спросила его.

Мы возвращаемся домой, и я начинаю укладывать свои вещи, а он молча сидит на подоконнике. Я ставлю будильник на половину восьмого, чтобы завтра утром не опоздать на поезд.

Когда они возвращаются из театра, Эмма удивлена:

— Вы дома? Вы никуда не ездили?

— Нет, — говорю я, — это как-то не вышло. Мы посидели у Флориана, а потом я укладывалась.

Мы все четверо идем в столовую, и там я замечаю, пока мы закусываем, что Марио и Эмма с плохо скрываемой неприязнью смотрят на меня. Я замечаю тоже, что между ними обоими пробегают какие-то искры. Когда она передает ему стакан, он кладет свою руку на ее пальцы, а Эйнар в это время говорит:

— Они расчистили первый слой, сняли краску, а под ней оказался святой Себастиан... Кто мог предположить такую историю!

«Как только они надоедят друг другу, или жена потребует возвращения Марио, Эмма с наслаждением прогонит меня, — думаю я и пью свой четвертый стакан. — Этой радости я ей не доставлю».

Я ухожу от них, говоря, что хочу лечь рано. Спасибо за все. И мы, может быть, когда-нибудь еще увидимся в Париже, если они приедут — не в этом году, конечно, и не в будущем, но, может быть, года через два? Эмма обнимает меня, мы звонко целуемся в обе щеки. «Прощайте, Марио, прощайте, Эйнар», — говорю я.

Утром пароходик везет меня на вокзал мимо дворцов, по зеленой воде Большого Канала; я едва поспеваю к поезду, носильщик впихивает меня в вагон. Свойство Венеции: исчезать мгновенно, не бежать за поездом, не кивать то слева, то справа, как делают другие города, которые оставляешь, а куда-то проваливаться в один миг, будто ее нет и никогда не было.

1958

Черная болезнь

1

Серьги лежали в ломбарде девять лет. За этот срок, наверное, было немало событий в мире, ослепительных, оглушающих человека событий! А серьги лежали в казенной коробке за номером, и девять лет я платил за них проценты. Когда деньги лежат в банке, каждый знает, что они там не лежат, а текут куда-то, в капиталистический ручей, в поток, и возвращаются, когда в них есть надобность. Но с серьгами дело обстоит иначе. Со старой одеждой, граммофонами, серебряными ложками тоже: они лежат, пока платишь проценты, потом, когда их платить перестаешь, они навсегда уходят за пределы досягаемости.

Городской ломбард в Париже — одно из самых отвратительных мест, какие я знаю. Пахнет дезинфекцией, стены крашены в серый цвет, два ряда скамеек. Ни для кого не тайна, для чего все сюда собрались. Служащий в сером халате принимает вещь, дает номерок, уносит ее, и через несколько минут раздается крик:

— Номер двадцать третий! Семьсот.

Это значит, что дают семьсот за принесенный тобой предмет. Ты идешь к окошечку и говоришь:

— Хорошо.

И получаешь деньги. Или говоришь:

— Мало. Не могу.

Тебе возвращают твое имущество, и ты уходишь. Идти некуда. Иногда, когда закладываешь драгоценность, можно сказать:

— Натяните еще немножко, будьте добры.

Но драгоценностью считается здесь только золото, платина и бриллианты. Рубины, изумруды и сапфиры называются цветными камнями и за них почти ничего не дают. За жемчуг же не дают ничего — он имеет свойство умирать вдали от хозяина. И тогда, конечно, ему грош цена.

Люди сидят рядышком на длинных скамейках и ждут приговора. Девять лет тому назад сидел там и я. Женщина, сидевшая от меня справа и принесшая четыре старых простыни, ничего не получила за них. Мужчина с бородкой, сидевший слева, похожий на Ленина, принес какую-то ветхую книгу, и ему предложили за нее двести. Он попробовал объяснить, что это — издание 1747 года, но раздался крик:

— Да или нет? И он сказал: да.

За серьги мне, как я и предполагал, дали кучу денег. В каждой было по бриллианту размером с небольшую пуговицу, и оба были чистейшей белизны. Дают обыкновенно треть стоимости, и я подумал: да, так оно и выходит, она столько раз мне говорила, что если продать серьги, то можно на них прожить вдвоем около полугода; это значит, что я один мог бы прожить на них целый год.

Все деньги в тот же день ушли в уплату счетов по госпиталю и ее похоронам. Только один счет остался неоплаченным: двух последних переливаний крови. Тогда я продал ее маленькие золотые часы и выкрутился. Ювелир, купивший их, велел мне прийти через неделю.

— Если я выгодно продам эти часы, — сказал он, — я вам еще доплачу немного.

Когда я пришел через неделю, он сказал:

— Вам причитается еще десять процентов, я продал часы вчера и выгодно продал. Я никогда не наживаю больше двадцати процентов. Это мое правило.

Я поблагодарил.

— Я люблю правила, — добавил он, сконфуженно улыбаясь, — другим они кажется скучными. Но жить без правил я считаю свинством.

Это было девять лет тому назад. За эти годы у меня никогда не было денег, чтобы выкупить заклад. И вот я затеял переезд в Америку, я решил сдвинуться с насиженного места. Я не умею и не всегда могу сделать нужное усилие, но я сказал себе: пришло время, дальше так жить нельзя. А в мыслях в это время были серьги — они должны были мне помочь устроить мою судьбу. Неделю тому назад пришла моя виза, и билет уже был заказан, за него надо было вот-вот заплатить, и на первые месяцы жизни на новом месте тоже нужны были деньги. Без продажи серег я тронуться не мог. Все было высчитано, вымерено; не в моем характере сидеть вечерами с карандашом в руке и делать вычисления, но я знаю, что это делают все, и я делал — арифметика эта была маленькой частью великой истины: познай самого себя.

Прежде чем серьги продать, мне необходимо было, чтобы кто-нибудь мне их выкупил. О том, чтобы выкупить самому, конечно, не могло быть и речи. И вот я пошел к тому же ювелиру.

Он внимательно осмотрел ломбардную квитанцию.

— Да, я занимаюсь этими делами, — сказал он, — и я выкуплю ваши серьги завтра утром. Обыкновенно при закладе дают треть. Похоже, что можно будет продать их за хорошие деньги. Приходите завтра в обед.

Я пришел на следующий день; в лавке не было никого, за

занавеской, отделявшей магазин от мастерской, чувствовалось чье-то присутствие. Я кашлянул и стал разглядывать кольца и брошки под стеклом; вся лавка тикала часами — большими и малыми.

Он вышел, держа в руках раскрытый бархатный футляр, подбитый белым атласом.

— Я должен вас огорчить, — сказал он, — если бы я мог предвидеть то, что случится, я бы никогда не взялся за ваше дело. Один камень не годится никуда. В нем черная болезнь. Вот, посмотрите сами.

Он вставил мне в глаз стекло, и я нагнулся над футляром. И в то время, как я разглядывал весь насквозь черный камень, мне казалось, что земля колеблется под моими ногами, разверзается щель, куда я лечу, какие-то рушатся надо мной этажи, Сан-Франциско, Мессина, Лиссабон — что-то из старых киноземлетрясений, видимо, застряло в памяти и теперь вдруг выскочило в мозгу.

— Это не могло произойти за девять лет. Это может произойти за миллион лет, — говорил ювелир, и что-то грустное было в этом голосе, в этой склоненной на бок седой голове, — я не могу себе объяснить, как это возможно, чтобы они там так ошиблись. Они никогда не ошибаются, у них там эксперт сидит. Возможно, что он посмотрел хороший камень, а на второй не взглянул. Хорошо, если вы выручите за оба то, за что они были заложены. Чтобы вернуть мне мои деньги. Я эти серьги продать не могу.

— Не можете? А кто же может?

— Об этом мы сейчас подумаем. Вы попали в беду.

— Когда вам надо вернуть деньги?

Он посмотрел на меня поверх очков.

— Войдите в мое положение, — сказал он своим ровным голосом, — я вам выкупил вещь, я вынул из кармана сумму. Я хотел бы иметь ее сегодня к вечеру. Кроме того, ведь я рискую, что вы не вернетесь.

Он принес телефонную книгу, стал рыться в ней, ища адреса людей, к которым он советовал мне обратиться.

— Продавайте их тому, кто даст больше, — говорил он. — Вот еще есть Огинсон. Он дает иногда хорошую цену.

— Огинсон... О... — Я стал листать толстую книгу, вперед и назад, в уме моем все мутилось. — Как странно, после М сразу идет Н. Никакого О почему-то нет.

— О после Н, — терпеливо сказал он.

— После Н идет П, — бормотал я, — а О в этой книге вообще нет. Очевидно, вырваны страницы.

— Этого не может быть, — сказал он печально. — О всегда было.

— Оно до Н или после Н?

222

— Посмотрите сразу после Н! — закричал он вдруг в испуге.

Я нашел Огинсона. Мы оба успокоились.

— Знаете, что бы я еще сделал на вашем месте, — сказал он, — я бы вернулся в ломбард и попробовал их заложить за прежнюю цену, если дадут.

Я поблагодарил его за совет, еще раз вставил в глаз стекло. Миллионы лет. Черная болезнь. Камень прочно сидел в золотых лапках.

— Я надеюсь, — сказал ювелир, — что вы не подозреваете меня в том, что я переменил ваш камень?

— Нет, — ответил я, — этой мысли у меня не было.

— Это было бы свинство, — и он пошел в угол, — у меня есть правила.

— Я вам клянусь, что я об этом не думал!

— Я верю вам. И не подумайте, что это могли сделать в ломбарде. Они запечатывают сразу, никто не имеет доступа.

Мы посмотрели друг на друга.

— Вы знаете, — сказал он, — иногда бывает в жизни, что объяснения факту нет, нет ответа на вопрос. Редко, но это бывает. Я сидел однажды у себя в комнате, и со стола пропало одно письмо. Оно стоило больших денег. Его никогда не нашли. Никто взять не мог, никто не входил. Но оно исчезло. Чем больше я думаю, тем больше прихожу к заключению, что эксперт не мог не посмотреть второго камня.

Мессина и Лиссабон, подумал я, и буква О, которая вдруг пропала, и все эти похоже на кошмар, еще сегодня утром все казалось просто, а теперь и поездки никакой не будет. Но время терять было нельзя. Я завернул футляр в носовой платок.

— Не потеряйте его, — сказал ювелир, — и, пожалуйста, принесите сегодня деньги.

Я прежде всего отправился в ломбард. В этом омерзительном месте была толпа народу. Мне дали шестьдесят четвертый номер, я сел. Слева от меня сидела женщина, у нее на коленях было старое одеяло, ей вернули его, ничего не дав, и она, видимо, не знала, что ей теперь делать. Справа сидел прилично одетый пожилой человек, похожий на Николая Второго, я видел, что он принес черепаховый веер. Я не знаю на свете грустнее места, — думал я.

— Шестьдесят четвертый! — крикнули в окошечке. Теперь они посмотрели оба камня, и сумма была предложена в два раза меньше прежней.

— Это недоразумение, — сказал я, волнуясь, — серьги эти были выкуплены сегодня утром. Вы давали за них гораздо больше.

Человек в сером халате секунду смотрел на меня, ушел за перегородку, вернулся с футляром.

— Вам дают за один камень, — сказал он, и я увидел, что на

одном глазу у него бельмо. — Другой ничего не стоит. Вы можете взять его обратно.

Получалось совершенно так, как с его глазами: один не стоил ровно ничего.

Я прошел коридором, лестницей, двором. Я обегал не то пять, не то шесть ювелиров в тот день. Никто ничего не давал за вторую серьгу, за первую давали недостаточно, чтобы я мог уплатить долг. Было почти шесть часов, когда я, наконец, оказался у Огинсона. Это была квартира, не магазин, и мне открыла какая-то женщина. Дверь была на цепочке.

— Кто вы?

Я не знал, что ей ответить.

— Кто вас послал?

Я объяснил. Она ушла, шлепая туфлями. Прошло довольно много времени. Наконец дверь открылась, и меня через длинную, темную прихожую провели в длинный, темный кабинет. Толстый человек неподвижно сидел за совершенно пустым, гладко отполированным столом, две канарейки щебетали в клетке, у окна, над самой его головой.

Он был толст, бледен, стар, неподвижен и во все время нашего разговора отражался глыбой в гладкой поверхности огромного, пустого стола.

— Сколько хотите? — спросил он, рассмотрев камни, двигая одними кистями рук. Я назвал цену, которую был должен. Он посмотрел куда-то мимо меня.

— Это с трудом можно будет выручить за один камень, и то только переделав его в кольцо, — сказал он. — Второй мне не нужен.

Наступило молчание. Канарейки качали клетку, сквозь закрытые окна был слышен уличный шум, пахло пылью и табаком. Во мне все дрожало от напряжения.

Он еще раз рассмотрел серьги.

— С самого начала, — сказал он медленно, — в нем уже была эта болезнь. Еще человека не было, а уже в нем сидела эта зараза.

Я перевел дыхание.

— Но я вам заплачу то, что вы просите. И я передумал, я возьму и второй камень тоже.

Он вынул бумажник из кармана, отсчитал деньги. Выходя, я громко сказал: «Прощайте!» Но он не ответил. На улице я с минуту стоял как оглушенный: мне показалось, что и Мессина, и Лиссабон пронеслись над моей головой и оставили меня живым. Когда я вернулся домой, отдав деньги, голодный и усталый, я повалился на постель и пролежал так до темноты. Если бы мне дали бомбу в тот вечер и сказали: бросай, в кого хочешь, я бы бросил ее... в кого бы я бросил ее? В первого ювелира? Во второго ювелира? В человека в сером халате? В господина Огинсона? В

224

эксперта городского ломбарда? Нет, нет, нет, — говорил я себе, — я бы бросил ее в этот страшный зал, где пахнет дезинфекцией, я бы бросил ее у входа, в надпись: либерте, эгалите, фратерните. Но, как говорит мой сосед по комнате, человек без профессии Мишель Нерон, русские удивительно умеют устраиваться и всегда ловко выкручиваются. Русским необычайно везет.

— В чем везет? — кричал я поздно ночью, когда он зашел ко мне. — В чем? В чем?

Но он, конечно, не знал, что ответить; он терпеть не может крика и продолжал молчать, пока я не надоел ему своим вопросом до такой степени, что, пожав плечами, он молча ушел к себе.

На следующий день была суббота, и когда настало воскресенье, у меня было время обдумать, что делать. Если все те вещи, которые мне принадлежат, постараться продать, вместо того чтобы раздать, то я могу выручить приблизительно одну четверть того, что мне нужно, чтобы заплатить за билет. Это было мне ясно и без того, чтобы заниматься вычислениями. Откуда добыть остальное? Я мысленно перебрал в уме все, что имел. Даже если продать все, оставив только то, что на мне, да бритву, да зубную щетку, — больше четверти не наберется. Безвыходность была полная, и я даже стал подумывать о том, чтобы завтра утром пойти отказаться от пароходного билета. Ехать было не на что. Чем скорее забыть обо всем этом, тем лучше. Занять такие деньги тоже было не у кого. Писать же Дружину в Чикаго было совершенно бесполезно по одной простой причине, о которой сейчас рано говорить. В этом месте моего рассказа достаточно сказать, что Дружину писать письма было бессмысленно.

«Есть два обручальных кольца, — подсчитывал я, — и книги, и одежда, и радио, старое, но еще хорошее». День тянулся долго, и надо было что-то решить. Впрочем, минутами мне казалось, что решать ничего не надо было: все и так решено. Обо всем чем скорее забыть, тем лучше.

В шестом часу ко мне постучался коридорный. «Вас спрашивают внизу, — сказал он, — какая-то барышня». Я пригладил волосы, надел пиджак и спустился, не чувствуя никакого любопытства. На нижней площадке стояла незнакомая мне молодая женщина в брюках и с папиросой во рту. Кругом не было ни души, где-то надрывалось радио.

— Здравствуйте, — сказала она по-русски, протягивая руку. — Меня зовут Аля Иванова. Можно к вам?

— Здравствуйте, — ответил я. — У меня в комнате беспорядок, простите. Если хотите, поднимемся...

Она быстро взглянула на меня два раза и потом еще раз, словно у меня было какое-то необыкновенное лицо, между тем, насколько я понимаю, у меня очень банальная внешность.

Когда мы вошли в комнату, она оглядела стены, мебель и села

на единственный стул у окна. Я сел на кровать. — Не знаю, как вам все объяснить, — сказала она и посмотрела на меня черными блестящими глазами. Лицо у нее было тонкое, с оттенком болезненности, но в тонких руках видна была энергия и сила. — Я узнала, что вы уезжаете в Америку. Не спрашивайте меня, кто мне сказал. Это было совсем не просто узнать, я даже заплатила за это деньги. Есть такой человек, который адреса продает. Он знает про всех, которые уезжают. Вы приходите к нему, он вынимает лист, и там — по районам. Это когда хочешь снять комнату. Я быстро ответил:

— При чем же тут я? Обратитесь вниз, к хозяйке.

Она потушила окурок.

— Если я обращусь к хозяйке, она или мне не сдаст, а сдаст тому, кто у нее в очереди записан, или сдаст ровно в три раза дороже, чем платите вы, живя здесь много лет. Вы платите дешево, и вам набавить не могут. Если я поселюсь с вами здесь и проживу месяц, то комната останется за мной за ту же цену. Я могла бы переехать завтра утром.

— Но здесь, как вы видите, одна постель.

— Это неважно. Я буду спать на этом диванчике.

В углу, около умывальника, стоял трехногий диван, на котором мог улечься разве что ребенок.

— Вы разве никогда не слыхали о таком способе заработать деньги? По закону я должна прожить здесь с вами не менее месяца, чтобы комната осталась за мной. Вам будет неудобно, я знаю, я стесню вас, но что же делать! Я заплачу вам за это.

Я кашлянул.

— Я заплачу вам часть денег завтра, при переезде, а часть, скажем, через две недели. Мы оба рискуем: я, что вы прогоните меня, взяв деньги, вы — что я не доплачу вам последнюю часть. Но как же иначе? Мне сказали, что есть люди, которые привлекают к такому делу третье лицо, свидетеля; если хотите — я согласна. Но, по-моему, лучше делать такое дело без свидетелей. Может быть, можно сделать его на доверии?

Она помолчала, не спуская с меня глаз. Она, видимо, ждала, не скажу ли я, что ничего нельзя делать на доверии. Я сказал:

— Вот вы говорите, что заплатили, чтобы мой адрес узнать, и мне платить собираетесь. Что же у вас, денег много? И если много, то почему вам так важно иметь дешевую комнату?

— Чудак вы! — улыбнулась она, и я увидел, как красит ее улыбка, глаза ее стали блестеть еще больше, — денег у меня немного, но я, давши вам пятьдесят, буду потом за комнату платить шесть в месяц. А сейчас я живу не у себя и плачу двадцать. Понятно?

«Она мне даст пятьдесят, можно будет постараться как-нибудь», — подумал я.

— Сейчас я живу не у себя, — повторила она, и вдруг по лицу ее пробежала какая-то тень, — и не могу больше там оставаться. Я должна выехать.

Я встал, прошелся по комнате и опять сел на кровать.

— Рассудим об этом как можно спокойнее, — сказал я. — Предположим, что я останусь здесь еще месяц, это я могу, я приблизительно так и собирался сделать. Вы будете жить здесь, на диванчике, конечно, буду спать я, а не вы. Мы можем также класть матрац на пол, это, пожалуй, еще удобнее. Один без матраца на кровати, другой на матраце на полу. Утром вы когда уходите?

— Я утром не ухожу.

— Вы не работаете?

— Я работаю вечером.

— Тогда это, пожалуй, еще удобнее. Вы приходите поздно, я уже сплю. Утром я ухожу — вы спите.

— Почему вас так беспокоит вопрос сна? — спросила она. — Я привыкла с детства в летних лагерях спать на земле, в мешке, в палатке со всеми вместе, и вообще — это совсем для меня не вопрос. Я думала, для вас важнее будет оформить все это на бумаге. Я хочу сказать: условие между вами и мной.

— Что же можно сделать на бумаге? Мы с вами делаем незаконное дело и ничего оформить по существу не можем.

— Незаконное? Простите, какое же мы делаем незаконное дело? Вы не выдаете меня ни за сестру, ни за жену. Никого не обманываете. Мы живем месяц вместе, а потом вы уезжаете — мы не обязаны говорить, что навсегда. Комната остается за мной, а через год, когда вас все нет, они автоматически переведут ее на мое имя.

— А вы не можете въехать сюда накануне моего отъезда?

— Тогда меня немедленно выкинут отсюда. Она открыла сумку и показала мне пачку денег.

— Тут двадцать, и вы получите их завтра. Двадцать я заплачу вам через две недели и десять — накануне отъезда. Мне сказали, что это так делается.

Я встал, подошел к ней и неожиданно для самого себя сказал:

— Я хочу все пятьдесят на этой неделе. Мне нужно заплатить за билет. Я не могу ждать.

Она нисколько не испугалась, даже, по-моему, обрадовалась.

— Хорошо, — сказала она, — пусть будет так. Я не знала, что вы такой жадный.

И она улыбнулась, бесстрашно глядя мне в лицо.

— Пойдемте, если у вас есть время, выпьем кофе, — предложил я, чувствуя, что больше не могу сидеть так и смотреть на нее. Мы спустились по лестнице, вышли на улицу. У входа, на тротуаре, стояла хозяйка, мадам Бово, и, проходя мимо нее, Аля Иванова спокойно положила мне руку на плечо, будто объявляя и

227

ей, и прохожим, и всему городу: это мой собственный, мне принадлежащий пленный человек, — как принято у женщин в Париже.

Мы сели за столик в кафе, и Аля, едва отхлебнув кофе, пошла звонить по телефону. Будка стояла в трех шагах от меня, и я мог слышать обрывки разговора: она говорила с какой-то Зиной и сказала ей, что «он» требует все пятьдесят на будущей неделе, просила спросить Жано, что он думает, что надо делать. Потом, видимо, отвечая на поставленный вопрос, она ответила: да, внушает. Абсолютно внушает. Но требует.

Мы сидели с полчаса, она все курила, задумывалась и молчала, а я рассматривал ее: она вся была какая-то длинная, словно вытянутая вверх. Волосы были гладкие, короткие, уши узкие, лицо ровным овалом и шея, чуть длиннее, чем надо. Белизна или бледность ее была какой-то особенно чистой, ясной, вся она производила впечатление ясности, ни в глазах, ни в улыбке никогда не мелькало скрытого смысла, двусмысленности, загадки — это шло от ее ясных черных глаз, от взгляда, которым она смотрела вокруг и взглядывала на меня.

На душе у меня было невесело, я чувствовал смущение при мысли, что беру ее деньги. Месяц, который мне предстояло прожить с ней в одной комнате, представлялся то мучительно неудобным в самом простом житейском смысле — без сна, без одиночества, с постоянным чувством стесненности и тесноты, то чем-то вдруг легким, немножко смешным и во всяком случае — ни на что не похожим.

Она переехала на следующий день, у нее был один чемодан, старый, черный, потрепанный, из которого она почти ничего не вынула, чтобы не стеснять меня, кроме яркого театрального костюма — широкой малиновой тюлевой юбки и лифа, расшитого блестками. Его пришлось повесить на дверь, на крюк, и он занял четверть комнаты. Мы вместе стянули матрац на пол, и каждый постелил свою постель (она привезла две простыни и думку), после чего она умылась, переоделась, подвела глаза и в этой малиновой юбке, стараясь ее не смять, села на край стула и рассказала мне, что танцует в «Ампире», что у нее там два номера в программе, что она работает с партнером вот уже четыре года, и одно время они даже выступали в «Казино де Пари». Десять лет тому назад, еще подростком, она училась у Ольги Осиповны и думала, что будет балериной, но «так случилось», что это не вышло.

— А кто партнер? — спросил я.

— Партнер три месяца тому назад мне палец сломал, но я не могу его бросить: обоих выгонят. Отдельно мы не нужны.

— Нарочно сломал или нечаянно?

— Нарочно, конечно. А главное — во время исполнения. Что-то ему не понравилось, он такой неврастеник. Взял, когда подхватил меня с воздуху, и сломал мне мизинец со злости. Я потом три дня в госпитале была, резать хотели, но обошлось.

Она вытянула свой левый мизинец и внимательно посмотрела на него.

— Кривой?

— По-моему, нет.

— А по-моему, кривой остался, — сказала она и сдвинула брови. Углы ее рта опустились, но уже через минуту она улыбалась мне.

— Я костюм в «Ампире» оставлю, я устроюсь, а то он здесь вам всю комнату загромоздил. Хороший костюм? Вам нравится? Мне его Гончарова нарисовала.

Когда она ушла и я остался один, тысяча мыслей налетели на меня, разрывая меня на части. Ощущение позора, бессилия, всей моей человеческой никчемности и слабости охватило меня. Я почувствовал — в который раз — мою постыдную неспособность обновляться, возрождаться, жить, как другие люди. Что бы сказал Дружин, если бы узнал? Жаль, что я не могу написать ему об этом!.. Потом я посмотрел на все случившееся с точки зрения Мишеля Нерона, то есть взглянул на самого себя с точки зрения здравого смысла, с точки зрения трезвого человека. Выходило так: вчера мне заменили хороший драгоценный камень — дурным, сегодня вселились в мою комнату. Вчера я не пошел жаловаться, сегодня я никого не выгнал. А есть люди как стальная пружина. А есть люди которые, как тугой теннисный мяч. А есть люди, которые, как каменный бицепс. Никаких денег она мне не заплатит, а с Огинсоном у того все заранее было условлено.

Но это, конечно, была только минута, а потом мысли повернули в другую сторону: старые деревянные ширмы, скрывавшие умывальник, и табурет со спиртовкой, сковородкой и чайником, должны были сыграть главную роль в нашей будущей общей жизни. Их можно было легко переносить и расставлять, сдвигать туда и сюда; впрочем, как показали первые же дни, в ширмах нуждался только я. Але они были совершенно не нужны: привыкнув в театрах раздеваться и одеваться где придется и при ком придется, она спокойно и без тени смущения сбрасывала с себя одежду, оставалась в маленьком черном трико и узком черном лифчике, и шла мыться. И ее тело, где каждый мускул был разработан и которое своим мастерством или искусством кормило ее, было таким же, как ее лицо: чистым, ясным и немножко бесплотным.

В среду утром она передала мне все деньги, и я сейчас же заплатил за билет. Два обручальных кольца дополнили остальное. К концу первой недели в нашей с ней жизни уже образовалась рутина, в которой для меня ничего не было тягостного, кроме мысли, что я взял у нее деньги за что-то, что мне, в сущности, не принадлежало. Рутина образовалась сама собой: я вставал утром в семь часов, Аля крепко спала, лицом к стенке; в восемь я уходил (я работал тогда у архитектора по подбору цветных кафелей для мозаик и даже иногда делал рисунки для этих мозаик, за что меня называли «художником»). Возвращался я в половине девятого вечера, работая сверхурочные часы, благо была работа. Когда я приходил (уже пообедав), Али не бывало. В комнате все было аккуратно прибрано, матрац был вдвинут на кровать, на столике стояли анемоны в стакане, и бусы ее висели на гвозде у окна. Кофейник был полон кофе, я согревал его и пил, ложился в двенадцатом часу и обычно засыпал до ее возвращения, — она приходила около часу и когда зажигала лампу на столе, то сейчас же загораживала ее.

Помню, это было, вероятно, дней за десять до моего отъезда, я проснулся ночью и увидел, как она сидит в своем старом халатике у стола, ест плитку шоколада с хлебом и читает какую-то книжку. Лампа была заслонена чем-то синим. Синий отсвет падал на ее босую ногу, на длинную, вытянутую, бледную ступню. Она не могла оторваться от книги. И от ее профиля, склоненного так внимательно над страницей, от всей ее черной головки, от вида ее худой длинной руки, перебирающей волосы, что-то вдруг защемило мне сердце; я почувствовал странную радость от того, что она со мной.

— Пора спать, — сказал я тихо.

Она вздрогнула, отвела руку, улыбнулась.

— Как вам там на полу? Не спится? — спросила она.

— Мне чудно. Мне очень хорошо на полу. А какое вам, в сущности, до меня дело? Зачем вы спрашиваете?

Она, не переставая улыбаться, продолжала читать, я закрыл глаза и стал слушать звуки, которые доходили до меня: вот скрипнул ее стул, вот она перелистнула страницу; хруп-хруп-хруп — грызла она шоколадную плитку; и тихонько, в этой колеблющейся вокруг меня музыке звуков, я стал засыпать, и среди всей этой радости только одно мучило и отравляло меня где-то глубоко на дне моей совести: ее деньги.

Через несколько дней, выйдя со службы, во время завтрака я встретил присяжного поверенного Н., которого давно не видел. Мы обрадовались друг другу.

— Вы мне посланы судьбой! — сказал я ему. — Вы знаете, я только вчера думал о вас. Я хотел идти к вам за советом.

Мы вместе пошли завтракать, и я дал ему сначала рассказать о себе: он жаловался на родственников жены, с которыми у него были какие-то запутанные денежные отношения. Потом, исчерпав эту тему, он спросил меня, в чем состоит мое «дело».

— Или лучше, может быть, зайти ко мне в контору?

Мы пошли к нему в контору, которая оказалась поблизости, и там, под непрерывный телефонный трезвон, я рассказал ему про Алю и спросил, выселят ее из моей комнаты или оставят, когда я уеду?

— Ее должны оставить, — сказал он, — она совершенно права. Она — молодец. Никто ее выгнать не сможет, и надбавить плату тоже не сможет, она поступила ловко. А вы, голубчик, продешевили. Я мог бы найти вам лучшего клиента. Почему вы не обратились ко мне?

— Я понятия не имел. И вы не считаете, что с моей стороны было нечестно взять с нее деньги?

— Нечестно? Что за слово! Абсолютно неподходящее выражение. Все это сейчас делают. Вы были бы просто дураком, если бы упустили такой случай. А ей повезло. Невероятно повезло. Вы себе не представляете, какие бывают комбинации. Вот у меня сейчас дело в суде: человек не выехал. Проходит месяц, другой, третий, так и живут вдвоем. Я ей говорю (в этом случае она должна была выехать, а он — остаться), я ей говорю: что же вы, мадам, слово дали (кроме слова ее я, конечно, видел и паспорт ее, и билет), а теперь сидите как пришитая. Деньги взяли, а сами никуда не едете! А она мне: куда мне ехать? Мне и тут хорошо, мне ехать некуда, мы дружно живем. Это ей кажется, что дружно, а он в суд на нее подает. Моей теще, может быть, тоже кажется, что мы с ней дружно живем.

Потом наступило последнее воскресенье. В воскресенье у Али бывали утренники, так что уходила она в час, возвращалась в четыре, а в восемь опять уходила. В воскресенье мы всегда вместе обедали. Я ждал ее, и мы отправлялись на угол, там у нас был «свой» столик в маленьком ресторане, где толстая подавальщица приносила нам наши порции, напевая что-то, и куда приходил гармонист, седой венгр, и играл, сидя на табурете, который ему выносил сам хозяин.

— Аля, — сказал я, — ведь это последнее наше воскресенье. В четверг я уплываю. Вы довольны?

Она удивилась вопросу.

— Довольна? — повторила она. — Не могу ответить на это. С одной стороны, конечно да, потому что этого я хотела, когда пришла к вам. Но, с другой стороны, я к вам так привыкла. И было очень уютно, хоть и тесно немножко. Может быть, вы еще раздумаете и останетесь?

Я так удивился этим последним словам, что не нашелся, что на них ответить.

— Не останетесь, — продолжала она и даже вздохнула. — Вас там ваш Дружин ждет. И фамилия как нарочно — от «дружбы».

Я посмотрел на нее и сказал, стараясь делать вид, что это говорится не совсем серьезно:

— Ждет давно, подождет еще. Я предупреждаю вас, Аля, что я деньги вам обратно пришлю, все, что вы мне дали. Это я легко смогу сделать, как только начну работать, в четыре месяца, может быть, и в три. У меня эти деньги днем и ночью в мыслях стоят, что бы я ни думал, все о них. Так это не может дальше идти. Я их при первой возможности вам вышлю.

Шутки никакой не получилось, и она серьезно ответила:

— Вы мне ничего не должны, Евгений Петрович, напрасно вы думаете об этом. До вас я снимала комнату у людей в квартире, хорошая, большая комната была, но она меня разоряла, кроме того, там было четверо детей и очень тяжелая обстановка.

— Шумно?

— Не шумно, жалко их было. Отец с матерью разводились, и они были совершенно одни целый день. Никто не учил их, а как им хотелось учиться! Ведь старшему мальчику было уже двенадцать, и девочке — десять. Они прямо глотали все, что я им рассказывала, а что я знаю? Когда я училась у Ольги Осиповны, у меня времени не было книжку прочесть, а потом надо было зарабатывать, бороться, не до чтения было. Я совершенно необразованная, я решительно ничего не знаю, но эти дети просто прилипали ко мне, им хотелось все знать, ни одной книжки во всем доме. Так было тяжело, что я плакала, когда они от меня уходили. Они никогда не были в школе, родителям было не до них. Целый день они разговаривали друг с другом, они никогда ни во что не играли, даже маленькие, они только все обсуждали: почему то, почему другое? И вы знаете, что я сделала? Я донесла на них в полицию. И тогда мне пришлось уехать.

— На кого донесли?

— На родителей. Вы знаете, что закон есть: родители обязаны отправлять детей в школу. Иначе — штраф и насильно пошлют учиться. Так вот я пошла в полицейский участок и донесла. Сначала хотела анонимное письмо комиссару писать, а потом решила: надо быть храброй, пойду сама. Сказала, они все четверо такие особенные, они никогда не дерутся и не разбили ничего. Они арифметике друг друга учат на палочках, собственный способ изобрели, и только спрашивают целыми часами: отчего гром? отчего звезды? что за звездами? сколько лет собаки живут? кто был Наполеон? Сделайте что-нибудь, говорю, чтобы помочь. И комиссар поблагодарил меня, и, представьте, они всё сделали, что нужно, и я недавно узнала: трое в школе, четвертый — в детском саду, и все четверо первыми в классе. Как они счастливы, воображаю!

Я молчал.

— Вы думаете, что дурно доносить в полицию? — спросила она, сдвинув брови, выжидательно смотря на меня.

Я все молчал. Наконец я сказал первое, что мне пришло в голову:

— Если бы мне дали бомбу и сказали: бросай в кого хочешь, я бы бросил ее так, чтобы весь мир разлетелся.

— Кто же вам бомбу даст, Евгений Петрович? — сказала она совершенно серьезно. — Да и какая же это должна быть бомба, чтобы разлетелся мир!

Через четыре дня я уехал. Аля пошла провожать меня на вокзал. Хозяйке я сказал: моя подруга остается, а я уезжаю. Она ответила, подмигивая (у нее была привычка подмигивать, вероятно, это был тик):

— Мне все равно, кто живет, лишь бы платил.

— Ах, — сказал я, — в этом отношении она еще аккуратнее меня: первое число месяца для нее священный день.

Мы пожали друг другу руки.

Когда поезд отошел и Аля махнула мне платком, мне показалось, что в ее лице мелькнуло что-то незнакомое мне, чего я никогда не видел в нем, какая-то внезапная грусть, и серьезность, и замутнение ясности, — не знаю слов, чтобы это назвать. Как много вообще случается в жизни, чему нет выражения, нет названия. Как много вопросов остается, в конце концов, без ответа (например: можно ли доносить в полицию?); как много есть такого, чего нельзя объяснить (черную болезнь, которая сидит во мне самом уже миллион лет). Мишель Нерон тоже пришел на вокзал. Он относился к Але равнодушно, у него были свои две подруги. Он тоже махнул платком. И два моих приятеля, два свидетеля моей одинокой парижской жизни, некоторое время шли рядом с окном, в которое я высунулся, и говорили мне:

— Пиши, Женя, пиши нам, как и что. И помоги выбраться отсюда. Не будь сволочью, слышишь?

2

Бывает иногда, что в мае, после двух-трех теплых, летних дней, вдруг наступает холодная, дождливая погода. Для деревьев и птиц, едва прилетевших, время если и не идет назад, то наверное останавливается. Едва показавшиеся листья так и не распускаются, ждут, сложенные в кисточки, когда это можно будет сделать; птица, едва прощебетавшая как-то утром, забилась под карниз и пережидает непогоду. На дворе льет дождь без остановки целую неделю, небо легло на дома, ветер носит тучи, холодно. И от прохожих на улице пахнет камфарой и нафталином. Это они опять вынули и надели на себя теплые кофты, куртки и пальто, спрятанные было до будущей осени.

233

Запах камфары и нафталина, как всем известно, убивает любовь. Возможно, что не все нафталинные шарики, не все камфарные осколки выпотрошены из обшлагов, возможно, что люди так поспешно вытянули теплые вещи из шкафов, что не успели вывернуть все карманы. То тут, то там на улицах тянет нафталином, а камфарой особенно сильно пахнет в домах. И так как и то, и другое убивает любовь, то никто в этом мае (похожем на ноябрь) не думает про любовь, не понимает любви и даже как-то осуждает любовь — свою и чужую.

Но на Льва Львовича Калягина никакая погода вообще уже давно не действовала: из дому он почти не выходил, в окна не смотрел; в доме зимой и летом была всегда одна и та же температура, автоматически что-то включалось и выключалось, был один и тот же свет, и только когда он выходил на улицу — очень редко и с большими предосторожностями, — он предварительно справлялся о месяце, о дне недели и о температуре — по Цельсию и Фаренгейту.

Я служил у него уже около года. Приехав в Нью-Йорк, я не сразу попал к нему. Целый месяц, живя впроголодь, я шатался по городу, нанимаясь то на одно место, то на другое, и только когда последние Алины деньги подошли к концу и в гостинице появился счет, за который заплатить было нечем, я прочел в газете его объявление: требовался секретарь.

Он принял меня сначала стоя, но к концу разговора сел сам и палкой с резиновым наконечником указал мне кресло.

Взгляд у него был орлиный, а голос дребезжащий. Он говорил:

— В ваши обязанности, Арсений Петрович...

— Евгений.

— ...будет входить печатание на машинке моей корреспонденции на двух языках, аккуратное ведение дел; у меня две тяжбы, одна здесь, другая — в Европе. У меня жена в Швейцарии живет, все ее счета я оплачиваю. Я мемуары пишу. Необходимо разобрать архив, все перенумеровать, по папкам разложить... Дочь живет со мной, но она отказалась помогать мне. У меня, Арсений Петрович...

— Евгений.

— ...трудное положение. С одной стороны, надо еще столько сделать — обязан перед будущим. С другой — сколько времени для этого осталось — неизвестно. То есть начисто никому не известно, — секрет судьбы!

Величественно он повернулся ко мне профилем и стал похож на ястреба.

— А сейчас, если вы не спешите, я бы попросил вас, — он вдруг издал странный звук, похожий на хныканье, — я бы попросил вас прогладить мне один носовой платок, мой любимый. Я его выстирал сам, но гладить — судьба не научила. А Людмила, моя дочь, она в разводе, и у нее стал от этого характер тяжелый.

В это время где-то за стеной в квартире стало слышно какое-то движение, хлопнула дверь, другая, раздались быстрые шаги, и в комнату вошла женщина лет тридцати пяти, небольшого роста с жестким, довольно красивым лицом. Она посмотрела на нас обоих и, ничего не сказав, с выражением глубочайшего презрения на лице повернулась, вышла и сильно хлопнула дверью.

Калягин не обратил на этот грохот никакого внимания.

— Скажу вам еще: совестно вас беспокоить, но мне необходимо срочно пришить одну пуговицу, вот уже три дня, — он опять захныкал, — как я без этой пуговицы живу. Просто срам. Но вдеть нитку в иголку — нет, этому нас в молодости не учили! Чему учили, то я все помню, но вдевать иголку в нитку...

— Нитку в уголку.

— ...этому не принято было учить.

Противоположная дверь кабинета тихо открылась в эту самую минуту, Людмила Львовна просунула голову в комнату и сказала:

— А меня вы учили чему-нибудь?

Калягин виновато улыбнулся.

— Познакомьтесь, это моя дочь.

— Здравствуйте! — Она вошла и стала посреди комнаты. Я встал тоже.

— Сидите. Я не хочу мешать. Я только хочу сказать, что вы не всему верьте, что вам рассказывают. Он уже дошел до того, как «царю служил»? Нет? Тогда еще много вам впереди развлечений.

— Пожалуйста, не мешай нам, — сказал Калягин, нисколько не сердясь.

— Одна глава мемуаров будет называться: «Как в семнадцатом году с красным бантом ходил». — Она вдруг оглядела меня с ног до головы. — Было это или не было — это, конечно, никому теперь не известно.

Она вышла и опять хлопнула дверью. Калягин посмотрел на меня.

— Видите, — сказал он, — какой характер. Вся — в мать.

Работа моя началась в тот же день. Сначала я пришивал ему пуговицу, потом гладил носовой платок, а позже сел за стол и стал просматривать бумаги. Жена писала ему часто, почти каждое письмо содержало просьбу прислать денег, и все они начинались приблизительно так: «Вчера мы с Дози читали и перечитывали твое последнее письмо. Как бедная Дози чувствует, что ты не любишь ее! Она часто плачет, когда мы говорим о тебе (ты даже не вспомнил: недавно был день ее рождения!). Бедная, у нее никого нет на свете, кроме меня. Мы опять вынуждены переехать из этой гостиницы и искать другую, пиши до востребования. Нигде не хотят нас держать»... Затем были деловые письма: писал адвокат из Лондона о процентных бумагах, писали из Женевы о продаже недвижимости; были многочисленные письма дальних родственников со всего мира: с Формозы, с Канарских островов, из Персии — один просил денег, чтобы запатентовать изобретение, другой — денег на учение сына, третий — денег на поездку в Париж. И наконец, была папка дел заводов, в которых Калягин поместил свои капиталы. Все это через неделю я уже знал наизусть. Уходя, мне иногда приходилось мазать ему поясницу йодом, он верил в йод, как в универсальное целебное средство. Тело у него было холеное, с желтизной, в крупных родинках.

Месяца через четыре я выслал Але в Париж мой долг и почувствовал, что настало время начать копить деньги на переезд в Чикаго. Я представлял себе Дружина, я все время ясно представлял себе его, я, можно сказать, издали не спускал с него глаз. Вечерами я думал о нем, и мне иногда хотелось рассказать о нем кому-нибудь.

Людмилу Львовну в первое время я не видел вовсе. Квартира была в два этажа, и она жила наверху, где я не бывал. По утрам приходила старая ирландка, прислуга, которая мыла посуду, оставленную с вечера, убирала комнаты, готовила обед. Калягин обедал днем один, в большой столовой, прислуга подавала ему, убирала и уходила. Она, вероятно, воображала, что он глух, я часто слышал из кабинета, как она кричит ему:

— Ужин ваш в леднике оставлен. Только разогреть и съесть. То, что в голубой кастрюле, согреете и опрокинете в белую миску, и обольете все из стеклянной чашечки. Поняли?

Калягин отвечал:

— Понял. Я не глухой.

— Я к тому кричу, чтобы вы наоборот не сделали. А потом вам компот. Старым людям сырые фрукты есть нельзя. Доктор сказал, что у вас в кишках фауны мало.

— Я слышу.

— Прощайте.

В первое время я выходил, съедал сандвич, пил кофе. Потом Калягин сказал, чтобы я обедал с ним вместе, и тогда вечером, прежде чем уйти, я обычно «опрокидывал» содержимое голубой кастрюли в белую миску — или наоборот, что доставляло ему большое удовольствие.

Только через полгода после того, как я появился у Калягиных, случился мой первый разговор с Людмилой Львовной. В этот день Лев Львович выехал на какой-то торжественный обед со своими однокашниками (не то по полку, не то по училищу). Я провозился с ним часа два, наконец посадил его в такси и, вернувшись, пошел в спальню с намерением привести в порядок его гардероб и ящики комода. Он давно меня об этом просил.

Она вошла, в плаще и перчатках, и села у двери, на стул. Лицо ее было сухо, и в глазах была та жесткость, которую я заметил еще в первый раз. Голосом насмешливым и резким она сказала:

— Сразу видно: европеец. Стал бы американец из секретаря превращаться то в кухарку, то в прачку, то в лакея.

— Если вы думаете, что в ваших словах есть для меня обидное, то вы ошибаетесь: у меня в характере есть склонность к непротивлению, и я ничего не имею против того, чтобы быть кухаркой и лакеем.

Мой ответ, видимо, удивил ее. Она помолчала. Я аккуратно складывал калягинские рубашки.

— Сколько он платит вам?

— Простите, — сказал я, — это не ваше дело, а мое с ним.

Она прищурилась.

— Вы не знаете, с кем имеете дело, — и она покачала носком ноги, — мои родители оба сумасшедшие, оба одинокие, несчастные люди. Они и меня сделали сумасшедшей, одинокой и несчастной. Но они не сознают этого, а я сознаю.

Я продолжал выдвигать и задвигать ящики комода.

— Они живут, как во сне. Они лунатики, — продолжала она, — и я жила, как лунатик, пока не поняла, что сегодня ты — лунатик, а завтра — кандидат в сумасшедший дом. Все их поколение — безответственно и патологично. Смотрите, до чего они довели и себя, и весь мир кругом. А если заставить их продумать все до конца: кто они, что сделали с собой, со своей жизнью, со своими детьми, они увиливают, сколько могут, а потом плачут.

— Но они вовсе не так несчастны, — возразил я, еще не зная, как мне себя с ней держать, поддержать ли ее разговор, или в него не втягиваться. — Они иногда очень даже счастливы, такие, как есть. Счастливее, чем мы с вами.

Она открыла свою большую сумку, в комнате запахло духами; вынув папиросы и спички, она закурила.

— Но я совершенно не считаю, что счастье — цель и самое главное в жизни. Самое главное: чувство ответственности и логика. Это для них совершенно непонятно. Творят, не зная, что творят. Возможно, что за это им откроется Царствие Небесное, но лично я бы не культивировала всех этих кротких и нищих духом, которые столько испортили во вселенной.

— Простите, — прервал я ее, — вы сказали вначале, что родители ваши одинокие, несчастные люди. Насколько я понимаю, ваша мать не одинока: при ней подруга или родственница?

— Это вы про Дози?

— Да.

Людмила Львовна посмотрела на меня холодно:

— Это ее китайская собачка.

В это время зазвонил телефон, и я пошел в кабинет. Когда я

вернулся, Людмилы Львовны уже не было. В комнате пахло духами, в пепельнице дымился окурок. Я постоял несколько минут, послушал, не хлопнет ли дверь где-нибудь, но на этот раз она исчезла бесшумно.

Каждый вечер, уходя к себе в гостиницу, я думал о том, что, несмотря на полное одиночество в этом городе, мне в нем сейчас живется не хуже (но и не лучше), чем жилось раньше. Время от времени, как все последние десять лет, и здесь возвращался ко мне изредка тот сон, который преследовал меня и сделался одной из тайных основ моей жизни. Его почти невозможно передать словами. В нем ничего не случается. В желтоватом густом тумане я двигаюсь бесшумно, словно на колесах, не двигая ни одним мускулом, в полной тишине. Ощущение выжженной пустыни. Ощущение безмолвия и отсутствия времени. На пути моем иногда попадаются странные растения, серые, серо-желтые, как всё вокруг, как я сам. Я, может быть, спеленут? Или я деревянная кукла с неотделенными руками и ногами? Растения колючи, сухи и безмолвны, они неподвижны. Я медленно скольжу мимо них. Впереди все то же... Я думал также о том, что живу здесь временно, что я наконец сделал усилие, что-то решив, на что-то решившись, обошел препятствия, проявил волю и, может быть, нашел путь выскользнуть из своего полубытия. И еще я все больше проникался мыслью, что я человек несложный и мог бы быть сравнен с чем-нибудь, что лежит на полпути между буки-аз-ба и квантовой теорией.

Лев Львович Калягин тоже находился где-то между этими двумя полюсами: он слагался из нескольких элементов. Один из них была потребность в знакомой даме, особе средних лет, которую он никогда мне не показал, но о которой не раз говорил:

— Было время, я считался большим знатоком по женской части, олицетворением, так сказать, спроса, который порождает, как известно, предложение. Сейчас беспризорность моя требует этого, ведь я — сирота. Держать ее теплые руки в руках. У меня руки всегда ледяные, очень это неприятно, согреться хочется, как каждому человеку. Потребность чувствовать живую женщину возле себя. Вы меня, конечно, понимаете. Страсти там, или ревности, или романтизм какой был — это прошло, но беспризорность моя требует женской защиты.

И когда ему нужна была эта защита, он просил соединить его с ней по телефону. У нее было длинное имя, длинное отчество и длинная двойная фамилия, и он ласково говорил в телефон: «Соскучился по моему ангелу. Замерз, холодно беспризорному. Пожалейте беспомощного страдальца, одной ногой в гробу».

Другим элементом были его два приятеля. Первый звался Павел Павлович и имел отношение к той главе мемуаров Калягина, которую Людмила Львовна называла «служил царю».

Другой звался Петр Петрович и относился к следующей главе, которая называлась, опять же по словам Людмилы Львовны, «как в семнадцатом году с красным бантом ходил».

Третьим элементом Калягина была церковь: он то ходил с Павлом Павловичем в одну, то с Петром Петровичем в другую, а иногда, когда лень было далеко ехать, еще в какую-то третью, в которой что-то было по-другому, чем в первых двух. Из церкви он приходил, как сам выражался, «просветленный» и меньше бывал похож на ястреба. Один раз в такую минуту просветления и, видимо, всепрощения он спросил меня, считаю ли я тоже, как некоторые другие, что Сталин был вроде Петра Великого? Я мгновенно решил, что это бьет час нашей с ним разлуки, что, пожалуй, придется его послать к черту с его женой, дочерью, адвокатами и мемуарами, но уже через пять минут он не помнил об этом вопросе, — память его слабела с каждым днем, — и больше о так называемой «политике» мы никогда уже с ним не говорили.

Прошло недели две со дня первого нашего разговора с Людмилой Львовной, когда на моем столе я нашел от нее записку: «Если вы свободны сегодня вечером, поднимитесь ко мне». Я поднялся после шести. Она была в легком, светлом платье и сандалиях, с толстым бисерным ожерельем на шее, и хотя лицо ее все еще оставалось жестким, она улыбалась и хозяйничала, двигалась легко, присаживалась на диван и на ручку кресла, и опять быстро ходила по комнате, пока я сидел и думал, что неожиданным образом у нас с ней оказалось так много о чем говорить, что, пожалуй, сегодня вечером и не переговоришь всего. И одновременно с этим, так легки, спокойны и почти сладостны оказались немедленно наши с ней молчания, в которые мы, как в защитный цвет, кутались оба одновременно.

Вспоминая теперь этот наш первый вечер, я пытаюсь найти в нем что-то, что могло бы дать намек на дальнейшее, и нахожу его прежде всего в самом факте приглашения меня наверх. Зачем это было сделано? Вероятно, от скуки и любопытства. Я не могу поверить, что уже тогда в Людмиле Львовне началось то, что потом обернулось любовью ко мне, на которую, кстати, я, конечно, не ответил. Помню, меня в первую минуту поразили ее глаза: серые, с голубизной вокруг зрачка, какие-то прямые, с прямолинейным взглядом, который она не сводила с меня. Мы сразу же заговорили о человеческих лицах, о том, как они изменились на нашем веку вокруг нас, о том, какими они были сто лет тому назад, и тысячу лет назад. («Пожалуй, что тысячу лет тому назад они были больше похожи на нас теперь, чем во времена Шиллера», — сказала она).

— У вас не совсем обычное лицо, — между прочим, заметила она, — я хочу сказать, по форме, что-то в нем есть не совсем... не могу найти слова... — И в это время выражение ее собственного лица помягчало, доброта и юмор оживили его.

— Что вы! В первый раз слышу! — воскликнул я (это была сущая правда) и при этом нечаянно опрокинул стакан. К счастью, он был почти пуст. Я вдруг почувствовал, что настало время начать говорить о Дружине. — У меня есть друг в Чикаго, вот у того лицо! Вы бы видели! Без смеха смотреть невозможно.

Но на этом, как можно было предположить, разговор не кончился, казалось бы — перешли от общего к частному, а затем — повернули к чему-то другому, но нет, мы задержались. Дело касалось Дружина, и ей захотелось узнать, кто он такой.

— Начать с того, — сказал я и вдруг понял, что сейчас окончательно развеселю ее, — начать с того, что он совершенно не догадывается, что невероятно похож на лошадь. — Как я и предвидел, Людмила Львовна громко рассмеялась. — Затем, сказать вам правду, у него есть целая теория: он любит только тех людей, которые напоминают лошадь. Они благороднее.

— А себя не видит? — едва выговорила она сквозь смех.

— Нет.

— Где же они, эти люди?

— Он их ищет. Одно время мечтал создать тайный союз лошадиных лиц.

На нее после продолжительного смеха напала немота. И мы смотрели друг на друга несколько минут в молчании. Почему-то мне кажется, что в эти именно минуты в ней начался перелом. Удивительно, как помягчали очертания ее скул и подбородка, как прямолинейный взгляд ее вдруг приобрел какую-то нежность и гибкость, и даже свет, и грусть. Ее худые руки вдруг разомкнулись, и я увидел ее красивые пальцы, которые мне захотелось сжать, сплести друг с другом и с моими вместе, и потом прижать к лицу. Я не двинулся.

Помню, она заговорила о себе. Прадед ее еще лежал на боку. Она так и выразилась: прадед мой всю жизнь пролежал на боку, и дворовые его время от времени переворачивали. Диван был турецкий. Дед был женат три раза: первый раз на Губкиной, второй на Веревкиной, третий на Столовщиковой, дела семейства поправились, заводы дымили на всю Россию. Отец... позвольте, а что же делал отец? Если память мне не изменяет, он ничего не делал. Так-таки ничего. Но за него многие что-то делали. И выходило так, что можно было жить. О моя юность, о моя свежесть! Вышла я замуж шесть лет тому назад, а теперь вот развожусь, муж меня бросил, сказал: никак не пойму, в чем тут дело, но жить с тобой невозможно, ты совершенно не смешная. Женщина должна быть немножко смешной. Что это значит, я не понимаю, а вы понимаете?

Музыка в радио играла, на столе лежала стопка книг, которые

все до одной хотелось прочесть, и другая, рядом с которой были какие-то цветные репродукции, которые все до одной хотелось перелистать. Сидеть с ней рядом, перелистывать книжки, слушать тихий струнный квинтет в радио, смотря, как ее нежно пахнущие волосы все падают на одну сторону склоненного лица. Она говорит о том, что «рай» значит «сад» на каком-то незнакомом мне языке, что она где-то читала об этом, а «ад», наверно, — скучная комната в казенном учреждении, где люди чего-то ждут; знаете, в судах бывают такие помещения, в ломбардах, на вокзалах... Мне кажется, что я тоже что-то слыхал об этом, про большую серую комнату, выкрашенную масляной краской, где окна никогда не открываются, где пахнет карболкой, где стоят скамьи, и я чувствую, что сам я там был, что она говорит о чем-то, что мне хорошо известно.

— Эту легенду прошлого века надо бы оставить, легенду о том, что в раю — смертная скука, а в аду — интересные люди и все знакомые. В раю Сократ с Гомером разговаривают, и каждый может послушать, а в аду нет ничего, кроме скучной казенщины и мерзких чиновников.

— С бельмом на одному глазу, — вставил я.

— С бельмом на одном глазу, — повторила она, — и часовая стрелка не двигается миллионы лет.

— Пока не закрывается окошечко.

— Пока не закрывается окошечко, и тогда совершенно некуда идти. А в раю...

— ...в чистых стойлах стоят лошади, караковые, гнедые, чалые, вороные и в яблоках, — успел я вставить.

— ...в яблоках, и такие чистые, что хочется щеку приложить к их гладкому боку. А у людей у всех лица немножко как у вас, — она вдруг осеклась и почему-то испуганно замолчала.

— Почему как у меня? — просил я удивленно.

— Не знаю, — робко сказала она и прервала разговор. Она никогда не была в Чикаго и представляла его себе смутно, и хотя я тоже никогда там не был, но я сказал ей, что Дружин в свое время кое-что писал мне об этом городе, и я мог бы рассказать ей.

— Во-первых, он в некоторых местах похож, как если бы его гравировал Пиранези.

— Не может быть! — удивилась она.

— Уверяю вас, — продолжал я, и голос мой звучал самым твердым убеждением, — он как будто выгравирован Пиранези, только не тем, музейным, чужим, а его потомком, двойником, близким нам, нашим современником. Этот, наш, работает больше по стали, но той, из которой только по случайности не отлили болт или рельсу и которая побывала в мартеновской печи вместе с частями машин, набравшись от них чего-то, чего никогда не знал тот, музейный. Особенно это заметно в тех буйно-мрачных кварталах, которые тянутся от северного рукава реки к южному, проходят мимо нескольких вокзалов, обнимая с двух сторон Канал, и теряются между Гусиным Островом и верфями. В этих узких улицах, от крыш до мостовых, висят лестницы, наружные, пожарные, ломаными линиями видны они в воздухе, на фоне белого дневного или красного ночного неба. Эти лестницы наводят на мысль об изнанке жизни, домов, города, они напоминают колосники за сценой гигантского театра; иногда неподвижные фигуры, скрючившись и свесившись, спят на них, как черные мешки, и кажется, что эти спящие люди не случайно улеглись на железо, на той или иной площадке, но отвоевали себе сон в пьяной драке или выторговали его в пьяном споре. Эти буйно-мрачные кварталы, в сущности, ничем от остального города не отграничены, они похожи на жилу, идущую по городу, узкую на севере, где они пытаются дотянуться до Золотого Берега и почти доползают до набережной Петли, и широкую у гавани и там, где они уходят к югу, к зданиям заводов, ссыпок и боен.

— Вы там были? — спросила она, удивленно глядя на меня.

— Нет, не был.

— Откуда вы все это знаете? Я ничего ей не ответил.

— Рассказывайте дальше.

— Я расскажу о реке. Это очень оригинальная река. Она когда-то, пройдя под шестьюдесятью мостами, вливалась в озеро, а теперь, наоборот, выходит из него и идет сквозь каналы и реки в долину Миссисипи; вода так тяжела и грязна, что никому и в голову не придет топиться в ней. По эту сторону стоит тяжелая, сумрачная тюрьма, по ту сторону, в тумане, плывущем с озера, стоят, как корабли, высочайшие здания мира. Порядка особого нет: Северная авеню идет с востока на запад, Западная авеню идет с севера на юг, южная часть города называется Восточным концом, и солнце, выходя из воды, опять будто садится в ту же воду: когда оно заходит на западе, на востоке падают красные отсветы в воду. А туманы идут на север, величественно проплывая мимо великолепного озера, похожего на Средиземное море. Да оно и есть Средиземное море для этого полушария, это несомненно, и одновременно — великий водный путь «из варяг в греки», то есть из залива св. Лаврентия в Караибское море. От Лабрадора идет он к Вест-Индии, и берег Чикаго лежит посреди великого водного пути.

— Это вы сами выдумали?

— По-моему, нет.

В эту минуту стоявшие на камине часы прозвенели таким тонким и нежным звоном, словно в Художественном театре, в третьем действии «Месяца в деревне». Я вскочил. Неужели я просидел у нее четыре часа? Если положить на разговор об аде и рае двадцать минут и часа полтора на Чикаго, да еще полчаса на ее рассказ о дедушке, пролежавшем на боку, то все равно не выйдет четырех часов. Куда время девалось?

— Куда время девалось? — вскричал я. — Куда?

— Я его не брала, клянусь вам, я ничего не взяла у вас. Не кричите так, если услышат, подумают, что вас и впрямь ограбили.

— Простите меня, теперь вы меня никогда больше не позовете.

Она засмеялась.

— Я думаю, — сказала она, — что ваш лошадиный Дружин писал вам необыкновенные письма. Приходите опять. Или вы уже все рассказали, что знали?

— О нет. Я еще много могу.

Мы оба теперь смеялись, и я наконец ушел. «Откуда у нее такие часы? — думал я по дороге домой. — Наверно, по наследству от дедушки».

Я думал о ней и ее внезапной женственности, которую она таила в себе и которую у нее, очевидно, вошло в привычку не показывать всем и каждому, будто это что-то, хранимое в тайне и не для всех. Она хранилась и теперь была показана мне, — думал я. — Зачем? Что мне с ней делать?

Через неделю мы были с ней в концерте, в новом зале, открывшемся в здании музея, обшитом темным деревом. «Сидишь, как внутри контрабаса», — сказала она, смеясь, и была веселой в тот вечер, веселой и нарядной, почти что слишком нарядной, и я видел, что люди кругом любуются ею.

Я проводил ее домой и поднялся к ней. Она сейчас же открыла радио, и опять раздалась та же самая музыка, что и в первый раз, словно я не уходил от нее никуда.

— Так как же в Чикаго? — спросила она, садясь в угол дивана.

Я медленно перевел глаза с радио на часы, с часов на нее.

— Там люди ходят по улицам днем и ночью, будто у них другого дела и нет. И лица у них двух родов: у одних вечная забота в глазах, а у других какая-то особенная сонливость и вялость. А улицы текут и текут, пока наконец не превращаются в какие то щели, в два-три шага шириной, но и такие они имеют названия. Не какие-нибудь красивые звучные названия, но имеют.

А настоящие улицы там называются улица Бонапарта, Гете, Байрона, Данте, Моцарта и Цицерона. Но о них я ничего вам сказать не могу, я могу рассказать только о щелях, где имеются, между прочим, парикмахерские, где бродяг стригут даром — для практики, парикмахерские ученики на них свое искусство пробуют. Риск велик, что тебе на затылке «лестницу» устроят, но нищий сброд ужасно храбрая порода, и — панта рей! — все течет и отрастает, и через неделю ты опять человек. А кроме парикмахерских есть еще разные лавчонки, где можно заложить и пропить все, что только вообразить возможно. Однажды один

243

человек заложил там свой деревянный протез и потом скакал из кабака в кабак на одной ноге. Есть и благотворительные общества, конечно, которые пекутся о бездомных и пьяницах. Есть, например, «Санаторий для алкоголиков по пониженным ценам», так и на вывеске написано; есть и детские приюты для несовершеннолетних, «имени Давида Копперфильда». И конечно, есть Армия Спасения — дай ей Бог здоровья! — ее всегда можно узнать по барабану, в просторечье называется она Салли. Вы входите прямо с тротуара в большую комнату, там люди поют в унисон:

Прекрасно мир устроен весь:
Есть всем что пить, есть всем что есть.
Хвалу Создателю пою,
Еще прекраснее — в раю.

Эти места, где сначала надо пропеть хором, а потом можно вымыться и съесть тарелку супу, а также получить в ночлежке матрас, называются «четыре С», и это значит: Спасение души, Соскрести грязь, Суп, Сон. Есть другие, «три С», где только: Спасение души, Соскрести грязь, Сон. И есть еще разные более сложные комбинации, о которых сейчас не стоит. Уже поздно, и надо мне уходить.

Она встала, задумчиво смотря, как гашу папиросу, как иду к дверям.

— Если вы хотите, мы могли бы поехать за город в будущее воскресенье, — сказала она, загородив мне дверь, — то есть если будет погода хорошая.

— Если я хочу, — повторил я. — Конечно, хочу. А вы сами хотите?

— Разве по мне не видно, что я этого хочу? — сказала она и улыбнулась. «Так она улыбается мне одному», — подумал я, поцеловал ее руку и вышел.

Было лето, жимолость цвела и благоухала, и мы сидели над водой, над заливом, где сотни парусных лодок качались на волнах, бежали вдаль и возвращались опять. Я искал в ее лице того выражения, которое было в тот первый раз, когда я увидел ее в кабинете Калягина, и не находил, а ведь оно было, оно так отчетливо проступило тогда, в той «сцене», которую она устроила при первом знакомстве со мной, и значит, могло вернуться опять. Но она с каждой нашей встречей как будто все отдалялась от себя, прежней, взгляд, голос, движения ее — все перерождалось у меня на глазах, и уже не улыбка, а какой-то очень молодой, негромкий, почти детский смех, беззаботный и прозрачный, теперь сопровождал наши долгие разговоры. А я все смотрел ей в лицо и думал о том, что оно было задумано суровым, основа его была жесткой, но то, что набегало теперь и преображало его, было совсем иным.

— Мне кажется, — говорил она, то отпивая кофе из чашки, то разрезая грушу ножом и предлагая мне маленький кусок на вилке, — что никакого Чикаго нет. Подождите, дайте мне объяснить вам, есть какой-то странный, страшный огромный город, о котором вы знаете очень много, но который ни вы, ни я не увидим. А вместе с тем, мы как будто уже и живем там оба.

— Вы, может быть, не увидите его, но я наверно увижу.

Она помолчала.

— Я уеду туда очень скоро, мне здесь делать нечего. Она посмотрела на меня как-то странно.

— А меня с собой не возьмете? — спросила она вполне серьезно.

Я засмеялся.

— Что вы там делать будете?

Она повернулась к висевшему на стене, над нашим столиком, большому синему зеркалу и внимательно посмотрела на себя.

— Нет, у меня не лошадиное лицо, — сказала она грустно, — вы заметили, что женщины к старости становятся похожи либо на рыб, либо на птиц, либо на ученых собачек. Я думаю, лет через двадцать я подойду под третью категорию.

— Вам до старости далеко, — сказал я, все смеясь. Но она не смеялась.

— Скажите мне, Евгений Петрович, — спросила она, вдруг решившись на что-то, — если бы у меня было лошадиное лицо, вы бы взяли меня с собой?

Она говорила совершенно серьезно, но я не знал, что ей ответить, я был вдруг скован молчанием, которое не сумел прервать.

Вечером мы сидели в дюнах, слушали море, лежали и смотрели в небо.

— Нет, не верю я, — сказала она вдруг, — что звезды так далеко; миллионы световых лет — это просто ничего не значит. Когда-нибудь откроют, что они гораздо ближе, и все, что нам казалось бесконечным и огромным, вдруг окажется совсем небольшим и гораздо ближе.

— В Париже, — сказал я, — бывают уличные ярмарки: цирк, уроды, акробаты, гадалки, стрельба в цель. Однажды в каком-то сарае поместился предприимчивый астроном-самоучка с телескопом. Зазывала (там всюду зазывалы, как сто лет тому назад) кричал в рупор: «Эй вы, заходите, за полтинник звезды увидите. Живете, как кроты, в Бога не верите, красоты не чувствуете, хоть на звезды поглядите!»

Теперь она засмеялась весело, приподнялась на локте, увидела, что я сижу и смотрю на нее, осторожно повалила меня на спину, продолжая смеяться, подняла мое лицо к небу, взяв меня за подбородок, и повторила:

— Хоть на звезды взгляните!

Я положил одну руку под голову и стал смотреть в небо.

— Эти зазывалы — удивительный народ, это какие-то неудавшиеся ораторы, — заговорил я опять, лежа на спине. — Вот в Чикаго...

— Да, в Чикаго... Что в Чикаго?

— Там эти неудавшиеся ораторы целые речи произносят. Встанет один такой на пустой ящик из-под мыла, на перекрестке, где вместо дерева растет тощая метла, и начнет лекцию читать, например, об эффективном нищенстве: как научиться с наименьшей затратой энергии выклянчивать максимум денег у прохожих. Целая наука! Или вот другой тоже — о том, как получать удовольствия, которые ничего не стоят.

— Не может быть!

— Можно в парках гулять и природой любоваться, можно даром в городских садах духовой оркестр слушать, можно старую газету найти и прочесть ее от доски до доски, старые газеты интереснее новых. Можно сочинить романс и пропеть его где-нибудь на углу, и люди внимательно прослушают его до конца — так уж человек устроен, и можно на даровые курсы пойти, узнать, какие грибы ядовитые, а какие нет, и когда австралийские дикари календарем обзавелись. Вам советуют также, между прочим, заходить иногда в музей, а нет, так пойти в порт и любоваться татуированием на открытом воздухе. Можно также часок-другой простоять внизу какой-нибудь лестницы и полюбоваться на женские ноги. Но самое большое развлечение — это санитарная анкета.

— Какая анкета?

— Санитарной статистики. Очень весело. Дают вам опросный лист, и вы пишете, что хотите. Сколько раз в неделю обедаете? Сколько раз под открытым небом ночуете? Сколько раз в неделю моетесь — и клетка, где крестик ставить: горячей водой, холодной водой. Пользуетесь ли благотворительной помощью? Когда в последний раз работали? Один человек однажды написал: сорок два года тому назад. Почему не работаете? Не желаю! Некоторые пишут: очень бы хотел поработать, но делать хочу только то, к чему душа лежит, потому что иначе и жить не стоит. И спрашивает вас барышня: а что бы вы хотели делать? И человек говорит: я хотел бы развешивать флаги. Какие флаги? Национальные, которые по праздникам развешивают, я специалист по развешиванию флагов и ужасно люблю праздники. А другого делать ничего не буду.

Наступило долгое молчание. Оно никогда не бывало тягостным с ней.

— Вы знаете, Евгений Петрович, — сказала она через некоторое время, — я совершенно меняюсь с вами. Никто бы меня

246

сейчас не узнал. Это оттого, что вы меня нисколько не боитесь. Вы не можете себе представить, какое это счастье, когда человек тебя не боится.

— Почему же люди боятся вас?

— Спросите их. Я, кажется, вам уже говорила, что муж бросил меня, сказав, что я совершенно не смешная, что я для него слишком хитроумная и неуютная. И он признался, что иногда... не то что боялся меня, а как-то опасался. Вы понимаете это?

— Кажется, понимаю.

Она протянула руку и положила ее на мою, мы оба лежали на песке и смотрели ввысь.

— Он еще сказал раз: ты живешь так, будто в тебе и днем, и ночью маленький механизм работает, а я, знаешь, люблю иногда и соловьев послушать, и ошибиться в чем-нибудь. Я много об этом после думала.

Она сняла свою руку с моей и повернулась на бок, положив голову себе на локоть, смотря на меня и гладя тонкий песок смуглой рукой. Песок казался снегом под ее пальцами.

— Мне хочется и слушать вас, и самой говорить вам о себе, — сказала она после паузы, — и я дорожу каждой минутой с вами. Мне до встречи с вами всегда казалось, что я хорошо себя знаю, свои границы, так сказать. Ведь у каждого человека есть границы, вы согласны?

— Да.

— Но с некоторых пор я увидела вдруг, что совсем не знаю себя. И вместо того чтобы почувствовать себя от этого потерянной, запутавшейся в чем-то, неуверенной в себе, я чувствую себя счастливой. И мне хочется сказать вам об этом.

Мы опять долго молчали, и каждый думал о своем, и она молча подвинулась ко мне и положила мне голову на руку, у локтя, и замерла. Потом она спросила:

— Не тяжело? Я ответил:

— Нет, оставайтесь так.

Потом мы пошли к автомобилю и по широкой, залитой луной автостраде понеслись обратно, в город. Она любила быструю езду, вела уверенно и спокойно. И, остановившись у моего подъезда, она протянула мне руку. Я встретился с ней глазами.

— Какая вы иногда бываете красивая, — сказал я, — и добрая. Когда этого хотите.

— Я всегда этого хочу... теперь, — ответила она. Автомобиль отъехал, я вошел в подъезд.

Лето кончалось: все, что цвело в парках и скверах, давно отцвело и сгорело от солнца. Пахло бензином и пылью. В каждом городе — свой запах, как известно, и в Нью-Йорке тоже, и если в Париже пахнет бензином, асфальтом и пудрой (а в Берлине, в годы моей юности, пахло бензином, сигарой и псиной), то в Нью-

247

Йорке пахнет бензином, пылью и супом, особенно в жаркие дни и жаркие ночи, которым здесь ведется строгий учет, пока жара не нарушается внезапной грозой или ураганом, несущимся то с Караибского моря, то с Лабрадора, совершенно, я бы сказал, анархично и беспланово. Время начинает бежать все быстрей, свежий ветер дует с океана, о чем Льву Львовичу Калягину становится известно из ежедневно читаемых газет.

Мы виделись теперь почти каждый день. Я поднимался к Людмиле Львовне, обедал у нее; под гуденье вентилятора мы слушали Баха и Моцарта в радио, или разговаривали, или шли или ехали куда-нибудь. У нас уже были любимые места в Центральном парке; когда мы пересекали его по диагонали и выходили к другому его концу, в ресторане под открытом небом играла музыка и пары танцевали на кругу. Здесь мы сидели иногда до поздней ночи, и я шел ее провожать, уже не через парк, а по улицам, где нас не знал никто и где мы никого не знали.

Однажды вечером, когда было особенно душно и, казалось, конца не будет влажному тяжкому сентябрьскому дню, она предложила мне поехать вниз, к морю, в самый конец города, и там сесть на пароход, идущий на остров, — всего двадцать минут до него, и можно будет сделать этот переход два, а то и три раза, пока не наступит ночь и мы не дождемся прохлады. Помню, мы оказались очень скоро на краю города, на мысу. Солнце начинало садиться, зажигались городские огни. Три парохода стояли, готовые к отплытию, и на один из них мы взошли, и сейчас же у обоих нас возникло то беззаботное чувство, какое бывает, когда уплываешь, собственно, не зная куда, и когда вернешься — тоже неизвестно, чувство такое редкое, которому почти никогда не имеешь права поддаться.

— Может быть, все-таки спросить, куда мы плывем? — сказал я, когда мы сели в соломенные кресла и пароход, протрубив и пустив черный дым, начал отходить от берега.

— Все равно. Теперь уже поздно.

Мы сидели на носу и не видели города, оставляемого позади. Впереди было море, жаркий, безветренный оранжево-серый вечер; справа, за черными громадами заводов, садилось солнце и мосты, трубы и здания сначала некоторое время таяли в расплавленном, тронутом дымкой, золоте, а потом, когда солнце село, все это как будто выстроилось в один ряд на горизонте, на фоне зари, выстроилось ровной чертой, как черное войско, смотрящее на нас грозно, но постепенно исчезающее из вида, сливаясь с темнеющим небом. Быстро смеркалось. Чайки прятались, исчезали и вновь летели над нами. Слышно было, как плещутся вокруг волны, как глубоко под нами работают машины. Наши кресла были сдвинуты, мы сидели рядом, она слегка впереди меня, откинувшись на плетеную спинку, смотря перед собой и думая о чем-то, а я смотрел на нее, на ее волосы, на очертание ее головы и шеи, теперь такие знакомые и чем-то странно близкие мне. Внезапно она сказала:

— А вы знаете, ведь мы едем совсем не туда!

— А куда, собственно, мы думали ехать?

— Не знаю. Только мы едем совсем куда-то в другое место. Мы поворачиваем. Интересно, вернемся ли мы, или нас завезут куда-нибудь и там оставят?

В это время подошел билетный контролер, мы купили два билета и узнали, что пароход делает большой круг, огибает остров, дважды останавливается и возвращается обратно к полуночи. «Как хорошо, — сказала она, — как хорошо».

— А вот в Чикаго есть дети, — начал я, смотря, как все дальше уходят от нас берега и темнеет воздух, — которые не грабят, не воруют, не нищенствуют и не развратничают, они только целыми днями и ночами играют в карты.

Она обернулась и взглянула на меня.

— Устроятся где-нибудь на пустыре, где дом сломали, на куче щебня, поставят кем-нибудь брошенный безногий диван или старый матрас принесут с богатой помойки, и режутся по четыре-пять суток сряду. У них такие худенькие лица и всегда сжатые губы, иногда, впрочем, у них рождаются дети. Однако редко. А вот старики там сидят. В подворотнях, под деревом, около памятников и, конечно, в специально предназначенных помещениях. Просто сидят. За это взимается маленькая плата, а иногда и не взимается. Старые люди сидят. Их развлекают понемножку, а больше ничего. Так проходят дни, месяцы, годы. А они все сидят и сидят. И единственная их радость — выбрать, где сидеть. Хочешь — тут, хочешь — там. И выбрать, где спать: в ночлежках клетки в два этажа и, по-моему, все одинаковые, но они выбирают. Клетка запирается изнутри, они могут с внутренней стороны наложить крючок, понимаете, с внутренней, не с наружной! И еще они могут выбрать, что есть: бобы, горох, фасоль, кукуруза. Никто не навязывает им, у каждого — своя банка, не казенный рацион, а свободно выбранная, индивидуально съеденная, под защитой наложенного крючка. Личная койка и личная банка.

— Он сам там был? — спросила она, слегка сузив глаза.

— Кто?

— Да этот ваш, похожий на лошадь.

— Н-нет. Он там не был. Он просто интересуется. Он там давно живет. И всегда любил всякие странности и теперь измениться не может. Он не меняется.

— Разве такие люди бывают?

— Кроме того, он говорит, что это соответствует некоторым образом тайным струнам его души.

— Я понимаю.

— Он выражается иногда не совсем обычным образом, и струны души надо понимать в кавычках.

— Я и это понимаю.

Пароход шел и шел, спускалась ночь, черно-синяя, вся в огнях, все с тем же привкусом соли и дыма.

— Я бы хотела посмотреть его письма...

Я не встретился с ней глазами, я стал смотреть вправо, там блестела и играла вода.

Названия мест, куда мы шли, мы оба с ней немедленно забыли, они ничего не сказали нам. Когда стало совсем темно и берега пропали, она обернулась ко мне и проговорила:

— Расскажите мне теперь, наконец, о себе самом, о вашей жизни. В Чикаго вы, видимо, меня с собой не возьмете. Ну и довольно о нем. Вы всегда были одни?

— Нет, — ответил я, — не всегда. Но вот уже десять лет, как я один.

— А до этого?

Настала минута, о которой я не раз думал за последние недели, я с усилием выговорил слова:

— До того я был женат. Я был женат пятнадцать лет. Я был счастлив.

Людмила Львовна вся выпрямилась в кресле, вытянулась, и даже в сумраке стало видно, как все лицо ее насторожилось, как увеличились глаза и контуры лица стали резче.

— А я-то воображала, Евгений Петрович, что вы никогда не имели дела с женщиной.

Я молчал и думал о том, что, может быть, эта поездка «не туда» окажется нашей последней встречей.

— Что же вы молчите, скажите что-нибудь, — продолжала она, — вы были женаты, вы были счастливы. Неужели это все, счастливый человек?

Последние два слова прозвучали лишенные всякого смысла. Эти «ч» прохрустели, прошуршали, как сухой осенний лист, который кто-то сломал и растер в руке в порошок и стряхнул, как пыль. Я не мог произнести в ответ ни одного слова: старые мои мысли, тяжелые мысли о самом себе возвращались ко мне с новой силой, мысли о моей неспособности забывать и примиряться, внутренне меняться, быть сильным самому по себе; мысли о страшной трещине, живущей во мне миллионы лет.

— Вы на самом деле — счастливый человек, — сказала она каким-то новым голосом (или это был ее прежний, старый голос, которым она говорила когда-то, а потом перестала), — первый счастливый человек, которого я встречаю. Было горе, конечно, как же без него? У всех бывает. Ну а потом, значит, жили, как хотели, примирились, забыли, вольной птицей по миру порхаете, никого не любите, любить не желаете. Не страдаете, страдать не хотите. А я, признаться, думала, что вы какой-то особенный, особенно-одинокий, из той породы, которые все не находят чего-то, не знают, куда им приткнуться, к кому притулиться... Обманули вы меня! — насмешка прозвучала в ее голосе.

Но я не был уверен, шутит она или говорит всерьез. Я ответил едва слышно:

— Если бы мне дали в руки бомбу, то я бы...

Она засмеялась:

— Вам? Бомбу? Да вы бы ее сейчас же вежливо вернули с ужасным испугом. Лучше уж пусть мне дадут бомбу, я бы знала, в кого ее бросить.

— В кого же?

— Да в вас, конечно.

Кругом была ночь. Мы шли в открытом море; это был океан, неведомый ночной путь. Внизу, на нижней палубе, тихо играл оркестр и невидимая негритянка немолодым, низким голосом пела «blues», которые звучат под этими широтами, как звучало у нас цыганское пение.

Она сидела теперь лицом ко мне, положив локти на ручку моего кресла и приблизив свое лицо к моему.

— Женитесь на мне, Евгений Петрович, — говорила она, словно не могла остановиться, словно ее куда-то несло, — женитесь на мне навсегда. Разве вы не видите, как мне хорошо с вами? И знаете, почему? Потому что я делаюсь другой в вашем присутствии, новой, настоящей, должно быть, какой никогда ни с кем не была. Я делаюсь смешной, особенно сейчас, вот в эти минуты, не говорите «нет», я теперь поняла, что это такое. В такой безоружности и еще оказаться смешной! Я делаюсь другой потому, что вы такой человек, какого я никогда не встречала в жизни. Какой же вы человек? А вот я сейчас вам скажу: во-первых, вы никого не боитесь, и меня в том числе. Во-вторых — вы очень счастливый. Да, да, не прерывайте меня: счастливый, и свободный, и правдивый. Ничего, что я рассуждаю о вас, как если бы говорила о ком-то постороннем? Я могу в третьем лице говорить: он правдивый, и сильный в жизни, и...

Я почувствовал, что больше не могу этого выносить.

— Людмила Львовна, — сказал я, — замолчите. Я не могу себе объяснить, как, каким образом вы могли выдумать меня таким непохожим на то, что я есть на самом деле. Я слабый, никчемный, я одержим какой-то неподвижностью, я лишен того, что есть у всех людей — способности внутренне умирать и оживать опять; я не люблю жизни и людей, и боюсь их, как все люди, и наверное даже больше, чем все люди. Я не свободен, я давно ничему не радуюсь, и я не правдивый, потому что я так долго ничего вам о себе не говорил, и сейчас, когда говорю, мне это так трудно.

251

— Скажите только одно, — спросила она быстро, прерывая меня, — согласны ли вы на то, чтобы я продолжала любить вас?

В это мгновение она увидела мое лицо и схватила мою руку.

— Молчите, не отвечайте. Я поняла. Простите, что я вас мучаю.

Я взял и поцеловал ее руку. Как я был благодарен ей за то, что она зачеркнула свой вопрос. Что бы я ответил ей?

Через несколько минут она совершенно успокоилась. Я спустился вниз и принес ей ледяного кофе. Она пила и играла соломинкой. Мы стояли среди огней какой-то пристани, потом опять ушли в черную ночь. И минутами пахло таким соленым, таким настоящим океаном, что я легко поверил бы, если бы мне сказали, что мы уплываем в Португалию.

Но к полуночи мы были обратно.

— А все-таки, — сказала она, держась за меня, идя по сходням, — как было хорошо. Как было хорошо! И мы оба даже не знаем толком, где были. И похоже, что все в мире принадлежало мне, кроме вас.

Но что-то в лице ее изменилось, я заметил, изменились и движения, и голос. Опять вдруг выступила в ней та жесткая, та угловатая и суровая основа, проступила твердая форма, из которой было сделано ее лицо. Она как будто чувствовала себя не совсем здоровой. И улыбки ее я в ту ночь больше не видел.

Через неделю я был уже в Чикаго.

3

Сперва — незнакомый вокзал, ощущение, будто приехал в самый центр чего-то, на самом деле никакой это не центр, центр далеко, не то вправо, не то влево, а приезжают куда-то сбоку. Но это кажется невероятным: в чужом городе, о котором по-настоящему ничего не известно, всегда кажется, что центр это именно то место, где ты сейчас находишься. Потом — красота плакатов, синий, розовый, зеленый мир, непохожий на всамделишный, потому что уж слишком он хорошо подделан: чем лучше подделать, тем меньше веришь, что это тот самый мир, в котором ты родился и умрешь; в настоящем мире столько недоделанного, недосказанного, недопонятого, и чем он нереальнее изображен, тем больше он похож на тот, в котором я живу. Вокзальные просторы. Белый день ломится в окна, толпа, ребенок ест мороженое, собаке тоже хочется, но ей не дали. Ряд чьих-то чемоданов. Жаль собаки, но ничего не поделаешь. Вереница такси на улице. Тут у меня записан их адрес. Улица приличного названия, но, конечно, не Цицерона и не Байрона.

Говорят, есть три теории, почему он помчался тогда в Грецию, но, по-моему, была четвертая причина. Есть только одна теория, почему я здесь сейчас, и нет и не может быть другой, потому что я не только не Байрон, но даже и не тот неведомый избранник, а только какой-то пятый или одиннадцатый, или триста восемьдесят шестой. Я говорю адрес шоферу. Я хотел бы послушать, как человек с таким затылком выражает свои мысли, то есть какие слова произносит и где они у него хранятся. Мы едем быстро, и центр города, которым был для меня вокзал, перемещается вместе со мной: то это угол, где какие-то люди хватают газету у газетчика, то это перекресток, где мы остановились, ожидая зеленого огня. Воображаю жизнь, где одни зеленые огни, так изумрудами и усыпана вся жизнь до горизонта. А там, за горизонтом, поворот и опять — жена стрелочника стоит с зеленым флагом, как на детской картинке. И нет причины, чтобы это кончилось, если, конечно, не простудиться очень сильно или вдруг не обнаружить какую-нибудь роковую опухоль, именно роковую, а не какую-нибудь другую. Очень шумно, очень тесно, но не шумнее и не теснее, чем в других городах. Сколько я их перевидал на своем веку, больших и маленьких, но я понимал и любил их. Мы оба их любили когда-то, пока они не стали рушиться вокруг нас один за другим. После этого мы стали их немного бояться.

Вот я и приехал. Я еще ничего не различаю, кроме денег в своих руках, которые переходят в лапу шофера. Потом сдача сыплется из его лапы в мою руку, и я вылезаю с двумя чемоданами. Дверь открывает мне женщина, я никогда не видел ее, она была когда-то замужем за моим двоюродным братом, он давно умер, она теперь замужем за другим. Шестеро взрослых детей: двое ее собственные, двое — ее второго мужа от первого брака, двое — их общие. Она ведет меня через ряд узких комнат, в одной — попугай, в другой — аквариум, в третьей — кошка. Она угощает меня яичницей и холодной говядиной и ведет наверх, к соседям, там снята для меня комната.

— Хоть и есть еще жильцы, но люди тихие, — говорит она, — люди приличные, с образованием.

— Я тоже тихий, — говорю я ей и вижу, что она верит мне и улыбается. Я стараюсь запомнить ее черты, чтобы узнать ее на лестнице или на улице, но черты почему-то совершенно не запоминаются.

Комната оказалась лучше, чем я думал, было светло, тепло, чисто, в коридоре пахло кофеем, рядом тихо играл граммофон. Здесь положительно можно будет жить, а там посмотрим, может быть, поедем и дальше... Чайник вечерами будет напевать мне песенки, я буду читать книжки, писать письма, ходить в кинематограф и познакомлюсь с людьми, которые живут налево и направо от меня. Налево окажется некто, любящий порядок, стройную жизнь, дисциплину, когда В вытекает из А и течет в С. Классик! Направо окажется некто, любящий свои кошмары, капризы и анархию (как называют таких?). И я начну колебаться между ними и ходить на работу, и любить в равной мере и порядок свой, и кошмары свои. И огромное Средиземное озеро будет лежать передо мной (это когда я буду гулять по набережной), а я буду говорить себе опять и опять, что я-таки сделал усилие, я нашел в себе силу сопротивления и доказал себе, что хочу выйти из того состояния, в котором жил столько лет.

Столько лет? Прошло десять лет, как она умерла, но ничего не ушло, ничего не забылось. Ясное Алино лицо смотрело мне вслед с ужасающей грустью, Людмила Львовна бросила об пол старинные дедовские часы, но не все ли мне равно, с кем в раю беседует Гомер? Однажды, в поезде, много лет тому назад, между Фрейбургом и Цюрихом, я слышал ночью в коридоре разговор: старый полковник говорил инженеру из Шафгаузена о том, что у него не залечиваются раны. Вот уже десять лет, как кончилась эта мировая катавасия (первая, поверьте мне, за ней будут и другие!), а раны все болят.

Я стоял рядом и слушал (в те годы мне все решительно было интересно). «Да, молодой человек, — полковник положил мне руку на голову, и целую минуту я, окаменев, решал, оскорбиться или нет со своих позиций пятнадцатилетнего пассажира. — Не затягивается, стерва, ноет и ноет, и кончится это гангреной».

Вот уже много лет, как мне все безразлично на свете, а люди этого не любят, перестают тебя замечать, и зеркала перестают тебя отражать, и эхо перестает тебе отвечать. Я хочу выздороветь, да вот не могу. Не могу изжить этой черной болезни, не могу воскреснуть. Со дня ее смерти прошло миллионы лет, я лечу неизвестно куда, я кружусь, я живу в местах, в которые как будто и не приезжал. И я тоже ничего не отражаю.

(В ней было все, что мне было дорого в нашей солнечной системе, а все остальное были Уран и Нептун. При ней, когда она бывала со мной рядом, не хотелось листать интересные книги с картинками и без, и музыка, и звездное небо доходили до меня, словно преломленные через нее. И во всем этом — добрые люди — был единый, милый образ всего мыслимого, а все остальное были Уран и Нептун).

Из окна моей комнаты видны... тут следует подробный список, прикрепляющий меня к этому окну, к этому городу, от небоскреба до голубых штанов, повешенных на веревке. В комнате находится следующая мебель... опять реестр; таким образом, вокруг меня будут предметы, и я буду среди них. Если бы я мог вернуться из своей полужизни обратно в свободную, прекрасную, бессмертную, справедливую, общую жизнь, если бы я мог возвратиться в мир здоровым, еще крепким, заняться всякими интересными делами, жениться, и чтобы у меня были дети. Жена моя будет тихая и кроткая, будет ночью заслонять свет лампы, чтобы он не мешал мне, будет экономить на хозяйстве и лечить котят. Или, может быть, она будет резко и безапелляционно говорить верные, неглупые вещи, душиться дорогими духами, поднимать одну бровь и суживать глаза. Старый полковник потом глухо стонал у себя на койке за стенкой купе, в то время как я вычислял скорости новых арктических ледоколов — последнее увлечение короткого отрочества. Я слышал, как он скрежетал зубами: «Проклятое колено!»

У меня нет ничего, что нужно, чтобы изжить потерю, примириться с несчастьем, талантливо приспособиться к катастрофе (личной, до мировых мне дела нет, я больше не интересуюсь ими и даже не знаю, были они или не были за эти годы). Но не всегда это было так: в подвале одного дома, в одном городе, в тридевятом царстве, где нас засыпало однажды, я лег на нее, чтобы укрыть ее («Я — царь, я — раб, я — червь, я — Бог», как нас когда-то учили), и мы вместе дрожали, как дрожал подвал и весь дом, пока он на нас не обвалился. Это была одна из самых счастливых и страшных наших ночей.

Доктора говорят: ничего поделать нельзя. И ювелир сказал: оно там было, оно там останется. «Ничего поделать нельзя», какая знакомая фраза! Это сказали доктора, только не полковнику, а мне самому, когда она лежала белее наволочки и только глаза ее жили. Они жили после этого еще несколько дней. Потом мне пришлось закрыть их.

Не знаю, кому написать раньше: Але или Людмиле Львовне? Аля просила написать про себя и про то, как я устроюсь, это, пожалуй, будет легче сделать. Людмила Львовна просила написать про Дружина, а это очень трудно. Она, наверное, догадалась, что никакого Дружина нет и не было, что я его выдумал, что я еду, сам не понимая куда; никуда и ни к кому. Бывает так: думал человек приехать на место, где никого нет, а оказывается — кругом сплошь знакомые. А со мной — наоборот. Все началось в один прекрасный день, когда кто-то сказал мне: «Сделайте усилие, Евгений Петрович, так жить нельзя, это ненормально, вы обязаны...» Может быть, это был присяжный поверенный Н., мятежная душа? Как-то он там выкручивается?

Я вышел на улицу после того, как разложил вещи и умылся. Входная дверь хлопнула меня по плечу, давно что-то меня никто по плечу не хлопал. Впрочем, Калягин хлопнул третьего дня вечером. Он сказал: «Не ожидал я от вас такого странного поведения. Поставили вы меня в трагическое положение. Я слишком стар, чтобы позволить себе роскошь менять секретарей». Не пожав мне руки, он ушел к себе в спальню. И тогда я, стараясь

255

не скорить шага, пошел к выходу. Никого не было там, никого во всем доме, на всем свете. По пустой лестнице я спустился вниз, по пустой улице пошел к автобусу. И теперь я опять в совершенной пустыне: комната моя была пуста, улица эта совершенно пуста, и город этот пуст тоже.

Толпы между тем шли туда и сюда, пространство было залито огнями, деревья шумели и гнулись над моей головой, далеко-далеко стонали и ревели буксиры, автомобили вымахивали из-под земли и мчались снова под землю, серое, мохнатое небо клубилось над моей головой. И все кругом было не совсем таким, как я прочел тогда в этой старой книжке, которую подобрал однажды на одной скамейке, на одном бульваре, где сидел, ожидая, когда откроется парикмахерская. Помню, там были картинки и план города, она лежала забытая кем-то, словно ждала меня. И я подумал: хорошо, я согласен, милая книжка, я согласен на тебя, я еще поживу и посмотрю, не выйдет ли что-нибудь из всего этого, ведь даже мертвые воскресают, почему бы и мне, живому, не воскреснуть? Только для этого надо что-то делать, надо принимать решения, двигаться, приспособляться, надо выдумывать города, и людей, и всякие истории, и свою собственную жизнь, чтобы участвовать хоть в чем-нибудь, чтобы шагать в ногу хоть с кем-нибудь, стараясь соответствовать изо всех сил, делая вид, что все в порядке. И надо торопиться, а не то превратишься в минерал, и не заметишь как.

Але я напишу непременно. Она могла бы спать у меня на плече, лежа в моих объятиях, а у Людмилы Львовны я бы спал на плече — это, конечно, каждому ясно. Я и ей напишу. А впрочем, никому я писать не буду. Я лучше буду вечерами ходить по улицам и искать Дружина, должен же он где-нибудь быть! Я столько воображал, что он есть, что я, может быть, его и найду в конце концов. Я его ясно вижу перед собой: он рыжеватый, у него серьезный и даже грустный глаз, белое пятно на лбу, густая грива. У нас есть что сказать друг другу, о чем поговорить. А если я его не найду, то я дальше поеду. Мне, в сущности, все равно, где жить. И я люблю впечатления, мне от них легче на душе делается, а ведь каждый человек хочет, чтобы у него было легко на душе. Чего только не сделаешь для этого! Особенно когда есть страшок — добрые люди — самому стать скоро чем-то вроде Урана или Нептуна.

1959

Конец Тургеневской библиотеки

В сентябрьской книжке «Нового мира» напечатаны воспоминания И. Г. Эренбурга «Люди, годы, жизнь». В них много любопытного, и по-разному любопытного: есть страницы, посвященные русской жизни начала нашего столетия; есть характеристики парижских художников эпохи кубизма и «диких», портреты Модильяни, Пикассо, Диэго Риверы; есть воспоминания о Максимилиане Волошине в его парижский период. Перед первой мировой войной Эренбург жил в Париже, многих знал, всюду бывал, знакомился с людьми известными и неизвестными, читал книги, писал стихи. Одно из мест, где он просиживал часами, была Тургеневская библиотека. Вот что он пишет о ней:

«Книги я брал в Тургеневской библиотеке. Ее судьба драматична. В 1875 году в Париже состоялось литературно-музыкальное утро с участием Тургенева, Глеба Успенского, Полины Виардо, поэта Курочкина. И. С. Тургенев, распространяя билеты, указывал: „Вырученные деньги будут употреблены на основание русской читальни для недостаточных студентов". Писатель пожертвовал библиотеке книги, некоторые со своими пометками на полях. Два поколения революционной эмиграции пользовались книгами „тургеневки" и обогащали ее библиографическими редкостями. После революции библиотека продолжала существовать, только читатели изменились. В начале второй мировой войны русские писатели-эмигранты передали свои архивы на хранение Тургеневской библиотеке. Один из ближайших сподвижников Гитлера, балтийский немец Розенберг, который считался ценителем „россики", вывез Тургеневскую библиотеку в Германию. В 1945 году, перед самым концом войны, незнакомый офицер принес мне мое письмо, посланное в 1913 году М. О. Цетлину (поэту Амари). Офицер рассказал, что на одной немецкой станции он видел распотрошенные ящики: русские книги, рукописи, письма валялись на земле; он подобрал несколько писем Горького и, случайно заметив на истлевшем листке мою подпись, решил доставить мне удовольствие. Таков конец Тургеневской библиотеки» («Новый мир». 1960. кн. 9. Стр. 90).

Прочитав эти строчки, мне показалось, что я могла бы дополнить этот рассказ о гибели русского книгохранилища в

Париже, тем более что я была свидетелем вывоза книг из старого особняка на улице Бюшелери, который незадолго перед тем город Париж предоставил русской библиотеке. В этом «отеле Кольбер» расположилась «тургеневка» как бы «на вечные времена». Никто не мог предвидеть ее страшного конца.

Немцы заняли Париж 14 июня 1940 года. В начале августа я приехала в Париж на велосипеде из деревни, где у меня в то время был маленький деревенский дом. Других способов передвижения, кроме велосипеда, в те месяцы не было. Я выехала очень рано и была в городе около одиннадцати часов утра. Я вела в те годы записи, нечто вроде дневника. По этим записям видно, что я в тот день была в Тургеневской библиотеке и взяла том Шопенгауэра (в русском переводе), видела хроникальный фильм на Елисейских полях (где было представлено, как Гитлер со своим окружением приехал на автомобиле на площадь Трокадеро и обозревал Париж с высоты площади, выходящей на Марсово поле и Эйфелеву башню), затем ночевала у друзей в Булони. Через месяц я снова приехала в Париж и на этот раз зашла к И. И. Фондаминскому, вернувшемуся из Биаррица и жившему у себя на квартире, на авеню де Версай.

Кто в это время жил вместе с Фондаминским, мне неизвестно. Сам он по-прежнему занимал свой кабинет, темный и сыроватый, весь уставленный книгами. В течение августа месяца ко мне в деревню было привезено довольно много ценных вещей людьми, желавшими скрыть свое имущество. Главным образом это были картины. На чердаке лежали, тщательно укрытые старыми газетами и соломой, небольшого размера Ван ден Вельде и довольно длинный и узкий Больдини. А. Н. Бенуа также доверил мне одну папку с рисунками 17-го века. Внизу, в так называемой гостиной, где непрерывно жили проезжавшие в «свободную зону» близкие друзья и где иногда спали два-три человека, стояли на полках, смешанные с моими скромными книгами, «Русские Портреты» вел. кн. Николая Михайловича, первое издание комедий Мольера и другие ценнейшие книги, до поры до времени нашедшие убежище в этом углу Франции и таким образом уцелевшие. У меня была мысль предложить И. И. Фондаминскому перевезти ко мне наиболее ценные книги, чтобы их сохранить столько же от бомбардировок, сколько и от обысков, которые вот-вот могли начаться. Но я встретила с его стороны категорический отказ.

Он начал с того, что высмеял меня за «панику», и сказал, что бомбардировок он не боится, т. к. кабинет его в полуподвале (в этом, вероятно, он был совершенно прав), а что касается обысков, то ему они не страшны, так как у него теперь есть защитник — молодой немец, книголюб и ценитель русских изданий, который ходит к нему часто по вечерам и с которым он беседует на самые различные темы. Немец этот (насколько я помню, это был штатский человек) заходит как свой, иногда и днем; он покупает у букинистов старые русские книги, у него громадная коллекция, и Фондаминский уверил меня, что он спокоен не только за свои книги, но и за самого себя. Делать было нечего. Я с грустью оглядела полки, на которых стояло столько прекрасных книг, и собралась было уйти, как раздался стук в дверь и в комнату вошел молодой человек, светловолосый, в очках, с улыбкой на довольно приятном лице. Это и был новый знакомый Фондаминского. «Мы сегодня решили сходить в Тургеневскую библиотеку, — сказал мне Фондаминский, знакомя нас, — я хочу показать, какие у нас там есть замечательные книги». Я вышла с тяжелым чувством.

Когда через несколько времени я снова приехала в Париж, начиналась уже осень. Самое трудное было в этих поездках передвигаться по городу с грузом — картофеля, молока, книг, — привозимых в город. Так как мне предстояло пробыть в Париже весь день, то я решила первым долгом завезти в «тургеневку» том Шопенгауэра, оставить его там (библиотека открывалась в четыре часа пополудни) у консьержки, а затем уже сделать все, что нужно, в различных концах города; повидать кого нужно, купить кое-что и вернуться в библиотеку к ее открытию. Отель Кольбер находится в маленькой улочке около моста Нотр Дам. Не было еще и десяти часов, когда я вошла в ворота. Весь двор был заставлен длинными ящиками некрашеного дерева, похожими на гроба. Они лежали и стояли стоймя, их было около тридцати, а может быть, и больше. Они казались пустыми. Я постучала в окошечко консьержки, которая меня знала, и попросила ее сохранить книгу у себя, обещав зайти за ней после трех. Она посмотрела на меня хмуро и сказала:

— Они там.

Я бросилась наверх. Двери были настежь. Два ящика стояли на площадке лестницы, два других — в прихожей. Шла быстрая, энергичная, ритмичная укладка книг.

Я помню, что я растерялась настолько, что стала спрашивать на плохом немецком языке, что, собственно, происходит, хотя сомнений не могло быть никаких. Мне ответили вежливо, что книги увозят. Куда? Почему? На это ответа не было, но в переднюю вдруг вышел человек — это был молодой коллекционер русских изданий. Он узнал меня, улыбнулся и спросил, не может ли он чем-нибудь быть мне полезен? У меня, вероятно, на лице была написана часть того, что переживалось. Он опять подошел ко мне. Мне показалось, что он хочет взять у меня из рук Шопенгауэра, и я помню, что в тот момент я бы, конечно, его отдала ему. Но он совсем не интересовался книгой, которую я держала под мышкой, наоборот, он очень любезно и с каким-то даже соболезнованием спросил меня, нет ли в библиотеке каких-либо моих книг, и если есть, то он мне сейчас же их выдаст... В том состоянии, в котором я была, я совершенно не поняла его вопроса: хотел ли он, зная, что я пишу книги, выдать мне те, которых я была автором? Или он думал, может быть, что есть в библиотеке книги, мне принадлежащие? Я повернулась и пошла к двери. И только внизу вспомнила, что ведь, действительно, в библиотеке есть книга, мне принадлежащая: вместо залога (от бедности) я в свои время дала библиотеке «Поэзию Армении», толстый том под редакцией Брюсова, который и лежал где-то в задних комнатах, на случай, если я потеряю библиотечную книгу. Лежал он в библиотеке по крайней мере лет десять, если не больше. Но за «Поэзией Армении» я не вернулась.

Молодой коллекционер, конечно, задолго до прихода к Фондаминскому имел свой план действий. И знал хорошо о существовании русского книгохранилища в Париже. Но к Фондаминскому в то утро мне идти не захотелось, мне показалось, что нужно попытаться сделать что-то... но что? Я сомневалась всего одну минуту. В следующую я уже спешила на Монпарнас, к Вас. Ал. Маклакову.

Со времени войны у Маклакова я бывала часто, он любил, когда к нему приходили, настроение у него было угнетенное, глухота все увеличивалась, слуховая машинка (одна из первых моделей) часто не действовала, и приходилось громко кричать ему в ухо. Когда звонил телефон или звонок у парадной двери, в кабинете зажигались под потолком лампочки (звонков он не слышал совершенно), и это всегда действовало мне на нервы. Но что-то было и уютное кругом — отчасти в семенящей маленькими шажками сестре его, Марии Алексеевне, отчасти в старой прислуге, отчасти в тех предметах и особенно бумагах и книгах, которыми был заполнен кабинет. Он принял меня в теплом бархатном пиджаке, удивившись и обрадовавшись моему приходу в столь странный час.

Когда я рассказала ему, откуда я, он думал несколько мгновений и затем взглянул на меня. И в эту секунду одна и та же мысль прошла в его мозгу и в моем, как это иногда бывает (и даже довольно часто). Мы оба подумали об одном.

— Я знаю, куда надо пойти, — сказал он. — и вы тоже это знаете.

Я молча кивнула головой.

— Надо предупредить советское посольство, ведь они с Германией в союзе. Они могут вступиться. Если, конечно, добраться до настоящего человека и суметь объяснить. Они остановят!

Через минуту он уже звонил председателю Правления Тургеневской библиотеки, Д. М. Одинцу, историку и сотруднику газеты П. Н. Милюкова «Последние новости». А через полчаса Одинец уже был с нами.[15]

Мне пришлось повторить свой рассказ. Маклаков, которого очень утомляла машинка, выключил ее и сидел неподвижно за письменным столом, не участвуя в разговоре. Одинец был совершенно согласен, что единственное, что еще можно сделать, это пойти в советское посольство на улицу Гренель и попросить вмешаться. «Кто пойдет?» — спросила я. «Надо мне идти», — ответил Одинец. Мы наскоро закусили, и он ушел. Я осталась ждать его возвращения.

Забегая вперед, скажу, что конец жизни Д. М. Одинца был довольно грустен: мы знали друг друга давно, и я несколько раз навещала его в больнице Валь-де-Грас, когда его оперировали (в самый разгар войны). Он лежал в общей палате и, видимо, страдал от недоедания, продовольственное положение перед концом войны было тяжелым. Его молоденькая, прелестная дочка варила ему какао на ночном столике, на спиртовке, он пил прямо из кастрюли, другие больные смотрели на это с завистью, и тогда она варила и им. Оправившись после операции, он в 1944 году записался в советские патриоты и очень скоро выехал в Советский Союз, где ему позволили жить в Казани; там он через несколько лет и умер.

Но в тот день, в квартире Маклакова, ничто не предвещало такого необычного для эмигранта, русского антибольшевика, конца. Мы ждали долго, Маклаков стал нервничать, ходить из комнаты в комнату; я сидела у него в кабинете и старалась занять свои мысли чем-нибудь. Помню, я читала какой-то старый адрес-календарь членов Государственной Думы. Краткие сведения, год рождения, от кого выбран... Вас. Ал. подошел ко мне и сердито сказал:

— Я тут когда-то ножичком выскреб год своего рождения. А теперь мне все равно. Пусть знают все, что я старик. Пусть. Не все ли равно? Дайте я его впишу, или впишите сами.

— Ничего не желаю вписывать. Пусть остается так. Да и вписать некуда — вы тут все продырявили.

Он в этот первый год войны (и во второй год) выглядел еще сравнительно не старым. Только отсидев в тюрьме у немцев, он потерял свой блеск, и уже навсегда. Помню, он позже рассказывал мне, что, выйдя из тюрьмы, он ни о чем не думал, как только о том, что ему не вернули шнурков для ботинок и ему приходится шагать с незашнурованными башмаками по улице, и держать брюки, потому что пояс тоже не вернули, и так как он сильно похудел в Сантэ (несмотря на передачи, в которых принимали

---

[15] К. И. Солнцев и другие члены Правления в это время были вне Парижа. Прим. автора.

участие все его друзья), то он боялся, что брюки упадут, и все это его занимало, а вовсе не мысли о том, что он наконец свободен.

Одинец вернулся часа через два. Его рассказ я тогда же записала. Его ввели в одну комнату, затем в другую. Он сказал, что хочет видеть первого секретаря, или заместителя посла, или, если можно, самого посла. Сначала он говорил с одним человеком, потом с другим, потом с третьим. Кто они были, осталось ему неизвестным. Он несколько раз объяснял, зачем пришел: вступиться за русскую библиотеку; Тургенев основал; Тургенев — «Отцы и дети», «Рудин», — когда в Париже жил... На лицах не отражалось ничего. Это надо сделать скоро, иначе все книги уйдут... Но слушавшие его люди только плечами пожимали: при чем тут мы? Эмигрантские дела! Нас совершенно это не касается. «И вдруг, — сказал Одинец, — словно меня осенило, и я сказал им: в этой библиотеке Ленин работал, там есть книги с его пометками, там есть книги, которые он оставил в библиотеке, там даже есть стул, на котором он сидел (у меня, сказал Одинец, работало воображение, как никогда в жизни)». И вдруг люди забегали, засуетились, позвали еще троих, заставили повторить слова о Ленине.

— Провожая меня, — закончил Одинец, — они провели меня через совсем другие двери. И они все отпирали их и запирали их. И, представьте себе, мне показалось, что один из них даже обещал, что они что-то такое предпримут, хотя, конечно, мало это вероятно. А наверное, одного телефонного звонка было бы достаточно!..

В ту ночь я опять ночевала у друзей в Булони, и когда на следующий день я пришла к отелю Кольбер, все было кончено. Гробы были увезены, двери заперты, наложены печати. Самое крупное русское книгохранилище вне России перестало существовать.

Фондаминского я больше никогда не видела. Шопенгауэр остался у меня.[16]

1960

---

[16] Постепенно за эти годы трудами бескорыстно преданных людей, озабоченных воссозданием русской библиотеки в Париже, кое-что было восстановлено, и работа по собиранию книг продолжается. В основу нового собрания положены дублеты книг (около 600), которые хранились в подвале отеля Кольбер и до которых не добрались. Город Париж снова предоставил русскому книгохранилищу помещение. — Прим. автора.

Памяти Шлимана

Автобус «Площадь Шлимана — Большие Фонтаны» отошел от памятника переполненный, но мне нашлось в нем место: я сел у спущенного окна, подсунул под сиденье небольшой парусиновый мешок, забросил шляпу на полку. Был шумный, пыльный вечер, мглистый от дневного зноя, по улицам шли толпы — из душных, жарких контор и мастерских в душные, жаркие городские квартиры, а я мчался вон из города, подальше от Площади Шлимана к Большим Фонтанам.

Эти три свободных дня выпали мне недаром, я заслужил их. В большом учреждении, где я служил уже два года и занимал скромное место младшего счетовода, работало более четырехсот человек, начиная от людей, которых никто никогда не видит, и кончая человеком со щеткой, которого все время видят все, так как он целыми днями загоняет в широкий красный совок бумажки и всякий сор из-под наших столов и стульев. Рабочее время там исчислялось особым, сложным, мало кому понятным способом. Неделями казалось, будто нас обсчитывают, и вдруг выходила награда. Целый год у меня не было ни одного дня каникул, и вдруг: «во вторник четвертого, в среду пятого, в четверг шестого вы свободны». Это решила огромная машина, которая отпускала нам жалованье и наградные, которая вычисляла, кто и сколько имеет права болеть и кому когда ехать в отпуск. Эта машина была похожа на мавзолей, которые когда-то строили на кладбищах для четырех поколений сразу.

Для этой машины, еще до того, как я поступил, проломили потолок в следующий этаж и под пол подвели подпорки. Служащие только кивали на нее: она никогда не ошибается! Из нее вышел мне отпуск, из нее выходили награды, из нее же вышел одной барышне с золотистыми волосами и дребезжащими браслетами расчет за то, что она постоянно опаздывала.

Но выдумать машина ничего не могла. И однажды, глядя на нее с балкона, который обегал большой зал, где мы все работали, мне пришла в голову странная мысль: как увеличить время работы на одну двадцатьчетвертую в сутки, то есть сделать приятное тем людям, которых я никогда не видел.

Мысль эта была следствием праздной игры моего воображения. В ней не было никакой корысти и желания выслужиться. Я очень далек от тех идеалов, которым следовали изобретатели тюремного глазка или специальной контрольной кнопки, регистрирующей время, потраченное служащим на

263

завтрак. Мне просто пришло в голову, что если каждый день начинать работу на час раньше, то это, без заметного ущерба, могло бы увеличить, так сказать, продукцию. В понедельник, скажем, день начинался бы в девять, во вторник — в восемь, в среду — в семь; через неделю день начинался бы в два часа ночи. Но так как весь город передвинулся бы на такую ускоренную жизнь, то в сущности это не имело бы значения; в конце года выяснилось бы, что человек выиграл около двух недель жизни, что совсем не так мало. Следовательно, удовольствие было бы доставлено не только эксплуататору, но и эксплуатируемым. Работая двадцать пять лет, человек был бы награжден, так сказать, лишним годом жизни.

Понятия дня и ночи кажутся мне совершенно устарелыми. Теперь, когда ночью открыты магазины, рестораны, кинематографы, больницы, когда одна пятая жителей в больших городах работает по ночам, было бы очень просто перейти на новые рельсы. Прежние понятия о том, что ночью надо спать, а днем работать, годились для тех эпох, когда днем было светло, а ночью темно, когда днем было шумно, а ночью тихо. Почему мы обязаны жить, как жили наши предки? Не разумнее было бы перейти на непрерывное действие? И разве не разумнее было бы перейти на постройку зданий вниз параллельно с постройкой их вверх, чтобы выгадать место, если и освещение, и охлаждение, и отопление, и, конечно, идеальная вентиляция могут заменить свет и воздух?

Следовало бы издать закон: если строится дом в двенадцать этажей, плюс двенадцать этажей, то его обязаны выстроить и минус двенадцать этажей, вглубь земли, где неоновый свет, теплый воздух, холодный воздух, морской воздух подавались бы непрерывно, незаметно, бесшумно.

Каких-нибудь десять-пятнадцать лет было бы, может быть, не совсем удобно, пока не привыкнут, но зато потом! Люди бы к имени своему, знакомясь, прибавляли знак плюс или знак минус:

— Петров-плюс.

— Сидоров-минус.

Это значит, что если вы сами Иванов-минус, то дело с Петровым иметь не можете, вы больше никогда не встретитесь с ним, а удобно дело иметь вам с Сидоровым. И опять — вы выиграли время.

Мысль моя работала все эти недели, как хорошо смазанный мотор. Я думал: вместо политических речей, проповедей, длинных разговоров за чайным столом, долгих бесед под лампой или неторопливых прогулок давать друг другу свои окончательные решения общественно-нравственного или индивидуально-психологического характера. Например:

— Делай добро. Часто совершенно невыгодно делать зло.

— Если взял — отдай. Но никому ничего не давай.

— Здоровых уважай. Больных избегай.

— Забудь о старых. Их скоро не будет.

Все ясно. Собеседник понимает вас в меру своего разумения. И опять — вы выиграли время.

Помню, с неделю тому назад, вдохновленный этой идеей, я позвонил по телефону Дэли и сказал, что соскучился по ней и хотел бы прийти. Она обрадовалась, я слышал в телефонную трубку, как зазвякали ее браслеты, и в тот же вечер я пришел. Она достала из печки сложное блюдо, над которым трудилась, должно быть, много часов, оно вздулось и подрумянилось, тянулось во все стороны и пахло сыром. Мы сели. Ее подруга, с которой они снимают квартиру пополам, играла нам на мандолине, на которой училась по самоучителю. У них была целая полка самоучителей, и когда подруга играла, она смотрела в книжку, скосив глаза. Я видел, между прочим, что Дэли, мешая что-то ложкой в кастрюле, тоже, скосив глаза, смотрела в какую-то книжку, которую держала раскрытой в левой руке.

— Почему вы всегда опаздывали на службу? Вот видите, теперь вас уволили, — сказал я довольно сухо.

Она печально посмотрела вокруг. Волосы ее были так прекрасны, что мне захотелось выдернуть гребень, который их держал, и спрятать в них лицо.

— Ждать автобуса. Ждать метро. Толпа. Не попасть, — сказала она грустно.

— Надо было вставать раньше. Будет время, когда всем будет просторно и никто никого не будет давить.

— Бомба? — спросила она робко.

— Не бомба, а вздвоенная жизнь, — сказал я. — Когда-нибудь объясню вам все это. Ничего страшного. Могу, впрочем, и теперь сказать: сколько будет наверху, столько и внизу, сколько будет днем, столько и ночью. Чтобы больше было времени и места.

Мандолина тихонько тренькала, я чувствовал, что мне хорошо, спокойно и даже как-то весело с ними.

— Выньте гребень, — сказал я.

Подруга тотчас встала. Она ушла и унесла с собой мандолину и самоучитель, и через минуту за стеной раздалась музыка, с той самой прерванной ноты. Точно мы были в Японии.

Хоть она и не вынула гребень, я на расстоянии чувствовал, что волосы ее пахнут смесью ландыша и жареных каштанов, тех, что продают иногда на углах, когда наступает осень, и в золотистых волосах тоже было что-то осеннее. Это в те минуты мне пришла в голову мысль о поездке с ней за город. Въехав в этот огромный город, где мы с ней жили, я никогда не выезжал из него. Сейчас было лето, знойное, долгое, но должны же были быть где-то цветы, и листья, и золотистый, как ее волосы, воздух?

265

— Поедем куда-нибудь, — сказал я тихо.

— Куда? — спросила она, и опять с такой грустью, будто некуда было ехать.

Но из этого ничего не вышло, потому что она через неделю нашла службу и ничего не совпало — как если бы она была плюс, а я — минут. Или наоборот.

Автобус несся по прямой. Проходил час за часом. В спущенное окно мимо меня бежали дома, люди, автомобили, вывески, магазины. Я думал о Больших Фонтанах, я думал о трех днях, о машине, которая мне их подарила. Она никогда не ошибается, сказал мне как-то старший счетовод, и это было правдой-истиной и правдой-справедливостью.

Мне показалось, что солнце село, но через несколько минут оно опять сверкнуло, с другой стороны (мы поворачивали), правда, не надолго. Огни уже зажигались. Начало медленно смеркаться. Иногда мы останавливались, люди сходили, входили другие. Промелькнула площадка с большим низким серым кустом посредине, вокруг которого бегали дети, мимо нас пошла железная дорога, а поверху — автострада, по которой неслись автомобили нам навстречу непрерывной цепью, прямо по поездам, бегущим внизу, чем-то напоминая мне мои мечты о будущей жизни.

Возможно, что другим уже приходили, и не раз, мысли о том, как перепланировать человечество. Каждый век, нет, скорее, каждые четверть века мысль о каком-нибудь новом удобстве поворачивает под острым углом и открываются новые горизонты. То это был восьмичасовой рабочий день. Остановка. Поворот. И впереди показываются новые идеалы: бесплатный госпиталь, пенсия на старость. Но и этого, конечно, мало. Новый поворот — новый идеал: застрахованные похороны, бесплатное лечение зубов. Теперь мы мчимся к тому, чтобы продлить время, чтобы расширить пространство. Я прихожу к заключению, что мне пора изложить все эти мысли на бумаге, послать куда-нибудь и взять патент. Да. Взять патент. Открываются новые перспективы Десяти, пятнадцати, двадцатимиллионные города, переустроенные, переосмысленные. Сутки перекроенные, рационализированные. Особые машины, которые вычислят все, как быть должно: кому где жить, кому как жить, кому чем быть, кому когда жить. Разделы: семья, труд, развлечения. Подразделы: искусство, воспитание детей, способы передвижения... Для всех найдется место, даже для тех, кто любит одиночество. Пусть живут!

— Одиночество — не преступление. Есть люди, которые ищут его. Не мешай им.

— Как это ни странно, прокаженные тоже имеют право жить.

Не сваливать эти два лозунга, оставить их раздельно и даже, может быть, вставить между ними другой:

— Оставь в покое своего соседа. Он не хочет твоих забот.

Я должен быть готов к нападению на меня с двух сторон. Всякой мысли, даже такой древней и потерявшей всякий смысл, как «есть Бог» и «нету Бога», всегда грозит нападение с двух сторон: со стороны прогрессивного человечества и со стороны реакционеров. А тем более — мысли новой. Прогрессивное человечество (которое вот уже скоро семьдесят лет, как олицетворяется государством, занимающим ровно половину земного шара, и на престол которого недавно взошел Кузьма Второй, племянник Сидора Великого), прогрессивное человечество поторопится поставить мне западню не столько с точки зрения осуществления моих пространственных задач, сколько с точки зрения осуществления задач, связанных с временем: эти две недели в год, которые, как премия, будут падать на голову рабочего класса (и всего человечества), оно сейчас же прикарманит, потребует распределить между хоровым пением, атомными вычислениями, изучением биографии Сидора Великого и парадами. А реакционеры, конечно, поставят мне на вид праздники, посты, грегорианский календарь, юлианский календарь, времяисчисление со дня появления Вифлеемской Звезды и землетрясения на Ближнем Востоке в Первый век нашей эры.

Но поймите, поймите же меня! Я вовсе не обещаю вам легкое разрешение всех мировых задач, я, наоборот, вовлекаю вас в большие трудности: архитекторам (в первую очередь!), начальникам железнодорожных станций, докторам, инженерам, писателям, забойщикам, портным, домашним хозяйкам — всем предстоят громадные трудности, но зато потом!.. зато потом, лет эдак на сто или двести, какое будет облегчение! Пока опять все не смешается в тесноте и спешке, и не явится какой-нибудь новый гений, с новыми идеями переустройства пространства и времени.

Новый гений. Это звучит так, будто я себя считаю гением. Между тем это совершенно не так. Я человек скромный, мой идеал — место старшего счетовода, может быть — младшего бухгалтера, женитьба — и почему бы не на Дэли? Какое было бы счастье быть с ней, быть с ней всегда, а главное — быть ею любимым. «Ты меня любишь?» — стал бы я спрашивать ее каждый день и целый день. И она отвечала бы каждый раз и всю жизнь: «Да, я люблю тебя».

Было почти темно, когда мы, наконец, остановились, завернули под густые деревья и стали.

— Большие Фонтаны, — сказал кто-то сзади меня.

Пронесли в клетке собаку, с которой я на мгновение встретился глазами. Я вынул из-под сиденья свой парусиновый мешок, надел шляпу, и предвкушение какой-то радости вдруг

267

снизошло на меня. Ни о чем никого не спрашивая, я сошел с автобуса, вышел из-под деревьев на широкую площадь и остановился у будки мороженщика. Я прислушался, чтобы сообразить, в какую сторону идти — но не услышал никакого журчанья. Между тем я отлично помнил, что от фонтанов должно исходить журчанье.

Передо мной была площадь, кругом горели фонари; широкое и совершенно лысое место было окружено ровным кольцом небольших деревьев, за которыми высились дома, высокие, каменные, в большинстве окон которых горел свет. В боковой улице был, видимо, затор в движении, потому что оттуда доносился рев автомобильных гудков. Когда он прекратился, я опять прислушался, но никакого журчанья не было. Прямо передо мной был огромный сухой цементный бассейн фонтана, метров в шестьдесят в диаметре. Он был наполнен людьми.

— Фонтаны? — спросил я мороженщика.

— Не действуют, — сказал он.

Я подошел к бассейну.

Прежде всего скажу, что у меня было такое впечатление, будто я по-прежнему находился в центре какого-то большого города, что я никуда не уезжал. Так же горели малиновые и голубые вывески за деревьями, где шли автомобили, так же светились окна в домах, сплошными этажами, словно это опять были конторы, где шла вечерняя уборка, так же пахло пылью и сигарой, и если бы на шапке мороженщика не были золотом вышиты буквы «Б. Ф.», я бы мог подумать, что нахожусь где-нибудь недалеко от дома, по дороге, скажем, в табачную лавочку, куда, когда надо было идти, следовало пересечь скучную площадь.

Над сухим бассейном стоял смутный гул голосов. Он был совершенно полон сидящими, стоящими, лежащими в нем людьми. При свете фонарей можно было различить лица — молодые и старые, странные одежды; услышать отдельные слова, голоса шепчущие, поющие, говорящие что-то; словно в эту душную летнюю ночь все эти люди вышли из своих домов и как-то случайно, неожиданно для самих себя, остались на площади, в этой огромной раковине, или, лучше сказать — на этом огромном цементном плоту, пытающемся уплыть в ночные пространства. Трудно сказать, кто здесь был, легче было бы назвать тех, кого здесь не было. На глаз здесь было много сотен человек, несколько котят, несколько собак, не менее дюжины детей, из которых двоих кормили грудью, и большая клетка с попугаем, которого, должно быть, тоже вынесли подышать вечерним воздухом.

Те несколько человек, которые стояли кружком в центре бассейна, собирались что-то запеть, скрипка и банджо сидели у их ног по-турецки, но мне казалось, что эти стоящие люди сейчас взмахнут веслами, и все это тихо отчалит, теперь, когда все собрались сюда после кораблекрушения и я был с ними. Я сел на край, где кто-то подвинулся, чтобы дать мне место, и спустил ноги.

Тут были: старики, принесшие с собой складные стулья и шахматные доски; старухи, подстелившие под сиденье газеты, держащие на животах толстые сумки; девушки лежали в объятиях мальчиков, и мальчики лежали в объятиях девушек, дети ползали по ним, котята играли на коленях у беременной красавицы; двое бродяг угощали друг друга из фляги; какой-то оживленный, едва внятный разговор шел между двумя людьми в сандалиях и мексиканских поясах; лысый человек что-то рассказывал самому себе; красногубая, с дерзкими глазами навыкате, опираясь на двух молодых людей обеими руками, сверкала зубами третьему; рядом с ее разгоряченным, широкоскулым лицом торчал костыль сидящего спиной к ней бледного немолодого барина в куртке с кистями.

Далее шел ряд женщин — домашних хозяек, толстых, крепких, все на одно лицо, в низко вырезанных ситцевых платьях, до колен коротких, без рукавов; над ними стоял запах кухонного чада. Девочки, стриженные под мальчиков, в штанах, другие с волосами, распущенными до пояса, шестнадцатилетняя мать, дремлющая над детской колясочкой; какие-то три хулиганки, играющие в дикую игру, наваливаясь на соседей, валя их с края бассейна вниз, давясь от тихого хохота; чинно одетые, в кисейных шляпках, сестры-близнецы с мамашей и папашей; огромные негры в ярких шелковых шейных платках и пиджаках на голое тело; испанцы с гитарами; женоподобный херувим с умным, старым лицом; толстые маменькины сынки, держащие в каждом кулаке по вафле с мороженым; калеки с лицами всех оттенков, от бледно-зеленого до черного, как сажа; два веснушчатых братца в одинаковых шотландских шапочках; какие-то еще, чего-то как будто ждущие, пришедшие сюда, к, видимо, давно сухим фонтанам, дышать этой ночью, смотреть, как медленно выходит на черно-красное небо луна; и вот она вместо того, чтобы заиграть в струях фонтана, играет на лицах этой странной, бессонной толпы. Кто-то ударяет по струнам, и не то африканская, не то южно-американская песня звучит, кое-кто начинает подтягивать, особенно из тех, что лежат в объятиях друг друга. И вот уже цементный бассейн весь наполняется и звучит песней, и не хватает только благоуханной летней дали, кудрявых деревьев и притихших соловьев.

Так сидели мы часов до трех ночи, дремали и пели, и опять дремали. Здесь, несомненно, было прохладнее, чем в душных домах, здесь было свободнее, беззаботнее, и здесь что-то еще напоминало о высоких брызгах и упругом сверкании воды. Пахло пылью. Мороженщик все еще стоял на своем посту, но автобусы ушли, последний протрубил и исчез, завернув за угол. И я, как все, дремал и пел, а потом положил свой мешок под голову, примостился у края бассейна и крепко уснул. И какие-то шепоты, и тихая музыка вокруг перешли в сон, и во сне кто-то все спрашивал меня о чем-то, какое-то звучало вопросом двусложное слово, это был короткий, назойливый вопрос, на который у меня не было ответа.

Когда я проснулся, бассейн был почти пуст, в нем продолжало спать не более десятка человек. Начинался новый удушливый день, солнце уже палило вовсю, хотя еще не было и восьми. Я пошел искать, где бы позавтракать. Во все стороны бежали улицы, полные утренней городской жизни. Люди спешили кто куда, газетчик открывал свой ларек, чистильщик сапог примащивался со своими табуретами, открывались кофейни, пахло булками. Я не торопясь выпил кофе и съел яичницу, и все напоминало мне мой перекресток, где я жил, словно после пяти часов автобусного пробега я опять оказался на старом месте.

Но я вовсе не хотел этого! Машина, которая дала мне трехдневный отпуск, делала это не для того, чтобы... И вдруг я увидел длинный ряд зелено-желтых автобусов, в стеклах их горело солнце, двери были открыты настежь. На первом было написано: «Синий Берег», на втором — «Зеленый Берег», на третьем — еще какой-то берег. «Они все идут более или менее на озеро, — сказал человек женщине, подсаживая ее, — только этот, знаешь, огибает городские сады, а тот лупит прямо вдоль реки, пожалуй, будет короче?» Неведомо откуда набежали люди, шофер включил мотор, и я, повторяя про себя: «синий берег, зеленый берег, синие, зеленые, розовые сады», вскочил тоже, подсунул под сиденье мой мешок, забросил шляпу на полку и сел у спущенного окна. Мы с ревом понеслись мимо пустого бассейна, завернули в тесную улицу, в другую пошире, в третью, и тут я потерял им счет. Сотни людей стремились, казалось, во всех направлениях, шли стеной друг на друга, огромный город гремел вокруг. Был ли это тот самый, в котором я жил и из которого хотел вырваться вчера, или другой, смежный и сходный, или еще третий — я не знаю. Мы катили по нему теперь не останавливаясь, и ему, казалось, не будет конца.

Я мысленно возвращался к вчерашнему вечеру. На один квадратный метр в сухом бассейне их было по крайней мере двое. А вот если бы осуществить мою идею, то их было бы вдвое меньше, потому что были бы, скажем, только одни плюсы, после знойного летнего дня отдыхающие, хоть и в пыльном, но все-таки сквере, перед тем как заснуть до утра, а утром — опять на работу. В это время минусы протирали бы глаза, шли бы под краны, глотали кофе, вскочив по будильнику, разбегались бы по фабрикам, заводам, по конторам, по школам. Да, в сухом фонтане, на этом цементном плоту, было бы вдвое меньше народу. Положительно, мне надо набросать свой проект, как говорится, предать его, наконец, бумаге. Только в каком виде? Это надо обдумать. И не было времени более подходящего, чем сейчас: автобус теперь, шелестя шинами, катил по автостраде, изредка мелькали какие-то строения, пассажиры дремали, дорога стлалась без конца и краю, до самого горизонта. И там, как мне верилось, ждали меня — сейчас же за горизонтом — синие, зеленые берега.

Если написать нечто вроде романа, то сейчас же найдутся люди, которые скажут, что я позаимствовал у великих утопистов нашего столетия если не идею, то самый прием, а, может быть, и манеру ее изложения. Но ведь предсказания всех этих гениев, в общем, надо признаться, не оправдались, и мы, в нашем восемьдесят четвертом году, вовсе не так уж далеко ушли от дедовских времен. И потом, я ведь хочу взять патент, это дело серьезное и совсем на утопию не похожее. А если я и позаимствую кое-что у гениев первой половины нашего века, так ведь и они без зазрения совести брали, что могли, у других, живших ранее, и главным образом у нашего же прапрапрадедушки, так что выходит, что я беру у них обратно мое же, мне принадлежащее. Но нет! Оставим роман в стороне. Лучше и проще, да и как-то серьезнее, написать доклад и подать его старшему счетоводу (ведь даже с младшим бухгалтером мне удается перекинуться словом не чаще, чем два раза в год!). Просить его передать записку выше, и еще выше, все выше, и выше... Впрочем, и просить не надо: не может быть, чтобы моей идеей не заинтересовывались самые важные люди. А уж разрабатывать они ее будут без меня: я скромен и не мечтаю стать председателем какой-нибудь Особой Пространственно-Временной Комиссии. Разрабатывать идею будут специалисты, факультеты, академии. После вчерашнего вечера я окончательно укрепился в мысли, что написать все это надо. Иначе скоро на один квадратный метр в лунную, в звездную ночь в городском саду будет приходиться по четыре человека!

Несмотря на быстрый бег автобуса, несмотря на открытые окна, становилось все жарче. Мы неслись теперь в знойном дрожании летнего дня, солнце жгло, приспустили холщовые шторы, и я стал дремать под однообразный шелковистый шум колес в мутном и пыльном свете. «Оставь в покое своего ближнего, — думал я, — ты ему совершенно не нужен», — вот еще один лозунг; эти лозунги придадут моему докладу некий философский оттенок. «Не делай своему соседу ни хорошего, ни дурного, забудь о нем». И я понемногу стал дремать в каком-то внезапно нахлынувшем на меня чувстве безмятежности и сладкой уверенности, что изумрудные сады и лазоревые берега подходят все ближе и ближе, и никоим образом от меня не уйдут.

Я проснулся от толчка. Автобус остановился, и люди выходили гуськом; встал и я. Через секунду я пришел в себя: это уже не тот, не первый автобус, это уже второй, сказал я себе, это второй день моего путешествия, середина второго дня. Я соскочил с подножки на землю и огляделся: был ли это Зеленый берег или Синий, я не спросил. У небольшого озера, на плоском берегу, стоял огромный кирпично-стеклянный завод и весь содрогался от лязга и грохота, ворота главного здания были открыты настежь, там, в темной глубине, сверкала плавильня, чем-то напоминающая то страшной мощи красное солнце, которое стояло над моей головой. А вокруг озера, сколько хватало глаз, стояли тесными рядами раскаленные, неразличимого света, все одинаковые автомобили.

Подле одного из них я растянулся в каком-то одурении, стараясь уложиться в его узкой тени, на камешки и окурки. Черный дым, застилавший полнеба, начинался в той стороне, откуда мы приехали, и не кончался ни над озером, ни за ним. Там, на том берегу, виднелся двойник ближнего завода, тоже кирпично-стеклянный, огромный, чем-то живой: даже отсюда чувствовалось, что он полон людей, грохота, механической силы гуденья и дрожанья, а за ним, слегка сбоку, возвышалась гигантская электрическая станция, вся прозрачная, сложным узором своим похожая на разобранную не до конца Эйфелеву башню.

Я дышал горячим воздухом, пропитанным автомобильными испарениями. Несмотря на тень, бок машины, которого я старался не коснуться и возле которого лежал, был раскален, с озера не шло никакого дуновенья, и меня начало мутить от бензинного перегара, которым наполнялись рот и нос, которым наполнялся я сам, от запаха раскаленных шин, металла, масла. Где я? Сколько городов я проехал, городов, переходящих один в другой? Где тот горизонт, который был обещан мне? Где я? Что это за озеро, окруженное гудящими заводами, где трава, где лес, где поле? Куда ведут эти улицы? Опять к жилью, магазинам, вывескам, автобусам и другим автомобилям? И придут ли сюда люди купаться перед вечером, чтобы и я мог с ними вместе войти в воду? Но вода казалась черно-свинцовой, металлической тоже, как все кругом, и шагах в тридцати от меня стоял столб с надписью: купаться запрещено.

Двое людей подходили теперь ко мне, один был в форменной фуражке, другой — голый до пояса — вытирал лоб и шею платком и, видимо, искал свою машину. Они перешагнули через мою шляпу. И я вскочил и крикнул им вслед, громче, чем полагалось.

— Как уйти отсюда? — я хотел спросить: где все остальное? — но в последнее мгновение мне показалось, что этот вопрос прозвучит неразумно.

— Вы завернете направо, и третий поворот выведет вас на

272

автостраду, — сказал не торопясь тот, что был в форменной фуражке, остановившись и оглядев меня.

— Я — пешком.

— Пешком? — второй тоже остановился, и они оба смотрели на меня.

— Когда идет автобус? — опять спросил я слишком громко.

— Автобус идет завтра утром, — сказал первый, и они пошли дальше, все дальше от меня. Полуголый наконец нашел свою машину, завел ее, выехал и исчез в пыли. Первый, в форменной фуражке, пошел обратно.

— Послушайте, — сказал я уже тише, — я не туда попал, я ехал на озеро, то есть я думал, что это озеро, ну, знаете, как бывают озера... Я проехал четыре города, самое меньшее четыре, их, может быть, было пять. Я думал... У меня еще есть полтора дня. Не можете ли вы мне сказать...

— Обратитесь в информацию, — сказал он, — здесь лежать не полагается. — И он пошел от меня.

Я пошел за ним, волоча свой мешок.

— Понимаете, — говорил я, все стараясь, чтобы он меня слышал, — у меня есть чувство юмора, и я вчера ужасно смеялся, когда Большие Водопады, то есть я хотел сказать — Фонтаны, со мной сыграли одну штуку (разве я смеялся? я совершенно не помню, чтобы я смеялся!). Но сегодня это уж слишком, это уж не смешно. Я сердит, я прежде всего на самого себя сердит, вы только послушайте...

— Обратитесь в информацию, там вам скажут, — повторил он, и я увидел его лицо — оно не выражало ничего. Оно даже не выражало неприязни, в нем просто отсутствовало какое-либо выражение, как в листе бумаги или в чайном блюдечке.

Часы мои показывали без четверти пять. Я был голоден, я шел по дороге между тянущимися до бесконечности стенами завода. Потом начались двухэтажные дома, где, видимо, жили рабочие и служащие ближних заводов: крыльцо — окно, окно — крыльцо, и так далее, до бесконечности, в совершенно пустой улице, без единого дерева, без скамейки, без лужайки, без прохожих, без детей. Я шел часа полтора, пока не прошел ее всю, и ничего, кроме окна — крыльца не видел. Затем она кончилась, и я попал, видимо, на главную улицу, потому что подряд налево и направо шли одна за другой бензинные станции. Потом — площадь, большие стеклянные магазины, три церкви, библиотека, школа, гостиница. Я вошел.

— У вас есть комната?

Комната нашлась. Я умылся, переменил рубашку, спустился вниз, пообедал, но не почувствовал покоя. От усталости, от жары тягостное состояние овладело мною, то состояние, когда внутри все мечется и хочется метаться самому, но нет сил метаться, тянет лечь, а как только ляжешь, внутри еще сильнее все мечется, и ничем этого метанья не утишить, разве что если придет сон и задавит тебя всего, со всеми твоими внутренними трепыханьями, биеньями, всеми этими пульсами, которые стучат в тебе, как сталелитейный завод, на невероятной глубине, не имеющей никакого отношения к собственным твоим видимым размерам.

Я проснулся среди ночи и услышал опять тот же самый звук, который прошлой ночью в полусне не давал мне покоя, когда я лежал на дне цементного бассейна. Какой-то короткий настойчивый вопрос звучал, может быть — одно слово, с ударением на первом слоге, или два слова, каждое в один слог. Может быть, это было совсем не слово, а так просто чиркало что-то двойным чирканьем, или капали капли — одна громче, другая тише, вперед-назад, короткие взмахи, но нет, было в этом звуке какое-то слово.

Утром я спустился в ресторан, в котором, несмотря на ранний час, уже пахло супом, как во всех дешевых ресторанах. Подавала мне толстая, в ночных туфлях на босу ногу и чистом переднике хозяйка. У нее были чистые, спокойные руки и неподвижное, когда-то миловидное лицо. Я решил вдруг, что скажу ей все, что она меня научит, что делать. Она выслушала мой рассказ и тяжело вздохнула.

— Попали не туда? А что же не спросили? И такая жара все эти дни стоит! Я всегда думаю — лучше ехать на каникулы, когда не так жарко, только намучаешься. В такие дни только у залива хорошо.

— У какого залива?

— А у залива, на море. На берегу. По крайней мере, хоть и печет, а все-таки иногда и ветерок есть.

— Далеко это?

— Часа полтора. Нет, пожалуй, больше. Вы на машине?

— Нет, я автобусом ехал, а потом пешком шел. Она с недоверием посмотрела на меня, и я малодушно добавил:

— То есть от остановки автобуса к вам шел пешком, — предполагая, что есть же где-нибудь в городе этом и автобусы, и остановки. Она успокоилась. В глазах ее появилось даже какое-то сочувствие.

— И вы понимаете, что время идет, — уже не мог я остановиться, — и я все куда-то еду, просто глупо, и даже если иметь чувство юмора, а оно у меня есть, честное слово! то это может показаться очень смешным. Просто страшно смешным, ха-ха-ха!

Она показала ряд зубов, это она так улыбнулась, а затем пошла к другим столикам, но я уже думал только о заливе.

— Есть поезд, — сказала она, возвращаясь со счетом, — вы на него поспеете. Он подвезет вас к самому заливу, это пассажирский поезд, хороший. Идет часа два. Там вы купаться будете, загорать. Песок мелкий, купанье знаменитое. И такой широкий пляж, в полкилометра. Залив!

Я с благодарностью взглянул на нее. В это мгновенье я со всей силой желания, на которую был способен, пожелал ей благополучия, ее детям, ее внукам, житейского благополучия в этой гостинице, в этом ресторане, запах которого преследовал меня до самой станции.

Мешок — под сиденье, шляпу — на полку. Вагоны побежали от одной станции к другой, маленькие, жаркие, гулкие; пассажиры смеялись, было мелькание людей, но я был счастлив, вернее, почти счастлив, потому что сожаление о потерянном времени нашло на меня, как темная туча; было жарко, совершенно так же, как вчера, — я с трудом мог себе представить, что все это было вчера, когда я лежал в узкой тени чужого автомобиля и зловещее озеро было рядом со мной, а потом эта ходьба, а еще раньше был сухой водоем, и я потерял счет автобусам и городам, и был уже не совсем уверен, сколько времени ношусь я по этим городам в этих автобусах.

Опять раскаленное добела небо было в окне, и солнце, к счастью — с противоположной стороны, пекло, и жгло, и сверкало. Я старался не двигаться, от малейшего движения пот обливал меня всего. Я смотрел в окно и там, в странной, наверное нисколько не нарочитой, случайной смене мелькали: дома высокие, дома пониже, железнодорожные пути между ними, кусок автострады, дерево, затертое между двумя церквами, фабрика, бензинная станция, опять дома, пролет улицы, полной движения, улицы, будто вымершей, пересечения проводов надо всем, станция, аэроплан, как серебряный муравей, ползущий по небу, надземная дорога, идущая под углом к нашему поезду, мост, состоящий из четырех мостов, сплетенных между автострадой и улицами, — и так продолжалось не два часа, не три, а без малого — все четыре, когда поезд вдруг приостановился, прошел еще чуть-чуть и окончательно стал. И в окно, в которое я выглянул, за крышами, трубами, церковными шпилями и крестами, водонапорными башнями и газовыми резервуарами, я увидел Залив в дымке зноя. Он мелькнул на одно мгновенье, встречный поезд, входивший на станцию, закрыл его. Но я уже знал, что он есть.

Как все это будет выглядеть в будущем? Меня это интересует, по правде говоря, гораздо больше, чем то, как это выглядело в прошлом. Прошлое я не могу изменить, оно прекрасно (так мы все верим), еще двадцать, тридцать лет тому назад все было прекрасно, это вам скажет всякий. Тут, я думаю, сойдутся и прогрессивномыслящие (как принято их называть), как величайшего ума человек Кузьма Второй, так и какие-нибудь ретрограды, верящие в дурной глаз. Итак, прошлым я не интересуюсь. А вот в переустройстве будущего я могу сыграть некоторую роль, и хотя я не знаю за собой честолюбия чрезмерного и болезненного, но все же должен признаться, эта мысль утешает меня в моей, будем говорить прямо, серой жизни, в моей ничем не замечательной судьбе. Кто этот человек? — спросит кто-нибудь, и ему скажут: это тот человек, который выгадал каждому в среднем одну двадцатьчетвертую жизни и кто сдвоил пространство. Смотрите, мы теперь на некоторое время устроены вполне сносно... Я непременно обязан продумать все до конца, прежде чем писать свой доклад, не говоря уже о романе. Иногда мне даже странно, что это все не приходило в голову другим. Ведь думают же некоторые (и самых различных направлений люди) о том, как устроить судьбу человечества.

Я двигался в густой толпе по направлению к Заливу. Рестораны были полны, под цветными зонтиками люди обедали, пили ледяные напитки; из громкоговорителя гремела музыка, прерываемая рекламой. Я ничего не имею против рекламы, но не понимаю, как можно ее любить больше музыки! А ведь есть люди, которые слушают музыку только нехотя, отдыхая на рекламе. Потом мы зашагали по длинному туннелю, где было прохладно, где вдоль стен сидели не то дачники, не то экскурсанты, наслаждаясь прохладой, и несколько человек из нашей толпы осталось в нем, уверяя, что «здесь лучше». Но я не остался. Туннель вел нас от одного заворота к другому, наконец, вдали появился свет, блеснуло все то же страшное, неотвратимое солнце, и открылся Залив, водяной простор, уходящий в далекую дымку, в туман, и я знал, что буду смотреть в эту дымку до боли в глазах, только бы не оборачиваться на проделанный путь, на шесть, семь, а может быть и более городов, оставленных позади.

Да, все было прекрасно на этом раскаленном песчаном берегу: длинным рядом влево и вправо, обращенные фасадами к Заливу, стояли белые небоскребы, видимо, на десятки километров занявшие широкий, пологий берег. Мы все разулись и шли босиком по горячему тонкому песку, осторожно обходя лежащие тела, осторожно ставя ноги, чтобы не наступить на кого-нибудь, перешагивая через чужие ноги, руки, а иногда и головы. Ревела реклама, прерываемая музыкой, иногда другая ревела прямо из-под ног, из аппаратов, принесенных сюда купальщиками. Там, где можно было найти незанятый кусок пляжа, люди оседали, и я тоже скоро осел между телами, поколебавшись на мгновение, рассчитывая, не задену ли кого, когда буду ложиться. Но кто-то вежливо подвинулся немного, вернее, перевалился на другой бок, и я вдвинулся, втянув в себя плечи и живот, чтобы занять меньше места. Я слышал вокруг себя дыхание людей, разговоры, храп, детский плач, я некоторое время не двигался, чтобы никого не беспокоить, а потом сбросил брюки, рубашку и в одних трусиках блаженно растянулся на животе, положил голову на руки и замер. Низко пролетел геликоптер, тень его на миг задела меня. Я отодвинул от лица консервную банку, пустую бутылку, смятую, полуистлевшую на солнце газету, которую кто-то уронил на меня, и закрыл глаза. Мне показалось, что сквозь тысячи шумов — гул геликоптеров, крик купающихся, визг, радио, свистки блюстителей порядка — я услышал плеск волн. Это было воображение совершенно счастливого человека — Залив был безмолвен и недвижим.

Я, вероятно, забылся. Я пришел в себя и осторожно выпутался из-под рук и ног дремавших в оцепенении соседей, опять, внимательно ставя ноги, прошел до края воды и стал в очередь на купанье. Здесь был полный порядок. Залив, сколько хватало глаз, был заполнен купающимися, и длинные хвосты ждали у самого края берега, когда настанет их очередь войти в воду, когда можно будет поместиться в воде. Солнце все палило, хотелось броситься с сомкнутыми руками в голубую, совершенно плоско лежащую бесшумную волну, но броситься было некуда, все было полно, нельзя было бы даже втереться хитростью. Плечо к плечу стояли люди, держали детей, ныряли осторожно, через одного, удивительно слушались команды надсмотрщиков. Через одного, — сказал я себе, — это подтверждает мою теорию. Интересно, какой великий ум выдумал это «через одного»?

Наконец дошло до меня. Я вошел. Вода была теплая, но все-таки освежила. Я прошел по грудь, людей стало меньше, и я поплыл. Впереди был далекий берег Залива — так я догадывался, — и я все смотрел в него, в туман его зноя, в котором он маскировался под океан. Туда, туда, когда-нибудь, с тобою вместе, — заговорил я вдруг стихами от полноты чувства легкости и надежды, — в конце концов не так это далеко, есть, наверное, пароходики, такие чистые, такие белые, словно протертые одеколоном, и мы взойдем с тобой на такой пароходик, отчалим и поплывем, и там не будет никого, или почти никого, или только такие, как мы с тобой, и мы проживем там с тобой не два дня, не три, а столько, сколько позволит машина — твоя и моя — умная, добрая машина, если мы подождем года два, нам выпадет вместе такое счастье; и подумай, как будет чудесно: там будет лес, поле, лужайка, птицы и цветы. Тот туманный берег казался мне обетованной землей, я любил его, я мечтал о нем, и мне казалось, что эта любовь начинает переходить в другую, в ту, которую я никогда не мог ощутить в себе, которую столько раз мечтал пережить и все как-то не умел, чего-то недоставало. Я повернул обратно и полуприкрыл глаза; впереди появилось все то, от чего мне так хотелось уйти. Там, за этими стеклянно-мраморными, розово-снежными небоскребами, подступившими к воде, лежали

277

отравленные озера, сухие фонтаны, по горизонтальной плоскости протянувшиеся города, один выходил из другого и входил в следующий; там были душные пыльные ночи, знойные пыльные дни, счетоводы младшие и счетоводы старшие, и ты, ты, которую я так сухо и жестко, с таким равнодушием отчитал за то, что ты опаздывала на службу, приведя в пример самого себя, который никогда никуда не опаздывает! С полузакрытыми глазами я плыл и плыл, и мне показалось, что в какое-то мгновение слезы стали течь у меня из глаз, мешаясь с солоноватой водой Залива, слезы жалости и любви, и нежности, и вечности, которой не до смеха. Почувствовав под ногами дно, я встал на него и пошел, все помня, что за мною, через Залив, в голубой дымке лежит иной мир, с которым я на короткое время оказался наедине, вдали от всех, мой мир тишины, нашего общего с тобой одиночества, и радости, тоже нашей общей.

А впереди был все тот же берег, толпа, покрывающая его так, что если бы меня спросили, какого цвета песок, я бы не знал, что ответить, солнце, плавящееся в небе, уже чуть склоненное в сторону зданий, и хвосты людей, ожидающих в полной дисциплине минуты, когда освободится место в воде. И надо всем этим стоял тот шум, когда не слышишь собственного голоса.

Я протиснулся, чтобы выйти из воды, протиснулся, чтобы дойти до своего места, вытерся, как мог, задевая лица соседей мохнатым полотенцем, и все время извиняясь, и уже не мог больше улечься в тесноте, а, забрав свои вещи, пошел обедать. Я терпеливо дождался очереди, ел много, выпил бутылку пива, побродил по горячему тротуару под искусственными пальмами, послушал громкоговоритель, предвещавший ясный вечер и сравнительно прохладную ночь, и посидел на каменной скамейке. Начало вечереть. Солнце зашло за небоскребы.

— Хорошо было бы остаться здесь до утра, — сказал женский голос, и я увидел, что рядом со мной сели двое, мужчина и женщина.

— Но мы же заказали комнату, — возразил он, — и дали задаток.

— Он сказал, что будет ясный вечер и прохладная ночь.

— Да, он сказал.

— И мы выкупаемся еще раз, когда никого не будет, и потом уснем на песке.

— Если все так будут рассуждать, то никто никуда не уйдет, и будет так же тесно.

— Этого не может быть. Уйдут и уедут в конце концов почти все. Во всяком случае — половина.

Я улыбнулся, но смолчал. Она сказала: половина. Я скоро дам им то, чего они хотят. Они еще не знают этого.

— Жестко будет спать, — сказал мужчина и зевнул.

278

— Это ты от воздуха, — сказала женщина. — Да, может быть, ты и прав. — Они помолчали.

— Знаешь что, — вдруг протянул он сонно, — пойдем.

— Пойдем, — согласилась она. И они встали и ушли, оставив меня с моими мыслями.

Они текли, эти мысли, и в неосязаемой, но тесной связи с ними во мне просыпались смутные чувства, все время то следуя за мыслями, то опережая их, точно ткалась какая-то ткань, соединяя две нити разных цветов в один рисунок; во мне словно ходили два челнока, и если бы я не боялся показаться старомодным, я бы сказал, что один был в мозгу, а другой — в груди, один имел отношение к моей идее, другой — к Дэли. Две нити свивались вместе, и потом вдруг первый челнок начал отставать от второго, удаляться, тускнеть. Он показался мне не таким важным, значительным и решающим, а второй в это время стал даже как-то расцвечиваться красками золотистыми, рыжими, какими-то осенними. И среди всего этого вдруг прозвучал тот вопрос, тот двусложный ночной звук, который как будто бы на этот раз не захотел дождаться ночи, а среди людского шума, криков, беготни, тесноты, все еще палящего, но уже как-то косо, солнца, прошелестел или протикал, пролепетал:

— Где ты? — и потом, секунд через пять, снова: — Где ты? — и снова после внутреннего во мне молчания: — Где ты?

И я вдруг понял, что человечеству не надо от меня ничего, что нет причин вздваивать пространство и давать каждому продление времени, чтобы эта жизнь вокруг продолжалась дольше, чем она сейчас продолжается, и чтобы хвосты купальщиков стали вдруг наполовину короче, что этим все равно ничего не поправишь, что есть только одно нужное и важное: тот берег Залива, в дождь, в снег, в палящий зной, в грозу и бурю, где мы вдвоем с ней, с единственной моей навеки, побудем, сколько можно, сколько нам позволит машина, чтобы, пройдя по полям и лесам, как два ангела-хранителя (она — мой, а я — ее), почувствовать, что только она может все простить мне, а я — ей, защитить меня, а я — ее от всего на свете, настоящего и будущего. Что эта прогулка, которая когда-нибудь будет, иначе жить нельзя, будет и обручением нашим, и венчанием, до которого нет и не может быть никакого дела никому на свете. Отчаяние и счастье в эти минуты как бы свились во мне в один нестерпимый клубок, челнок ходил в сумасшедшем смятении, громко отбивая: где ты? где ты? где ты? Ткалась ткань, самая основа моей жизни, и я слышал и видел ее — как бывает, может быть, один или два раза в человеческой судьбе.

Когда я очнулся от всего этого, солнца больше не было и толпа на берегу поредела. Я пошел вдоль берега, у самой воды, где теперь можно было пройти, никого не задевая. Я шел и шел, влево от меня нескончаемой сплошной стеной стояли небоскребы, теперь сверкая в огнях реклам, справа едва слышно колебался зелено-голубой Залив; вдалеке, там, где берег заворачивал, на фоне черневшего неба, зажегся гигантский экран и какие-то великаны уже двигались на нем, началось представление. Теперь во мне было тихо, все молчало, все было спокойно, словно было принято какое-то решение.

Перед тем, как улечься на еще теплый песок, я долго вглядывался вдаль: толпа все редела; кое-кто еще плескался в темной воде: несколько человек поодаль от меня приготовлялись ужинать, раскладывали скатерть для пикника; в воздухе стало тише, медленно пролетели чайки, прогудел еще один аэроплан. Я растянулся — не поперек, а вдоль, чтобы быть лицом к горизонту и спиной ко всему тому, что было, чтобы почувствовать, что на этот раз я лежу на краю моей прежней жизни, что она вот здесь, у этого Залива, кончается, а за ним начинается другая.

Ночь наступила. Пикник кончился. Я стал засыпать, положив голову на свой мешок, сон подходил так медленно, так осторожно, что мне казалось, что я в каждое мгновение чувствую его приближение, как если бы он был дух, едва касавшийся земли, идущий ко мне. Мне показалось, что кто-то положил мне руку на лоб, и медленно и плавно между моим лбом и ее ладонью заструились длинные пряди ее волос. И тогда я уснул и, наверное, за всю ночь не пошевельнулся, потому что, когда я утром открыл глаза, я все так же лежал на боку, вытянув руку вдоль тела.

Я открыл глаза и не двинулся: прямо передо мной начинался рассвет. Длинная, бледная полоска тянулась над Заливом, а на горизонте, там, где вчера томила меня и соблазняла туманная дымка, стоял черный огромный город, восьмой или девятый по счету, замыкая горизонт вогнутым полукругом.

Я оставался лежать неподвижно, вглядываясь в черный силуэт этого города. Ломаная линия его крыш четко вырисована была на розовой заре, он был огромен, небоскребы уходили ярусами один за другим, и не то все это тяжкое, черное видение возникало из воды, не то было спущено на воду из узкого разрыва тех предрассветных облаков, которые нежились над ним и сквозь которые солнце уже тянулось к воде и земле. И самое удивительное в этом видении было для меня сочетание ужаса и красоты, гибели чего-то, что едва возникло во мне, и возвращения того, что всегда было, чего-то привычного, с чем я жил, с чем я сжился, с чем я примирился, что ли. Оно вырастало теперь, кладя передо мной свои пределы, свои законы, и не могло быть и речи, чтобы бунтовать против него или спорить с ним, или вообще вести какой-либо с ним диалог. Город стоял, непреложный, как этот закон. А над ним, за ним вставало солнце, и он начинал из черного силуэта превращаться во что-то сквозное, в кружево из железа, бетона и камня, преграждая путь туда, куда, мне казалось, была возможность уйти — на час, на день, или навеки.

День начинался, но, казалось, тот раскаленный воздух, которым мы дышали все эти дни, рассеялся, ушел, и с Залива несло прохладой. Пары и одинокие люди, уснувшие на песке, не двигались, все было тихо, жизнь еще не начиналась, только откуда-то, должно быть, из ближайшей кофейни, неслась первая передача утренних новостей. Я встал. С минуту я колебался, не выкупаться ли? Но никакого желания идти в воду не было. Я обулся, повернул к берегу и, не оглядываясь ни на Залив, ни на засиявшее в небесных прогалинах солнце, зашагал туда, откуда несся голос громкоговорителя.

А на следующий день я сидел в кресле, в комнате, а она — на табурете подле меня. Я говорил ей о том, что ехать, в общем, никуда не стоило, что фонтаны не бьют, в озерах не купаются, в заливах места нет никому, но что скоро все это переменится.

— Пилюля? — спросила она, поднимая на меня свои грустные глаза.

— Не пилюля. Я уже говорил вам об этом, но вы такая рассеянная и никогда ничего не слушаете, и все забываете.

Потом я рассказал ей про свой обратный путь, который оказался короче, чем я предполагал, и как мы опять оказались на Площади Шлимана.

— Вы небось даже не знаете, кто такой Шлиман? — спросил я снисходительно, чувствуя все мое превосходство перед ней, всю серьезность, всю деловитость моей натуры.

— Не знаю, — сказала она, и в голосе ее не было заметно раскаяния.

— Шлиман нашел Трою, — сказал я, рассматривая свои запонки. — Потому ему и памятник поставили. Вы знаете, что такое Троя? — Она отрицательно качнула головой. — Он делал раскопки, он выкопал девять городов. Девятым была Троя. Вертикально, понимаете, они лежали один под другим.

Но оттого, что она тряхнула головой, выпал гребень, и волосы ее рассыпались.

1958